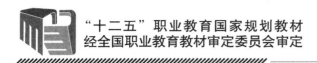
"十二五"职业教育国家规划教材
经全国职业教育教材审定委员会审定

Gangkou Zhuangxie Gongyi

港口装卸工艺

(第3版)

刘善平　主　编
顾海红　主　审

人民交通出版社股份有限公司
北　京

内 容 提 要

本书为"十二五"职业教育国家规划教材，由全国交通运输职业教育教学指导委员会交通工程机械专业指导委员会组织编写。

本书内容包括港口与港口装卸工作、港口装卸工艺概述、件杂货装卸工艺、集装箱装卸工艺、木材装卸工艺、煤炭和矿石装卸工艺、散粮装卸工艺、散水泥（化肥）装卸工艺、液体货装卸工艺。

本书可作为高职高专院校港口机械与自动控制专业、港口物流管理专业、集装箱运输管理专业、港口与航运管理专业的教学用书，也可供相关专业教学使用或作为职业技能培训教材，还可供有关工程技术人员学习参考。

＊本教材有多媒体课件，教师可通过加入职教路桥教学研讨群（QQ561416324）获取。另外，本书配有数字资源，读者可免费扫码观看。

图书在版编目（CIP）数据

港口装卸工艺/刘善平主编．—3版．—北京：
人民交通出版社股份有限公司，2021.8（2025.7重印）
ISBN 978-7-114-17404-9

Ⅰ.①港… Ⅱ.①刘… Ⅲ.①港口装卸—装卸工艺—高等职业教育—教材 Ⅳ.①U691

中国版本图书馆 CIP 数据核字（2021）第 117024 号

"十二五"职业教育国家规划教材

书　名：	港口装卸工艺（第3版）
著　作　者：	刘善平
责任编辑：	刘　倩
责任校对：	赵媛媛
责任印制：	张　凯
出版发行：	人民交通出版社股份有限公司
地　　址：	（100011）北京市朝阳区安定门外外馆斜街3号
网　　址：	http://www.ccpcl.com.cn
销售电话：	（010）85285911
总 经 销：	人民交通出版社股份有限公司发行部
经　　销：	各地新华书店
印　　刷：	北京印匠彩色印刷有限公司
开　　本：	787×1092　1/16
印　　张：	25
字　　数：	581 千
版　　次：	2010年8月　第1版 2014年2月　第2版 2021年8月　第3版
印　　次：	2025年7月　第3版　第6次印刷　总第14次印刷
书　　号：	ISBN 978-7-114-17404-9
定　　价：	68.00元

（有印刷、装订质量问题的图书由本公司负责调换）

第3版前言

《港口装卸工艺》教材第1版于2010年8月出版，由全国交通运输职业教育教学指导委员会交通工程机械专业指导委员会组织编写。2014年12月，本教材第2版入选"十二五"职业教育国家规划教材。近年来，交通水路运输行业发生了翻天覆地的变化，运输装备及基础设施向大型化、专业化、智能化和绿色化方向发展，运输组织方式实现综合化、系统化、现代化，运输功能进一步拓展。因此，《港口装卸工艺》教材内容需要不断更新。本版《港口装卸工艺》教材修订原因如下：

1. 行业发展的需要。近年来，由于国内港口装卸运输的发展，教材需要紧跟技术发展步伐，及时调整、更新内容，体现技术发展和行业发展的要求；对接教学标准和岗位要求，丰富实践教学内容，注重吸收产业文化和优秀企业文化。

2. 教学改革的需要。近年来，各高职院校教育教学改革不断深入，教材需要推陈出新，在编写思路、内容及形式等方面要适应教学改革需要；教材内容应对接职业标准和岗位要求，体现高等职业教育特色；运用现代信息技术，从专业知识、专业技能和专业素养多方面为学生提供在线学习课程。

3. 政策导向的需要。教育部对于高职教材要求"坚持行业指导、企业参与、校企合作的教材开发机制"，"要加快教材内容改革，优化教材类型结构，在职业院校推行适应项目学习、案例学习等不同学习方式的教材"；职业教育理念的转变和教学模式、教学方法的变革，需要有助于职业能力培养的、便于项目化教学组织的教材。

结合当前高等职业教育发展和港口运输行业发展的实际情况，编者在《港口装卸工艺》教材第2版的基础上，对教材做了全面修订，形成了本教材第3版。

本版教材具有以下主要特点：

1. 坚持职教特色，突出质量为先。遵循技术技能人才成长规律，知识传授与技术技能培养并重，强化学生职业素养养成和专业技术积累，将专业精神、职业精神和工匠精神融入教材内容。满足专业建设、课程建设、教学模式与方法改革创新等方面的要求，保障教材质量。

2. 坚持产教融合，校企双元开发。强化行业指导、企业参与，注重吸收港口行业企业技术人员、能工巧匠等深度参与教材编写。紧跟产业发展趋势和行业人才需求，及时将产业发展的新成果纳入教材内容,反映典型岗位(群)职业能力要求。

3. 坚持信息技术运用,完善教材体系。围绕深化教学改革和"互联网+职业教育"发展需求,探索开发课程建设、教材编写、配套资源开发、信息技术应用统筹推进的新形态一体化教材。本版教材注重运用现代信息技术创新教材呈现形式,积极开发补充了教学课件、图片、动图、视频等教学资料,使教材更加生活化、情景化、动态化、形象化,有助于教学实施。教材编写时在每章前列出了知识目标、能力目标和素质目标等学习目标要求,每章后附有大量的练习与思考题,使学生能掌握重点、加深对所学知识的理解。

4. 坚持与时俱进,贯彻行业最新技术标准和规范。本教材有选择地吸收行业发展的新技术、新设备、新工艺、新材料,采用港口装卸运输行业国家及行业最新技术标准或规范,充分体现了先进性与时效性。

本教材由江苏海事职业技术学院刘善平主编,江苏航运职业技术学院顾海红主审。

参加教材编写工作的有:江苏海事职业技术学院刘善平编写第一章、第二章、第三章、第四章;江苏海事职业技术学院谢宝峰编写第五章、第六章;广东科学技术职业学院秦雯编写第七章、第八章;南京港口集团解立军编写第九章以及附录。

本教材在编写过程中,得到交通系统各院校领导和教师的大力支持和帮助,在此谨表示感谢! 教材中收集和整理了部分图片、动画和视频等信息化教学资源,源自网络,仅供读者参考,对原创作者和单位深表感谢! 如涉及作品版权问题,我们将根据提供的版权证明相关材料确认版权,删除相关内容。

本书可作为高职高专院校港口机械与自动控制、港口物流管理、集装箱运输管理、港口与航运管理等相关专业的教学用书,也可作为相关职业技能培训教材,还可供有关工程技术人员学习参考。

书中难免存在不妥和疏漏之处,敬请读者批评指正。

编 者
2021 年 5 月

本书配套资源索引

资源编号	资源类型	资源名称	页码
1-6	视频	青岛港简介	009
1-7	视频	南京港简介	009
3-15	视频	网络兜的使用方法	062
3-33	视频	动力真空吸盘	068
3-34	视频	门座起重机	069
3-35	图片	轮胎起重机	070
4-25	视频	旋锁式连接装置工作原理	124
4-30	动图	伸缩式吊具	126
4-35	视频	岸边集装箱起重机	129
4-37	视频	集装箱跨运车	135
4-39	视频	轮胎式集装箱龙门起重机	136
4-55	动图	集装箱自动导向车1	147
4-55	动图	集装箱自动导向车2	147
4-60	视频	岸边集装箱起重机—跨运车系统	152
4-64	视频	AGV小车进出支架顶升集装箱工作场景	156
5-10	视频	履带起重机装卸木材船舶	182
5-12	视频	木材运输车	183
5-12	视频	木材装载机卸集装箱圆木	183
5-24	视频	木材自卸驳	192
6-2	视频	大型专用煤炭或矿石船	200
6-3	视频	四绳双颚板抓斗作业	201
6-5	视频	双绳双颚板抓斗的结构与工作原理	202
6-16	视频	桥式抓斗卸船机	209
6-24	动图	螺旋卸船机螺旋运动	213
6-26	动图	自卸船	215
6-31	视频	管状带式输送机	218
6-36	动图	斗轮取料作业	221
6-40	视频	悬臂式斗轮堆取料机作业	223
6-47	视频	转子式翻车机	227
6-59	视频	链斗卸车机卸车	236
6-61	视频	底开门自卸车	237
6-66	动图	装船机溜筒装料	239
6-86	视频	煤炭车辆抑尘自动喷洒演示	249

续上表

资源编号	资源类型	资源名称	页码
7-39	视频	散粮装卸工艺	292
8-5	动图	螺旋输送机	311
8-26	动图	旋风收尘器	324
8-27	动图	机械自动振打袋式收尘器	325
8-28	动图	脉冲喷吹清灰袋式除尘器	325
8-28	视频	袋式除尘器的工作原理	325
9-3	动图	离心泵1	340
9-3	动图	离心泵2	340
9-7	视频	装车台(栈桥)及鹤管	346

资源使用方法:可以采用移动端(手机、平板电脑等)微信进入观看视频(动画),也可以采用 PC 端(电脑)微信进入观看视频(动画)。

1. 移动端。打开微信→扫一扫下方的二维码→关注"交通教育"微信公众号-注册登录后需要再次扫描下方二维码进行激活;点击"我的"→在"我的阅读"点击本书→根据"资源名称"查找相关资源-点击观看。

2. PC 端。打开微信→扫一扫下方的二维码→关注"交通教育"微信公众号→注册登录后需要再次扫描下方二维码进行激活;在浏览器输入 www.yuetong.cn→第三方微信登录→点击"个人中心"→在"我的书架"点击本书-根据"资源名称"查找相关资源→点击观看。

目·录
Contents

第一章 港口与港口装卸工作 ·· 001
  第一节 港口概述 ·· 002
  第二节 港口生产活动的主要内容、特点与构成 ·············· 012
  第三节 港口装卸工作的主要指标 ·································· 017
  第四节 港口通过能力 ·· 021
  练习与思考 ·· 025

第二章 港口装卸工艺概述 ·· 028
  第一节 港口装卸工艺的发展 ·· 028
  第二节 港口装卸工艺的概念、作用、分类与内容 ············ 031
  第三节 港口装卸工艺现场组织与管理 ·························· 035
  第四节 港口装卸机械设备的选择 ·································· 039
  第五节 港口装卸工艺合理化原则 ·································· 043
  练习与思考 ·· 050

第三章 件杂货装卸工艺 ·· 053
  第一节 概述 ·· 054
  第二节 件杂货装卸工属具 ·· 058
  第三节 件杂货装卸运输机械 ·· 069
  第四节 件杂货装卸工艺系统 ·· 074
  第五节 件杂货装卸作业组织 ·· 081
  第六节 件杂货装卸的薄弱环节及解决方向 ·················· 084
  第七节 件杂货的装卸工艺案例 ···································· 085
  练习与思考 ·· 092

第四章 集装箱装卸工艺 ·· 095
  第一节 概述 ·· 096

第二节　集装箱 … 101
　　第三节　集装箱吊具 … 123
　　第四节　集装箱起重运输机械 … 127
　　第五节　集装箱装卸工艺系统 … 148
　　第六节　集装箱装箱技术 … 159
　　第七节　集装箱码头新型装卸工艺方案 … 163
　　第八节　集装箱装卸工艺案例 … 169
　　练习与思考 … 171

第五章　木材装卸工艺 … 175
　　第一节　概述 … 175
　　第二节　木材装卸工属具 … 179
　　第三节　木材装卸搬运机械 … 182
　　第四节　木材装卸工艺系统 … 185
　　第五节　木材装卸工艺案例 … 193
　　练习与思考 … 195

第六章　煤炭和矿石装卸工艺 … 197
　　第一节　概述 … 198
　　第二节　煤炭、矿石装卸工属具 … 201
　　第三节　煤炭、矿石装卸机械 … 203
　　第四节　煤炭、矿石装卸工艺系统 … 240
　　第五节　煤炭、矿石计量与粉尘防治 … 248
　　第六节　煤炭、矿石码头装卸工艺案例 … 251
　　练习与思考 … 257

第七章　散粮装卸工艺 … 260
　　第一节　概述 … 260
　　第二节　散粮船舶装卸机械 … 262
　　第三节　散粮输送机械 … 271
　　第四节　散粮筒仓机械化系统 … 277
　　第五节　散粮装卸车辆工艺 … 282
　　第六节　散粮装卸工艺系统 … 284
　　第七节　散粮码头的除尘防爆 … 294
　　第八节　散粮装卸工艺案例 … 297
　　练习与思考 … 301

第八章　散水泥(化肥)装卸工艺 · 304
第一节　概述 · 304
第二节　散水泥(化肥)卸船及输送机械设备 · 306
第三节　散水泥(化肥)灌包系统 · 311
第四节　散水泥装车、装船设备 · 314
第五节　水泥储存 · 318
第六节　散水泥、散化肥装卸作业组织 · 321
第七节　散水泥、散化肥粉尘污染和防治 · 323
第八节　散水泥装卸工艺案例 · 326
练习与思考 · 329

第九章　液体货装卸工艺 · 332
第一节　概述 · 332
第二节　石油的存储设备 · 336
第三节　石油的装卸设备 · 340
第四节　石油装卸工艺系统 · 347
第五节　油港污水处理 · 354
第六节　油库的防火防爆措施 · 356
第七节　液化天然气装卸工艺 · 358
第八节　液化天然气码头案例 · 362
练习与思考 · 365

附录 · 368
附录一　港口装卸作业常用术语 · 368
附录二　装卸作业质量通用标准 · 369
附录三　安全生产通用标准 · 371
附录四　港口件杂货装卸生产管理流程 · 373
附录五　通用集装箱上主要部件名称和说明 · 375
附录六　港口重大件装卸作业技术要求(GB/T 27875—2011) · 377
附录七　吊索长度的计算 · 388
附录八　吊索规格的计算 · 388

参考文献 · 390

第一章
港口与港口装卸工作

知识目标

1. 掌握港口的定义，了解港口的组成、功能和作用，理解港口的类型和主要特点。
2. 理解港口生产活动的主要内容、特点。
3. 掌握港口换装作业形式、特点和操作过程及其构成。
4. 掌握港口装卸工作主要指标的概念和意义。
5. 理解港口通过能力的概念、影响港口通过能力的因素和提高港口通过能力的途径。

能力目标

1. 具备港口的基本常识，能正确描述港口的组成、功能和作用，了解港口的类型和主要特点。
2. 初步具备港口生产活动的分析能力，能正确描述港口生产活动的特点。
3. 具备港口换装作业的基本知识，能正确描述港口换装作业形式、特点、操作过程及其构成。
4. 能正确描述港口装卸工作的主要指标含义。
5. 掌握港口通过能力的基本知识及提高港口通过能力的途径。

素质目标

1. 具备从事港口装卸运输工作需要的职业道德、职业素养、个人品德。
2. 具备从事港口装卸运输工作所需的科学思维方法，提高分析问题和解决问题的能力。
3. 培养从事港口装卸运输工作需要的敬业、精益、专注、创新的工匠精神。

第一节　港口概述

一、港口的定义

1. 港口

港口是运输体系中水陆运输的枢纽、货物的集散地、船舶与其他载运工具的衔接点,它具有一定的设施设备条件,供船舶进出和靠泊以进行客货运输或其他专门业务,并具有明确的水域和陆域范围。

2. 港界

港界是港口范围的边界线,由港口总体规划确定。港界可根据地理环境、航道情况、港口设施以及港内工矿企业的需要规定。一般将海岛、山角、河岸突出部分,或者岸上著名建筑物,或者设置灯标、灯桩、浮筒等,作为规定港界的标志,也有按经纬度划分的。

3. 港区

港区是为保证港口生产、经营需要,按照港口规划,经政府批准而划定的水域和陆域。其一般分为营运港区和规划港区。

营运港区是指已经建成并投入使用的港口港区。

规划港区是指根据港口规划为港口进一步开发、建设划定的具有明确界线的预留水域和陆域。

4. 港口作业区

将港口划分为几个相对独立的装卸生产单位,称为港口作业区。划分港口作业区可使同一货种最大限度地集中到一个作业区内进行装卸,因而可以提高机械化、自动化程度和充分发挥机械设备的效率。

5. 码头

码头是供船舶停靠、货物装卸、旅客上下的基础设施。

6. 泊位

泊位是码头供船舶停靠系泊的位置。码头不仅包括船舶停靠系泊的位置,而且还包括码头前沿的作业区域。一个码头通常由一个或多个泊位组成。

7. 港口设施

港口设施是指为港口生产、经营而建造和设置的构造物和相关设备,分为港口公益性设施和港口经营性设施。

港口公益性设施是指公共的非营利的港口设施,包括港口航道、防波堤、导流堤、护岸、港池、锚地、船闸、道路、给排水、供电、环保、公共通信、辅助导航设施等。

港口经营性设施是指在港口公益性设施以外的用于港口生产经营活动的设施,包括码头、趸船、水上过驳设施、栈桥、客运站、仓库、堆场、机械、设备、船舶、车辆等。

二、港口的基本组成

从范围上讲,港口由一定范围的水域和陆域组成。图1-1所示是某海港布置平面示意图。

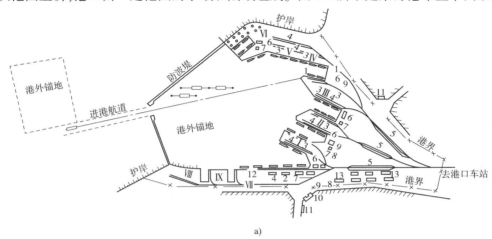

图1-1 某海港布置平面示意图

Ⅰ-件杂货码头;Ⅱ-木材码头;Ⅲ-矿石码头;Ⅳ-煤炭码头;Ⅴ-矿石建筑材料码头;Ⅵ-石油码头;Ⅶ-客运码头;Ⅷ-工作船码头及航修站;Ⅸ-工程维修基地;1-导航标志;2-港口仓库;3-露天货场;4-铁路装卸线;5-铁路分场调车场;6-作业区办公室;7-作业区工人休息室;8-工具库房;9-车库;10-港口管理局;11-警卫室;12-客运站;13-储存仓库

1. 港口水域

港口水域是供船舶航行、锚泊、停泊装卸作业之用,要求水域宽阔、水流平缓、有适当的吃水深度。港口水域主要包括船舶进港航道、港池和锚地(锚地:供船舶抛锚、停泊及作业的水域)等,它由港外水域、港内水域组成。

1)港外水域

港外水域主要由进出港航道、港外锚地组成。

多数海港及河口港都有天然进出港航道,但其水深不一定满足船舶要求,往往需要疏浚和整治。内河港口的航道常常就在主航道靠近码头的一侧,一般要求有适当的宽度,既不影响主航道上船舶的航行,又与码头、锚地留有足够的距离。

港外锚地是供进出港船舶抛锚停泊使用的,外籍船舶在此接受边防检查、卫生检疫等,引水员也需在此上下,还供大型船队进行解队、编队之用(河港)。

进出港航道与港外锚地均用航标加以标示。

2)港内水域

港内水域主要由港内航道、港内锚地、码头前沿水域、船舶调头区等组成。

港内航道是船舶进出码头的通道,为了克服船舶航行惯性,要求港内航道有一个最小长度,一般不小于 3~4 倍船长。

港内锚地主要供船舶等待泊位、编解船队或是进行水上装卸作业之用。在气候恶劣的情况下,还可供船舶避风停泊。而河港锚地主要用于编解船队和进行水上装卸作业。水上装卸作业是内河港、河口港的主要作业方式之一,河港锚地设有"水上作业平台",配有浮式起重机等。

码头前沿水域必须有足够的深度和宽度,以便船舶靠离。它不仅要保证船舶靠码头的一侧能进行装卸作业,有时还要考虑其另一侧同时进行水上(船过船)装卸作业的需要。因此,码头前沿水域宽度应适当大些,以免影响附近的航道。

船舶调头区在港内航道与码头之间,是供船舶进行回转的调头区,这段水域要有足够的宽度。大型海轮在港内靠离码头时常有拖轮协助,而内河船靠泊时为便于控制常常需要将船首对着水流的方向。

2. 港口陆域

港口陆域是供旅客集散、货物装卸、货物堆存和转载之用,要求有适当的面积(岸线长度和纵深)。港口陆域建有码头、泊位、码头前沿、港口仓库和堆场、港区铁路和道路,并配有装卸和运输机械,以及辅助生产设施等。

1)码头

码头是供船舶停靠、旅客上下、货物装卸的水工建筑物。码头岸线是港口水域和陆域的交接线。根据船舶吃水深度和使用性质等的不同,其一般分为深水岸线、浅水岸线和辅助作业岸线等。港口各类码头岸线的总长度是港口规模的重要标志,反映能同时靠码头作业的船舶数量。

① 按其布置形式分类。

码头有多种形式,按其布置形式分类,主要有顺岸式码头、突堤式码头和挖入式港池等。

顺岸式码头是基本沿原岸线布置的码头,如图 1-2 所示,在河港、河口港及部分中小型海港中较为常见。其优点是陆域宽阔、疏运交通布置方便,工程量较小。

突堤式码头是岸线深入水域的码头,如图 1-3 所示,常用于海港,如大连、天津、青岛等市的港口均采用了这种形式。其优点是在一定的水域范围内可以建设较多的泊位,缺点是突堤宽度往往有限,每泊位的平均库场面积较小,作业不方便。

图1-2 顺岸式码头

图1-3 突堤式码头

挖入式港池一般由人工开挖形成,如图1-4所示,在大型河港及河口港中较为常见,如德国的汉堡港、荷兰的鹿特丹港等。

图1-4 挖入式港池

除此以外,还有离岸岛式码头、栈桥式码头。离岸岛式码头是石油码头的一种,是建在离岸较远的海上系泊设施,形如小岛,在海底有管道和岸上连接。栈桥式码头是用栈桥与陆域相连的离岸码头。

②按其前沿的横断面形式分类。

码头按其前沿的横断面形式(即岸壁形式)分类,有直立式码头、斜坡式码头、半直立式码头和半斜坡式码头,如图1-5所示。

 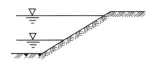 

a)直立式码头　　b)斜坡式码头　　c)半直立式码头　　d)半斜坡式码头

图1-5 码头前沿的横断面形式

直立式码头:多用于水位变幅不大的港口,如海岸港、河口港。
斜坡式码头:多用于水位变幅较大的港口,如长江上、中游河港或水库港。
半直立式码头:适用于高水位时间较长,而低水位时间较短的港口,如水库港。
半斜坡式码头:适用于枯水期较长而洪水期较短的山区河港。

2)泊位

泊位是供船舶停靠系泊的位置。一座码头可能由一个或几个泊位组成,视其布置形式和位置而定。一座码头往往要同时停泊几艘船,即要有几个泊位,因此码头线长度是由泊位数与每个泊位的长度决定的。

3) 码头前沿

码头前沿是从码头岸线至第一排仓库(或堆场)的前缘线之间的场地,又称码头前沿作业区。它是货物装卸、转运和临时堆存的场所。这里既要布置装卸机械,又要安排火车、汽车的通道,使货物转运方便,或是进入货场,或是直接运往港外。码头前沿通常是港口最繁忙的地区。码头前沿的宽度没有统一的标准,主要根据码头作业性质、码头前沿的设备装卸工艺流程等因素确定。我国沿海港口、件杂货码头前沿作业地带的宽度在 25~40m。码头前沿作业地带的地面,一般用混凝土或钢筋混凝土与块石铺砌而成,以满足运输机械行走和场地操作等要求。

4) 港口仓库和堆场

港口仓库和堆场是货物装船前或卸船后短期存放的场所。从港口仓库和堆场至码头前沿为码头前方场地,或称码头前沿作业区,在此要布置各种装卸机具,还要安排火车、汽车的线路。

5) 港区铁路和公路

货物在港口的集并和疏散,除了充分利用水路外,还要依靠陆路交通,因此铁路和公路系统是港口陆域的重要设施。在没有内河的海港,铁路是主要的疏运方式,它与港口生产有着密不可分的关系。当有大量货物需用铁路运输时,需设置专门的港口车站。在这里货物列车可以进行编组或解体,并配有专门的机车,将车辆直接送往码头前沿或库场的装卸线;装卸完毕后再由机车取回送往港口车站编组。港内线路要快捷顺畅,减少交叉,以减少相互间的干扰。港内公路与港外公路应该有很好的连接,港区内的公路要能通往码头前沿和各库场,回路要通畅,进口与出口常常分开设置。

6) 装卸和运输机械

装卸和运输机械是港口最基本的设施之一,其主要作用是供港区范围内货物的装卸和搬运。按其所在的位置可分为两大类:港口码头前方的机械和港口后方的机械(包括库场机械和水平运输机械)。前者用作船舶的装卸,后者用于库场与库场、库场与车辆之间的货物装卸和搬运。对专业化码头,通常设有专门的装卸机械,如集装箱码头前方设有岸边集装箱起重机(也称岸桥、集装箱装卸桥),后方设有各种堆场机械和水平运输机械,堆场机械如集装箱跨运车、集装箱龙门起重机、集装箱叉车等,水平运输机械如集装箱牵引车和挂车。

7) 辅助生产设施

辅助生产设施的作用是维持港口正常生产秩序,保证各项工作顺利进行,如船舶维修站、维修基地、巡逻船、引水船等工作船基地、燃料供应站、给排水系统、输配电系统等的正常运行。

三、港口的功能

港口是各种运输方式的集合点,是运输的枢纽。其主要功能如下:

1. 货物装卸和转运功能

这是港口最基本的功能,即货物通过各种运输工具转运到船舶或从船舶转运到其他各种运输工具,实现货物在空间位置的有效转移,开始或完成水路运输的全过程。

2. 商业功能

在商品流通过程中,货物的集散、转运和一部分储存都发生在港口。港口介于远洋航运业与本港腹地客货的运输机构之间,便利客货的运送和交接。港口的存在,既是商品交流和内外贸易存在的前提,又促进了它们的发展。

3. 工业功能(生产加工功能)

随着港口的发展,临江工业、临海工业的发展也越来越快。通过港口,船舶运入工业生产的原料,再输出加工制造的产品,前者使工业生产得以进行,后者使工业产品的价值得以实现。港口的存在是工业存在和发展的前提,在许多地方,港口和工业已融为一体。

港口的工业功能主要表现为两个层次,一是属于流通领域的货物加工,即分选、换装、包装等;二是随着贸易自由化及现代物流的发展,国际和国内许多制造商或生产企业,为了降低原材料运输成本,充分利用港口的综合优势,常常在港区或附近建立产品加工厂或装配厂,进行产品加工制造,然后通过港口外运或在当地销售。这种情况在建有港口保税区和开发区的港口已经十分普遍。

4. 信息功能

通信及信息服务系统是港口现代化的重要组成部分,也是形成物流服务中心及管理中心的重要基础。现代港口是多种信息的汇集中心,同时也是各种信息的服务平台,其主要信息包括:①船舶与航线、货源与车源、车辆调度、货与车跟踪、仓储与库存控制、运输与配送计划、物流作业统计以及物流成本分析与控制等物流供应链上的各种信息;②国内和国际商贸有关信息;③"一关二检"(指的是海关、边防检查、检验检疫)所需的服务信息;④多式联运有关资料信息;⑤信息服务与咨询。

5. 服务功能

作为大量车、船等交通工具的集散地和大量人流活动的聚集地,港口特别是现代化的主枢纽港必须能够提供优质的口岸服务及生产、生活服务。除边防检查、检验检疫及维修、海事服务外,还包括船、车燃物料供应,船员、客商及与港口服务相关的各类从业人员能够在港口得到良好的餐饮、娱乐、居住及其他生活服务等。

6. 辐射功能

随着港口功能的不断完善和现代物流业的发展,港口对其海外和内陆腹地的辐射作用逐渐扩大和加深,而且对周边地区的带动作用也不断增强,不仅促进了腹地经济的发展和对外交流,还使港口功能得以拓展和完善。

7. 现代物流功能

现代物流作为一种先进的组织方式和管理技术受到世界各国政府的高度重视,现代物流产业已在全球范围内迅速发展成为一个极具发展空间和潜力的新兴产业。为了充分发挥现代物流供应链重要的节点作用,越来越多的港口正在向现代物流中心发展。

除了上述功能外,随着海洋石油、海洋渔业以及海洋资源的开发,现代港口正在向航运和海洋产业的服务中心和后勤基地转化。港口功能的多样性还带动了其他诸多的贸易与产业活动,使港口的城市功能逐渐扩大,如临海城市的产业及其活动与港口关系日益密切,也越来越依赖港口。

随着人们对港口功能认识的不断深化,以及港口对社会经济发展所做的贡献越来越大,港口在经济发展中的地位和作用也在不断扩展和变化。

四、港口的作用

从现代观点来看,港口正发挥着以下主要作用。

1. 港口是水运和陆运的交接点

港口既是水路运输的终端,也是陆路运输的终端。在港口,货物在船舶与车辆(或其他船舶)之间进行换装。由于码头营运活动包括货物装卸、分拣、储存,甚至交易,这些活动要求港口具有足够的活动空间。

货物运输在港口所发生的费用,在总的运输费用中占有相当大的比重(具体比重根据运输距离而有所不同)。因此,高效率的港口货物装卸能力可以降低物流的成本,由此降低商品的价格,使消费者获利,也使出口商品的定价更具有竞争力。因此,港口作为水运和陆运的交接点,如果能充分发挥其应有的功能,可以为该国家(地区)的人民带来经济利益。

2. 港口是工业活动基地

为了获得大规模的经济增长,必须发展工业,特别是高新技术产业。发展工业,使之吸收更多的劳动力、产生更高的附加值,以获得稳定的经济增长。港口本身是从事工业的重要场所。工业,尤其是对运输有较大依赖的制造业,离不开高效率的港口。港口设施和工业用地的布局可以有机地结合起来,以便尽量提高运输、储存和加工的效率。临港工业生产所需要的原材料通过船舶运输可直接运抵企业,而无须中转。原材料经过加工,产品可再通过码头出口。在日本,这样的港口称为"工业港"。工业港不仅为有关的工业企业提供服务,而且给整个国家或所在的地区带来经济效益。

3. 港口是城市发展的增长点

如果工业在港区得到发展、经济活动在以港口为中心的地区得到加强,越来越多的人汇聚在那里,就形成了城区。如果这个城区的消费增加,那里的生产活动增加,港口的货物吞吐量也将会随之增长。这就是港口和城市相辅相成、共同发展的规律。

4. 港口具有促进社会经济发展的效应

港口以其各种功能影响地区乃至国家的经济发展。港口发展的效应以各种互相依赖的形式出现,包括降低货物运输的成本、增加就业机会、增加居民收入、提高生活水平、促进地区和国家繁荣。例如,港口开发可以吸引工业、创造就业机会,从而推动区域性社会经济发展。

除具有上述作用以外,港口还是综合物流的中心,并在其所参与的供应链中发挥作用。

五、港口的分类

港口根据所在地理位置、用途、潮汐影响、在水运系统中的地位和作用、对进出口货物是否要报关等的不同而分为不同的类别。

根据不同的分类标准,港口分为以下类型:

1. 按所在地理位置划分

港口根据所在地理位置可分为海港、河港、河口港、湖港、水库港等。

1)海港

海港是指建在沿海、岛屿或海湾的港口。海港由于受风浪、潮汐、沿岸输砂的影响,一般利用海湾、岬角等天然掩护,也有利用人工填海、依靠建造防波堤等人工建筑物掩护的。海港要求有广阔的水域、足够的水深、受风浪影响较小。如我国沿海的大连港、青岛港(图1-6)、宁波港、厦门港等。

2)河港

河港是建在江河沿岸的港口。河港是内河运输船舶停泊、编队、补给燃料的基地,也是江河沿岸旅客和货物的集散地。如我国长江沿岸的南京港(图1-7)、武汉港和重庆港均属于此类港口。河港直接受河道径流的影响,天然河道的上游港口水位落差较大,装卸作业比较困难;中、下游港口一般有冲刷或泥沙淤积的问题,常需护岸或疏浚。

图1-6 青岛港
(扫码观看数字资源)

图1-7 南京港
(扫码观看数字资源)

3)河口港

河口港是位于大江、大河入海口处的港口。历史悠久的著名大港多属此类,如我国的上海港、南通港就属于这一类港口,国外的鹿特丹港、纽约港、伦敦港等也属于河口港。

河口港一般建在河口区域内,有通海的深水航道,可供河、海船舶停泊。由于河口港所处的地域通常都具有经济发达、交通便利的优势,所以位于大河流入海口处的河口港往往是重要的国际贸易港。由于受潮汐和河道径流影响,进港航道一般容易引起泥沙淤积,形成拦门沙,经常要对航道进行疏浚维护和治理。

4)湖港

湖港是位于湖泊沿岸或江河入湖口处的港口。湖港一般水位落差不大,水面比较平稳,水域宽阔,水深较大,是内河、湖泊运输和湖上各种活动的基地。

5)水库港

水库港是建于大型水库沿岸的港口。水库港受风浪影响较大,常建于有天然掩护的地区。水位受工农业用水和河道流量调节等的影响,变化较大。

2. 按用途划分

港口根据用途分为商港、工业港、渔港、军港和避风港。

1）商港

商港是指以一般商船和客货运输为服务对象的港口。商港具有停靠船舶、上下客货、供应燃（物）料和修理船舶等所需要的各种设施和条件，是水陆运输的枢纽。如我国的上海港、大连港、天津港、广州港和湛江港等均属此类。国外的鹿特丹港、安特卫普港、神户港、伦敦港、纽约港和汉堡港也是商港。商港的规模一般以吞吐量来表示。

商港根据装卸货物的种类，可分为综合性港口和专业性港口两类。

综合性港口是指装卸多种货物的港口；专业性港口是指专门或者主要从事某种货物装卸作业的港口，专业性港口的特点是某种货物在其港口的吞吐量中占有很大的比重，而且港口对该种货物具有专用的比较先进的装卸设施，如我国的秦皇岛煤港等。

专业性港口通常还可根据装卸货物的种类进行划分，如散粮港、煤港、矿石港、集装箱港等。一般说来，由于专业性港口采用专门设备，其装卸效率和能力比综合性港口高，在货物流向稳定、数量大、货类不变的情况下，可多考虑建设专业性港口。

2）工业港

工业港是为邻近江、河、湖、海的大型工矿企业直接运输原材料及输出制成品而设置的专用港口。如大连地区的甘井子大化码头，上海市的吴泾焦化厂煤码头及宝山钢铁总厂码头均属此类。国外也有许多这类港口。

3）渔港

渔港是指为渔船停泊、鱼货装卸、鱼货保鲜和冷藏加工、渔网修补和渔船生产生活物资补给的港口，是渔船队的基地。渔港具有天然或人工的防浪设施，有码头作业线、装卸机械、加工和储存渔产品的工厂（场）、冷藏库和渔船修理厂等。

4）军港

军港是专供舰艇停泊并取得补给的港口，是海军基地的组成部分。军港通常有停泊、补给等设备和各种防御设施等。

5）避风港

避风港是指专为船舶、木筏等在海洋、江河中航行、作业遇到突发性风暴时避风用的港口。避风港除供船舶躲避风浪外，船舶亦可由此取得补给、进行小修等。

3. 按潮汐影响划分

港口根据潮汐影响分为开敞港、闭合港和混合港。

1）开敞港

开敞港的港口内外水位潮汐变化相同。我国沿海和内河港口一般都是开敞港。

2）闭合港

闭合港的港口入口设有闸门，将港内水域与外海隔开。港口水域可不受潮汐变化影响，如英国的伦敦港、利物浦港，荷兰的阿姆斯特丹港。

3）混合港

混合港除了有闭合港池外，也有开敞港池，如比利时的安特卫普港。

4. 按在水运系统中的地位和作用划分

港口按在水运系统中的地位和作用分为世界性港口、国际区域性港口和地区性港口。

1）世界性港口

世界性港口一般是世界各大洲之间大量货物流通的巨大枢纽,大多数国家的贸易货物集中于此,其在世界范围内发挥作用。港口的货物吞吐量或集装箱吞吐量在世界各港中排名在前几十。如我国的上海港、深圳港、天津港、广州港,荷兰的鹿特丹港,美国的纽约港,日本的横滨港、神户港等。

2）国际区域性港口

国际区域性港口是指主要在一个国家周边区域间发挥作用的港口。通常该港口与周边邻近国家的港口有业务上的联系,或是与同一海域的一些国家港口有联系。如我国的南京港、南通港等。

3）地区性港口

地区性港口是指为国内或更小区域的运输船舶服务的港口,也称为内贸港口。一般规模较小,经济影响的辐射面有限,吞吐量也较小。如我国长江上游的一些港口。

5. 按对进出口货物是否要报关划分

港口根据对进出口货物是否要报关分为报关港和自由港。

1）报关港

报关港是指需要向海关办理报关手续的港口。报关是指进出口货物收发货人、进出境运输工具负责人、进出境物品所有人或者他们的代理人向海关办理货物、物品或运输工具进出境手续及相关海关事务的过程,包括向海关申报、交验单据证件,并接受海关的监管和检查等。报关涉及的对象可分为进出境的运输工具和货物、物品两大类。

2）自由港

自由港是指全部或绝大多数外国商品可以免税进出的港口,划在一国的关税国境(即"关境")以外。自由港又称自由口岸、自由贸易区、对外贸易区,这种港口划在一国关境之外,外国商品进出港口时除免交关税外,还可在港内自由改装、加工、长期储存或销售。但须遵守所在国的有关政策和法令。国外的汉堡港、新加坡港和我国的香港港均属于自由港。

港口的划分,随着时间的推移,受国家或地区经济贸易的发展、资源的开发和技术发展等多种因素的影响,某个港口的类型会发生变化。例如在国外,也有根据港口的任务、用途和地位不同,将港口分成若干等级的,如一等港、二等港……又如,根据港口布局是否邻近水域,将港口分为无水港和有水港。无水港(学名为"陆港"),顾名思义,是指"无水的港口",是相对于"有水港"(包括海港和河港)而言的,实际上是指在内陆地区建立的具备类似港口功能的货运站,设置有海关、检验检疫等监督机构。与传统内陆场站相比,货物可以在无水港内"一站式"完成订舱、报关、报检、签发提单、换单、堆存、提箱还箱,实行"异地报关、一次查验、一次放行"的通关模式,相当于把海港搬到了内陆。无水港方便了内陆地区企业办理进出口货运业务,节省了时间和成本,使得内陆地区的企业、沿海港口等多方从中受益,因此自从这种先进的国际运输组织形式出现以来,世界各地已经出现了数百个大大小小的无水港,建设无水港已经成为物流领域一个普遍的趋势。有水港和无水港的主要区别在于:有水港建在水域附近,有水体、码头、船舶;而无水港则建在内陆,不临江、河、湖、海运输水路,没有船舶,但可以通过海铁联运、海公联运、公铁联运、公水联运、水水联运等方式将货物运送到沿海港口,集装箱就可以直接装船出海。

第二节 港口生产活动的主要内容、特点与构成

一、港口生产活动的主要内容

(1) 货源组织。对港口经济腹地进行调查,与货主建立业务上的联系,了解货物与装卸储存相关的特性和客户的服务要求,达成货物在港口的装卸意向或协议。

(2) 针对货物特性和客户的服务要求,研究确定装卸工艺。即确定车船装卸操作方法和规范、货物储存保管方法和标准;制订安全操作规定、货运质量控制标准(要求);准备相应的装卸作业机械、装卸工属具、装卸操作的人力资源。

(3) 制订装卸作业计划。通常有月度生产计划、旬或周生产计划、昼夜生产计划,对各种准备工作提出了时间要求。

(4) 组织并进行货物各种换装所需的装卸作业。

(5) 进行货物的验收、交付和保管,主要由理货部门实施。货物的验收、交付与装卸作业同时发生。

(6) 在港口供应船舶燃料、物料、淡水以及船员生活必需品等。通常由专门供应机构操作。

在上述港口生产活动中,货源组织为港口最重要的生产经营活动,货物各种换装所需的装卸作业和货物的储存保管为港口最根本的生产活动。

二、港口生产活动的特点

为了组织好港口的生产活动,必须充分认识港口生产的特点。概括起来,港口生产活动的特点主要表现在以下几个方面。

1. 产品的特殊性

港口装卸作为交通运输业的一个组成部分,正如马克思所认为的属于物质生产部门,但是其产品有别于一般工业企业的产品,它并不提供实物形态的产品,而只提供完成货物空间位置的转移,使货物从一种运输工具转移到另一种运输工具或者在运输工具与库场之间转移,所以港口装卸企业的产品表现为"货物空间位置的有效转移",提供"装卸储存服务",即所谓的"无形产品"。

2. 生产的不平衡性

由于港口生产活动受自然、社会、经济以及技术等各种因素的影响,因而在不同时期港口生产任务都有可能发生变化,导致不平衡。除此之外,由于港口一般总是和若干个装卸点联系,因此,即使对某个装卸点来说,某种货物发运是平衡的,而几个装卸点合在一起会引起对方港口生产任务不平衡。也就是说,对于一个港口而言,装载货物的船舶和其他运输工具到港的密度和类型,到港货物的数量、品种和流向等都是随机的,产生这种随机性的原因在于,虽然港口活动的各环节之间相互独立,但各种活动本身的规律性受多种因素影响。因此,各种活动的

随机性导致了港口装卸企业的生产任务具有不平衡性。

这种不平衡性表现在到港货物时间上的不平衡、到港货物品种上的不平衡、到港船舶航线的不平衡、到港船型的不平衡、气象因素导致的不平衡等方面。此外,还有其他原因,如锚地检疫、熏蒸、商检、接运工具的配合等。

总之,港口生产的不平衡是经常的、绝对的,而其平衡则是相对的。港口装卸工作中出现的这种不平衡性,必然会涉及港口一系列重要问题的决定,如港口设备的类型和数量、装卸人员的数量确定,港口基本建设的规模等。如果对港口生产不平衡性估计不足、港口缺少必要的储备,会造成港口压船、压货,影响社会效益。然而,如果对港口生产不平衡性估计过高,又会造成港口设备、人力和财力严重浪费,提高装卸成本。港口生产管理者的任务之一,就在于充分而正确地估计不平衡性,在日常生产活动中,采取一切有效的措施,减少各种因素对港口生产活动不平衡性造成的影响,充分利用港口的设备、人力和财力。港口装卸企业的生产调度,就要不断克服这种不平衡,努力实现泊位、装卸机械、库场、人力的均衡使用。

港口生产的不平衡性可以用不平衡系数 $K_\text{不}$ 来反映:

$$K_\text{不} = \frac{\text{最大月吞吐量}}{\text{平均月吞吐量}}$$

由上式可知,$K_\text{不} > 1$。

3. 生产活动的多样性和复杂性

港口生产是一种多工种、多环节联合作业生产。港口的生产目的是满足各种运输需要。因此,经过港口换装、堆存的货物的种类、包装、性质多种多样,运输这些货物的车辆、船舶等运输工具在种类、构造、尺度等各方面也不一致,这就给港口的装卸工艺与生产组织带来了很大的困难。又由于港口是多工种、多环节联合作业,具有联系面广的特点。因此要完成港口的生产任务,不仅要把企业内部各个环节的生产活动有效地组织起来,而且要把生产活动外部,甚至港口外部的与车、船、货作业有关的活动,如引水、燃物料供应、联检、车船接运等很好地衔接起来。显然,环节越多,联系面越广,严密地组织活动也就越困难。

4. 港口生产活动与经济发展的相关性

港口生产活动受地区经济、国家经济,甚至是世界经济的影响与制约较大。由于国民经济各部门的生产数量和产品结构在经常调整、变化,原料、燃料和产品的供需情况也在不断地变动,外贸市场更是瞬息万变,自然灾害又很难预测,因此,港口生产任务,包括数量、结构、流向不可避免地要受客观因素的影响,随着外界因素的变化而经常变动。

5. 生产的连续性

港口装卸生产通常采用昼夜 24h 连续作业方式,一方面,要及时装卸车船,减少车船在港口的停留时间,提高运输工具的运力利用率,以增加社会总运力;另一方面,通过港口的货物,其目的不是滞留港内,而是尽快地转运,进行货物的生产加工或投入市场,所以从社会的宏观经济效益出发,港口应对随时来港的船舶、车辆及时装卸,并且要连续作业,以减少车、船、货在港口的停留时间。

6. 装卸组织的协作性

由于港口是多种运输方式的汇聚点,有许多企业和管理机构在其中运作,从港口生产企业的外部来看,既要和集疏运部门、船东、货主密切联系,又要和海关、边防检查、检验检疫、海事、引航、船舶供应等部门协调;从港口生产企业的内部来看,要协调装卸队、库场、理货等部门各工种的作业,使其形成一个有机的整体,所以港口生产是多部门、多环节、多工种内外协作的过程,具有明显的协作性。港口生产作业的协作关系如图 1-8 所示。

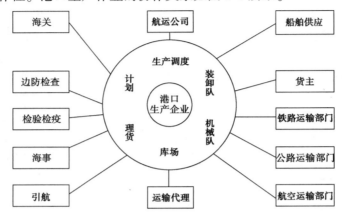

图 1-8　港口生产作业的协作关系

7. 货物运输信息的集聚性

港口作为运输的枢纽、货物的集散地,物流信息将聚集于此,并由此扩散,通过信息引导,使货物有序地转移。因此,港口生产企业对运输过程中所产生的信息流的管理提出了很高的要求,只有港口生产企业的信息流保持通畅,才能保证港口生产的顺利进行,保证来港车、船及时装卸,减少车船的在港停留时间。

8. 生产调度的层次性

目前,我国港口生产调度方式普遍采用两层管理模式,即"港务局(或港口集团公司)—下属装卸分公司"。不同层次上的生产调度职能有较明确的分工。虽然这种模式有利于整个港口资源的合理调配,但也对不同层次之间的工作协调的有效性和及时性造成影响。

由于港口生产活动具有上述特点,港口生产组织变得错综复杂,这就要求有一个能灵活适应港口内外环境变化的生产工艺系统予以支撑,以保证港口生产工作的顺利进行。

三、港口换装作业及其构成

换装作业是港口最主要的生产作业形式,它是指货物从进港到离港在港口所进行的全部作业的综合,它是由一个或者一个以上的操作过程组成的。货物在港口从一种运输工具卸下并装上另一种运输工具,完成一次完整位移的整个过程称为操作过程(或换装过程),它是港口基本的装卸搬运活动。

1. 港口换装作业的形式

港口换装作业一般有两种基本形式,即直接换装形式和间接换装形式。

直接换装形式,也叫直取作业,就是货物从一种运输工具换装到另一种运输工具上,不经过库场堆存保管,如船→车、船→驳(船)等,货物由船上卸下直接装上车辆(或船舶),不再进入库场,或者按相反程序。

直接换装形式,货物在港口的换装作业是由一个操作过程组成的,因此采用直取作业,可以减少操作次数,简化作业环节,减少货物换装所耗费的人力和物力,缩短货物在港滞留时间,并且可以减少占用码头的陆域面积。从这些方面看,理应减少入库场货物的数量,增加直取作业比重。但是,采用直取作业时,由于运载工具到港密度和时间不平衡,车船作业不能很好地衔接,往往造成车船在港停留时间延长。此外,受码头前沿场地的限制,即使车船作业能够衔接,装卸效率往往也难以提高。

间接换装形式,也叫间接作业,就是货物从一种运输工具换装到另一种运输工具的过程中,需要经过库场堆存保管,如船→库场→车、船→库场→驳(船)等,货物先从船上卸入库场经过短期堆存,再由库场装上车辆(或船舶),或者按相反程序。

间接换装形式的优点:不受不同的承载运输工具的衔接因素影响,可以更高效地进行货物运输工具的换装。由于有库场作为换装作业的缓冲,因此,可以弥补各装卸作业环节生产的不平衡。

间接换装形式的缺点:货物在港口的换装作业是由两个操作过程组成的,作业环节多,所用机械设备和人力投入多,对库场需求量大,装卸成本高。货物在港需进行二次生产组织才能完成货物运输方式的转换。

因此,究竟采用间接换装形式还是直接换装形式,要根据具体情况确定。但从目前趋势看,由于船、驳(船)、车、货到发的不平衡,船型的大型化,港区码头专业化,经营市场化等特点,高效化装卸作业成为港口追求的目标、竞争货源的手段。为了保持港口装卸作业的连续性、均衡性,港口的装卸作业多以间接换装形式进行,以减少车船在港等待时间,提高作业效率。在不影响整船装卸效率的情况下,也尽可能采用直接换装形式,以降低生产成本及生产对机械和人力的需求。

2. 港口换装作业的操作过程及其构成

货物在港口的换装作业,是由一个或者一个以上的操作过程来完成的,如图1-9所示。操作过程是根据一定的装卸工艺,货物在车、船、库场之间完成一次完整位移所进行的装卸搬运作业过程。除船舶、车辆和库场之间的装卸搬运作业外,货物在港口堆存期间,根据需要也可能进行库场之间的搬运,这一类作业也应视为一个单独的操作过程。同一库场内的倒垛、转堆属于库场整理性质,与翻舱,散货的拆、倒、灌、绞包,摊晒货物等同属于装卸辅助作业,均不计为操作过程。

因此,港口货物操作过程可归结为以下几种:
(1)船→船(卸船装另一艘船);
(2)船→车、驳(卸船装车或装驳、卸车或卸驳装船);
(3)船→库、场(卸船入库或场、出库或场装船);
(4)车、驳→库、场(卸车或卸驳入库或场、出库或场装车或装驳);
(5)车、驳→车、驳(卸车或卸驳装另一辆车或另一艘驳);
(6)库、场→库、场(库或场之间的倒载搬运)。

港口为了做好各环节之间的衔接与配合,实现装卸作业机械化和合理的劳动组织,港口又将操作过程划分为若干个作业工序(又称操作工序)。作业工序一般是指一定数量的码头工人(机械司机)在一个工作地段完成货物局部位移的作业过程。作业工序是操作过程的基本单元,是港口装卸作业的基本生产环节。

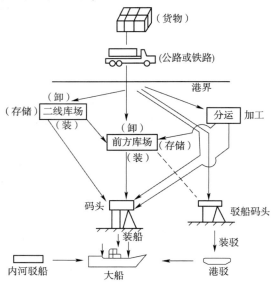

图1-9 货物在港口的换装作业操作过程

港口操作过程中的作业工序,主要是依据货物所处的地点(或位置)是否发生变更或转移运输工具来划分的,是形成装卸工艺流程的基础。

通常港口的操作过程划分为以下几个作业工序。

(1)舱内作业工序。其是指货物装船和卸船时,在船舱内进行的货物装卸及辅助作业。主要内容包括在舱内的摘挂钩、拆码货组、拆码垛及平舱、清舱等作业。舱内作业工序一般由人力来完成,随着机械化程度的提高,舱内作业工序部分逐渐由机械来完成。

这一作业环节是整条作业线中劳动强度最大、作业最困难,且最易形成"瓶颈"的工序。因此,在组织船舶装卸作业时,应尽量使用工属具、装卸机械代替人工劳动,以提高作业线的效率。

(2)起落舱作业工序。其是指货物在装船和卸船时,货物从船舱到岸、岸到船舱、船舱到车辆、车辆到船舱以及船舱到船舱的起舱或落舱作业。主要内容是起重机的吊装作业,包括起舱和落舱的摘挂钩等。一般情况下,起落舱作业工序由机械来完成,但有时也需要人力辅助来完成。

(3)水平搬运作业工序。其是指货物在码头前沿、库场、车辆之间水平搬运作业。它是连接码头、库场与车辆之间的中间作业工序,在组织船舶装卸作业时,应与起落舱作业工序相互协调。主要内容包括搬运机械的运输搬运和装卸、摘挂钩或人力的肩挑、抬运等,搬运作业分水平作业和上下坡作业。

(4)车内作业工序。其是指货物在装车和卸车时,在铁路车辆和汽车车厢内进行的货物装卸及辅助作业。主要内容包括装卸车时货物的上下搬动、摘挂钩、拆做货组、车内的堆拆码垛作业等。

(5)库场作业工序。其是指在仓库、货棚或露天货场进行的货物装卸、搬运、堆垛、捣垛等作业及辅助作业。主要内容包括堆拆码垛、摘挂钩、供喂料、拆做货组等作业。对于高层仓库还包括上下楼作业。

第三节　港口装卸工作的主要指标

港口装卸工作的指标是反映港口生产经营活动状态和生产经营目标的数值。以数值表示的信息，可以全面、客观地反映和衡量港口生产活动效果，为研究、分析、评价港口工作、生产经营完成任务程度以及质量提供依据。管理者通过这些信息了解港口生产经营活动，并根据这些信息监督与控制港口生产经营活动的进行。国家也可通过统计分析指标来了解港口企业生产经营活动情况，港口企业则通过指标分析来了解企业的经营状况，并为制订企业的战略决策提供依据。

港口装卸工作的指标按用途可分为计划指标和统计分析指标。计划指标是指港口在计划期内要达到的具体目标和水平；统计分析指标是指港口在一定时期内已经达到的经营活动的水平。

港口装卸工作的指标按性质可分为数量指标和质量指标两大类。

数量指标又称总量指标。它是反映港口生产经营活动应达到或已经达到的数量上的要求，它反映现象的总体规模、水平或工作总量，通常用绝对数表示。港口作业中主要的数量指标有吞吐量、装卸自然吨、操作吨、堆存货物吨天数、泊位数、库场总面积、利润总额等。

质量指标是反映港口生产经营活动应达到或已经达到的质量上的要求，是两个数量指标相除所得的结果，通常用相对数或平均数表示。例如，比例、比值、百分率等。港口作业中主要的质量指标有装卸工人劳动生产率、船舶装卸效率、操作系数、直取比重、船舶平均每装卸千吨货在港停时、泊位占用率、不平衡系数、单位装卸成本、装卸机械利用率、库场容量运用率、固定资产利用率等。

数量指标与质量指标是相互关联的：数量指标是质量指标的基础；任何质量指标都是数量指标与时间、数量指标与数量指标之间的比值；它们是相辅相成、相互促进、相互制约的；没有数量，也就没有质量；没有质量，也就无所谓数量。只有把二者有机地结合起来，才能反映港口工作的全貌和目标，才能正确反映港口工作的全部特征。

由于港口装卸工作的指标较多，这里主要介绍与港口装卸工作有关的一些主要指标，其他指标可参见其他有关书籍，这里不一一介绍。

港口装卸工作的主要指标的内容包括两个方面，即吞吐量和港口装卸工作量指标。

一、吞吐量

港口吞吐量分为旅客吞吐量与货物吞吐量。

旅客吞吐量是指经水运乘船进、出港区范围的旅客人数，其计量单位为人次。

货物吞吐量是指经水运部门运进、运出港区范围并经装卸的货物数量。货物吞吐量是表明港口规模和能力、综合反映港口生产面貌的指标。它一方面反映了港口在国民经济中以及在国际上的地位;另一方面在一定程度上反映了港口经营管理的综合水平。在港口装卸工艺设计中,货物吞吐量是衡量港口生产任务大小的主要数量指标,也是港口发展规划、码头与装卸工艺扩建和改建的主要依据。

货物吞吐量由出口吞吐量和进口吞吐量两部分组成。出口吞吐量是指从本港装船运出港口的货物数量。进口吞吐量是指由水运运进港口卸下的货物数量。

货物吞吐量的计算方法:

(1)自本港装船运出港口的货物,计算一次出口吞吐量;

(2)由水运运进港口卸下的货物(包括建港物资),计算一次进口吞吐量;

(3)由水运运进港口经装卸又从水运运出港口(包括船→岸→船,船→船)的转口货物,分别按进口和出口各计算一次吞吐量;

(4)凡被拖带或流放的竹、木排,在本港进行装卸(包括拆、扎排),分别按进、出口计算吞吐量;

(5)补给国内、外运输船舶的燃物料(不包括船用淡水及生活用品),计算一次出口吞吐量;

(6)对邮件及办理托运手续的行李、包裹,计算进口或出口吞吐量。

货物吞吐量必须以该船需在本港装卸的货物全部卸完、货物装妥并办完交接手续后一次进行统计。

下面一些情况不能计算为货物吞吐量:

(1)由同一船舶运载进港,未经装卸又运载出港的货物(包括原驳换拖);

(2)由同一船舶卸下,随又装上同一船舶运出港口的货物;

(3)由本港装船未运出复又卸回本港的货物;

(4)本港港区范围内的轮渡、短途运输货物以及为运输船舶装卸服务的驳运量和各码头之间的驳运量;

(5)港口进行疏浚运至港外抛弃的泥沙及其他废弃物;

(6)在同一市区内港与港之间的货物运输;

(7)路过的竹、木排,在港进行原港加固、小排并大排或大排改小排等加工整理的;

(8)渔船或其他船舶直接自江、海、船舶中捕捞运进港口的水产品以及挖掘的河泥。

货物吞吐量是按运输单据上记载的实际重量统计的,其计算单位是吨。在某些情况下如按实际重量计算有困难,也可以根据船舶装卸情况,合理推算或按船舶吃水估算重量。木材可按立方米计算吞吐量,集装箱可按标准箱计算吞吐量。

二、港口装卸工作量指标

港口装卸企业的主要生产活动是货物的换装,港口装卸工作进行得怎样,可以通过港口装卸工作量指标来反映。港口装卸工作量指标主要包括装卸自然吨、操作吨、操作系数、直接换装比重、装卸作业机械化比重、装卸工时产量(效率)、装卸工班效率、舱时量、船舶在港时间、船舶平均在港时间等。

1. 装卸自然吨

装卸自然吨是指进、出港区并经装卸的货物数量,计算单位是吨。其反映港口装卸货物的理论数量。一吨货物从进港至出港（包括进港后不再出港、在港区内消耗的物资），不论经过几个操作过程，均只计算一个装卸自然吨。

装卸自然吨与吞吐量之间的最大区别就在于水运中转货物，在港口进行换装作业时，每一装卸自然吨计算为两个吞吐量。

装卸自然吨不随装卸工艺的变化而改变数值。因此，装卸自然吨通常作为计算港口装卸成本的计量单位。

2. 操作吨

操作吨也称操作量，是指每通过一个操作过程，所装卸搬运的货物数量，计算单位为吨。在一个既定的操作过程中，一吨货物不论经过几组工人或几部机械操作，也不论搬运距离远近，是否有辅助作业，均只计算一次操作吨。

同一库场内的倒垛、转堆属库场整理性质，与翻舱，散货的拆、倒、灌、绞包，摊晒货物等同属于装卸辅助作业，一律不得计算为操作吨。

操作吨是反映装卸工作量的数量指标。操作吨是港口制订定额、编制生产计划、作业计划、确定劳动力及机动设备数量的依据。编制计划时，操作吨是根据吞吐量与各种货物操作方案，通过操作系数确定的。在统计时，则是根据报告期内实绩累计求得的。

3. 操作系数

操作系数是操作吨和与之相应的货物装卸自然吨之比。操作系数是考核港口装卸工作组织是否合理的主要质量指标之一，用以测定每吨货物在本港各作业区内的平均操作次数。

由于每吨货物通过港口至少要经过一次装卸，因此操作系数不会小于1。如果港口全部装卸工作均以直接换装的形式进行（如船→船或船→车），则操作系数等于1。但实际上，由于水路运输工具不能完全衔接换装，因此，必须有一部分货物要进入仓库或堆场暂时保管，然后运出港口，在这种情况下操作系数大于1。其计算公式如下：

$$操作系数 = \frac{操作吨}{装卸自然吨}$$

在一般情况下，操作系数小的港口，直接换装比重就大，需要的库场相对较少，同时也反映货物在港口进行换装作业耗费的劳动量少，换装的成本也较低，通常这应该是港口追求的目标。但是这也必须由实际情况确定，不能盲目地追求这项指标的降低。例如，在车船衔接不好的情况下，为了确保船期或提高装卸车船的效率，港口必须有适当的堆存能力。

4. 直接换装比重

直接换装比重是指直接换装的装卸自然吨在港口总装卸自然吨中所占的百分比，又称装卸作业直取比重。其计算公式：

$$直接换装比重 = \frac{直接换装的装卸自然吨}{总装卸自然吨} \times 100\%$$

直接换装比重是反映港口组织工作水平的质量指标之一。提高直接换装比重，能节约劳动力，加速车、船的周转周期。

5. 装卸作业机械化比重

由于一个完整的操作过程一般由多个作业工序组成，每经过一个作业工序所装卸搬运的货物数量称为作业工序吨,计算单位为吨。作业工序吨是装卸作业量的计量单位。在规定的一个作业工序中,完成1t货物的操作,计算为1个作业工序吨。一个作业工序中装卸操作有机械作业的,也有人工作业的。采用机械作业装卸搬运的货物数量称为机械作业工序吨;采用人力作业装卸搬运的货物数量称为人力作业工序吨。

装卸作业机械化比重是装卸作业中机械作业所占的百分比。其公式为:

$$装卸作业机械化比重 = \frac{机械作业工序吨总和}{总工序吨} \times 100\%$$

装卸作业机械化比重反映港口装卸作业的机械化程度。

例题 1-1 某港口组织到 50 万吨煤,全部通过水运部门运进港,其中 25 万吨在码头上直接装车运走,25 万吨卸船进堆场。再从堆场装船运走 15 万吨,剩下的装车运走,整个操作过程,全部由机械操作完成。试求下列指标:吞吐量、装卸自然吨、操作吨、操作系数、直接换装比重、装卸作业机械化比重。

解: 吞吐量 $= 50 + 15 = 65$(万吨)

装卸自然吨 $= 50$(万吨)

操作吨 $= 25 + 25 + 25 = 75$(万吨)

操作系数 $= 75 \div 50 = 1.5$

直接换装比重 $= 25 \div 50 \times 100\% = 50\%$

装卸作业机械化比重 $= 100\%$

6. 装卸工时产量(效率)

装卸工时产量是指每一参加装卸的工人实际从事装卸作业 1h 所完成的操作吨,单位是 t/工时。计算公式如下:

$$装卸工时产量 = \frac{Q_{操}}{N_{工时}}$$

式中:$Q_{操}$——与装卸工时数相对应的操作吨(t);

$N_{工时}$——装卸作业工时总数(工时)。

一个劳动者工作 1h 为一个工时。装卸作业工时数是参加装卸作业的工人从配工(指码头生产管理部门为装卸货物,根据一定操作过程,选择机械和装卸工人的工作)开始到作业完毕的全部工时数。

装卸工时产量也是反映港口装卸工人生产率的指标之一。货种结构、船型结构和操作过程的组成对装卸工时产量的水平影响很大。

例题 1-2 某港口作业区有司机 10 人;操作 20 台机械,统计期为 7 天(一周),统计该港口的司机装卸效率,在这一周内操作量为 10 万吨,周一至周五正常上班,工作 8h,周六、周日因港口船多加班至 10h。在这一周内,有 2 个工人因感冒周三下午休息只工作了 4h。求这一周的装卸工时产量。

解: 工时数 $= 8 \times 10 \times 5 + 10 \times 10 \times 2 - 4 \times 2 = 592$(工时)

$$装卸工时产量 = \frac{操作吨}{装卸作业工时总数} = 100000 \div 592 = 168.9(t/工时)$$

7. 装卸工班效率

装卸工班效率是指每一装卸工班所完成的操作吨,单位是 t/工班。其计算公式如下:

$$装卸工班效率 = \frac{操作吨}{装卸工班数}$$

装卸工班数是指装卸工人从事装卸工作的工班数(8h 为一个工班)。装卸工班效率也是反映港口装卸劳动生产率的指标之一。

8. 舱时量

舱时量是指平均每个舱口在一小时内所完成的装卸货物吨位,也称船舱装卸效率,单位是 t/舱时,可按下列公式计算:

$$舱时量 = \frac{装卸货物总吨位}{船舶各舱口实际装卸作业小时总和}$$

9. 船舶在港时间

船舶在港时间是指船舶从抵港时间开始至离港时间为止的全部时间。

10. 船舶平均在港时间

船舶平均在港时间是指在一定时间内,船舶从进港时起至出港时止,平均每艘船在港的时间,单位是天。可按下列公式计算:

$$船舶平均在港时间 = \frac{船舶在港总艘天数}{船舶在港总艘次数}$$

第四节 港口通过能力

港口通过能力是港口最重要的营运性能指标。从营运的角度来看,它是港口编制生产计划、合理安排作业人员、使用机械设备的依据。从设计和规划的角度来看,它是确定港口建设的基础。货运量、货物运输周期以及运输费用,都取决于港口通过能力以及利用程度。因此,港口应充分发挥其多功能的作用,综合各种生产要素的优势,选择合理的装卸作业线,来提高港口通过能力。

一、港口通过能力的概念

港口通过能力是指在一定的技术装备和劳动组织条件下,港口在一定的时间(年、月、日)内装卸船舶所载货物的额定数量,又称港口吞吐能力,以 t 表示。它综合地反映港口的生产能力。在编制生产计划时要分析和预测港口通过能力。当港口吞吐任务大于港口通过能力时,必须采取提高港口通过能力的措施,才能保证生产任务的完成。港口通过能力过大,生产任务不足,无疑是一种浪费,这也是港口生产成本增加的主要原因之一。

港口通过能力有设计通过能力和实际通过能力之分。设计通过能力通常是指港口初建时按规划设计要求建设形成的能力。实际通过能力是指港口在营运使用过程中,随着经济贸易的发展、技术进步和市场供求物流变化,进出港口的货物种类、构成、流量、流向和港口的技术装备、生产组织水平也会发生相应的变化,由此而重新核定的通过能力。港口的实际通过能力应该随着货源条件变化和港口技术装备的更新、改造和扩大,及时地重新进行核定。

港口通过能力是指由泊位、库场、集疏运各环节通过能力合理组合而构成的综合能力,通常分为泊位通过能力、库场通过能力、集疏运通过能力。

泊位通过能力是一个泊位在一年中能够装卸货物的最大吞吐量,以 t 表示。泊位通过能力是测算港口通过能力的基础。其大小取决于货物的种类及流向、装卸设备及装卸效率、船舶类型及船舶到港不平衡情况、泊位年工作天数、管理水平等多种因素。确定了泊位通过能力,在港口规划建设中,根据港口吞吐量,就可以计算需要的泊位数量和码头岸线的长度。

库场通过能力是港区仓库或货场在一年中能够通过的最大货物数量,以 t 表示。库场能力是港口通过能力的重要组成部分。它与库(场)的有效面积、单位面积堆存量及货物平均堆存期等许多因素有关。

集疏运通过能力是港口将货物聚集或疏散的各类运输工具(或方式)的能力。在港口,大量货物由船舶运进运出港口,需由水路、铁路、公路用运输工具将货物聚集起来或疏散出去。港口的集疏运通过能力需要与主要水运(一般指长途)能力保持平衡或稍有富余,才能使港口经常保持畅通而不致发生阻塞或导致水运能力的浪费。

其中泊位通过能力是最主要的,其他方面的通过能力一般均应与之配套设置。因此,港口通过能力通常是港口所有泊位通过能力的总和。

二、影响港口通过能力的主要因素

港口通过能力主要取决于港口的货源条件,包括货物种类、构成、流量及流向,所配置的技术装备水平,包括泊位、库场、公路及铁路专用线、装卸及输送机械等的数量、专业化程度、港口总体布置的合理水平,以及装卸工艺、劳动作业组织、车船衔接、调度等生产组织管理水平。同时,也受港口气象、水文地质、航道、岸线等水域和陆域条件的影响和制约。

影响港口通过能力的主要因素具体包括:

1. 货物

货物对港口通过能力的影响主要表现为,不同种类的货物及其特性,包括货物批量、包装形式、单件质量、运输形式(如散装、包装等)、在流向和时间上的分布特征等。

货物到港的不平衡程度对设计通过能力不会产生影响,但会影响实际通过能力。吞吐量一定时,货物到港越均衡,设备的合理利用率也就越高。

在相同的装卸设备条件下,不同种类的货物或不同流向的同类货物,其装卸效率是不同的。因此,为解决货物对港口通过能力的影响,在计算港口通过能力时,总是以货种和流向结构一定作为前提条件。

2. 港口总体布局和码头专业化程度

港口总体布局包括码头的布置,水域、陆域面积,库场与码头泊位的相对位置,作业区的划分以及港内交通线路的布置等。港口的总体布局合理,不仅能充分利用港区的自然条件,而且能使船舶方便、安全地进出港区、靠离码头、进行作业。由于水陆运输线路在港内衔接良好,使港口与内陆和城市有便利的交通联系,内河船和海船、车辆与船舶能尽可能靠近,这就有可能提高船舶装卸效率,充分利用泊位生产能力。港区布置紊乱,不仅会造成船舶在港作业过程中的多次移泊,而且可能造成多作业环节的相互干扰,进而影响装卸效率,限制港口的通过能力。因此,港口总体布局关系装卸效率和泊位生产能力,并直接影响港口的通过能力。

码头专业化是建立在码头专业分工基础上的,专业化的目的是显著提高装卸船舶的效率,降低装卸与运输成本。由于结合了货种、流向以及船型、车型,选择完善的高效率装卸机械设备,装卸船舶效率必然会成倍提高。例如,集装箱码头装卸集装箱船舶的通过能力是普通杂货码头通过能力的数倍,就是这方面最好的说明。但专业化也是有条件的,这个条件就是必须具有一定的吞吐量,否则,就算通过能力很大,也不能很好地发挥作用。

3. 港口设施与设备

港口设施与设备是港口企业进行生产经营活动的物质基础,包括码头、泊位、仓库、堆场、装卸机械、锚地、港池、进港航道等。其规模、类型、数量、性能和技术状态等是影响港口通过能力的主要因素,均直接影响港口生产系统各环节,并决定港口通过能力。

4. 港口装卸运输工具

港口装卸运输工具主要是船舶和车辆。这些运输工具的类型、性能和作业条件等也是影响港口通过能力的重要因素。

船舶的主要尺度、载质量、舱口数、各船舱载货的不平衡程度,船舱结构、舱口面积及其与船舱面积之比,船上装卸设备的类型、数量、起重量与速度等,车辆的型号、载质量、长度以及车辆来港后的管理方式等,均影响港口的装卸效率,从而影响港口通过能力。

5. 装卸工人及装卸机械司机的数量和素质

直接参加装卸作业的装卸工人及装卸机械司机,在生产中起着主导作用。他们的作用通过设备在时间上的利用程度以及装卸效率体现出来。因此他们的技术水平、数量、积极性的发挥程度以及劳动组织形式都会直接影响港口通过能力。

6. 港口自然条件

风、雨、雾、雪、气温、水位和潮汐等自然因素将直接影响港口工作的时间和营运期的长短,并对船舶靠泊作业、作业条件和作业时间等产生很大的影响,从而直接影响装卸效率和港口通过能力。

7. 企业领导素质和生产经营管理水平

企业领导素质和生产经营管理水平,决定着生产组织的合理性,并关系港口技术设备效能的发挥和劳动力的合理安排,同时也关系港口企业内部和外部各环节的衔接和协调,这些都直接影响港口通过能力。

8. 其他

港口的作业班次、港口内外协作的好坏等,都直接或间接地影响装卸作业的时间和装卸效率,从而影响港口通过能力。

三、提高港口通过能力的途径

提高港口通过能力的主要途径可归纳为两方面:一方面是扩大和加速港口基本建设规模。例如增加建设具有先进水平的码头泊位和库场、增加先进的装卸设备数量。另一方面是挖掘企业潜力。挖掘企业潜力是一项经常性的措施,也是投资少、见效快的措施,在港口管理中占有重要的地位,它包括加强生产组织、提高管理水平、充分调动职工和有关单位的积极性、开展技术革新、充分发挥各项设施和设备的生产能力等。

通过挖掘企业潜力来提高港口通过能力的主要途径有:

1. 提高企业领导和职工的素质

只有提高企业领导和职工的素质,才能提高广大员工的生产组织能力、创新能力、竞争能力,提高工作效率和技术水平,从而提高港口通过能力。

2. 加强生产组织,提高企业管理水平

加强生产组织,合理制订装卸工艺流程和货物装卸操作规程,按劳动定额组织装卸生产,缩短车、船在港停留时间,提高企业管理水平,从而提高港口各环节的通过能力。

3. 采用自动化设备和信息化管理系统

港口的生产、管理采用自动化设备和信息化管理系统,可以实现高效、安全、可靠的运营。例如集装箱自动化码头,自动化设备和控制系统由电脑控制岸桥来装卸集装箱,用无人驾驶的自动化引导运输车运输集装箱。与人工作业相比,自动化装卸设备减轻了工人的劳动强度,一个人可以操控多台集装箱起重运输机械,大大提高了工作效率,提升了集装箱通过能力,从而使港口运营效率得到进一步提高。

4. 加强装卸设备的技术管理

加强装卸设备的技术管理,提高设备的完好率和利用率,保证设备处于良好的技术状态,为提高装卸机械能力和港口通过能力创造条件。

5. 加强港口集疏运工作

提高集疏运通过能力和库场通过能力,缩短货物平均堆存期,按时集中和疏运货物,并制订切实可行的管理方法,保证货主及时提货。

6. 加强港口内部和外部各环节之间的协作

加强港口内部和外部各环节之间的协作,保证港口生产的连续性,组织均衡运输和均衡生产,提高工作效率、设备效率和劳动效率,减少港口工作的不平衡性,提高港口通过能力。

7. 注重港口合理布局

建设专业化和通用化泊位,使大、中、小泊位合理配套,既满足不同船型、不同货物装卸作业的不同要求,又大大提高船舶装卸效率。压缩车、船在港停留时间,从而提高港口通过能力。

练习与思考

一、填空题

1. 港区是为保证港口生产、经营需要,按照港口规划,经政府批准而划定的水域和陆域。其一般分(　　)港区和(　　)港区。
2. 将港口划分为几个相对独立的装卸生产单位,称为(　　)。
3. 港口由一定范围的水域和陆域组成。港口水域主要包括船舶进港航道、港池和锚地等,它由(　　)水域、(　　)水域组成。港口陆域建有码头(　　)、码头前沿、港口仓库和(　　)、港区铁路和公路,并配有装卸和运输机械,以及其他必要的生产和生活设施等。
4. 港口是各种运输方式的集合点,是运输的枢纽,它有许多功能,其最基本的功能是(　　)。
5. 港口按照其所在地理位置可分为海港、(　　)、河口港、湖港、水库港等。港口根据用途可分为(　　)、工业港、渔港、军港和避风港。
6. 货源组织为港口最重要的生产经营活动,货物各种换装所需的(　　)作业和货物的储存保管为港口最根本的生产活动。
7. 在港口货物从一种运输工具换装到另一种运输工具上,不经过库场堆存保管,这种换装形式称为(　　);货物从一种运输工具换装到另一种运输工具的过程中,需要经过库场堆存保管,这种换装形式称为(　　)。
8. 货物在港口的换装作业,是由一个或者一个以上的操作过程来完成的,而操作过程划分为若干个(　　)。
9. 港口通过能力是由港口的(　　)通过能力、(　　)通过能力、(　　)通过能力,以及港口作业船舶等各环节合理组合而构成的综合能力。
10. 提高港口通过能力的主要途径可归纳为两方面:一方面是扩大和加速港口(　　)规模,例如增加建设具有先进水平的码头泊位和库场、增加先进的装卸设备数量。另一方面是(　　)。

二、选择题

1. 港口的基本组成部分不正确的是(　　)。
　　A. 港口水域　　B. 港口陆域　　C. 陆域设施　　D. 船舶
2. 按所在地理位置分,港口可分为海港、河港、(　　)、湖港、水库港等。
　　A. 商港　　B. 工业港　　C. 河口港　　D. 渔港
3. 我国沿海对外开放城市的港口属于(　　)。
　　A. 商港　　B. 工业港　　C. 河口港　　D. 渔港
4. 主要为客货运输服务的港口是(　　)。
　　A. 商港　　B. 工业港　　C. 河口港　　D. 渔港
5. 长江上的南京港是(　　)。
　　A. 河口港、商港、报关港、地区性港
　　B. 海港、工业港、自由港、混合港、世界性港

C. 河口港、工业港、闭合港、报关港、世界性港
　　D. 河港、商港、报关港、开敞港、国际地区性港

6. 由水运部门运进、运出港区范围并经装卸的货物数量,称为(　　)。
　　A. 港口通过能力　　　　　　B. 港口吞吐能力
　　C. 货物吞吐量　　　　　　　D. 吞吐量

7. 反映港口生产经营活动的效果和工作质量的指标是(　　)。
　　A. 数量指标　　B. 质量指标　　C. 吞吐量指标　　D. 吨位指标

8. 在一定的技术装备和劳动组织条件下,港口在一定的时间(年、月、日)内装卸船舶所载货物的额定数量,称为(　　)。
　　A. 吞吐量　　　　　　　　　B. 货物吞吐量
　　C. 港口通过能力　　　　　　D. 操作吨

9. 数量指标以(　　)表示。
　　A. 绝对数　　B. 相对数　　C. 船舶吨位　　D. 吞吐量

10. 缩短船舶在港停泊时间的关键是(　　)。
　　A. 缩短船舶装卸时间　　　　B. 减少载货量
　　C. 采用小吨位船　　　　　　D. 改进设施

11. 货物在港口的换装作业,是由一个或者一个以上的操作过程来完成的,而每一个操作过程又划分为若干个(　　)。
　　A. 操作方法　　B. 装卸组织　　C. 作业技术　　D. 作业工序

12. 在港口企业生产过程中,由于受船、车、港、货的不平衡特点的影响,港口装卸作业大部分是以(　　)形式进行的。
　　A. 直接换装　　B. 间接换装　　C. 随机　　D. 计划

13. 港口装卸过程中,直接换装的货物自然吨在港口总装卸自然吨中所占的百分比,称为(　　)。
　　A. 间接换装比重
　　B. 直接换装比重(或装卸作业直取比重)
　　C. 操作系数
　　D. 换装作业效率

14. 港口生产的(　　)要求港口生产各主要环节之间和作业线上各工序之间,以及生产能力中的人员、设备等各方面配合得当;同时还要保证装卸的各种运输工具之间配合得当。
　　A. 连续性　　B. 协调性　　C. 标准性　　D. 经济性

15. 某海船运大米10000t到港卸货,其中2000t直接换装上河船运走,1500t在码头上直接装车运走,其余的大米卸船进库,再从库装车运走。试计算完成上述装卸任务所产生的下列问题:
　　(1)吞吐量为(　　)t。
　　　A. 12000　　　B. 10000　　　C. 8000　　　D. 14000

（2）装卸自然吨为（　　）t。
　　A.8000　　　　B.10000　　　　C.12000　　　　D.14000
（3）操作吨为（　　）t。
　　A.13000　　　B.15000　　　　C.16500　　　　D.17000
（4）直接换装比重为（　　）。
　　A.30%　　　　B.32%　　　　　C.35%　　　　　D.40%
（5）操作系数为（　　）。
　　A.1.5　　　　B.1.55　　　　　C.1.6　　　　　 D.1.65

三、判断题

1.港口作业区简称港区，所以港区和港口作业区的区域范围相同。
（　　）
2.一般建在江河沿岸的港口由一定范围的陆域组成。（　　）
3.位于大江、大河入海口处的港口称为海港。（　　）
4.商港是以一般商船和客货运输为服务对象的港口。（　　）
5.我国沿海和内河港口一般都是闭合港。（　　）
6.货源组织为港口最重要的生产经营活动，货物各种换装所需的装卸作业和货物的储存保管为港口最根本的生产活动。（　　）
7.港口生产活动受地区经济、国家经济，甚至是世界经济的影响与制约较大。（　　）
8.由于间接换装作业环节多，所用机械设备和人力投入多，对库场需求量大，装卸成本高，所以港口的装卸作业多以直接换装形式进行。（　　）
9.货物在港口的换装作业，是由一个或者一个以上的作业工序来完成的。（　　）
10.港口的每个操作过程都由舱内作业工序、起落舱作业工序、水平搬运作业工序、车内作业工序和库场作业工序组成。（　　）

四、简答题

1.什么是港口？港口的组成有哪些？港口有哪些主要设施？各有什么作用？
2.简述港口的功能和作用。
3.港口的类型有哪些？
4.简述港口生产活动的特点。
5.港口换装作业的形式有哪些？各有何特点？
6.什么是操作过程？港内货物操作过程主要有哪些？
7.什么是作业工序？港口操作过程中有哪些作业工序？
8.港口装卸的主要指标有哪些？简述其概念和意义。
9.什么是港口通过能力？影响港口通过能力的因素有哪些？
10.提高港口通过能力的途径有哪些？

第二章
CHAPTER TWO
港口装卸工艺概述

📖 **知识目标**

1. 了解港口装卸工艺的发展概况。
2. 理解港口装卸工艺的概念、作用、分类与内容。
3. 了解港口企业装卸工艺的部门设置；理解港口装卸工艺人员的主要职责、装卸作业技术标准。
4. 掌握影响港口装卸机械设备选型的主要因素。
5. 理解并掌握港口装卸工艺合理化原则。

 能力目标

1. 具备港口装卸工艺的基础知识和基本能力。
2. 具备港口装卸机械设备设计选型能力。
3. 具备港口装卸工艺合理化的分析应用能力。
4. 具备港口工艺人员的业务知识和能力。

📚 **素质目标**

1. 具备从事港口装卸工作需要的职业理想、职业道德、职业素养。
2. 具备从事港口装卸工作的科学思维方法，提高分析问题和解决问题的能力。
3. 培养从事港口装卸工作所需的敬业、精益、专注、创新的工匠精神。

第一节　港口装卸工艺的发展

港口装卸工艺是水运工艺的重要组成部分，是整个运输系统的一个不可分割的环节，重大装卸工艺的技术改造，必须和货物、运输工具等的改革结合起来进行。港口装卸工艺随着水运事业的发展而发展。

一、港口装卸工艺的发展概况

1. 液体货装卸运输工艺发展

液体货是指液体状装卸运输和储存的货物,主要货品为石油及成品油、液化气及化学品等。就石油运输来说,用油船散装运输石油现在已是习以为常的运输方法。但在19世纪,石油曾经有过桶装运输的历史。正因为如此,石油的计量单位"桶"沿用至今。石油运输从桶装(图2-1)改为散装以后,才有可能发展为用油船运输,以及用泵、管道、油罐来输送、装卸和储存的新工艺,如图2-2所示,劳动生产率由此得到极大提高。这是水运工艺发生的第一次革命,这次重大的工艺变化促进了现代超级油船的诞生。目前,除石油装卸散装运输外,其他大宗液体货绝大多数也是如此。

图2-1 桶装石油

图2-2 散装石油装卸

2. 散货装卸运输工艺发展

水运工艺的第二次革命是在第一次世界大战将结束时发生的。这次革命使粮食由袋装装卸改为散货装卸,如图2-3和图2-4所示。粮食改为散装以后,才有可能采用连续性的输送装置和机械化粮食筒仓来装卸和储存,并为大型散粮运输船舶的发展提供了条件。件货改为散装运输以后,大大提高了劳动生产率。据估计,散货的运输和装卸劳动生产率为件货的10～20倍。此外,在节约包装费用、降低运输费用等方面均取得了良好的效果。

图2-3 袋装粮食装卸

图2-4 散粮装卸

3. 件杂货装卸运输工艺发展

件杂货货种、包装及外形复杂,而大多件杂货又是以散件形式运输装卸的,因此件杂货装卸存在着装卸效率低、装卸作业费工费时的问题。解决途径之一是成组件杂货装卸运输,即将零散件杂货集并成组,成为重量较大、规格较统一、便于机械化装卸的货组,进行装卸运输。由于货物单元的扩大,人工堆码货组的作业次数大大减少,作业过程中装卸搬运机械一次转运的货物重量显著增加,从而促进了劳动生产率的提高和船舶装卸时间的缩短。例如,我国生铁块用网络成组运输,舱时量为未成组的140%,工时效率为未成组的3.5倍。

4. 集装箱装卸运输工艺发展

扩大货物单元的进一步发展是集装箱运输,由此引起了水运工艺的第三次革命。集装箱水上运输始于1956年,经过了数十年的发展历程,集装箱装卸运输快速发展。目前,集装箱装卸运输几乎要替代传统的件杂货装卸运输,集装箱装卸运输的发展使传统的件杂货装卸运输进一步萎缩。集装箱装卸运输提高了码头的生产效率,平均装卸效率为一般件杂货码头的10多倍。寻求货物单元扩大的努力并没有到此为止,人们还在继续寻找货物单元扩大化的方法。从某种程度上讲,载驳船和分节驳也是由不断寻求货物单元扩大化而产生的。

随着科学技术的发展,港口集装箱装卸运输工艺向专业化、自动化、信息化、智能化方向发展,更多集装箱自动化码头不断出现。

5. 货物运输工具的发展

船舶与港口是水运系统两个紧密联系的环节,而其中船舶又是主导环节,因此港口装卸工艺的现代化总是和运输工具的特性和结构的变化相联系的。随着运输生产专业化的发展,水运方面出现了各种各样的专业化船舶,如成组运输船、集装箱船、铁路渡轮、滚装船、载驳船、浆化运输船、散货自卸船、液化天然气(LNG)船(图2-5)、液态石油气(LPG)船(图2-6)等。铁路方面,则出现了大吨位专业化的各种车型,如采用翻车机不摘钩卸车的散货车辆。

图2-5　液化天然气(LNG)船　　　　　图2-6　液态石油气(LPG)船

专业化运输工具的出现改变了货物装卸的传统观念,促进了港口装卸工艺与运输更为紧密的结合。当我们把整个社会作为一个大系统来看待的时候,运输、水运、港口装卸就相应是各层次的子系统,装卸各作业环节则又是港口内部的子系统。现代港口装卸工艺的观念需要从系统的角度处理港口内外的关系,以求其合理化。

二、现代港口装卸工艺的主要特征

随着港口装卸运输工艺的不断改革和进步,现代港口装卸工艺大体具有如下特征:

(1)港口装卸设备机械化程度不断提高。为便于装卸机械设备的使用和充分发挥其效能,以及与运输生产的专业化、运输工具和货物单元的大型化相适应,港口装卸机械设备在专业化基础上向大型高效、自动智能、环保节能等方向发展。从单个装卸作业环节的作业机械化发展到整个工艺流程的综合机械化,从主要作业的机械化发展到辅助作业的机械化、自动化,实现了某些或全部工艺流程的自动、智能控制,并发展到管理的信息化、智能化。

(2)信息技术广泛应用于港口装卸工艺系统。许多港口开发和应用了港口装卸运输生产的软件操作系统,如港口生产操作系统、通用码头(散杂货)操作系统、散货专用码头操作系统、计算机智能(集装箱码头)操作系统、计算机智能场站操作系统、集卡调度及定位系统、场桥位置监控系统、集装箱堆场作业操作系统。这些操作系统具有货物自动定位,车辆、装卸机械、船舶跟踪定位,装卸工艺作业流程的监控等功能,对港口装卸工艺进行信息化管理,能够提高码头作业效率、节约生产成本、降低工人的劳动强度。

(3)设计与制造了多种多样的装卸工属具,特别是自动化装卸工属具,提高了装卸机械的生产率。

(4)从港口内部工艺流程各环节的平衡,发展到强调集疏运能力应与港口通过能力相协调,港口生产过程与运输过程紧密结合。

(5)港口建设与工业基地建设相结合,港口工艺流程与工业企业的生产流程相衔接,以减少物流的流转费用。

(6)重视港口生产对社会的影响,注意减少污染,保护环境。

第二节 港口装卸工艺的概念、作用、分类与内容

一、港口装卸工艺的概念

港口装卸工艺是指在港口实现货物从一种运载工具(或库场)转移到另一种运载工具(或库场)的空间位移的方法和程序,简而言之,港口装卸工艺是港口货物装卸、搬运、储存的方法和程序。具体来说,港口装卸工艺是港口按照一定的劳动组织形式,运用装卸机械设备、装卸工属具等物质手段,按照作业流程,围绕安全、优质、高效、低耗、降低劳动强度和货物装卸成本,研究制订完成货物装卸、搬运、计量、堆存保管及收发所采取的一整套生产操作方法和规范。

港口装卸是人机配合进行货物装卸的生产过程,因而装卸工艺研究的原则是安全、优质、高效、低耗和降低劳动强度,并不断改进,提高各方面的保障能力。也就是说,研究港口装卸工艺的目的在于保证装卸过程中人、机、货的安全,达到货物车船装卸、堆存保管及收发的高质量要求,实现车船装卸的高效率,最大限度地降低人的劳动强度,从而取得较好的经济效果和经营效果。

二、装卸工艺在港口生产活动中的作用

港口装卸工艺在港口生产活动中具有重要的作用。装卸工艺就是港口生产方法,它是港口生产的基础,装卸工艺现代化是港口现代化的关键。港口的主要生产任务是货物装卸和储

存,合理的装卸工艺可降低装卸作业成本,保证装卸过程的安全与质量,提高装卸效率,降低劳动强度等。研究港口装卸工艺是港口物流技术管理工作中的重点之一。

港口装卸工艺在港口生产活动中的作用,概括起来有以下几个方面。

1. 港口装卸工艺是港口生产的基础和规范

任何一个装卸操作过程,都需要有一个事先研究和编制的装卸工艺方案。港口编制作业计划、采取相应的对策和组织现场装卸生产,都要以所制订的装卸工艺方案为依据。现场生产操作尤应严格按照工艺规定执行,这就是工艺在生产中的标准作用。在研究和制订装卸工艺方案时,对所需配置的人力和机械,使用什么装卸工具,以及采用怎样的工艺流程和操作方法,都是经过科学地分析和计算的,例如各个工序之间的协调平衡,也是经过验算的,因此一般不能随意变更,否则,会降低装卸效率,影响生产定额的完成,使企业经济效益受损,也影响工人的收入。

由于装卸工艺立足于安全、优质、高效、低耗和降低劳动强度,规定了各个环节的基本操作方法,对安全、质量、效率、文明生产诸方面提出了全面的基本要求;不同的操作方法,往往对安全、质量、定额有不同的管理要求,因而港口装卸工艺也是港口生产组织和生产过程控制管理的重要依据和现场管理的基本要求。

2. 港口装卸工艺进步是港口生产力发展的前提和技术保证

不同的工艺,体现了不同的生产力水平。在历史上,港口装卸工艺的每一次重大改革都反映了运输业的巨大变化。以煤炭卸货为例,用抓斗比用网兜卸货效率高,用新型或大容量抓斗比用老式或小容量抓斗卸货效率高,用门机抓斗比用船吊抓斗卸货效率高,用斗式提升机比用抓斗卸货效率高等,整个卸货过程,采用系列化卸货比没有配套的卸货效率高。又如油料液体货的装卸运输,由原来的桶装改为整船散装并由管道输送,以及件杂货装卸采用成组装卸运输或集装箱装卸运输以后,效率提高几倍甚至几十倍。

实现港口的可持续发展离不开生产工艺的不断改进,而生产工艺本身也需要在港口实际生产中进行实践和检验。"科学技术是第一生产力"往往在港口通过工艺的先进性方面才能得到体现。很多港口设备、货场等硬件配置没有太大的差距,但显现出的生产力却存在较大的差距,其中一个重要的方面就在于工艺能力(设备配套情况、工具配套情况、工具先进程度、人员素质情况)上存在的差距。只有坚定不移地遵循"工艺先行"的指导思想,积极推进工艺进步,使用现代化的工艺技术和管理,才能促进港口生产力的不断发展和港口核心竞争能力的有效提升。

3. 港口装卸工艺是设计建设港口和选用装卸机械机型的重要依据

规划一个港口或建设一个泊位,在货种和靠泊什么样的船型确定以后,首先要考虑的是采用什么样的工艺流程,选用何种机型,这不仅影响今后的生产规模,而且是日常装卸赖以进行的工作条件,也涉及如何最大限度地发挥港口(泊位)的经济效益。

4. 港口装卸工艺是提高港口装卸生产效益的重要手段

港口装卸工艺现代化是港口现代化的关键,也是推动港口装卸生产发展的主要杠杆。因此,港口装卸工艺直接影响港口的生产绩效。改进现有港口装卸工艺,挖掘港口生产潜力、缩短车船在港停泊时间、降低装卸成本,是提高港口装卸生产效益的重要手段。

5. 港口装卸工艺是劳动管理的重要内容

港口装卸工艺涉及装卸过程中生产人员的合理分工与协调组织，直接影响作业时间、定额以及奖惩制度。因此，它是劳动管理的重要内容。

研究港口装卸工艺，就是分析和改进装卸方法，使通过港口的物流更经济、更合理，从而达到安全、优质、高效、低成本地完成装卸任务的目的。

三、港口装卸工艺的分类

1. 根据装卸货物种类划分

港口装卸工艺因货物种类而异，通常根据装卸货物种类进行分类，主要有件杂货装卸工艺、集装箱装卸工艺、散货装卸工艺、石油装卸工艺、木材装卸工艺等。还包括不同货物种类相互转换的装卸工艺，例如散货向件货转换的灌包工艺、袋装货向散货转换的拆包装船工艺、液体货向件货转换的灌装工艺、集装箱货和件货或散货之间实现转换的集装箱拆装箱工艺等。

件杂货装卸工艺根据件杂货不同又分为包装货物装卸工艺和无包装货物装卸工艺。包装货物装卸工艺有袋装货装卸工艺、桶装货装卸工艺、箱装货装卸工艺等。无包装货物装卸工艺有钢板装卸工艺、卷板装卸工艺、钢管装卸工艺等。

散货装卸工艺根据货物种类不同也可分为煤炭装卸工艺、矿石装卸工艺、散粮装卸工艺、水泥装卸工艺等。

散货装卸工艺、集装箱装卸工艺、液体货装卸工艺大部分通过专业码头实现。而件货由于货物种类多、批量小、货物种类特性变化大、服务要求高，因而其显得繁杂。

2. 根据货物装卸运输工具的类型划分

根据货物装卸运输工具的类型不同，港口装卸工艺可分为装船工艺、卸船工艺、装车工艺、卸车工艺等。

3. 根据装卸工艺流程划分

装卸工艺流程是指货物按照一定的装卸工艺而进行的连续装卸过程，其能反映装卸工艺技术组织是否合理和装卸效率的高低。如煤炭装卸工艺的主要装卸工艺流程有船舶→堆场，船舶→船、驳，船舶→堆场→车；车→堆场，车→船、驳，车→堆场→船、驳等。

装卸操作工艺重点研究各种机械、工属具的配合和使用，装卸工艺流程重点研究多种装卸因素，如工人、机械、库场等的配合，即系统工艺。

4. 根据货物进出港口划分

根据货物进出港口，港口装卸工艺可划分为进口装卸工艺和出口装卸工艺。进口装卸工艺是货物在港口经过装卸，运进港口的操作。出口装卸工艺是货物在港口经过装卸，运出港口的操作。

四、港口装卸工艺的内容

港口装卸工艺工作主要包括两个方面，即新建或扩建港口时进行的港口装卸工艺设计工作和港口日常装卸工艺工作。

1. 港口装卸工艺设计工作

装卸工艺设计是港口规划发展中的主要决策内容之一。首先是根据港口的任务、货源、地理位置、气候条件及其他相应的交通条件等进行港口装卸工艺方案的技术经济论证。在设计装卸工艺方案时,必须根据货物的种类、流向、流量、包装、理化性质等因素,以及车型、船型、码头形式、港口的自然条件、运输组织等方面的具体情况,拟订一系列可供比较的、有价值的方案,并经过详尽的分析和比较,选择其中一个较为合理而且可行的装卸工艺方案,作为建港和配备港口装卸机械设备的依据。一个好的工艺方案必须具备可靠性、实用性、经济性和先进性。

港口装卸工艺设计工作的主要内容包括:

(1)工艺系统的总体布置。

(2)装卸机械设备类型的选择,主要确定各种装卸机械设备的数量、能力和技术参数等;吊货工属具的设计。

(3)根据工艺系统计算码头所需泊位数、仓库及堆场面积。

(4)确定所需铁路装卸线及调车线长度。

(5)确定所需装卸工人及装卸机械司机数量。

(6)货物在运输工具和库场上的合理配置和堆码。

(7)工艺流程的合理化。

(8)对各种方案进行技术经济论证。

(9)工艺规程的制订。

2. 港口日常装卸工艺工作

在港口实际生产过程中,装卸工艺工作以港口现有的装卸设备与工艺系统为基础,通过挖潜、技术创新和有效的组织管理,合理运用现有的人力、机械、工具、码头设施、库场设施,以达到安全、优质、高效、低耗来完成港口装卸任务的目的。

港口日常装卸工艺工作的内容具体包括:

(1)根据公司装卸作业货种与作业相关的特性、客户服务要求、生产规模需求,确定货物换装方案,确定作业各环节装卸机械设备类型和数量,确定各环节各工序装卸工人、辅助工人和机械司机的人数,确定配置合适的装卸工属具(包括规格、数量),确定货物在运输作业与库场内的堆码方式及各种辅助作业的完成方法等。

(2)编制单货种工艺流程操作管理规范或标准,并会同安全、生产、设备、货运质量管理部门会审后,经生产经理签发,作为生产组织和过程控制管理的重要依据。

(3)对新工艺、新操作方法进行现场指导。

(4)装卸工属具的改进和创新。收集港口装卸工属具和工艺技术发展信息,深入生产作业现场收集现行生产工艺中安全、质量、效率、成本、劳动强度等方面存在的问题,结合港区发展要求,研究工艺操作方法的改进、装卸工属具的改进(也可能是工具配置上的改进)或根据现场需求设计装卸工属具。

(5)制订各类装卸工属具的报废标准。制订各类工属具的报废标准,是为了给装卸工属具管理人员和使用人员提供检查鉴定依据。

(6)总结、推广先进经验,并进行现场指导。
(7)港区劳动定额的编制与修订。
(8)结合港区实际和需求,编制工艺教育资料,参与对相关人员的工艺教育。
(9)港区发展规划的制订,从工艺角度研究规划的可行性。
(10)装卸作业技术标准的制订与修改。

在港口日常生产活动中,由于港口装卸作业变化大、货种复杂,同时随着科学技术的不断发展和实践经验的不断总结,必须不断地研究如何提高现有装卸工艺系统的经济效益,对装卸机械设备提出新的技术及经济上的要求,改善劳动组织和劳动条件,提高劳动生产率。

评价港口日常装卸工艺工作主要可从以下几个方面进行:
(1)安全质量。
(2)环境保护。
(3)作业线装卸效率。
(4)机械设备及劳动力的利用。
(5)各生产环节之间的协调。
(6)劳动强度。
(7)经济效益。

第三节 港口装卸工艺现场组织与管理

一、港口企业装卸工艺的部门设置

我国各港口企业的装卸工艺工作的归口部门主要有:
(1)归入生产调度部门,如专设工艺编制人员等。这种设置有利于现场装卸工艺的安排,对现场工艺需求反应较快,主要强调装卸工艺的管理因素,但是工艺人员不稳定。
(2)归入机电等技术部门,这是目前的主流做法。这种安排强调了装卸工艺与机械设备之间的关系,注重装卸工艺技术因素。
(3)归入规划建设部门,这种归并强调的是装卸工艺在港口规划和建设中的重要作用。
(4)仍然保留单独的装卸工艺部门,但目前较少。

二、工艺人员的主要职责

装卸工艺是港口的生产方法,是港口生产活动的基础,也是港口生产管理的重要内容。一种有效的生产方法是工艺技术人员和其他工程技术人员共同的研究结果。

港口从事装卸工艺工作的除工艺部门外,还有装卸指导员。装卸指导员是在货物装卸过程中直接应用工艺的重要工艺人员。

装卸指导员负责指导、监督港口工人按工艺要求对车辆、船舶和货物进行作业。通过《装卸指导员岗位作业指导书》(扫描右侧二维码阅读)可以了解岗位任务、作业程序、作业内容、操作方法、操作要求和注意事项。

有的大港设有专门的装卸实验队、技术革新组,甚至装卸实验区。它们的主要任务是制造和试验新装卸工属具和其他装卸工属具,试验新的起重运输设备和新的装卸工艺。装卸实验队通常由有经验的港口工人组成,按照新工艺从事作业,以检验、充实、完善、示范新设计的装卸工艺,并借此取得完成装卸定额的第一手资料。

《装卸指导员岗位作业指导书》电子版

港口工艺人员应满足一定的素质要求:要具有一定的装卸生产知识,熟悉各货种装卸工艺,有敏锐的观察能力、分析能力、总结能力;具有机械设计能力、组织协调能力、团结沟通能力;有健康的体魄,能吃苦耐劳,能深入装卸生产现场。

工艺人员的工作范围大体包括如下内容:

(1) 分析和改进现有工艺,设计新的生产方法。
(2) 制订装卸和堆存标准。
(3) 指导难作业货物(如重、大件货物)的装卸。
(4) 设计、制造、试验、改进装卸工属具。
(5) 提出非标准港口装卸搬运机械的设计任务书。
(6) 规划港口泊位的专业化。
(7) 编制月度机械化作业方案。
(8) 汇编装卸作业技术标准(工艺卡)和工属具图集。
(9) 按照相应的装卸作业技术标准制订单船作业计划。
(10) 与劳动工资部门协作共同修订劳动定额。
(11) 总结和推广工艺方面的先进经验。
(12) 培训工人使用新的操作方法。目前,可采用模拟操作的方法进行培训。

三、装卸作业技术标准

装卸作业技术标准,又称工艺卡(按照不同货物的装卸工艺,将与货物装卸作业相关的资料、要求及说明,按一定的格式编制的卡片),它是港口推行先进工艺、实施工艺管理、监督工艺纪律、核定劳动定额的重要手段。装卸作业技术标准一般包括如下内容:选择和确定装卸机械的类型和数量;选择和确定装卸工属具的类型和数量;分配各作业环节的工人数;计算作业线生产率;规定作业标准和安全事项等。

经过港口的主要货物一般都要按进口和出口编制装卸作业技术标准。装卸作业技术标准按规定的格式编制,装订成册。港口的生产调度、安全监督、人力资源、劳动工资等部门都应备有装卸作业技术标准。装卸作业技术标准类型有规范型和试验型两种。规范型装卸作业技术标准是反映港口已经实施的工艺流程。试验型装卸作业技术标准适用初次到港的货物,并用来在营运条件下检验新设计的工艺。

装卸作业技术标准一般应包含以下内容:

(1) 港名和公司名。
(2) 卡别(规范型或实验型)。

(3)货名及包装。
(4)货物特性(如块度、容重或密度、件重、规格等)。
(5)操作过程。
(6)货物装卸方案。
(7)运输工具类型。
(8)装卸机械和装卸工属具的名称、负荷、数量。
(9)作业线各环节配备工人数。
(10)作业线主要技术经济指标(作业线生产率和每个工人的工班产量,机械化操作比重等)。
(11)对舱内、码头上、车内、库场内作业组织的简单描述。
(12)用图片、照片或文字对货组、货垛、车内堆装方法的要求予以说明。
(13)涉及货物特性的安全注意事项。

装卸作业技术标准由港口企业分管工艺或安全技术的负责人签署颁布。

装卸作业技术标准汇编中还可以列入港口、车辆、船舶的类型和安全技术规程。随着新机型、新装卸工属具的出现和运输条件、作业条件的变化,要经常对装卸作业技术标准进行修订。

例如:某港口编制的《港口货物装卸作业技术标准》中"木箱杂货"装卸作业技术标准如下。

某港口《港口货物装卸作业技术标准》为规范型,货物名称为木箱杂货,件重、包装形式、规格、标准码、每码件数和每码重量等货物特性如表2-1备注所示。

火车→仓库操作过程的机械、工属具、人员配备情况　　　　表2-1

作业工序	装卸机械配备		装卸工属具配备		作业人员配备	
	名称	数量	名称	数量	装卸工	司机
车(厢)内作业	—	—	货板	—	2	
水平搬运作业	—	—	手推车	4	4	
仓库内作业	叉车	1			2	1
装卸效率	小时产量(t)	25	工班产量(t)	—	合计	8	1
			每人工班定额(t)	—			
备注	货物名称:木箱杂货 件重:16~85kg 包装形式:木箱 规格:470mm×340mm×140mm~1200mm×400mm×240mm			标准码:如图2-8所示 每码件数:36件 每码重量:≤2t			

操作过程:火车→仓库(卸火车,入仓库,即货物装卸运进港口);仓库→船舶(出仓库,装船舶,即货物装卸运出港口)。

1. 火车→仓库的操作过程

木箱杂货卸火车,入仓库操作过程包括三个作业工序,即车(厢)内作业工序、水平搬运作业工序、仓库内作业工序,如图2-7所示。

该操作过程的装卸机械、装卸工属具、作业人员配备情况如表2-1所示。

该操作过程需配备8名装卸工和1名叉车司机。8名装卸工分工:2名在车厢内装手推车,4名推手推车进行水平运输作业,2名在库内卸手推车装货板(即打码)。

车(厢)内作业:需要准备性能良好、数量足够的货板,并摆在离车厢不远的适当位置,打开车门,铺好车门铁板。

水平搬运作业:装卸工使用手推车在火车到仓库之间进行水平搬运作业,手操作时要平稳、可靠,保证木箱的质量、安全。

仓库内作业:货码堆放要求整齐、紧靠,货箱不超过货板(四周5cm),不超高(每码1m以下),不超重(小于2t),缚好小绳。叉车成组叠堆,堆高为3码高。

工艺流程:火车→手推车货板→叉车→仓库。标准码放如图2-8所示。

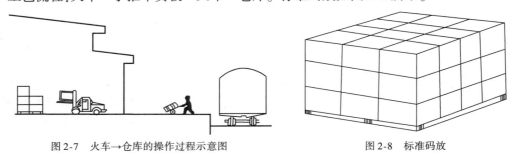

图2-7　火车→仓库的操作过程示意图　　　　　图2-8　标准码放

2. 仓库→船舶的操作过程

木箱杂货出仓库,装船舶操作过程包括四个作业工序,即仓库内作业工序、水平搬运作业工序、起落舱作业工序、舱内作业工序,如图2-9所示。

图2-9　仓库→船舶的操作过程示意图

该操作过程的装卸机械、装卸工属具、作业人员配备情况如表2-2所示。

仓库→船舶操作过程的机械、工属具、人员配备情况　　　　　表2-2

作业工序	装卸机械配备		装卸工属具配备		作业人员配备	
	名称	数量	名称	数量	装卸工	司机
仓库内作业工序	叉车	1	货板	1	1	1
水平搬运作业工序	牵引车	1	平板车	6	—	1
起落舱作业工序	门座起重机	1	杂货网络	2	2	1
	船吊	1			1(2)	

续上表

作业工序	装卸机械配备		装卸工属具配备		作业人员配备	
	名称	数量	名称	数量	装卸工	司机
舱内作业工序	—	—	—	—	8	—
装卸效率	舱时量(t)	18	工班产量(t)	132	合计	12(13)	3
			每人工班定额(t)	11(10)			
备注	货物名称:木箱杂质 件重:16~85kg 包装形式:木箱 规格:470mm×340mm×140mm~1200mm×400mm×240mm 安全防护:船边网1个		标准码:如图2-8所示 每码件数:36件 每码重量:≤2t			

木箱出仓库、水平运输作业。叉车在库内成组拆堆,并将木箱搬运至船边放在适当位置,以便接钩。如仓库至船舶距离超过100m,则增配平板车6台,牵引车循环拖带。此时,叉车负责拆堆装平板车,由牵引车拖至船边。

码头上要缚好船边网,检查吊货工具,摘接(挂)钩要迅速精准,空的货板要区分好坏。好的货板要堆放整齐,以便叉车搬回仓库保管。

船舶甲板要接(挂)好船边网,大梁、舱盖板妥善放好。如用船吊,要检查吊货设备,弄清其性能并确认船上起重设备符合安全操作技术要求,调整好船吊位置。指挥人员、司机应精神集中,紧密配合,操作稳当,切勿碰撞舱口、摆杆,货码要轻放。

舱内作业配8名工人,摘钩、挂钩、拆码,由里向外,分层装舱,每层约1.2m,最后填满。操作时要轻拿轻放、件件紧靠、排列整齐。破箱不装船。货码进舱要及时避开,严禁烟火。

工艺流程:仓库→叉车→门机(或船吊)→船舶,如图2-9所示。

第四节 港口装卸机械设备的选择

港口装卸工艺和港口装卸工艺机械化系统是两个关系密切,但又不同的概念。港口装卸工艺是货物装卸的方法,港口装卸工艺机械化系统则是用来实行装卸工艺机械化的各种机械和辅助设备的集成。例如,在件杂货装卸时,门座起重机可以和叉式装载机配合组成一个机械化系统,但同一个"门座起重机—叉式装载机"系统可以有几个不同的工艺方案,如成组运输、成组装卸及堆存、散件装卸等。

现代化的港口装卸工艺以先进的装卸工艺机械化系统为基础,而且机械化系统一经采用,更换比较困难。因此必须根据港口的具体营运状况和自然条件,并经技术经济论证,合理地确定装卸工艺机械化系统,特别要注意构成主体的装卸机械设备类型的选择。所选的机械或机械化系统,要符合生产适用、技术先进、经济合理的基本原则。装卸机械设备的选择应以满足现场作业为前提;装卸机械主要性能参数的选择,应以现场作业量、物资特性为依据,要与物流量吻合;在能完成同样作业效能的前提下,应尽可能选择性能好、节能环保、利于配套、便于维修、成本较低的装卸机械。

影响港口装卸机械设备类型选择的因素大体包括货物、运输工具、自然条件、港口建筑物及其设施和运输组织等几个方面。

一、货物

货物方面要考虑的影响因素包括货物特性、吞吐量和货物流向。

1. 货物特性

货物种类不同、性质不同,装卸这些货物所需的机械设备也不同。根据货物运输、装卸和搬运的方式不同,将其分为件货、木材、集装箱、干散货、散粮、液体货等不同货类,不同货类都有适合于各自性质的装卸机械设备。

货物从以下几个方面影响机械设备的选择。

(1)货物的尺寸、重量、容重或密度、形状和包装形式影响起重量的选择。例如,件货组的大小往往受舱口尺寸、构成货组的便捷性和货物在运输及保管时的稳定性等条件制约。因此,对积载因数大的"轻泡货"来说,选择起重量过大的起重机就会因起重量得不到充分利用而影响经济效果。

(2)货物品种的多样性要求机械具有通用性和灵活性,能从船舶和车辆装卸多个品种的货物,要求库场内有众多的货堆。分票多、货堆小的货物,往往影响货堆的高度,也影响库场面积利用率、机械堆高性能的充分利用。

(3)货堆的脆弱性和包装的牢固性影响装卸方法和货堆高度。要求选用最少"接头"的输送机系统,避免采用刮运或抛掷的原理来运移货物。受震易坏的货物(如收音机等)不能用滑板装卸,焦炭不宜用抛射式平舱机装卸,怕压的件货在库内堆存时要用货架。

(4)货物的冻结性和凝结性对设备的有效应用具有重大影响。如果设计时考虑不周,有时甚至使整个设备无法使用。例如盐、化肥散运时会因凝结而结壳,煤炭、矿石在冬季运输时会冻结,而且水分越大,越易冻结。由于冻结的货物不能自流,会影响底开门车和露天地下坑道的有效应用。为使货物不冻结,或使已冻结的货物松碎,需要根据不同情况对散货进行脱水、加防冻剂、加热、机械松碎等操作。对于黏度大、易凝结的石油,设计或选用装卸输送系统时要采取加热保温措施。

(5)货物的磨损性和腐蚀性会加速机件的损坏,因此,需要特别的防护与维修。

(6)货物的易燃、易爆、扬尘性,要求在设计装卸机械化系统时从安全、环保的角度采取有效措施。

此外,在设计或选用机械化系统时,还需要考虑因货物特性引起的某些辅助作业设备的需要,如干燥、净化、精选、粉碎、分票、选材、称量、计数等设备。

2. 吞吐量

吞吐量大小关系是否需要设置专业化泊位和采用专业化机械。港口的专业化生产是社会化大生产的产物,也是现代化大工业发展的客观规律和基本特征。码头采用专业化生产方式,具有至少以下几个优点：

(1) 有利于实现机械化、半自动化和自动化。
(2) 有利于提高港口生产效率，增强港口通过能力。
(3) 有利于提高港口生产技术水平和劳动生产率，并降低劳动强度。
(4) 有利于缩短船舶在港停留时间，提高船舶运力利用率。
(5) 有利于节省包装费用，降低运输成本，提高企业经济效益。
(6) 有利于减少货损、货差，提高货物装卸货运质量。

但是，专业化生产能否取得良好的经济效果，关键是要具备一定的产量。如果产量不足，专业化生产反而会因设备利用不足而增加成本。同样，吞吐量也关系机械设备的生产能力，从而影响所需机械设备的类型和数量。

3. 货物流向

货物流向是影响机械设备选择的又一重要因素，水运货物是经铁路还是水路转运，是双向货流还是单向货流，货物是全部需要经过库场还是有很大比重直接换装，这些对机械设备选择都有很大影响。

双向货流要求机械在装船与卸船的两个方向（船→岸或岸→船）都能进行工作，在这方面起重机系统较输送机系统优越。

货物是否经过仓库对机械化系统也有重大影响。货物完全不经过仓库，当然可以使机械化系统简单、经济。但是促使货物经过仓库的原因有很多，如：货物有特殊要求（木材的分类和加工，件货的分票，谷物的精选、干燥和熏蒸等），水陆同时装卸的货物品种不同，各种运输方式的工作期不一致等。

除此之外，货物流量、流向的稳定程度也关系是否适宜采用专业化装卸设备。

二、运输工具

运输工具包括船舶、车辆，它们的类型对机械化系统的选择产生影响。

1. 船舶类型

船舶类型众多，大小、结构不一，对机械选型有重要影响。泊位长度主要由船长确定，船宽关系岸上机械的臂幅。船舷及上层建筑高度决定起重机的起升高度及输送机栈桥的高度和岸上机械具备升降式或伸缩式悬臂的必要性。舱口数影响岸上机械的数量，舱口尺寸影响作业方法和装卸效率，舱口面积与货舱面积之比影响舱内作业效率。船舱结构（舱内是否有支柱、隔板、轴隧，二层舱舱口围板是否平正，二层舱的高度等）影响舱内机械的采用。舱口位于上层建筑里面的容货船要求采用特殊的装卸方法。

2. 车辆类型

车型方面，如棚车、敞车、自卸车等，对选择装卸机械也有不同的影响。如敞车可采用起重机垂直吊装货物，棚车可采用输送机或叉车装卸货物。

三、自然条件

自然条件对于机械设备的影响因素主要有水位和潮汐、地质和地形以及气象条件等。

1. 水位和潮汐

我国海港的潮差一般不大,内河港口的水位差则很不相同,有的港口变化较小,有的则变化很大。水位变化过大会使直立式码头的造价昂贵,使水工建筑投资增加;斜坡式码头,船舶与岸线相对位置变化很大。要求机械化系统能够灵活适应,既要保证高水位,又要保证低水位时的车辆与船舶装卸作业顺利进行。

如需要地下建筑物,则须了解地下水位高度。地下水位高的港口在建造地下坑道时会加大施工方面的困难,影响地下坑道的经济合理性。

水流方向决定了船舶靠码头时首尾的方向,在某些情况下,对工艺布置也会产生影响。

2. 地质和地形

地质条件对码头形式、结构、造价及机械设备的选用都有重大影响。例如,在土质不好的条件下安装重型机械或建造高大的储货仓和油罐会遇到技术上的困难,即使技术问题可以解决,地基处理的费用也将大大增加,从而影响系统的经济性。在土质太坚硬(如钢渣填土)的情况下,挖掘工程量太大的机械化系统会给施工造成困难。

在选择工艺方案时,应尽量利用原有地形条件,根据高站台、低货位、滑溜化等原则,利用位能进行货物装卸。

3. 气象条件

在经常下雨的港口,为解决雨天装卸问题,应安装防雨设备。北方港口要防止货物在严寒季节冻结,为此应采取相应的措施。对冬季要封冻的港口,应考虑冰凌对码头形式和机械设备的影响。

四、港口建筑物及其设施

港口建筑物及其设施对机械设备产生的影响主要表现在码头、库场、铁路、公路等方面。岸壁形式和码头结构强度是限制使用重型机械的主要条件。库场结构、仓库支柱数量、净空高度、库门尺寸等都影响流动机械类型的选择;库场和码头的相对位置决定货物的搬运距离,影响各种流动机械的使用效率。铁路线与地面的高度差影响流动机械的应用;公路的宽度、铁路线的条数以及铁路、公路与码头平面的相对位置对机械设备的选择也有影响。

五、运输组织

车船运输组织的特点是选择装卸机械类型、决定工艺方案的又一重要因素。例如,有的港口船舶要候潮进出港,船舶作业时间和装卸机械的生产率因而和潮汐的周期有关;内河驳船往往编组航行,泊位的装卸生产率和工艺布置不能仅着眼于单船作业时间的缩短,更重要的是要考虑整个驳船队停泊时间的缩短以及整个驳船队编组航行的方便性。

同理,铁路的成组编解或整列到发等运输组织方面的要求都要照顾到。

除了上述因素外,还要注意港口作业频繁、对生产率要求高等特点,同时机型还要受我国港口机械生产和维修水平的影响。

第五节　港口装卸工艺合理化原则

国内外港口生产经验表明,合理的装卸工艺总是有一些规律性的原则。揭示这些原则将有助于理解为什么这种装卸作业方法比那种装卸作业方法合理。原则的存在无疑使人们对现行装卸作业方法进行不断地深入分析、思考。其结果必将促成机械设备和人力的更好利用。遵循这些原则有利于作业流程的合理布置,有利于缩短船舶在港停留时间,有利于降低港口装卸成本。

港口装卸工艺的合理化原则可以分为五个方面。

一、社会和劳动保护方面

1. 安全质量原则

安全质量原则是指在港口生产过程中,防止货物损坏和差错,保护人员的生命安全,以及设备设施的正常运行。

在港口企业内部物流中,由于作业繁忙,作业中的安全质量问题显得尤为突出。港口企业员工必须坚决贯彻"安全质量第一"的方针,认真执行有关的安全质量操作规定。对于各种搬运、装卸和堆存设备应安装安全防护装置,并尽可能做到人流和物流的分离。在装卸设备、工具和操作方法采用上要符合安全质量的要求。例如:港口吊运卷钢作业时,原先的方法是采用钢丝绳从中间穿孔起吊卷钢,如图2-10a)所示,这种方法既不安全、不经济(钢丝绳损耗大),又不能保证装卸过程中的质量(在起吊过程中,由于钢丝绳对卷钢的挤压造成卷钢边缘损坏),作业效率低,现在的方法是改用C形钩或L形钩直接进行吊装作业,如图2-10b)所示,这样既保证了货物重心平衡,又方便操作,而且确保了货物质量。

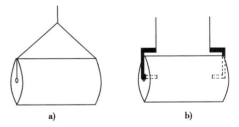

图2-10　吊运卷钢作业的两种方法

2. 环境保护原则

环境保护原则是指在装卸工艺的设计和改造中,应采取有效措施,防止在作业过程中对周围环境产生有害影响。

环境保护的任务是合理地利用自然环境,防止环境污染和生态破坏,创造清洁、适宜的生活和劳动环境,保护人体健康,促进经济发展。

港口在装卸某些货物时,会因货物性质不同而产生不同的污染,如灰尘污染、油污染、毒性污染、噪声污染等。为了减少或消除污染,保护人体健康,要认真找出污染的原因,积极采取对策。如散货装卸过程中可以根据不同的情况,采用吸尘、喷水的措施解决粉尘飞扬的问题。

二、设备方面

1. 充分利用机械设备原则

充分利用机械设备原则是指对于劳动强度大、工作条件差、搬运和装卸频繁、动作重复的环节,尽可能采用机械化作业方式。如件杂货装卸搬运,普遍采用的是在标准货板上堆放货物,然后用叉车搬运货物的方式,代替原先货物堆码时所采用的人工堆放方式,从而大大降低了劳动强度,提高了作业效率。

2. 减少终端站停留时间原则

减少终端站停留时间原则是指在作业过程中,增加作业的流动时间所占比重,从而减少作业两端的停留时间所占比重。

这里的终端站是指货物在港内位移时的滞留时间。该原则表明,在终端站停留的时间越短,设备的效率越高。一台装卸搬运机械,只有在确实是移动货物的时间里才真正地创造"利润"。

3. 专业化原则

专业化原则是指尽可能采用专门的工艺、专用的设备进行货物的装卸、搬运和储存。专业化要符合货物大批量、装卸设备专门化、装卸效率高效化的原则,经济效益是决定专业化程度的唯一衡量标准。例如:由于集装箱专业化船舶运输的发展,许多港口建造了集装箱专业化码头,码头采用集装箱专业机械装卸,如岸边集装箱起重机专用于集装箱船舶和车辆的装卸;集装箱跨运车、轮胎式集装箱龙门起重机、轨道式集装箱龙门起重机、集装箱正面吊运机、集装箱叉车等集装箱的堆场机械,专用于堆场上集装箱的堆码、拆垛和转运等;集装箱牵引车、挂车等集装箱水平运输机械专用于集装箱货场及其公路运输集装箱。集装箱的装卸有专门的集装箱装卸工艺系统。

4. 适应性原则

适应性原则是指采用的工艺方案或者装卸设备尽可能地能应用于不同种类货物的装卸作业要求。

由于港口装卸的货种杂、变化大,采用适应性大的设备便于应付各种各样的情况。如在件杂货码头,广泛采用叉车,配以不同的工属具可以装卸不同的货物,具有机动灵活、适应性强的特点。

5. 标准化原则

标准化原则是指在选择装卸工艺以及装卸设备时,尽可能采用标准化的成熟方案和设备系列,以及标准化的货物单元。

标准化既指装卸机械设备、工属具的标准化,也指装卸作业标准化,还包括货物包装、搬运单元的标准化。装卸机械设备标准化可以大大减少备件的数量,提高维修人员的技术熟练程度和维修质量,降低维修费用。工属具标准化不仅可以降低制造成本,也可以减少维修费用。装卸作业标准化可以提高操作人员的熟练水平和工作效率。因此,标准化运输是符合经济性原则的,如国际集装箱的标准化,简化了整个集装箱运输系统,提高了装卸运输效率。

6. 充分利用空间的原则

充分利用空间的原则是指在不影响作业有效性的前提下，货物堆存应充分利用库场允许的空间高度。

随着经济的发展，土地价格会越来越昂贵，特别是城市土地显得更加珍贵。因此，港口仅靠扩充土地面积是不经济的，也不符合可持续发展思想。另外，扩大港口平面范围，必将增加港内物流距离，而无效搬运则是一种非增值的活动。为此，港口企业内部物流应该充分利用空间，并力求缩短物流位移的距离。

在已定的库场面积的条件下，当高度被充分利用时，可以堆存更多的货物，如图 2-11 所示的立体仓库，配合库内堆拆垛机械，可以充分利用库内空间。当然，合理堆存高度应在不影响作业有效性的前提下，经科学论证后予以确定。

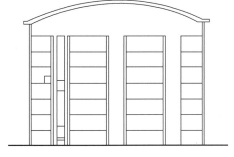

图 2-11　立体仓库示意图

三、工艺布置与流程方面

1. 减少作业数原则

减少作业数原则是指在满足同样作业需求的前提下，应采用工序数尽可能少的作业方案。

在货物流动过程中，过多的装卸次数一方面会增加人力、设备的消耗；另一方面也导致货物损失的增加，从发生的费用来看，一次装卸的费用相当于几十公里的运输费用。每增加一次装卸，费用就会有较大比例的增加。此外，过多的装卸又降低了物流速度。因此，最少的装卸是最好的装卸。

在港口装卸作业过程中，需要尽可能减少中间的交接环节，而增加连续作业的过程。例如，采用叉车进行搬运和堆垛，便可减少在搬运和堆垛之间原来存在的交接过程。另外，装卸作业采用自动的吊货工属具替代半自动的吊货工属具以及成组装卸等方式，也可减少作业数。

2. 直线原则

直线原则是指港区物流路线设计应尽可能走直线，减少不必要的迂回，以缩短货物位移的空间和时间。货物装卸的经济效果随着工艺流程中迂回和垂直运动的减少而提高。这个原则反映了一个显见的事实——两点之间直线最短。运动意味着费用，因此直线运移是最经济的物流方式。

在允许的情况下，港口装卸物流的线路应尽可能布置成直线。例如，有时在大面积堆场布置时，为避免物流线绕场行走所产生的迂回现象，可在堆场中间开辟一条道路。

3. 作业线各环节相互协调原则

作业线各环节相互协调原则是指组成装卸作业线的前后工序的作业能力应该相互平衡。

装卸作业线是各作业环节的有机组成，只有各环节相互协调，才能使整条作业线产生预期的效果。

作业线各环节相互协调的要求：装卸作业线上所配备的机械要力求系统化，装卸作业线上所包含的各种辅助作业(如计量、称重、测温、灌包、缝包等)应机械化和电子化;各工序的生产率要协调一致,机械的起重量要相互适应。

4. 保证运载工具高效作业原则

保证运载工具高效作业原则是指装卸作业线的工艺设计,应保证船舶和车辆的装卸能力能得到充分发挥,以缩短车船在港停留时间。

货物在港口的换装一方面要最经济,另一方面要尽可能缩短运输工具在港口停留时间。加速车船装卸是港口作业的主要目标之一。但在运量一定的情况下,生产率过高的装卸机械又会使机械的利用率下降而导致成本增加。合理的方法是以较低的装卸机械生产率保证较高的车船装卸效率。如在件杂货和集装箱装卸中,往往采用在装船前将货物集中在前方堆场的方式,以提高装船效率。

5. 防止工艺中断原则

防止工艺中断原则是指装卸工艺应防止在作业过程中,出现物流的不合理中断和运载工具的不合理等待。

在装卸过程中,作业中断的原因有很多,有的是组织工作不良造成的,如等车、等船、等货等;有的则是工艺安排不当造成的。因此,在组织装卸作业时,要提高装卸作业的组织水平,协调好各环节,尽量缩短装卸作业的不合理中断时间。

6. 灵活性原则

灵活性原则是指工艺流程中的物料可以通过多种渠道按照一定的操作过程进行装卸。

灵活性原则对带式输送机工艺流程显得特别重要。如在散货装卸工艺系统中,某一部分机械发生故障或需要检修时,具有灵活性的带式输送机工艺流程,可以将装卸影响降到最低程度。

四、作业方面

1. 扩大单元原则

扩大单元原则是指在选择装卸工艺时,应尽可能扩大货物一次装卸搬运和储存的单元,提高装卸作业效率。

装卸作业效率随货物单元的扩大而提高。为了提高搬运、装卸和堆存效率,应根据设备能力,尽可能扩大物流的搬运单元。如货物采用托盘、集装袋、集装箱等工属具进行成组运输、集装箱运输,车辆、轮渡、载驳船等运输方式均体现了扩大单元原则。目前集装箱的一次吊装也向扩大单元的方向发展,岸边集装箱起重机上双箱吊具、三箱吊具、四箱吊具正在越来越多地被应用。

2. 提高机动性能原则

提高机动性能原则是指在经济性合理的条件下,尽可能地提高货物从静止状态转变为流动状态的容易程度。

装卸搬运操作有时是直接为运输服务,下一步直接转入运输状态,因而只有进行合理的装卸操作,将货物预置成容易转入运输的状态,装卸搬运才称得上合理。移动货物时的机动性能反映物流合理化的程度。物流机动性能可以采用 $0\sim4$ 的"机动指数"来评价,机动指数所对应的机动性能如表 2-3 所示。机动指数越高,机动性能越好。从港口物流的合理化角度看,应尽可能使货物处于机动指数高的状态。

库场物流机动性能与机动指数关系　　　　　　　　表2-3

货物的支撑状态	示意图	机动指数	货物移动的机动性能
直接置地	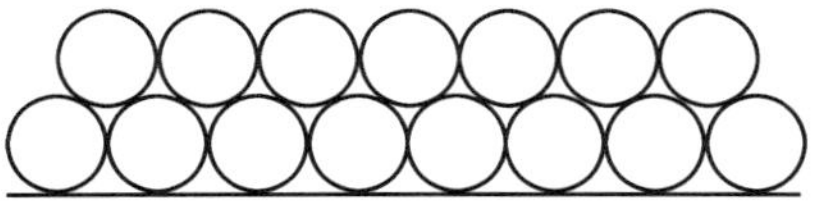	0	移动时需逐个用人力搬到运输工具中
置于容器	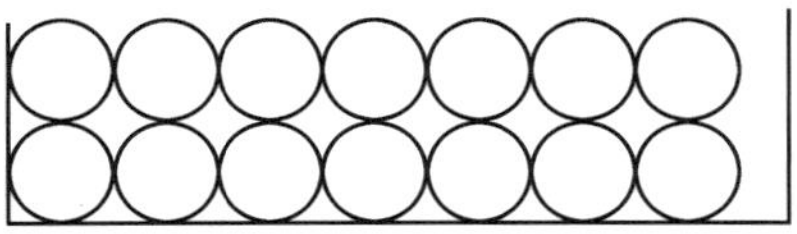	1	可用人工一次搬运，一般不便于使用机械搬运
置于托盘	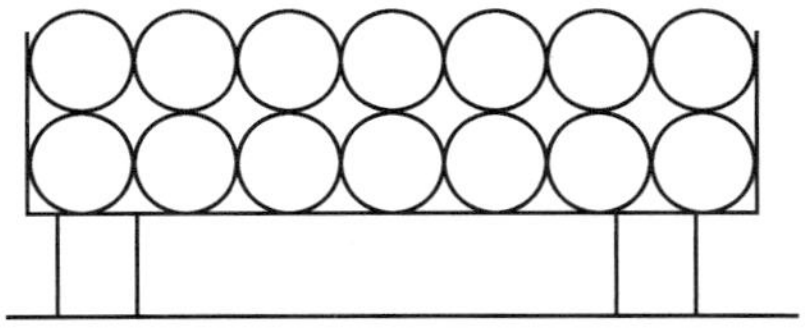	2	可以方便地使用机械搬运
置于车内	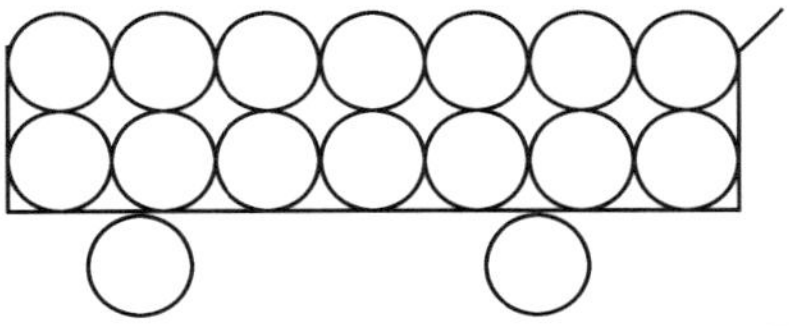	3	不需要借助其他机械便可搬动
置于传送机	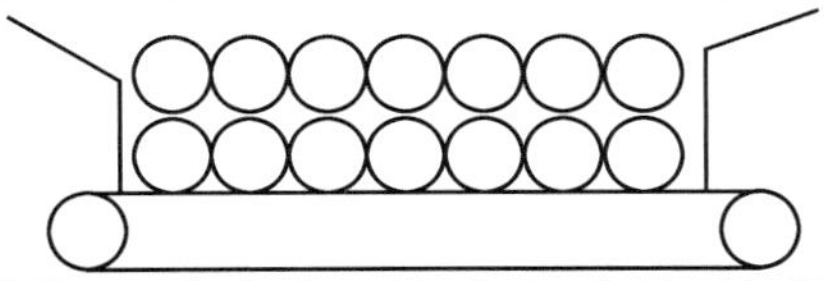	4	货物已处于移动状态

3. 利用重力原则

利用重力原则是指装卸作业中，凡能利用重力运移货物的就尽可能利用。

在货物搬运、装卸和堆存时，应尽可能利用货物的自重，以节省能量和投资。如采用高站台、低货位、滑溜化作业方法，充分利用重力。在保证货物搬运、装卸和堆存安全的前提下，应尽可能减轻工属具的自重和货物的包装物重量。

4. 利用装卸工属具原则

利用装卸工属具原则是指尽可能使用既有利于操作、简便安全，又能充分发挥装卸、搬运设备能力的工属具，以提高装卸、搬运的作业效率。

针对件杂货的装卸，出现了各种专业化工属具，如船吊抓斗、生铁网络、袋粮网络、立式油桶夹、钢板夹、钢卷夹、真空吸盘等。这些专业化工属具的应用在确保安全质量、改善劳动条件、提高货物装卸效率等方面发挥了重要作用。

5. 充分发挥设备效能原则

充分发挥设备效能原则是指通过合理的生产组织和工艺设计，使装卸、搬运设备在规定的技术条件下发挥其潜在的效能。

任何装卸搬运机械都有是否能够充分发挥装卸生产能力的问题。船吊和岸上起重机作为装卸船的主要机械,其生产率的充分发挥对提高整个作业效率、加速船舶装卸更具有重要意义。提高船吊和岸上起重机生产率的主要方法有:

(1) 在额定起重机范围内,增加每一个工作周期的吊货量。

(2) 缩短起重机的工作循环周期。起重机的工作循环周期由升降时间、旋转时间、变幅时间、摘挂钩时间、稳钩时间等组成,要缩短起重机的工作循环周期,首先应致力于缩短工作循环周期组成部分的时间,提高司机的熟练程度,力求平稳制动。在缩短各部分时间的基础上,还要研究整个吊货的合理运行轨迹,在升降、旋转、变幅等各个动作的基础上,求得最短的周期,充分发挥机械生产能力。

6. 人、机作业时间充分利用原则

人、机作业时间充分利用原则是指通过合理的作业安排,使作业线上的人力和设备都得到充分发挥,消除闲置和避免浪费。

在装卸作业过程中,人、机作业时间充分利用是一大难题。人们通常按照工时利用率、机械利用率等统计指标来衡量人、机作业时间充分利用的程度,往往会对装卸生产的组织产生盲目自满的情绪,误认为工人分配到岗位,机械安排到生产现场以后,只要不发生待时记录,工人和机械的工作时间即是充分利用。其实不然,在人、机联合作业时,工人在舱内、车内或货场内,装或拆货组供起重机起吊,在工作周期内,工人和起重机都有可能出现空闲时间。装卸作业的组织者就要研究如何缩短和消除人机空闲时间,以提高装卸效率。

五、成本方面

1. 系统评估原则

系统评估原则是指对港口装卸工作的评价应考虑与港口作业相关的整个大系统(由船舶运输成本、港口装卸成本、货物在港费用等方面构成)的经济性。最好的经济评价是港口经济效益与社会效益一致。

先进的工艺要能在生产中得到推广应用、发挥作用,不但要在技术上是先进的,而且要在经济上是合理的。没有成本指标,就很难从经济的观点去评估哪个工艺方案合理。因为很可能出现生产率高的工艺方案,成本比别的工艺方案高。对现有工艺成本方面弱点的揭示有助于改进和完善现有装卸工艺方案。

从港口企业角度对成本进行分析是必要的,但又不能局限于此。根据港口生产的特点,从系统的观点考虑,评估港口装卸工艺的经济效果要顾及港口、船舶、车辆、货物等各方面。因为往往会出现这种情况,即生产率高的工艺方案,虽然港口装卸成本增加,但由于能加速车船装卸和货物周转,车船在港停留的费用和货物在途中的资金积压都相应减少。因此,从港口企业来看是不可取的方案,但从全社会、大系统评估,经济效果却可能比较好。

当然,在各企业实行独立核算的情况下,要实行全社会系统评估经济效果是件很复杂、细致的工作。为了能将企业的局部利益和全社会的利益统一起来,需要采用合同、费用等一系列的经济措施进行经济补偿。

2. 规模效益原则

规模效益原则是指对港口装卸工作方案的选择应有利于形成规模合理的装卸作业能力,

以利于获得规模上的经济效益。

规模经济效益,经济学上指的是随着企业产量的提高和生产规模的扩大,平均成本(单位成本)下降这一现象。

同一工艺流程,当装卸量增加时,装卸成本就可能下降,增加装卸量以降低成本是港口企业经营扭亏为盈或获得更大利润的重要手段。

从装卸成本的角度来扩大生产规模以取得较好的经济效益是普遍性的经济规律。对港口企业来讲,同样的技术、同样的设备,只要扩大生产规模,那么大规模的装卸成本就会比小规模的装卸成本低、大港口的竞争优势就会比小港口要强得多。这是因为,生产成本包括固定成本和变动成本。固定成本不随装卸数量的变化而改变,变动成本随装卸数量的增加而增加。因此随着装卸数量的增加,单位产品成本就会下降。这种情况通过图2-12所示的盈亏分析法可以很清楚地显示出来。从图中可以看出,装卸数量在盈亏点以下,成本高于收入,企业出现亏损;装卸数量达到盈亏点时,收支相抵,不盈不亏;装卸数量超过盈亏点,收入超过成本,出现盈余,装卸数量超过盈亏点越多,则盈利越多。

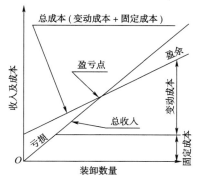

图2-12 盈亏分析法

扩大港口生产规模,增加装卸数量,往往会取得较好的经济效益。达到一定产量,甚至可以扭亏为盈。这规律虽然有普遍意义,但也并非绝对,其应用要根据具体条件。在实践中确实也有增加装卸数量不一定经济效果好的情况,例如为了争取更多的装卸资源,降低装卸费率或超时工作、增加变动成本时,则总收入与总成本两条线由直线变为曲线,如图2-13所示,形成的盈亏点有左右两点。交叉弧形之内收入超过成本,故有盈余。其中间点为最高盈余所在。交叉弧形之外成本多于收入,故有亏损。

又如,当装卸费率很低而装卸成本很高时,总收入可能位于总成本线之下,如图2-14所示,而且两者接近平行,这样即使增加装卸数量也不会有盈余。在这种情况下要研究的问题,就不是增加多少装卸数量才可以扭亏为盈,而是决策企业是否维持下去,坚持到市场好转,装卸费率上升,成本降低。因为只有这种情况出现以后,企业才可能出现盈余的局面。

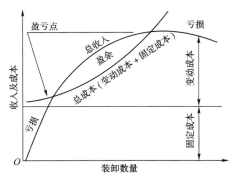

图2-13 两个盈亏点的情况

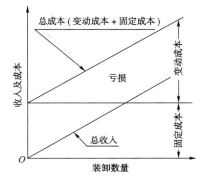

图2-14 保持亏损的情况

综上,上述原则并不是绝对的,它们之间存在着相互制约的关系,对具体工艺流程来说,究竟应体现哪些原则,须根据实际情况进行研究。尽管如此,由于这些原则揭示了装卸工艺合理化规律的方向,其价值是不容置疑的。

向港口管理人员和工人进行宣传教育,引导他们对现行工艺进行分析、讨论,找出存在的问题,提出改进的建议,是港口工艺部门的重要职责。广大港口管理人员和工人对这些原则认识的深化和有效的应用,必将有力推动港口装卸合理化的进程。

练习与思考

一、填空题

1. 装卸作业技术标准一般包括如下内容:选择和确定(　　)的类型和数量;选择和确定(　　)的类型和数量;分配各作业环节的(　　);计算作业线(　　);规定作业标准和安全事项等。

2. 经过港口的主要货物都要按(　　)和(　　)编制装卸作业技术标准。

3. 影响港口装卸机械设备类型选择的因素包括(　　)、(　　)、(　　)、(　　)、(　　)等几个方面。

4. 港口装卸机械设备类型选择在货物方面要考虑的因素有(　　)、(　　)、(　　)。

5. 港口装卸机械设备类型选择在运载工具方面要考虑的因素有(　　)和(　　)。

6. 港口装卸机械设备类型选择在自然条件方面要考虑的因素有(　　)、(　　)、(　　)。

7. 港口装卸机械设备类型选择在港口建筑物及其设施方面要考虑的因素有(　　)、(　　)、(　　)、(　　)等。

8. 在设备方面的港口装卸工艺合理化原则有(　　)原则、(　　)原则、(　　)原则、(　　)原则、(　　)原则、(　　)原则。

9. 在工艺布置与流程方面的港口装卸工艺合理化原则有(　　)原则、(　　)原则、(　　)原则、(　　)原则、(　　)原则、(　　)原则。

10. 在作业方面的港口装卸工艺合理化原则有(　　)原则、(　　)原则、(　　)原则、(　　)原则、(　　)原则、(　　)原则。

二、选择题

1. 港口装卸储存货物的方法和程序称为(　　)。
   A. 操作过程　　B. 装卸工艺　　C. 操作程序　　D. 操作工序

2. 港口日常装卸工艺工作的主要内容有(　　)。
   A. 装卸搬运机械、装卸工属具类型和数量选择
   B. 生产人员的合理配备和组织
   C. 合理设计装卸工艺流程、制订港口生产作业的操作方法和规范
   D. A+B+C

3. 装卸作业技术标准,又称工艺卡,其作用是(　　)。
   Ⅰ. 推行先进工艺;Ⅱ. 实施工艺管理;Ⅲ. 监督工艺纪律;Ⅳ. 核定劳动定额。

A. Ⅰ+Ⅱ B. Ⅱ+Ⅲ
C. Ⅱ+Ⅲ+Ⅳ D. Ⅰ+Ⅱ+Ⅲ+Ⅳ

4. 装卸工艺过程的作用对象是(　　)。
   A. 能源　　　B. 货物　　　C. 运载工具　　　D. 装卸机械

5. 影响港口装卸机械化系统选择的因素有(　　)。
   A. 货物、运输工具、自然条件、港口建筑物、运输组织、港口机械生产和维修水平等
   B. 货物、自然条件、港口建筑物、工艺流程
   C. 运输工具、自然条件、港口建筑物、工艺流程
   D. 货物、运输工具、自然条件、港口建筑物、工艺流程

6. 港口装卸机械的选择在货物方面不需要考虑的因素是(　　)。
   A. 货物来源　　　B. 货物特性　　　C. 吞吐量　　　D. 货物流向

7. 港口某一货物流量关系(　　)。
   A. 是否可以进大吨位船
   B. 是否需设专业化泊位、是否采用专业化机械
   C. 是否采用大量运输工具
   D. 是否有良好的经济效益

8. 选择港口装卸机械的基本原则是(　　)。
   A. 生产上适用　　B. 技术上先进　　C. 经济上合理　　D. A+B+C

9. 港口劳动组织合理性的主要内容是港口各装卸作业环节合理配置(　　)。
   A. 生产人员数量　　　B. 机械设备数量
   C. 工具的种类　　　D. 工具的数量

10. 同一工艺流程,扩大港口生产规模、增加装卸数量,港口企业经济效益(　　)。
    A. 盈余　　　B. 亏损
    C. 扭亏为盈　　　D. 视装卸费率而定

三、判断题

1. 港口装卸工艺是港口货物装卸、搬运、储存的方法和程序。(　　)
2. 重视港口生产对社会的影响,注意减少污染,保护环境,是现代港口装卸工艺的主要特征之一。(　　)
3. 港口装卸工艺是港口生产的基础和规范。(　　)
4. 研究港口装卸工艺,就是分析和改进装卸方法,使通过港口的物流更经济、更合理,从而达到安全、优质、高效、低成本地完成装卸任务的目的。(　　)
5. 装卸工艺工作主要包括两个方面,即新建或扩建港口时进行的港口装卸工艺设计工作和港口日常装卸工艺工作。(　　)

6. 经过港口的主要货物一般都要按进口和出口编制装卸作业技术标准。（ ）
7. 港口水位和潮汐、地质和地形以及气象条件等因素对港口装卸工艺机械化系统的选择没有影响。（ ）
8. 货物来源影响港口装卸工艺机械化系统的选择。（ ）
9. 社会和劳动保护方面不是港口装卸工艺合理化需要考虑的因素。（ ）
10. 合理的港口装卸工艺选择，需要进行系统评估和规模效益测评。（ ）

四、简答题

1. 什么是港口装卸工艺？港口装卸工艺有何作用？
2. 简述港口装卸工艺的主要内容。
3. 港口装卸机械设备选择的基本原则是什么？港口装卸机械设备选择的主要依据是什么？
4. 装卸作业技术标准一般包括哪些内容？
5. 评价港口装卸工艺合理化有哪几个方面？
6. 在设备方面的港口装卸工艺合理化原则有哪些？
7. 在工艺布置与流程方面的港口装卸工艺合理化原则有哪些？
8. 在作业方面的港口装卸工艺合理化原则有哪些？

第三章
CHAPTER THREE
件杂货装卸工艺

 知识目标

1. 掌握件杂货的分类方法,货物的特性对装卸的影响,货物包装作用和基本要求,货物标志的作用、类型和内容,以及件杂货的工作特点。
2. 掌握成组件杂货的概念和主要成组工具的类型。
3. 掌握件杂货装卸工属具的作用、设计与选用的一般原则、主要类型和用途。
4. 理解件杂货装卸工艺系统装卸船舶机械、水平运输机械的类型和工作特点;掌握装卸机械类型的选择方法。
5. 掌握典型的件杂货装卸工艺布置形式和布置要点。
6. 熟悉件杂货装卸工艺组织、典型件杂货装卸工艺流程,掌握件杂货装卸作业线配备工人数和生产能力的确定方法;熟悉常见件杂货装卸工艺操作要点。
7. 掌握件杂货装卸的薄弱环节及解决方向。

 能力目标

1. 具备件杂货装卸工艺的基础知识。
2. 具备件杂货装卸工艺系统工艺布置、工艺组织、工艺操作的基本能力。
3. 具备件杂货装卸工艺系统的实际应用能力。

 素质目标

1. 具备从事港口件杂货装卸工作需要的职业理想、职业道德、职业素养。
2. 具备从事港口件杂货装卸工作的科学思维方法,提高分析问题和解决问题的能力。
3. 培养从事港口件杂货装卸工作需要的敬业、精益、专注、创新的工匠精神。

第一节　概述

件杂货运输和装卸是最早出现的一种传统运输装卸工艺,随着现代集装箱运输方式的发展,件杂货运输受到了很大的冲击,传统的件杂货运输量也日渐减少,不少件杂货码头(指供普通杂货船停靠、装卸货物的码头)也已经改建成为集装箱码头,但这并不意味着件杂货运输和港口装卸已经走到了尽头,因为品种繁多的件杂货中还有一些批量不大的、需散件运输的货物及某些不适合集装箱运输的货物,仍然采用件杂货运输。因此,现代件杂货装卸工艺是在不断革新中生存和发展的。20世纪80年代以来出现的通用码头便是以件杂货装卸工艺为基础的一种适用范围较广的码头设施。

在货物总运量和港口吞吐量中,件杂货与其他货种相比,其所占的比重不大。但由于件杂货的单件重量通常较小,件杂货船装运的件杂货数量却不小,对于港口通过能力不大的件杂货泊位来说,年装卸的件杂货数量仍很可观。

一、件杂货分类

件杂货通常是指有包装和无包装的散件装运的货物。由于件杂货的外形及包装形式多而杂,所以又被称为杂货。

1. 包装货物

包装货物是指以各种器皿、容器、器具盛装或用包装材料包扎的货物。具体有:

(1)袋装货物。袋装货物如袋粮、袋盐、袋装化肥、袋装水泥和某些矿产品等。袋装包装材料可分织物、纸、草席等几种。袋物的形状、尺寸、重量根据袋内的货物而定。

(2)捆装货物。捆装货物是指用带、绳索或铁丝等工具进行捆扎而形成的装运货物单元,如棉花、布匹、烟草等。

(3)桶装货物和圆筒状货物。桶装货物是用金属桶、木桶等盛装的货物,主要是液体货物,如桶装汽油、柴油、食用油、桐油、散装酒等。圆筒状货物通常是指经卷绕呈圆筒状的货物,如电缆、钢丝绳、带式输送机用的输送带等。它们绕在两端面为圆形木板的卷筒上运输,卷筒中央有孔,可由此插入吊货工属具进行装卸。纸张等则是卷在筒芯上呈圆筒状装卸运输。

(4)箱装货物。箱装货物是指用木箱、纸箱作为包装物进行外包装的货物,如日用百货、香烟、罐头、小五金等。箱子按结构、材料、件重可分成许多种。小五金等货物通常用木箱装运,香烟等则常用纸箱装运。用纸箱包装的货物在装卸和堆存时要注意避免被压坏。

(5)筐、篓、坛装货物。筐、篓、坛装货物是指用筐、篓、坛作为包装物进行外包装的货物,如蔬菜、水果、硫酸等。

2. 无包装货物

无包装货物又称裸装货物,指不加包装、不便于包装,并且不包装运输也不会影响货物质量的货物,如汽车、钢锭、型钢等。

二、货物的特性

货物的特性主要包括货物的理化特性、机械性质、运输特性。

1. 货物的理化特性

1）货物的物理性质

货物的物理性质是指货物受到外界的湿、热、光、雨等因素的影响而发生物理变化的性质。货物发生物理变化时,虽不改变其本质,但却能造成货物的损坏或质量降低。

货物发生物理变化的形式有吸湿、散湿、吸味、散味、热变、膨胀、挥发、溶化、凝固、冻结等现象。

2）货物的化学性质

货物的化学性质是指货物在光、氧、水、酸、碱等作用下发生改变物质本质的化学变化的性质。

2. 货物的机械性质

货物的机械性质是指货物的形态、结构在外力的作用下发生机械变化的性质。货物的这种性质与货物的质量和包装强度密切相关。

3. 货物的运输特性

货物的运输特性有吸湿性、冻结性、自热与自燃性、脆弱性、锈蚀性、腐蚀性、危险性、互抵性、挥发性等。下面介绍最常见的几种货物运输特性。

1）货物的危险性

货物的危险性是指货物具有燃烧、爆炸、腐蚀、毒害、放射性等性质。具有危险性的货物称为危险货物。危险货物在运输装卸过程中容易造成人身伤亡、财产毁损和环境污染。危险货物在装卸、运输、储存、生产、经营、使用和处置中,需要特别注意、特别防护。

2）货物的互抵性

货物的互抵性是指一种货物对另一种货物或多种货物的质量能产生不良影响,或发生相互损害而彼此不能同装在一处。拥有这种性质的货物称为互抵性货物,又称忌装货物,例如农药与大米,水泥与糖,硫酸铵、铝锭与纯碱、香烟、茶叶等都是互抵性货物。

3）货物的挥发性

货物的挥发性是指液体货物表面能迅速气化变成气体散发到空气中去的性质。如汽油、原油、酒精等都是具有挥发性的货物。货物的挥发性具有一定的危害,挥发不仅会使货物重量、品质损耗,特别是有些货物能够挥发出有毒、腐蚀、易燃气体,会引起危险事故。

三、货物的包装与标志

许多件杂货进行包装运输时,在货物的外部包装上或在无须包装的货物上有货物的标志。

1. 包装运输的目的和作用

（1）防止货物破损、受潮、污染、变质、散落、丢失、短缺,保护货物重量和数量的完整。

(2) 防止货物本身的毒害或其他危险的扩散。
(3) 便于货物的运输、装卸和堆码保管。
(4) 便于理货计数、交接,提高装卸运输效率,加快船舶及货物的周转。

2. 港口货物运输包装的基本要求

(1) 需要进行运输包装的货物,包装要符合国家规定的包装标准或交通部门规定的货物包装要求;没有包装标准和要求的货物,包装应保证货物的质量和运输装卸过程中的安全。
(2) 运输包装要有一定的强度,内部应有适当的衬垫,经得起水运中的碰撞、震动、挤压等外力的冲击。
(3) 包装要便于运输、装卸和堆码。
(4) 包装上的标志要清晰、正确、牢固、完整,符合国际和国内的规定。

3. 货物标志

在货物的外部包装上或在无须包装的货物上,为了运输的需要,用涂刷、印刷、印染、粘贴等方式,以简单的图案、符号和文字制作特定记号,称为货物的标志,俗称"唛头"。

货物标志的主要作用是:

(1) 便于识别和辨认货物,以利于货物的装运、分票、清点、交接、查核、存储,避免错发、错运、错交。
(2) 便于海关验收。
(3) 显示货物的重量、尺码、性质、注意事项等,启示装卸操作人员和相关管理工作人员正确操作与堆存,保证货物的完整和人身、装卸机具的安全。

常见件货标志种类有识别标志(发货人标志)、运输标志(唛头)、包装储运图示标志(保护警告标记)、危险货物包装标志、原产国标志等。其标志种类、内容、形式如表3-1所示。

常见件货标志种类、内容、形式　　　　　　　　　　表3-1

标志种类	标志内容	标志形式
识别标志 (发货人标志)	主标志:合约号、收货人名称; 副标志:该票货的贸易合同编号、目的港、件数	以文字及数字为主 (含英文等外语)
运输标志 (唛头)	运输号码(或发货符号、外贸运输系合同号)、唛头标记(符号)、货物品名、起运港、到达港、收货人、货物总件数、件重(净重、毛重)、外形尺码	以文字及数字为主 (含英文等外语)
包装储运图示标志 (保护警告标记)	防潮、防冻、向上、小心轻放、重心点、由此起吊、防热	以图案为主
危险货物包装标志	有毒品、剧毒品、腐蚀性物品、易燃品、自燃物品、遇水燃烧物品、无毒压缩气体、有毒压缩气体、易燃压缩气体、氧化剂、爆炸品、一般放射性物品	以图案为主
原产国标志	指示一项产品来源于某个国家或地区的标识"标签""标示文字"图案以及与产地有关的各种证书等	文字

识别标志实例如图3-1所示。

```
GFME/NE 05030/APMC:合约号              合同号        CJJ411
NANJING,CHINA:目的港:中国南京          唛头标记      CTA/004
CONSIGNEE CODE:G00005:收货人代码       目的港        中国上海
OKAYA CA-24 C/NO:304:生产厂(冈谷电机株式  收货人代号    CJY-004
            会社),CA-24 为合同          货物名称项号  电气设备 567-3-01
            贸易编号,第304件           箱号          567-3-01  37/88
MADE IN JAPAN:生产国:日本              净重、毛重    800kgs  1100kgs
N/W:1400 kgs,G/W:2050 kgs:净重,毛重    尺码          190×135×242(cm)
L×W×H(cm):380×199×232:外形尺寸(cm)
```

  a) 实例1   b) 实例2

图 3-1 识别标志实例

运输标志(唛头)实例如图 3-2 所示。

```
运输标志(甲式)                  运输标志(乙式)
(运输符号)                      (发货符号)
货名:                           货名:
到达港(地):                     到达港(地):
收货人:                         收货人:
总件数:                         总件数:
起运港(地):                     起运港(地):
```

图 3-2 运输标志(唛头)实例

《国内水路货物运输规则》中规定:运输标志分甲、乙两种,执行中可任选其一。

有关包装储运图示标志可参考《包装储运图示标志》(GB/T 191—2008),危险货物包装标志可参考《危险货物包装标志》(GB 190—2009)。

四、件杂货装卸工作特点

件杂货特性决定了件杂货装卸工作具有以下特点。

1. 品种杂、规格多、批量少、货票多

件杂货的品种杂、规格多、每批货的批量较少,一般需要在港口聚集、存放,积累到一定的货运量时才进行装运。因此,大多数经过港口装卸的件杂货均需在库、场内堆放。另外,件杂货的货票多,容易在装卸运输和保管的过程中发生货损、货差。为了防止差错,件杂货须在库、场内分票保管,因此,件杂货需要较大面积的库、场。

2. 货种特性差异大,装卸保管方法和使用的装卸工属具差异也大

件杂货大多有防潮、防雨的要求。贵重货物、危险货物和军用货物要特别注意包装和装卸方法。贵重物品和危险品特别要注意防止失窃和发生危险。由于件杂货包装形式不一、单件尺寸和重量差异大,通常需要采用不同的装卸工属具进行装卸。

3. 货物的双向性

件杂货往往存在进、出港并存的现象,即货流的双向性。这就要求装卸机械具有装、卸的双向性功能和适应货种变化的通用性。

4. 件杂货装卸效率低，车船在港时间长

由于件杂货的品种杂、规格多，件杂货装卸所需的劳动力较多、劳动强度大、装卸效率低、车船在港时间长。件杂货装卸是港口装卸中最薄弱的环节之一。

改进件杂货的包装是完善件杂货装卸工艺的重要途径。件杂货的包装应尽量标准化、大型化，并将那些原则上属于散货的件杂货（如袋装粮食）改为散装运输。

五、成组件杂货

随着运输量的不断增加，散件装卸已严重阻碍了件杂货装卸效率的提高和工人劳动强度的减轻，从而影响了港口吞吐量的提高，因此出现了成组件杂货，以及件杂货成组装卸运输形式。所谓成组件杂货（简称成组件货），是将零散件杂货或散货集并成组，成为重量较大、规格较统一、便于机械化装卸的货组。成组件货的出现，改变了传统的件杂货装卸工艺，引起了装卸运输组织等方面的变革，同时也推动了装卸机械和运输工具的进步。所谓成组装卸运输，指成组件货从起运港装卸、搬运、堆存、上船至目的港最后拆关止，在中间各作业环节均采用成组方式装卸和运输。

目前，成组装卸运输所用的主要工具有货盘（或货板）、网络、集装袋、集装箱。货盘（或货板）成组的货物有小袋装的粮谷、化肥，箱装的日用百货、服装等。网络成组的货物主要有生铁块、各种软包装的货物。集装袋成组的货物主要有矿砂、化肥、氧化铝等。集装箱成组的货物可以是各种散货和件杂货。

成组装卸运输的优点是可降低装卸作业的劳动强度，充分利用机械进行作业，提高装卸效率，缩短船舶、车辆的周转时间，便于理货交接，减少货损，提高货运质量和效率。但发展成组装卸运输的关键在于：实行装卸作业的科学管理；特别要管好成组运输的工具；要发展成组运输的船型、车型；制订成组运输工具的标准；规定堆码类型；制订有关成组工具制备、维修和管理的各项办法。

第二节　件杂货装卸工属具

由于件杂货品种多样，件杂货码头通常配置通用性强的装卸机械，为了使通用机械能适应各种不同外形、不同种类的货物装卸，就必须应用各式各样的件杂货装卸工属具。

装卸工属具是港口生产中用于货物装卸、搬运，起连接、吊挂、承载及起辅助作用的各类工具和设备。装卸工属具包括起重工属具、承载工具和辅助工属具三大类[《港口装卸工属具术语》（JT/T 392—2013）]。起重工属具是装卸中连接起重设备取物装置与货物（或承载工具），并起吊挂作用的工具和属具，如吊索、吊架、抓斗、起重吸盘等。承载工具是装卸、运输中使用托盘、网络、货斗等的各种盛装工具。辅助工属具是在装卸中起辅助作用的各类工具和简易设备，如滑板、溜槽、平板车属具（安装在平板车上的各种托架、挡板等结构物的总称）等。

装卸工属具在装卸作业中的作用：能够有效地利用港口装卸机械和船舶起货设备，充分发挥装卸机械的效能，扩大装卸机械的作业范围，提高装卸作业的质量和效率，减轻工人的劳动强度，减少安全质量事故，保障人身安全和货物完整，缩短车船在港作业时间，降低装卸成本，提高港口经济效率。

件杂货装卸工属具的革新与创造也是件杂货装卸工艺的内容之一，它可以促进和推动件杂货装卸工艺的改革。为了保证件杂货装卸工属具能有效地配合机械的装卸作业，并能保证装卸作业高效、安全地进行，设计与选用件杂货装卸工属具应遵循一定的原则。

一、设计与选用件杂货装卸工属具的一般原则

件杂货装卸工属具作为装卸机械的辅助设备，对装卸生产的安全、质量、效率都有显著影响，特别是在装卸超重货物、长大件货物、易损以及危险物品时，其作用更为突出。设计与选用件杂货装卸工属具的一般原则是：

(1) 保证货物的完整无损。如装卸袋粮时，应使用网络。
(2) 牢固可靠，工作安全。这是选择件货装卸工属具最基本、最重要的原则。
(3) 使起重机的起重量得到充分利用。
(4) 便于工人操纵作业，减轻工人劳动强度，避免对货物重复操作。

此外，也要适当考虑吊货工属具的耐用程度，便于多种机械使用，在不积压吊货工夹具的基础上达到成组保管等要求。

装卸生产的实际情况是复杂多变的，在不能满足上述四项原则时，首先要确保达到第一、第二两项原则。

二、件杂货主要装卸工属具

种类繁多的件杂货装卸工属具，根据其应用范围大致可分为两类：通用工属具和专用工属具。

1. 通用工属具

通用工属具是指适用于装卸多种货物的工属具，一般通用工属具工作效率较低，人工劳动量大。件杂货码头常用的通用工属具类型主要有吊钩、吊索、网络、托盘等。

1) 吊钩

吊钩是指将货物与起重设备取物装置、承载工具连接，能够进行装卸作业、带钩状的吊货工具，它有别于吊钩装置，是港口使用最为普遍的吊具。吊钩通常有双钩、四链钩和扁担钩等。

(1) 双钩。双钩俗称马钩，它是在一个起重吊环上，连接两根等长度、带吊钩的绳或链的吊具。

双钩根据材料分为链条双钩、钢丝绳双钩、钢丝绳链条双钩，如图3-3所示。

链条双钩具有绕性好、操作方便、维修费用低等优点，但链条双钩也存在自重较大和有冷脆性的缺点，适用于所需支索长度较短的船舶吊杆起重机。

钢丝绳双钩具有自重较轻、安全性高的优点，但钢丝绳容易起毛刺，不易挂钩，工人操作不方便，所以有的港口在使用的钢丝绳的下端套上套管或用别的方法包扎防护，以避免工人操作

时伤手。钢丝绳双钩还克服了链条双钩的冷脆性,特别适用于北方冬季作业。

钢丝绳链条双钩的吊索由钢丝绳链条组成,这种吊具集中了以上两种双钩的优点,既增加了分支吊索的长度,减轻了吊具的自重,又便于工人操作,特别适用于门座起重机。

(2)四链钩。四链钩是在一个起重吊环上,连接四根等长度、带吊钩的绳或链的吊具。四链钩常用于吊装成组网络货物,所以也称成组网络钩,按其材料分为棕绳四链钩、链条四链钩、钢丝绳四链钩等。

①棕绳四链钩(图3-4)。这种吊具的吊索是由白棕绳制成的,重量轻、柔软、富有弹性,并且操作方便,但强度较低,适用于起重量较小的成组网络货物。

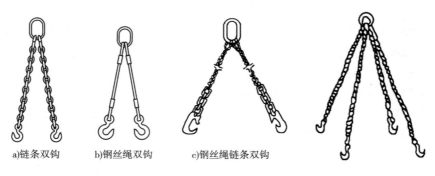

a)链条双钩   b)钢丝绳双钩   c)钢丝绳链条双钩

图 3-3 双钩　　　　　　　　　　　图 3-4 棕绳四链钩

②链条四链钩(图3-5)。这种吊具的分支吊索采用链条,因而负载能力大,作业安全可靠,但重量较重。链条四链钩适用于起吊起重量较大的成组网络货物。

③钢丝绳四链钩(图3-6)。这种吊具抗拉强度高、负载能力强,自重较轻。也用来起吊起重量较大的成组网络货物。

图 3-5 链条四链钩　　　　　　　　图 3-6 钢丝绳四链钩

(3)扁担钩。扁担钩如图3-7所示,这种吊具由一个起重吊环与撑架的二绳相连,在撑架下悬置两个由四链钩所组成的吊具。能同时起吊双网络或双货盘的货物,可充分利用起重机的起重量,具有装卸效率高的特点。这种吊具适用于起吊起重量大、货组质量小的货物。

2)吊索

吊索是用各种绳索材料制成,配合起重机使用的一种简单吊货工具。这类吊货工属具的特点是结构简单、轻巧、使用方便。按材料分,其主要有纤维吊索、钢丝绳吊索、钢丝绳链条扣吊索等。

（1）纤维吊索。纤维吊索根据纤维种类不同，可分为天然纤维绳和合成纤维绳。棕绳、亚麻绳、天麻绳属于天然纤维绳索；尼龙绳等化学纤维材料制成的绳索属于合成纤维绳。

棕绳吊索也称棕绳扣，它是用白棕绳制成的环形吊货绳，如图3-8所示。棕绳吊索主要用来装卸重量较小的箱装、捆装和袋装的货物，也可以成组运输。图3-9所示是用棕绳吊索来吊装袋装货。要注意的是，棕绳吊索不得用于装卸钢材，在露天堆放时，要下垫、上盖，防止棕绳吊索受潮霉烂。

纤维吊索与吊环（或吊钩）可以组合成不同形式的吊货工具，使用时利用吊索上的钩或环将物件扣成一关（关是指堆码在吊货工属具上一次起吊的货组），所以也称绳扣。例如，活络绳扣是由一个吊环连接两根带钢环的白棕绳（或锦纶棉）互相对穿而成，如图3-10所示。作业时只要将绳扣放开，套在货物上，抽紧后即可起吊。活络绳扣适用于箱装、捆袋货物的装卸。

 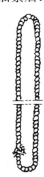  

图3-7　扁担钩　　　　图3-8　棕绳吊索　　　图3-9　棕绳吊索吊装袋装货　　图3-10　活络绳扣

（2）钢丝绳吊索。钢丝绳吊索由单根钢丝绳的两端各绕制一个绳环，并由人工插接或铝合金套管（或钢管套）压制成绳端接头的索具，又称钢丝绳扣。它在成组装卸和成组运输中普遍使用。一般可以装卸长型钢材和原木等货物。

钢丝绳扣主要有钢材钢丝绳扣和木材钢丝绳扣两种。在港口装卸作业中常用的钢丝绳扣有一头带环、另一头带钩，一头带环、另一头带琵琶头及两头带环三种形式。

一头带环、另一头带钩的钢丝绳扣如图3-11所示，吊钩和吊环分别连接在钢丝绳两端的绳圈内。用两根这种钢丝绳扣吊装钢材如图3-12所示。这种钢丝绳扣在货组落地后，因钩头不能紧扣而使货组松散（落关后容易散关），影响成组装卸质量。

图3-11　一头带环，另一头带钩的钢丝绳扣　　　图3-12　钢丝绳扣吊装钢材

一头带环、另一头带琵琶头的钢丝绳扣如图3-13a)所示。由于琵琶头容易被所装卸钢材轧扁,使挂钩发生困难,故不宜用于钢材装卸。这种钢丝绳扣有的在钢丝绳上穿有自由活动的钩头,如图3-13b)所示,因此抽钩比较方便。

两头带环的钢丝绳扣如图3-14所示。其两头都便于挂钩,使用方便,磨损不集中于一处,使用寿命较长,但其在落关后抽取很不方便。

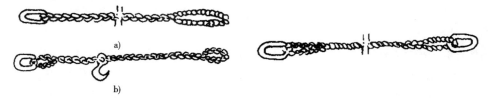

图3-13 一头带环、另一头带琵琶头的钢丝绳扣　　图3-14 两头带环的钢丝绳扣

一般在装卸钢材时大都采用两头带扁圆形钢环的钢丝绳扣;在装卸木材时使用一头带环、另一头带钩或琵琶头的钢丝绳扣。

在使用绳扣装卸长钢材或圆木时,都要成对使用。成组货吊装时,要注意两根钢丝绳扣的放置位置及长短要相当,木材绳扣不能用于钢材的装卸。

(3)钢丝绳链条扣吊索。

钢丝绳链条扣吊索是由一段链条的两端各连接钢丝绳扣所组成的索具。

3)网络

网络又称网兜,是用白棕绳、钢丝绳、锦纶绳、橡胶带、锦纶带等材料编织成的网状承载工具。网络由吊系、边框、网心筋、边筋等组成,用网络装卸袋装货如图3-15所示。按其用途可分为袋货网络、散货网络、生铁网络、木板网络、成组网络等。作业时,先将货物堆码在网络上,再把吊系挂在吊钩上即可起吊。用其承货吊运,货物不易散落和损坏,可提高装卸质量和装卸效率,在港口装卸作业中获得广泛应用。

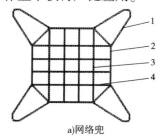 

a)网络兜　　b)实景图

图3-15 网络装卸袋装货
1-吊系;2-边框;3-网心筋;4-边筋

(扫码观看数字资源)

4)托盘

托盘是用来集结、堆存、装卸和搬运的承载工具。按材质、用途、台面、叉车的插入方式和结构划分,托盘有多种类型。港口常使用平托盘,通常称为货板、通用货板或万能货板。它是我国港口最早使用的成组工具,起初用于港区内库场货物的成组堆码,后来逐渐发展到港口之间的运输。

托盘按材质可分为木质托盘、塑料托盘、钢质托盘、复合材料货板等；根据托盘结构可分为单面托盘和双面托盘；根据叉车插入托盘的方式可分为单面插入型、双面插入型、四面插入型三种。托盘的基本结构主要包括面板、纵梁(或桁木、垫块)等。单面托盘在单层面板下设纵梁(或垫块)，双面托盘在两层面板中间夹以纵梁(或垫块)。托盘的最小高度应能使叉车或托盘搬运车的货叉方便地插入托盘，适用于成组装卸或成组运输。作业时，先将箱装、捆装或袋装等货物整齐地堆放在托盘上，叉车或托盘搬运车的货叉即可插入面板下方的空间，平稳地托起托盘进行搬运、码垛或装车。配备专用吊具后，也可用起重机械进行吊运作业。木质托盘堆存货物如图3-16所示。

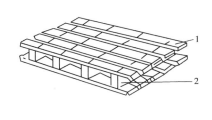 

a)木质托盘　　　　　　　　　　　b)实景图

图3-16　木质托盘堆存货物

1-面板；2-桁木

港口广泛使用的货板为木质托盘、塑料托盘和钢质托盘。木质托盘以原木为材料，先进行干燥定型处理，以减少水分、消除内应力，然后进行切割、刨光、断头、抽边、砂光等精整加工处理而形成型材板块，最后进行精整、防滑处理和封蜡处理。木质托盘主要由多根板条构成的面板和纵向桁木(横档，即纵梁)等组成。面板的作用是承载，板条与板条之间留有50~60mm的间隔，以减轻货板的重量、节省木材。纵向桁木在上下面板之间，其高度应能保证叉车的货叉方便地插入和取出。木质托盘主要特点是重量轻、使用方便，但抗冲击性差，在频繁的周转使用中容易损坏，使用寿命短。

塑料托盘的结构和木质托盘类似，具有重量轻、耐腐蚀、寿命长、可回收等优点，但强度有限，塑料托盘的承载能力一般不如木质托盘、钢质托盘。

钢质托盘是由钢型材焊接而成，一般带有吊耳的托盘。钢质货板比较牢固，使用寿命长，但重量大。

2. 专用工属具

专用工属具是指只适用于装卸某一种货物的吊具，这种工属具使用安全、方便，省时省力，装卸效率高。常见的专用工属具主要有钢板钳、卷钢吊具、成捆铝锭吊具、圆桶吊具、卷纸吊具及起重吸盘等。

1)钢板钳

钢板钳又称钢板夹，俗称钢板卡子，是装卸钢板的专用夹具。它主要由钳体、带吊耳孔的活动钳舌及横销等组成，在活动钳舌的上端用钢丝绳或链条与吊环相连，如图3-17a)所示。图3-17b)所示为用钢板钳吊装钢板。作业时，钢板钳成对使用，先将吊环挂在起重机械的吊钩装置上，然后用每个钳体分别夹住钢板的两边即可起吊。装卸起吊时，在吊力作用下，活动钳舌与钳体形成的钳口压紧钢板。为了进一步增加压紧钢板的牢靠度,可将与钢板接触的钳体表面和活动钳舌表面制成齿形,以保证作业安全。尽管钢板夹具有多种结构形式,但其基本结构与作用原理相同。

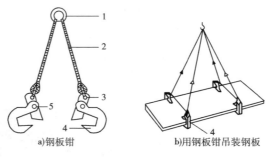

图 3-17　钢板钳及用其吊装钢板

1-吊环;2-钢丝绳;3-活动钳舌;4-钳体;5-横销

图 3-18 所示是一种可调节钢板钳,它可根据钢板的厚度调节活动钳舌的最大开口度。

图 3-18　可调节钢板钳

2)卷钢吊具

卷钢吊具是用于装卸卷钢板的专用吊具,见图 3-19。卷钢吊具根据起吊时的状态不同可分为卧放卷钢吊具和立放卷钢吊具两种。

(1)卧放卷钢吊具是一种以双吊爪沿卷钢两侧分别钩住卷钢孔两端上缘,吊装卧放卷钢的专用起吊装置。其结构如图 3-20 所示,主要由夹钩、钢丝绳、吊环、卸扣、横梁、吊爪组成。作业时,吊环挂在起重机的吊钩上,夹钩的双吊爪沿卷钢两侧钩住卷钢内圆孔;起吊时,夹钩上端受拉,由于杠杆作用,夹钩下端夹紧,这样就可以进行起吊作业。

图 3-19　吊索起吊卷钢

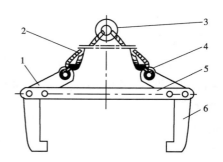

图 3-20　卧放卷钢吊具结构

1-夹钩;2-钢丝绳;3-吊环;4-卸扣;5-横梁;6-吊爪

①C 形卷钢吊具(图 3-21)是卧放卷钢吊具的一种,它是一种插入式吊具,其外形与英文

字母 C 相似。顶部有平衡装置(平衡重块或平衡弹簧),以保证作业时的平衡。有单 C 形吊具和双 C 形吊具两种。C 形卷钢吊具具有结构简单、操纵方便、起重量大的特点。其适用于钢卷装卸,也可以装卸线圈等货物。

②L 形卷钢吊具(图 3-22)也是卧放卷钢吊具的一种。在吊装卷钢板时要成对使用,挂好保险链条钩。这种 L 形卷钢吊具适用于热轧卷钢板的吊装。

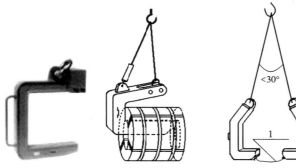 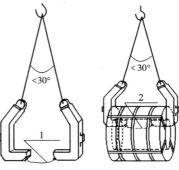

图 3-21　C 形卷钢吊具　　　　图 3-22　L 形卷钢吊具
　　　　　　　　　　　　　　　1-保险链条钩;2-保险钩

(2)立放卷钢吊具是一种钳口朝下,靠摩擦力夹持垂直状卷钢的专用起吊装置,如图 3-23 所示。作业时,先吊住外卡板上的两只吊耳,使吊具的外卡板落在卷钢的外圈壁板上,内卡板落在卷钢的内圈壁板上,然后摘钩,将起重机吊钩钩住内卡板上的卸扣,便可起吊,如图 3-24 所示。

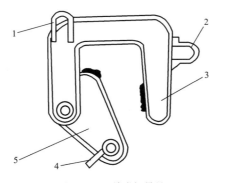 

图 3-23　立放卷钢吊具　　　　图 3-24　立放卷钢吊具吊装
1、2-吊耳;3-外卡板;4-卸扣;5-内卡板

3)成捆铝锭吊具

成捆铝锭吊具是起吊成捆铝锭的专用吊具。常见的成捆铝锭吊具如图 3-25 所示,这种吊具由钢丝绳、链条和夹钩组成,其两端是钢丝绳琵琶头,钢丝绳连接链条,链条上穿套两个夹钩。作业时,用夹钩钩住成捆铝锭的捆扎绳,链条在货物重力的作用下自行勒紧双钩,以保证安全。该吊具结构简单,使用方便。

4)圆桶吊具

圆桶吊具是起吊圆桶的专用吊具,分为卧式圆桶吊具和立式圆桶吊具两种。

卧式圆桶吊具是用来装卸、起吊卧放圆桶的一种吊具,如图 3-26 所示。这种吊具由一个吊架和装在吊架上的八根吊链组成,每根吊链上穿套一对活络钩。起吊作业时,先将吊具挂在起重机械的吊钩装置上,然后使每对活络钩钩住桶两端突起的边缘即可起吊。起吊时,在重力作用下,链条钩紧紧地钩住圆桶。吊架的作用是使链条之间的圆桶保持一定的距离,避免吊链互相卷绕和圆桶互相碰撞而发生事故。

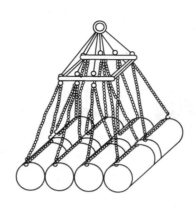

图 3-25 成捆铝锭吊具　　　　图 3-26 卧式圆桶吊具

立式圆桶吊具是用来装卸、起吊立放圆桶的专用吊具,如图 3-27 所示。这种吊具的内卡板、外卡板通过销轴连接,内、外卡板形成卡口,外卡板与连接支板固定相连,连接支板上的卸扣连接起升绳。作业时,将卡口卡住圆桶上部的凸缘,内卡板下端的支桶管支承在圆桶外壁,就可以起吊。它可以起吊单个圆桶,也可以通过吊架起吊多个圆桶。图 3-28 所示是立式圆桶吊具吊装多个圆桶。

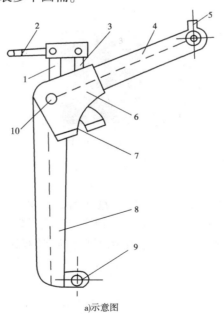

a)示意图　　　　　　　　　　b)实景图

图 3-27 立式圆桶吊具装卸圆筒

1-保险板;2-保险柄;3-固定板;4-连接支板;5-卸扣;6-外卡板;7-卡口;8-内卡板;9-支桶管;10-销轴

5）卷纸吊具

卷纸吊具又称卷纸夹具、卷纸卡具、卷纸夹，是装卸卷纸的专用吊具。它的种类很多，按卷纸起吊状态分，有卧放卷纸吊具和立放卷纸吊具两大类，如图3-29、图3-30所示。图3-29所示的卧放卷纸吊具（绳索式）由夹臂、夹板、滑轮、钢丝绳、手柄等组成。作业时，夹板放置在卷纸两侧，然后提升钢丝绳，夹板夹取卷纸进行起吊。

图3-28 立式圆桶吊具吊装多个圆桶

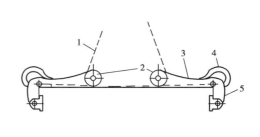

图3-29 卧放卷纸吊具（绳索式）
1-钢丝绳；2-滑轮；3-夹臂；4-手柄；5-夹板

卷纸吊具具有结构轻巧、操作方便、安全可靠等特点。

6）起重吸盘

起重吸盘是利用磁力或空气压力差吸取重物的吊具。其分为电磁吸盘和真空吸盘两种。

（1）电磁吸盘。电磁吸盘又称起重电磁铁。电磁吸盘通常挂在起重机吊钩上使用，主要用于装卸废钢铁、钢板等货物。按工作原理可分为永磁式和电磁式。

永磁式起重吸盘靠永久磁体[能够长期保持其磁性的磁体。如天然的磁石（磁铁矿）和人造磁体（铝镍钴合金）]吸料，通电消磁卸料，断电时无物料坠落的危险。

图3-31所示是电磁式起重吸盘，其主要由电缆、盘形钢壳和壳内的励磁线圈等组成。工作时，励磁线圈通直流电产生磁力吸料，断电去磁卸料。为防止断电时物料坠落，带这种吸盘的起重机一般需要有备用电源。

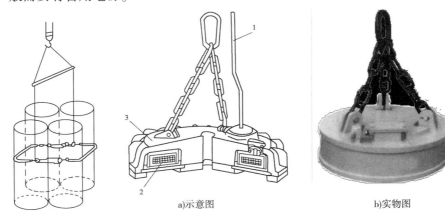

图3-30 立放卷纸吊具

图3-31 电磁式起重吸盘
1-电缆；2-励磁线圈；3-盘形钢壳

a)示意图　　b)实物图

永磁式电磁吸盘靠永磁体(如铝镍钴或锶铁氧体合金磁钢吸头)吸料,通电消磁卸料,断电时无物料坠落的危险。

电磁吸盘有圆盘形和矩形等形状。圆盘形电磁吸盘一般用于装卸废钢铁,矩形电磁吸盘常用于装卸钢板。电磁吸盘底面大多为平面形,适合装卸钢板;也有呈凹弧形的,用以吸取铁桶和钢卷等货物。吊运长大件货物时,可以使用几个吸盘同时工作,用电磁吸盘吸取的物料温度一般不超过600℃。

(2)真空吸盘。真空吸盘是一种使吸盘与货物表面形成密闭空间,利用真空原理吸住货物的吊具。其常用来吸取表面平整、光洁的货物,如玻璃、塑料板、钢板等,通常与起重机配合使用。真空吸盘一般由真空装置、吊架、软管和碗状橡胶吸盘头等组成。其分为无动力真空吸盘和动力真空吸盘两种,它的操纵方式有自控、手控和遥控三种。

无动力真空吸盘又称自吸式真空吸盘,其主要由吊架、吸盘、通气软管、压力真空表和真空装置等组成,如图3-32所示。真空装置由气缸、活塞、活塞杆等构成,活塞杆上端有吊环。吊真空装置的气缸通过通气软管与吸盘连通。工作时,先将吸盘压在货物平整表面,然后提起吸盘,此时气缸内活塞上移,气缸容积变大,气缸内气压减小,这样吸盘内部的空气被抽吸形成一定的真空。吸盘内的真空度越高,吸盘内外产生的压力差就越大,吸盘将货物表面吸得就越紧。这种吸盘具有结构简单、无噪声等优点,但吸力较小,通常只能吸取500kg以下的物料。

图3-33所示是一动力真空吸盘,其利用真空泵获得真空,整个装置主要由电动机、真空泵、通气管道、吸盘、释放阀等部件组成,它的管状吊架也是通气管道。通气管道分别连接真空泵和吸盘。24个带链条的吸盘用卸扣等挂在吊架下面。在管道的中心交叉处有4个吊环,用以挂起重吊索,提起吊架。吸盘的周围压制了一圈橡胶裙边,吸盘上装有触发开关,并用软管与主气管道连通。

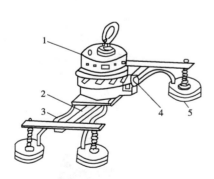

图3-32 无动力真空吸盘
1-真空装置;2-吊架;3-通气软管;4-压力真空表;5-吸盘

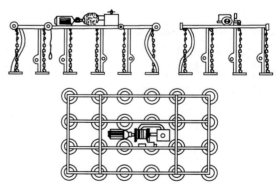

图3-33 动力真空吸盘
(扫码观看数字资源)

当吸盘放置在物品平面上时,触发开关被物品平面顶开,通气管道打开。这时,真空泵在电动机的带动下工作,并将吸盘内腔的空气排出,产生真空,吸盘便吸附在物品平面,把物品紧紧吸住,起升吊索便能将整个物品吊起。当拉开释放阀,使整个管道与大气相通,吸盘内的真空消除,物品即被释放。在装卸时,如果有的物品平面高低不平,吸盘下方突出的顶针就不能很好地与平面接触。这时,触发开关因没被顶上而保持常闭,避免了这条管道的漏气,保证了其他吸盘的正常工作。

动力真空吸盘吸力较大,但结构较复杂,工作时有噪声。

第三节　件杂货装卸运输机械

件杂货装卸运输机械由装卸船舶机械、水平运输机械和库场作业机械组成。下面分别概要介绍这三类机械。

一、装卸船舶机械

件杂货码头装卸船舶机械一般有门座起重机、流动起重机,也有的采用船舶起重机。

1. 门座起重机

门座起重机(简称门机)是码头前沿的通用起重机械之一,也是件杂货码头最常用的装卸船舶机械,如图3-34所示。门座起重机是一种回转臂架安装在门形座架(门架)上的起重机,门架支承于地面轨道运行,门形座架下可通过铁路车辆或其他车辆,该起重机通过起升、运行、变幅、回转四大机构的相互协作,完成货物的装卸。

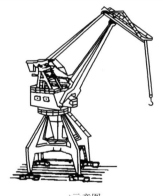
a)示意图

b)实物图

图3-34　门座起重机
(扫码观看数字资源)

(1)门座起重机的工作的特点。

门座起重机的优点是起升高度大;臂架幅度大,工作区域大;使用灵活,定位性好;起重量大;通用性好,可配合吊钩、钢丝绳扣、网络等各种吊具对不同件杂货进行装卸作业。其缺点是价格高,使用的成本、维修费用和能耗都较大。此外,由于门座起重机的自重大,装卸作业时的轮压较大。

(2)门座起重机主要技术参数的确定。

门座起重机主要技术参数包括额定起重量或额定生产率、起升高度、起升速度、变幅速度、运行速度、轨距、基距、最大幅度、最小幅度、门架净空高度、车轮直径、车轮数量、轮压等。另外,根据不同使用条件和场合的机型,还有配套系统的技术参数。下面主要讨论起重量、幅度参数的确定。

①起重量。

起重机械起重量主要根据装卸货种和接卸工具的能力等因素进行选择。一般情况下,可选5t或10t起重量,随着近些年件杂货货组重量的加大,港口配置的门座起重机起重量有加大的趋势,新配置的设备的起重量一般在10t及以上。目前,我国港口配置有不同起重量级别的门座起重机,起重量系列为5t、10t、16t、25t、40t、60t等。

②幅度。

门座起重机的幅度由运输工具(主要是船舶和车辆)和货物接卸方式而定。在港口,当船舶不装甲板货时,门座起重机的最大幅度要求应达到舱口的外侧;经常装甲板货,则最大幅度应达到船舷的外侧,以方便船舶外挡作业。

2. 流动起重机

流动起重机的主要类型有轮胎起重机(简称轮胎吊)、履带起重机、汽车起重机(简称汽车吊)。其中,轮胎起重机在港口最为常用,如图3-35所示,其可用于装卸驳船作业,也可用于库场作业。

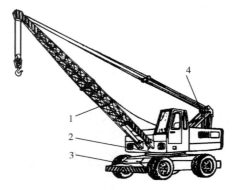

图3-35 轮胎起重机
1-臂架;2-转台;3-车架;4-人字架

(扫码观看数字资源)

轮胎起重机具有机动性好、适用性强的特点,使用时不受轨道的限制,灵活机动,服务区域相对较大,既可用于码头前沿,又可作为堆场机械使用,一机多用,机械利用率得到充分发挥。轮胎起重机的造价比门座起重机低,维修保养的费用较门座起重机少。轮胎起重机操作方便,视线好,更适用于装卸小驳船。

但轮胎起重机的起重量随着臂架幅度的增大而减小,轮胎起重机的最大起重量是指其臂幅最小时的起重量。一般轮胎起重机的装卸效率较门座起重机低,当同时使用多台轮胎起重机进行装卸船作业时,码头前沿就显得很拥挤。

3. 船舶起重机

尽管大多数港口都配备起重能力强、效率高的港口货物装卸设备,然而,并非所有的港口都具有足够的起货设备,即使是现代化港口,也往往因在港船舶过多而一时难以应付。另外,考虑船舶在开阔水面上有时需进行货物装卸和过驳等,大多数货船上仍配备了船舶起重机,俗称船舶起货机,简称船吊,用以在锚泊时进行货物装卸或与港口货物装卸设备联合作业,加快船舶周转,提高船舶营运效率。

船舶起重机的类型有很多,按结构形式和作业方式的不同可分为吊杆式起重机、回转式起重机和门式起重机。吊杆式起重机的主要有单吊杆起重机、双吊杆起重机(图3-36)两种类型,吊杆式起重机曾经是除矿砂船等以外的大多数干货船使用的主要起货设备,其主要优点是设备构造简单、初期投资少,但其起重量较小,装卸效率较低。现新建的货船几乎都采用回转式起重机作为主要的装卸设备。图3-37所示为回转式起重机,其主要由金属结构(塔座、臂架等)、工作机构(起升、变幅、回转三大机构)、驱动装置(一般为电力驱动或液压马达驱动)以及操纵控制系统组成。回转式起重机操作方便、装卸效率高。门式起重机应用较少。

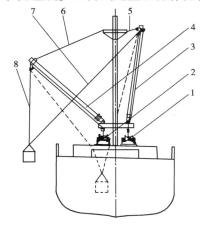

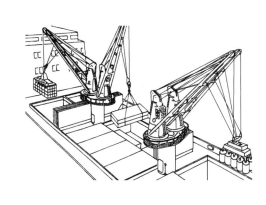

图3-36 双吊杆起重机　　　　　　　　　图3-37 回转式起重机

1、2-起重机卷筒;3、4-吊货杆;5、6-顶吊索;7、8-吊货索

(1)使用船舶起重机进行船舶装卸作业的特点是码头的造价低,件杂货码头的营运费用低、装卸成本低。

(2)港口在采用船舶起重机进行船舶作业时,应注意以下事项:

①水位差变化比较大的港口,采用船舶起重机作业时必须验算船舶满载低潮时作业是否有困难。船舶起重机的吊具下降深度要能达到最低舱位。

②由于船舶起重机的起升高度低、工作幅度小、对码头的适应性差,不宜在直接换装比重大的情况下使用,也不适用于直接换装作业。

③由于船舶起重机的起重量相对较小,不宜用作重大货物的装卸作业,也不宜起吊成组的重量大的货组。

④不适用于陆域狭窄、码头前沿设置多层仓库的港口。

4. 装卸船舶机械选用情况

装卸船舶机械的选用是由码头泊位条件、港口自然条件、装卸作业具体情况及使用习惯等因素决定的。

我国大多数海港的件杂货码头装卸机械选型是根据货物吞吐量、货种、船型和码头形式等因素确定的。一般在码头前沿布置门座起重机。某些港口除了配置门座起重机外,还要注意发挥船舶起重机的作用,即装卸作业采用门座起重机和船舶起重机联合作业的方案。

在件杂货货种结构多变的情况下,为了使码头对货种的适应性更好,近些年来新建的件杂货码头采用多用途码头形式,并配有大型的通用性强的机械,以便在货种变化时码头可做相应的处理。

二、水平运输机械

水平运输机械的主要功用是在道路或库场进行件杂货的装卸运输。件杂货码头水平运输机械的选型,应由货物在港内的运输距离、组合形式、货件重量等因素确定。由于件杂货码头的水平运输机械的工作受码头区域和作业场地的限制,件杂货码头的水平运输机械要符合一定的要求。

1. 水平运输机械选择和工作特性的要求

水平运输机械的选择应根据货物种类、货物重量、装卸工艺流程、路面情况、运输距离而定。对所选用的件杂货码头水平运输机械的工作特性的要求:水平运输机械的转弯半径要小,其载重量应与码头前沿装卸船舶机械的起重量相适应。

2. 常用水平运输机械

目前,港口常用的水平运输机械主要有蓄电池搬运车、叉式装卸车、牵引车挂车、货车等。在相同的装卸工艺条件下,这些水平运输机械的选择与货物在港内的运输距离有关。所以,这些常用水平运输机械都有各自的使用特点和适用的运输距离。

1)蓄电池搬运车

蓄电池搬运车也称电瓶车,如图 3-38 所示,其特点是小巧灵活、操作方便、轮压小。其适宜在通道狭窄、地面承载能力小、路面平坦和坡度不大的仓库内使用,一般运输距离小于100m。随着现代件杂货仓库的发展,电瓶车已经不再是主要的库场水平运输机械了。

2)叉式装卸车

叉式装卸车简称叉车,如图 3-39 所示。叉车是一种能把水平运输和垂直升降有效结合起来的装卸机械,有装卸、起重及运输等综合功能。叉车类型很多,根据动力装置不同分为内燃叉车和电动叉车;根据结构和用途不同分为平衡式叉车、插腿式叉车、前移式叉车、侧叉式叉车和全自由提升式叉车等。为提高叉式装卸车对不同货种堆拆垛和水平运输的适应性,叉车可配备不同的叉具和多种多样的工属具。

图 3-38　蓄电池搬运车　　　　　　图 3-39　叉式装卸车

叉车用途非常广泛,其可以在港口库场进行件杂货装卸、堆码、拆垛、短途搬运等作业。叉车进行水平运输时,其适用的运输距离一般为 100~200m。叉车具有工作效率高、操作使用方便、机动灵活等特点。

3）牵引车挂车

牵引车挂车由牵引车和挂车组成。

牵引车又称拖头，是一种在车辆后端装有牵引连接装置，用来在地面上拖带载货平板车以实现货物水平运输的车辆，如图 3-40 所示。牵引车一般采用内燃机驱动。车前装有推顶钢板，必要时可用来顶推货物。其基本构造与汽车相似，但结构紧凑，体形小，具有更好的机动性。它需与平板车配套使用。通常一辆牵引车可拖带一辆或多辆平板车。其机动灵活、利用率高，经济效益显著。

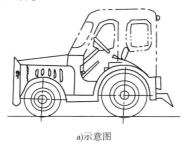 

a)示意图　　　　　　　　　　　b)实物图

图 3-40　牵引车

挂车又称拖车、平板车，如图 3-41 所示。其是一种具有载货平台而无驱动装置，需依靠牵引车拖带行走的载货车辆。按转向形式分为全轮转向和前轮转向两种。载质量有 3t、10t、20t 等多种，其中 3t 和 10t 的应用最为普遍。

a)示意图　　　　　　　　　　　b)实物图

图 3-41　挂车

牵引车挂车的工作特点是拖带量大，牵引车和挂车转弯运行的轨迹相同，节省了其水平运输的工作面积，也是件杂货码头效率最高的一种水平运输机械。通常牵引车挂车的重载配置是 1 台牵引车拖带 3 辆挂车，最多可拖带 4～5 辆挂车，空载运行时 1 台牵引车最多可拖带 6 辆以上挂车。

在件杂货码头装卸作业中，合理使用牵引车的方法是循环拖带，充分利用牵引车的牵引能力。循环拖带的配机一般采用 1 台牵引车配备 3 辆挂车，其作业方式是一组在码头前沿，一组在库场堆垛、拆垛，另一组在运行。在采用船舶起重机进行装卸船舶作业时，码头边应设置电动绞车，因为船舶起重机的作业点是固定的，在作业过程中需要依次移动挂车。

4）货车

货车是一种载运货物的汽车。其工作特点是运输速度快，机动性好，爬坡能力强，能实现长距离运输，适用于车船的直接换装作业和 400～500m 或 500m 以上的长距离运输。一般的小型货车进行运输作业的缺点是对长大件货种的适应性差，货车的维修费用高。

三、库场作业机械

库场作业机械主要用于库场内件杂货的堆垛、拆垛（堆垛是将货物堆集在一起的作业；拆垛是拆除货垛的作业),装卸车或库场内货物短距离的搬运。库场作业机械除叉车外,其类型主要有桥架型起重机及各种流动式起重机,如轮胎起重机、汽车起重机、履带起重机等。

桥架型起重机是指具有桥架结构和设置在桥架上能运行的由起升机构组成的起重机械。工作机构有起升机构、小车运行机构和大车运行机构,这三个工作机构的配合运动,在长方形空间内完成物料搬运作业。桥架型起重机按结构形式分为桥式起重机、门式起重机。这类起重机配合常用吊具(如吊钩)或专用吊货工属具(如钢板夹钳、钢卷夹具等),对仓库、露天堆场的各类件杂货进行装卸,具有自动化程度高、生产效率高、安全可靠等特点。

流动式起重机也用于库场作业,其特点是堆货高度高,库场单位堆存面积的利用率高;进行库场装卸车作业时,可将货物直接装上(卸下)车,装卸效率较其他库场内机械高;流动式起重机进行库场作业时,需要和其他水平运输机械配合使用,所以在短距离运输和库内作业时,采用叉车较合适;卡车则常用于配合堆场作业。

第四节 件杂货装卸工艺系统

由件杂货装卸机械、设施及各项件杂货操作所组成的有机整体称为件杂货装卸工艺系统。它与码头壁岸的形式有关,其具体布置形式受货物特性、堆存保管等因素的影响。

根据件杂货装卸机械化系统的机械配置,典型的件杂货装卸工艺系统布置形式主要有门座起重机—装卸搬运机械系统、船舶起重机—装卸搬运机械系统、浮式起重机—缆车—装卸搬运机械系统。

一、门座起重机—装卸搬运机械系统

该系统码头前沿作业采用门座起重机,库场作业及水平运输用叉车、牵引车挂车以及轮胎起重机等装卸搬运机械。该系统用于直立式码头,是件杂货装卸中最通用的机械系统,既可以进行单件装卸,也可以成组装卸。

该系统有下列几种布置形式。

1. 一线堆场、一线仓库布置形式

一线堆场(堆场指堆存和保管货物的露天场地)、一线仓库布置形式如图3-42所示,码头既设堆场又设仓库。图3-42中 A 为门座起重机的最大幅度。这种形式适用于件杂货装卸,其中无包装的件杂货可进堆场,需要入库的有包装的货物可入库。

一线堆场、一线仓库布置要点如下。

(1)码头前沿和门座起重机海侧轨道中心线间距。

此间距的确定应保证起重机及其机上的附件不碰系船柱和船舶舷梯,起重机的回转部分不碰船上的上层建筑物,一般可取 2.0~2.5m。多用途码头考虑集装箱装卸作业,此间距不宜小于3m。

采用门座起重机装卸船舶时,门座起重机的轨距跨两股轨道的通常可取 10.5m,跨三股轨道的取 16.5m。

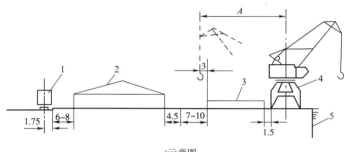

b)实景图

图 3-42　一线堆场、一线仓库布置形式(尺寸单位:m)

1-火车;2-一线仓库;3-一线堆场;4-门座起重机;5-直立式码头岸壁;A-门座起重机的最大幅度

(2)一线堆场布置。

一线堆场的布置主要是为了能充分发挥起重机臂幅大的优势,可将货物从船上直接卸到起重机臂架幅度工作范围内的堆场上。一线堆场通常作为长大件货物的堆场,也可堆放周转快、可以堆高的货物。一线堆场的纵深主要取决于堆场的容量、门座起重机的幅度和布置、货种的堆放要求等因素。

(3)门座起重机装卸系统前方作业地带的布置(图3-43)。

①码头前方道路。

码头前方道路是指码头前方平行于码头前沿线的道路,一种道路布置形式是道路安排在一线堆场的后边,如图 3-43a)所示;另一种道路布置形式是将道路安排在门座起重机后轨与一线堆场之间,如图 3-43b)所示。后一种道路布置形式中,码头前方道路与货物交接地带结合在一起,道路和货物交接地带的宽度,应根据车辆流通量等因素确定,一般为 7~10m。

②仓库与道路之间的引道长度。

仓库与道路之间的引道长度,也称流动机械在库门前的制动距离,当有流动机械进出库时,可取 4.5m;汽车进出库时,可取 6.0m。

③堆场后沿与仓库檐墙间距。

堆场后沿直接与仓库相邻,库门背向堆场,此间距为 1.5m,用于存放遮盖油布(因在露天堆场上,有的货物需要用油布遮盖,以防雨、防潮、防晒);还可预防屋檐水下流打湿货物和防止货堆靠墙,使仓库檐墙受力过大。

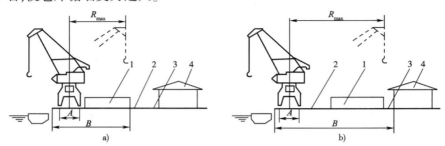

图 3-43 门座起重机装卸系统前方作业地带的布置
1-前方堆场;2-前方道路;3-一线仓库;A-门座起重机轨距;B-码头前沿至前方道路(或一线仓库)的间距;C-仓库制动距离;R_{max}-门座起重机最大幅度

④ 门座起重机与流动机械的货物交接地带。

这一地带一般需要不小于 3~5m 的纵深,以保证有一定的交接宽度。在此范围内不能堆货。在一线堆场内布置垂直于岸线的通道作为交接地带,通道的宽度取决于流动机械的转弯半径,行驶牵引车的通道宽度应大于 6m。如一线堆场紧邻门座起重机,货堆应从起重机后轨外 1.5m 处开始堆放,如图 3-42 所示。

在一线堆场纵深需增加的情况下,可采用流动起重机接运的作业方式,如图 3-44 所示。

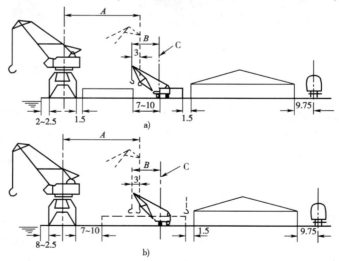

图 3-44 一线堆场、一线仓库门座起重机与流动起重机接运的作业方式(尺寸单位:m)
A-门座起重机最大幅度;B-流动起重机使用负荷幅度;C-流动起重机旋转中心轴线

2. 一线只设堆场布置形式

该布置形式如图 3-45 所示,所装卸的货物基本上只需在堆场上存放于码头泊位,一线可以不建仓库,仅设堆场。码头前方道路的布置也有两种形式:一种是将道路安排在前方堆场与一线堆场之间,如图 3-45a) 所示;另一种是将道路安排在门座起重机右侧轨道与前方堆场之间,如图3-45b)所示。

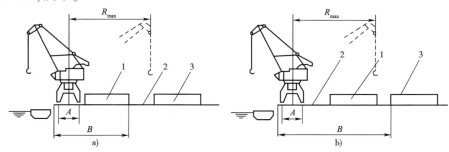

图3-45　一线只设堆场布置形式(尺寸单位:m)
1-前方堆场;2-前方道路;3-一线堆场;A、B、R_{max}-含义同图3-43

在堆场纵深增加的情况下,堆场作业可采用起重机接运方式。图3-46所示为门座起重机与流动起重机接运方式。图3-47所示为双线门座起重机接运方式。图中A、B、C含义同图3-44。堆场边缘至铁路中心线的距离一般取3.5m。如货堆与铁路间需通行机械,则要增加机械通行所需的距离。这种形式主要适用于装卸露天堆放的钢材、木材、机器等,兼有件散货两用的特点。在装卸过程中,一般仍然需要适当配置装卸搬运机械配合装卸。

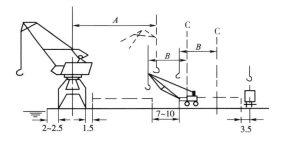

图3-46　门座起重机与流动起重机接运方式(尺寸单位:m)

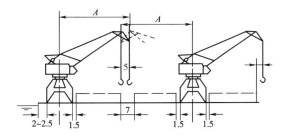

图3-47　双线门座起重机接运方式(尺寸单位:m)

二、船舶起重机—装卸搬运机械系统

该系统码头前沿作业采用船舶起重机,库场作业及水平运输用叉车、牵引车挂车以及轮胎起重机等装卸搬运机械。该系统用于直立式码头,是件杂货装卸中比较常用的机械系统,既可以进行单件装卸,也可以成组装卸。

1. 布置形式

该系统采用一线仓库布置形式,如图3-48所示,码头前沿只设一个仓库。船岸货物装卸作业采用船舶起重机。码头前沿有流动搬运机械进行库场作业。

2. 布置要点

1) 前方作业地带宽度

采用船舶起重机装卸作业时,件杂货码头前

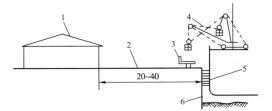

图3-48　一线仓库布置形式(尺寸单位:m)
1-仓库;2-前方作业地带;3-挂车;4-船舶起重机;
5-船舶;6-直立式码头岸壁

方作业地带的宽度要满足码头前沿机械转弯半径的要求,通常可取20～30m。如考虑将前方装卸船舶的机械改为门座起重机,前方作业地带的宽度可适当留有余地,但不宜大于50m。当件杂货码头采用多用途码头类型时,码头前方作业地带的宽度应满足多种流动机械作业的要求,不宜小于40m。

2) 仓库的主要尺度

(1) 仓库的跨度和库门的尺度。

仓库的跨度和库门的尺度由库内作业的机械类型以及仓库的容量确定,单层仓库的跨度不应小于18m,仓库门的净宽不应小于4.2m,净高不应小于5m。

(2) 仓库内净空高度。

仓库的净空高度由库内作业的机械类型和货物堆高及仓库类型确定。一般情况下,单层仓库和多层仓库的底层净空高度不应小于6m,多层仓库的楼层净空高度不应小于5m。如考虑库内机械的发展,仓库的净空高度还可适当提高。

多用途码头库场的布置应满足件杂货和集装箱装卸作业的需要,并考虑装卸货种的机动性,一般不设永久性仓库。

3) 多层仓库

当仓库面积不足时,可考虑使用多层仓库。多层仓库的层间可用电梯提升或用装卸起重机械直接将货物吊上楼。图3-49所示是一码头的多层仓库。

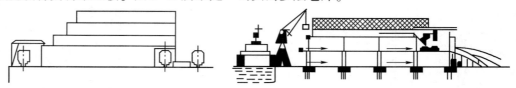

图3-49 码头多层仓库

三、浮式起重机—缆车—装卸搬运机械系统

浮式起重机—缆车—装卸搬运机械系统是内河斜坡式港口的典型件杂货装卸工艺,特别适用于水位变化大、斜坡的坡度比例为1:3的内河港口。

1. 系统的组成

该系统由浮式起重机、缆车、装卸搬运机械等组成,如图3-50所示。前方作业用浮式起重机,斜坡上布置缆车,坡顶有装卸搬运机械。

低水位时的上下坡作业用缆车,浮式起重机机动性强,便于调动,可进行船→岸、船→缆车、船→船作业;缆车低水位时连接船岸,高水位时移至岸边且不影响浮式起重机进行船→岸作业。

(1) 浮式起重机。浮式起重机也称浮吊、起重船,是以专用浮船作为支承和运行装置,浮在水上作业,可沿水道自航或由港口拖轮(或顶推轮)拖航的水上臂架型起重机,如图3-51所示。浮式起重机的臂架有回转式和非回转式两种,回转式浮式起重机工作范围大,机动性能好,使用操作方便。当起重量特别大时,为了使起重机的结构简单、自重减轻,可采用非回转式浮式起重机。

浮式起重机应用于海港、河港,可单独完成船→岸间或船→船间的装卸或过驳作业。在水位差较大的河港,浮式起重机常同缆车配套从事装卸作业,是我国内河港口斜坡式码头使用的主要装卸机械。

浮式起重机的主要特点是能在水上(锚地)进行装卸,自重不受码头地面承载能力的限制,可以从一个码头移到另一个码头,机动性能好,利用率较高。但浮式起重机造价高,需要的操作管理人员多。

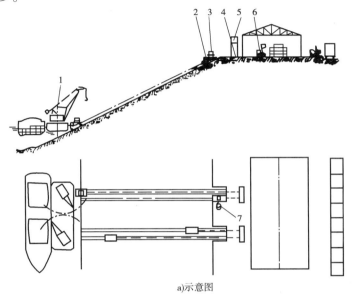

a)示意图

b)实物图

图 3-50　浮式起重机—缆车—装卸搬运机械系统
1-浮式起重机;2-缆车;3、6-挂车;4-绞车房;5-司机室;7-拖头

(2)缆车。缆车是一种楔形车,上有载货平台,由卷扬机牵引,在斜坡码头的轨道上运行,多用于件货和重件的装卸,如图 3-52 所示。

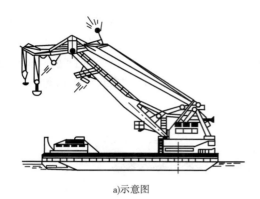
a)示意图

b)实物图

图 3-51 浮式起重机

缆车牵引方式有两种：

图 3-52 缆车

①成对驱动。由一台双筒卷扬机带动两台斜车架,在斜坡上一上一下同时运行,其主要优点是两台缆车自重相互平衡,从而减少了卷扬机的负荷。

②单独驱动。由一台卷扬机带动一台斜车架单独运行。单线时,可减小斜坡码头的宽度,节省码头造价;双线时,具有两台缆车并排抬运特大重件的能力。

缆车的载质量及台面尺寸主要根据通过码头的常见件杂货的件重与货组重量及外形尺寸确定,还要与浮式起重机及岸上水平搬运机械载重量相适应;如水平搬运机械随货同行,则还要考虑水平搬运机械的质量。缆车的载质量一般为10t,最大达150t。

(3)装卸搬运机械。各种类型的装卸搬运机械用于水平搬运、库场内堆拆垛和装卸车作业。

2. 系统作业方式及特点

系统有两种作业方式:一种是水平搬运机械驶上缆车,随缆车运行;另一种是货物直接放在缆车上,装卸搬运机械在岸上接运。

在水平搬运机械驶上缆车的情况下,卸货时,空载的汽车或牵引车的挂车停妥在缆车上后,开动电动卷扬机,牵动钢丝绳,将缆车沿着斜坡轨道拉到浮式起重机旁边。起重机将货物吊放到停在缆车上的汽车或挂车里,再开动电动卷扬机,将重载的缆车拉到岸边,重载的汽车驶离或由牵引车将挂车拖离缆车;装船时按相反程序进行。

在水平搬运机械不驶上缆车的情况下,浮式起重机将货物直接装到缆车上。缆车到达岸边后,再用叉车装卸车或起重机将货物从缆车上取走。缆车是成对作业的,当一台缆车在岸边作业时,另一台缆车在配合浮式起重机作业。

由浮式起重机、缆车和装卸搬运机械组成的内河港口件杂货装卸系统在实际使用中暴露出严重的缺陷,主要是装卸作业环节多、装卸效率低。因此,一些内河港口已对此传统的系统进行了技术改造。如在长江中下游有的内河港已经按照海港的作业方式,采用直立式码头的件杂货装卸工艺。而在水位变化大的内河港口,仍然使用浮式起重机—缆车装卸工艺,在这种装卸工艺中,除装卸重件货的码头需要专门配备大起重量的浮式起重机以外,一般内河斜坡式件杂货码头浮式起重机的起重量、作业幅度、装卸效率都不是很高。

这里需要说明的是另一类内河港口的装卸工艺。这类港口的水域水位变化不大,码头岸壁与航道整治后的岸壁形式相同,有直立式,也有坡度不大的斜坡式,但落差都不大,港口的规模也较小。这类港口的件杂货装卸工艺中,装卸船舶的机械大都采用岸边固定起重机械或诸如轮胎起重机之类的流动机械,直接将货物从船上卸下并装上水平搬运机械,或从水平搬运机械上将货物卸下并装上船舶。

第五节 件杂货装卸作业组织

装卸作业组织是指调配机械、装卸工属具、作业人员,指导、监督、检查作业人员按照操作规程和作业标准进行装卸作业。

件杂货装卸工艺按货物的特征和包装形式又可细分为重大件货、袋装货、捆装货、箱装货、桶装货、金属锭、篓装货、长钢材、钢板、卷筒纸、托盘货等多种装卸工艺。

每种货物的装卸工艺都涉及装卸机械配置、装卸工属具选择、工艺流程、作业人员配备、装卸储存的通用要求、货物装卸常见关型、作业标准和安全事项等方面的内容。本节主要介绍装卸机械配置、装卸工属具选择、工艺流程、作业人员配备。港口装卸工艺的装卸储存的通用要求、货物装卸常见关型、作业标准和安全事项等内容,请参考本章第七节"件杂货的装卸工艺案例"。重大件货请参考本书附录六"《港口重大件装卸作业技术要求》(GB/T 27875—2011)"。

一、典型件杂货的包装形式及主要装卸搬运机械、装卸工属具配备

件杂货的包装形式及主要装卸搬运机械、装卸工属具配备如表3-2所示。

件杂货的包装形式及主要装卸搬运机械、装卸工属具配备　　　表3-2

货物名称	包装形式	主要装卸搬运机械		装卸工属具
		装卸机械	搬运机械	
袋装货	单件重量25~100kg,用麻袋、布袋、纸袋和化纤编织袋包装	门座起重机、轮胎起重机、船舶起重机等	牵引车挂车、叉式装卸车	网络、货板、方框吊具、马钩等
捆装货、箱装货	单件总重小于3t,体积小于10m³的木箱、纸箱	门座起重机、轮胎起重机、船舶起重机等	牵引车挂车、叉式装卸车	货板、钢丝绳扣、马钩等
卷钢	卷钢、钢带、盘元	门座起重机、船舶起重机	牵引车挂车、叉式装卸车	L形卷钢吊具、撑架、钢丝绳组合;C形卷钢吊具、钢丝绳、起重环链组合;卷钢托辊、钢丝绳组合;长货叉、旋转吊具等

续上表

货物名称	包装形式	主要装卸搬运机械		装卸工属具
		装卸机械	搬运机械	
生铁块	生铁块	门座起重机、船舶起重机	牵引车挂车配八角斗	抓斗、电磁吸盘、生铁网络、马钩、自动摘钩
卷筒纸	牛皮纸、新闻纸等	浮式起重机、门座起重机	叉式装卸车	曲臂式、伸缩式、双调节式夹具、活络绳扣、网络等

二、典型件杂货装卸工艺流程

装卸工艺流程是指按照一定的装卸工艺而进行的装卸过程。装卸工艺流程一般用货物经过的运载工具、装卸机械或库场的流动路径来表述。对同一种货物的装卸工艺流程,如果选择的装卸机械不同,流程工艺有多种形式。装卸工艺流程是有方向性的,装卸工艺系统有的可以使货物双向流动,有的只能单向流动,这主要取决于装卸机械的配置。一般件杂货装卸工艺流程方向是双向的,满足装卸船、装卸车及水平运输的需要。

典型件杂货装卸工艺流程如下。

1. 船→库(场)

船→库(场)装卸工艺流程如图 3-53 所示。

图 3-53　船→库(场)装卸工艺流程

2. 船→驳船

船→驳船装卸工艺流程如图 3-54 所示。

图 3-54　船→驳船装卸工艺流程

3. 船→载货汽车、火车

船→载货汽车、火车装卸工艺流程如图 3-55 所示。

图 3-55　船→载货汽车、火车装卸工艺流程

4. 驳船→驳船

驳船—驳船装卸工艺流程如图 3-56 所示。

5.驳船→载货汽车

驳船→载货汽车装卸工艺流程图如图3-57所示。

图3-56 驳船→驳船装卸工艺流程　　　图3-57 驳船→载货汽车装卸工艺流程

6.库(场)→载货汽车、火车

库(场)→载货汽车、火车装卸工艺流程如图3-58所示。

图3-58 库(场)→载货汽车、火车装卸工艺流程

7.载货汽车→驳船(库、场)

载货汽车→驳船(库、场)的装卸工艺流程如图3-59所示。

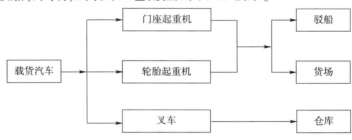

图3-59 载货汽车→驳船(库、场)装卸工艺流程

三、件杂货装卸作业线配工人数和生产能力的确定

1.件杂货装卸作业线配工人数的确定

件杂货装卸作业线合理配工人数的原则是在充分发挥前方装卸船舶环节的生产能力的前提下,合理平衡作业线各个工序的生产率,并以此为基础,给各工序配备恰当的机械和工人数。

例如,货种:袋粮;操作过程:船→库;操作程序:舱底作业(人力做关)→出舱(船吊)→水平搬运(叉车)→库内作业(叉车、人力);假设每吊货重2t,测得各工序每台机械操作周期、每小时生产效率及其人力操作人均每小时生产效率,其结果如下:

(1)船吊作业(每台):

操作周期时间:60s。

$$生产效率 = (3600 \div 60) \times 2 = 120(t/h)$$

(2)叉车作业(每台):

操作周期时间:120s。

$$生产效率 = (3600 \div 120) \times 2 = 60(t/h)$$

(3)舱内工人人力作业(每人):

生产效率:10t/h。

根据作业线合理安排工人数,确定装卸作业生产线效率为120t/h,各工序配机械和工人数如下:船吊作业配机1台,作业司机1人,生产效率为120t/h;叉车作业配机2台,作业司机2人,平衡生产效率为120t/h;舱内作业工人12人,平衡生产效率为120t/h;库内、岸边辅助作业工人6人;作业生产线共计需要工人21人,平衡生产效率为120t/h。

2. 件杂货装卸作业线生产能力的确定

一条作业线往往由几个作业环节(工序)组成,作业线生产能力应该是各个作业环节都能达到的。上述例子中的作业生产能力,也就是通过配机和配工人后,每个作业环节(工序)都能达到的生产能力。

在实际生产中,各环节的生产能力很难达到完全一致的平衡生产率,在这种情况下,通常是以尽量保证发挥前方装卸船舶能力为前提,通过对其他作业环节配备机械和人员来达到作业线的生产能力。除非其他作业环节的生产能力因故不能达到前方装卸船舶能力,就只能以作业线中生产能力最低的那一个环节(工序)的能力来确定作业线的生产能力。

第六节 件杂货装卸的薄弱环节及解决方向

件杂货货种、包装及外形复杂,而大多件杂货又是以散件形式运输装卸的,因此件杂货装卸存在着装卸效率低、装卸作业费工费时的问题,具体体现在件杂货装卸作业存在舱内作业和棚车内作业的"两内"的薄弱环节。

一、件杂货舱内作业

件杂货舱内作业由三个工序组成:甲板下拆垛或堆垛;将货物从船舱深处移到舱口直下方或相反处;将货物组成货组,准备起吊。完成这些工序主要靠人力劳动,工人体力消耗大。同时,由于人力操作,生产效率很低,据统计,件杂货舱内作业所耗费的工时占装卸船舶总工时的35%~40%。由此可见,解决舱内作业费工费时问题是提高船舶装卸整条作业线生产效率的关键。

为了提高舱内作业的效率,国外曾采用舱内作业机械。由于船舱结构的特殊性,专用的件杂货船舱内作业的机械要求是外形尺寸小、自重轻、灵活、机动性好且功能多,相比之下,舱内电动叉车是一种较好的舱内作业的专用机械。

使用舱内叉车装船作业时,装卸船舶机械先将货组吊到舱口正下方,再用叉车将货组送到船舱深处堆成货垛。卸船作业顺序与之相反。但使用叉车在舱内作业的关键是要保持货堆的稳定性,并要求在舱内作业过程中,叉车底部要保持水平状态,不允许船舶横倾或纵倾,也不能在货堆上放置舱内叉车。由此可见,用舱内叉车作业的客观条件要求较高,而且,此类机械对有轴隧的舱内作业和货堆分层堆垛是有限的,由此舱内叉车的使用对解决舱内作业的困难也是有限的。

此外,为了提高件杂货船舶装卸效率,改进货船结构也是一种设想。改进货船结构有两种方案:将船舱的甲板改成活动式甲板,使船舱口的甲板可以做同速反向移动。装货时,先把两边的活动甲板移到中部,先装卸两舷边舱内的货物,然后将活动甲板移向两侧,再装卸船舱中部的货物。但这种船舶的造价高,几乎不被船东采纳。另一种设想是扩大舱口面积。这种设想受到船舶结构强度的限制,所以要采用此方法来解决舱内作业困难这一问题及其存在的局限性也是十分有限的。总之,件杂货船舱内作业的问题并未得到真正的解决。

二、件杂货棚车内作业

由于棚车的车门小,件杂货棚车内作业与舱内作业一样存在费工费时的问题。产生问题的原因:一是货物不能直接由起重机械吊上(下)车。二是棚车内作业机械和车外搬运机械的效率不匹配,货载在装卸车时需改组,即先用搬运机械将货组送到货台上,然后改为小货组装车,这样多次倒载降低了货物的装卸效率,而且容易造成货损。

提高件杂货棚车内作业效率的根本途径之一是改进车型,如采用活动车顶。该方案作业时,移动车顶,使棚车变为敞车,使水平搬运变为起重机垂直作业,并随着货物单元的大型化,可大大提高装卸车效率。为了解决件杂货运输与棚车内作业的多次倒载问题,港口采用了库(场)内作业与棚车内作业通用的机械。

为了提高件杂货的装卸效率,国内外港口在实际装卸作业中积累了许多改进件杂货舱内作业和棚车内作业方法,但实践证明,这些方法和设想都没有从根本上解决提高件杂货舱内作业和棚车内作业效率的问题。

三、解决件杂货装卸薄弱环节的根本方向

扩大货组和改进运输方式是解决件杂货装卸薄弱环节的根本方向。扩大货组的做法是件杂货货板化运输和装卸;改进运输方式即采用集装箱运输。

第七节 件杂货的装卸工艺案例

在港口装卸的件杂货种类多,包装各异,各种货物对装卸工艺的操作要求也各不相同。

限于篇幅,本节以吨装袋货物(单件重量 1~2t)装卸工艺、卷钢板装卸工艺为例,介绍这两种货物的特性、装卸储存的通用要求、装卸运输机械的选用、常用工属具、装卸常见关型、堆存标准和船舶装卸作业基本要求等方面的内容。港口重大件装卸作业技术要求可以参考本书附录六。其他袋装货物(单件重量 25~100kg)装卸工艺、长型钢材装卸工艺、钢板装卸工艺、盘元装卸工艺及其他杂项件杂货装卸工艺可参考有关书籍或资料。

一、吨装袋货物(单件重量1~2t)装卸工艺

1. 吨装袋货物特性和港口装卸储存的通用要求

(1)目前多为编织布袋,有的配有塑料薄膜内胆,同一批货单件重量相同,一般为1~2t/袋。不同货物、不同货主、不同批次的货物包装袋上都有相应的运输标志。

(2)都有防雨、防潮要求,露天储存要下垫上盖。

(3)有的袋装货物装船时需要拆包,以满足对方港口机械卸船要求;有的散货卸船后需要灌包作业,以满足货物分流的要求,即港口需要具有散货与袋装货的转换功能。

(4)每个起吊单元的关型一致,满足理货点数计量要求。

2. 装卸运输机械

(1)装卸船舶机械:门座起重机、轮胎起重机、船舶起重机等。一般码头常使用门座起重机。

(2)库场机械:铲车。

(3)水平运输机械:牵引车、平板车。

3. 吨装袋货物装卸常用工属具

(1)链条马钩或钢丝绳马钩,如图3-60所示。多用于库场装卸作业。

(2)双琵琶头化纤绳。双琵琶头化纤绳窜套后挂于反铲上或吊架的小钩头上,如图3-61所示。

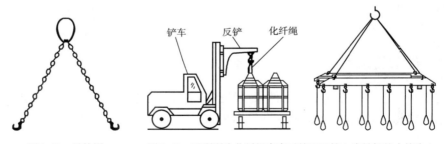

图3-60 马钩图　　图3-61 双琵琶头化纤绳窜套后挂于反铲上或吊架的小钩头上

(3)组合吊架。多用于码头装卸船舶作业。组合吊架一般有可钩吊6包、12包、20~24包的组合吊架。组合吊架类型可根据吊机额定负荷和作业需求选用。图3-62所示是吊12包的组合吊架;图3-63所示是吊6包的组合吊架。

4. 吨装袋货物装卸常见关型

吨装袋货物装卸常见关型如图3-64所示。

做关要点:

(1)根据关重、吊机额定负荷选择关型。

(2)确认吊带完好的吨装袋可做关,发现吊带断损情况报理货员处置。

(3)挂钩后,指挥吊机缓缓起升,使钢丝绳钩(链条钩)得劲,确认所有吊带都无脱钩现象再运行。

（4）摘钩后,要确认所有吊带都已摘掉、无钩挂再运行。

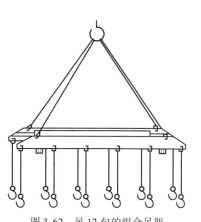
图3-62　吊12包的组合吊架

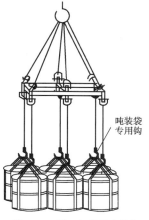
图3-63　吊6包的组合吊架

5. 吨装袋货物堆存标准

吨装袋货物堆存可分为露天货场堆存、库内堆存两种形式。

（1）露天货场堆存,如图3-65所示。

图3-64　吨装袋货物装卸常见关型

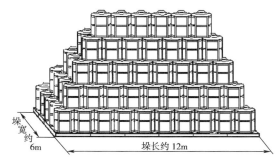
图3-65　露天货场堆存

堆存标准如下:

①吨装袋堆码通常为"6—5—4—3—2—1""5—4—3—2—1"垛形,层层四周收半包压缝上高。

②按垛长约12m、垛宽约6m铺设货盘。铺设垫底包边编织布（可用质量差点的油布）,四周留取1.5~2m包边余量。

③堆垛完毕后,露天堆垛要遮盖防雨油布,油布搭头长度不小于1.2m,搭头处下层油布向上翻边0.6~0.8m,防雨油布外拉设防风网,系好固定小绳。

（2）库内堆存,如图3-66所示。

堆码方式同露天货场堆存方式即层层四周收半包压缝上高,高度控制在不超地面的额定承载负荷内;视货种特性要求,有的不需垫盖;从提高库内面积利用率出发,长宽不作要求（但需留出必要的间距,如墙距、柱距、消防器材距、电源开关箱距等）;库内堆垛按需要遮盖防尘编织布。

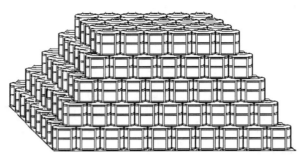

图 3-66　库内堆存

6. 吨装袋货物港区水平运输

吨装袋货物港区水平运输一般采用牵引车拖带平板车运行,如图 3-67 所示。

图 3-67　吨装袋货物港区水平运输

7. 船舶装卸作业基本要求

(1) 船舱装货,先干塘,后舱口,由里向外逐层堆码整齐、紧密。按船方要求做好衬垫、分票、隔票等工作;均衡装载,保持船舶平衡,不亏舱。

(2) 塞干塘作业使用挖掘机或叉车堆高,作业机械下面使用 2~4 块钢质垫板作支承。

(3) 装舱口货时采用吊架,确保吨装袋货物垂直起落,货面整齐。

(4) 卸货前观察待卸货物有无原残,发现包装破损、潮包、变形、严重擦痕等原残货物,及时报现场理货员、现场货运员、调度员、分队长处置。

(5) 卸船时分层卸载,均衡卸载,保持船舶平衡。直接挖高度控制在 4 包以内。

二、卷钢板装卸工艺

1. 卷钢板特性和港口装卸储存的通用要求

(1) 卷钢板分热轧卷钢板和冷轧卷钢板。热轧卷钢板多为裸装货(外表没有包装物),孔内标有规格、尺寸、重量等运输标志;冷轧卷钢板较薄,一般为包装件,标有规格、尺寸、重量等运输标志。

(2) 热轧卷钢板单件重量一般为 12~28t,长度一般为 1.1~2.5m,内孔直径 700mm 左右;冷轧卷钢板单件重量多为 8~10t。

(3) 热轧卷钢板大多露天堆存,有遮盖防雨要求的要遮盖好;冷轧卷钢板尽可能进库,露天存放一定要采取有效的遮盖防雨、防潮措施。

(4) 规范堆存,不超储存处额定负荷,符合理货点数计量要求。

2. 装卸运输机械

(1) 装卸船舶机械：门座起重机、船舶起重机等。一般码头常使用门座起重机。
(2) 库场机械：叉车。
(3) 水平运输机械：牵引车、平板车。

3. 卷钢板装卸常用工属具

(1) C形卷钢板吊具，如图3-68所示。一般用于热轧卷钢板装卸吊装。
(2) L形卷钢板吊具，如图3-69所示。成对使用，适用于热轧卷钢板吊装。
(3) 环眼扁平吊装带，如图3-70所示。一般用于冷轧卷钢板吊装。
(4) 马钩，配用于环眼扁平吊装带或钢丝绳做关吊运。

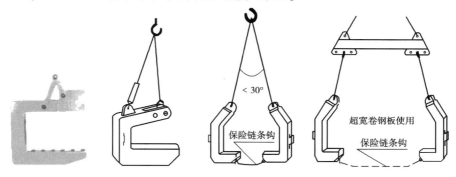

图3-68　C形卷钢板吊具　　　　　图3-69　L形卷钢板吊具

a) 环眼扁平吊装带　　　　　b) 环眼扁平吊装带起吊卷钢

图3-70　环眼扁平吊装带

4. 卷钢板装卸常见关型

(1) C形卷钢板吊具做关，如图3-71所示。
① 人力配合吊机将钩体插入卷板中心孔，钩体塞足。
② 钩头对中后缓缓起升，使钩体与孔上部接触。
③ 卷板平衡方可起吊。不平衡时调节平衡索达到平衡后（钩口微微向上翘）再吊运。
(2) L形卷钢板吊具做关，如图3-72所示。
① 在吊机配合下将钩体插入卷板中心孔两侧。
② 挂好保险钩。
③ 吊机钩头对中，缓缓起升与孔上部接触后再起吊，防止L钩体刮伤捆扎钢带。
(3) 超宽卷钢板做关，如图3-73所示。
使用L形组合卷钢板吊具。作业要求同上。

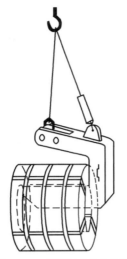
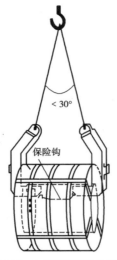

图 3-71　C 形卷钢板吊具做关　　　图 3-72　L 形卷钢板吊具做关

(4) 环眼扁平吊带做关,如图 3-74 所示。

冷轧卷钢板通常厚度很薄,都进行了精心包装,为防止笨重的专用工具碰伤、刮伤冷轧卷钢板,多采用化纤材质的环眼扁平吊带对冷轧卷钢板做关装卸。

①环眼扁平吊带(锦纶吊带)从一端穿进,从另一端拉出挂钩,起吊前吊机钩头对中,缓缓起升使钢丝绳得劲后再运行。

②不得使用环眼扁平吊带(锦纶吊带)吊装裸装卷钢板。

③工作期间要勤检查环眼扁平吊带(锦纶吊带)的磨损情况,磨损超标的要及时更换。

(5) 钢丝绳直接做关,如图 3-75 所示。

装船有特殊需要时采用,从装卸安全的角度出发,往往只在舱内重新做关时使用。

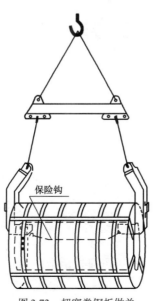

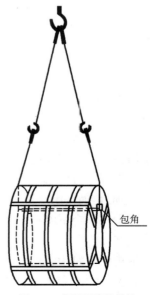

图 3-73　超宽卷钢板做关　　　图 3-74　环眼扁平吊带做关　　　图 3-75　钢丝绳直接做关

①根据卷板重量选取钢丝绳,钢丝绳与卷板孔边缘接触处衬垫包角。
②钢丝绳从一端穿进拉出挂钩,起吊前吊机钩头对中,缓缓起升使钢丝绳得劲,做关要确保钢丝绳从铁包角通过。

5. 卷钢板堆存

卷钢板堆存标准如图3-76所示。

(1)10t/只以下的可以两只高,10t/只及以上的一只高。
(2)底层每只卷钢板的滚动方向均需填塞楔木(三角木)。

图 3-76　卷钢板堆存标准

6. 卷钢板港区水平运输

卷钢板港区水平运输一般采用平板车,由牵引车牵引,如图3-77所示。卷钢板放置在平板车上时,卷钢板下面要放置凹形木楞衬垫或专用托架,防止卷钢板在运输过程中滚动。

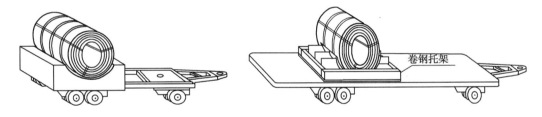

图 3-77　卷钢板港区水平运输

7. 卧式卷钢板装船绑扎加固

(1)装船基本要求。

①根据卷钢板单件重量和船方积载要求装船。通常海轮纵向装载(具有向海轮两侧滚动趋势),甲板驳及小海轮顺何装载(具有向海轮长度方向滚动趋势)。
②底层(第一层)通常积载面设置2~3道垫板,易滚动方向填塞楔木。
③底层均应设置1~2个"锁紧"卷钢板。即人为在中间某两个相邻卷钢板间留置间隙,再在间隙上放置一个卷钢板,达到插档"锁紧"整层的目的。
④第二层的卷钢板装在第一层的卷钢板两卷之间。
⑤第三层装载时,底层相邻卷钢板间留取50mm间隙(以防因卷钢板外径大小不一,导致上层装载时有的卷钢板放不下)。
⑥装载端面平齐。装载时,尽可能使每层的卷钢板直径、宽度一致或接近。
⑦均衡装载。装载过程中船舶横倾不超过3°,全船装载结束后,必须保持船舶平衡。
一层装载、绑扎加固示意图如图3-78所示。
二层装载、绑扎加固示意图如图3-79所示。

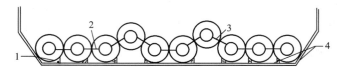

图 3-78　一层装载、绑扎加固示意图
1-楔木;2-绑扎钢带;3-双重绑扎钢带;4-垫板

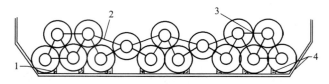

图 3-79　二层装载、绑扎加固示意图
1-楔木;2-绑扎钢带;3-双重绑扎钢带;4-垫板

三层装载、绑扎加固示意图如图 3-80 所示。

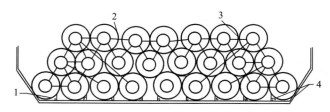

图 3-80　三层装载、绑扎加固示意图
1-楔木;2-绑扎钢带;3-双重绑扎钢带;4-垫板

（2）绑扎加固基本要求。

①单层装载时,同层接触的相邻卷钢板间以及"锁紧"卷钢板与下层卷钢板间使用钢带加固。

②二至三层装载时,上面两层卷钢板间按"三角形的稳定性"原理用钢带进行绑扎加固;另在两端按"三角形的稳定性"原理使用钢带进行双重加固,加强与底层卷钢板的连接。

③未满舱装载时,最外面上层卷钢板应使用附加钢丝绳固定于舱壁。

④加绑角应尽量小,与水平夹角不大于 45°;必要时应在绑索拐角或与货物接触处加以衬垫;如绑索一端固定在特设的地铃上,则每个地铃不能超过三根绑索,且受力方向不得相同。

练习与思考

一、填空题

1. 包装货物按照包装形式可分为(　　)、(　　)、(　　)、(　　)、(　　)。

2. 当一种货物对另一种货物或多种货物的质量产生不良影响,或发生相互损害而彼此不能同装在一处时,这种货物称为(　　)货物。

3. 选用件杂货装卸工属具的原则有(　　)、(　　)、(　　)、(　　)。

4. 成捆铝锭用(　　)吊具来装卸。

5. 装卸卷钢板的工具叫(　　)。

6. 件杂货装卸运输机械由（　　）、（　　）、（　　）组成。
7. 件杂货码头的门座起重机的起重量一般为（　　）t 以上。
8. 一般轮胎起重机的装卸效率比门座起重机的效率（　　）。
9. 在件杂货码头，叉车既可作为（　　）机械使用，也可以进行（　　）。
10. 在件杂货码头装卸作业中，合理使用牵引车的方法是（　　），充分利用牵引车的牵引能力。
11. 缆车牵引方式有（　　）和（　　）两种形式。
12. 件杂货装卸作业存在（　　）和（　　）两个薄弱环节。
13. 解决件杂货装卸薄弱环节的根本方向是（　　）和（　　）。
14. 近年来，随着集装箱运输的发展，传统的件杂货运输量逐渐（　　）。

二、选择题

1. 按货物包装方式划分，一般把"批量较小、票数较多，有标志、包装形式不一，性质各异的货物"归类为（　　）。

    A. 干货
    B. 零担货物
    C. 件杂货
    D. 成组货物

2. 货物标志的主要作用是（　　）。

    A. 便于识别和辨认货物，以利于货物的装运、分票、清点、交接、查核、存储，避免错发、错运、错交
    B. 便于海关验收
    C. 显示货物的重量、尺码、性质、注意事项等，提示装卸操作人员和相关管理工作人员正确操作与堆存，保证货物的完整和人身、装卸机具的安全
    D. A＋B＋C

3. 用于装卸卷钢板的专用吊具称为（　　）。

    A. 卷钢吊具　　B. 托盘　　C. 网络　　D. 真空吸盘

4. 件杂货码头最常用的装卸船舶的机械是（　　）。

    A. 门座起重机　　B. 轮胎起重机
    C. 船舶起重机　　D. 汽车起重机

5. 在相同的装卸工艺条件下，件杂货码头水平运输机械的选择与货物在港内的运输距离有关。若运输距离为 100～200m，一般选择（　　）较为合理。

    A. 蓄电池搬运车　　B. 叉式装卸车
    C. 牵引车挂车　　D. 货车

6. 下列件杂货装卸机械化系统，适用直列式码头的是（　　）。

    A. 浮式起重机—缆车—装卸搬运机械系统
    B. 门座起重机—装卸搬运机械系统
    C. 装卸桥—皮带机—浮式装船机系统
    D. 浮式起重机—缆车—起重机

7. 下列件杂货装卸机械化系统,适用斜坡码头的是(　　)。
   A. 浮式起重机—缆车—装卸搬运机械系统
   B. 浮式起重机—缆车—起重机
   C. 装卸桥—皮带机—浮式装船机系统
   D. A + B + C
8. 件杂货作业的薄弱环节与解决的途径是(　　)。
   A. 舱内作业采用专用电动叉车
   B. 舱内作业的水平搬运改为起重机垂直作业
   C. 棚车内作业将棚车改敞车,水平搬运改为起重机垂直作业
   D. A + C

三、判断题

1. 箱装货物通常用木箱、纸箱或铝合金箱来装运。　　　　　　　　　　(　)
2. 桐油一般为桶装货物。　　　　　　　　　　　　　　　　　　　　(　)
3. 货板可以将许多单件货物组成简易的货物集装单元。　　　　　　　　(　)
4. 门座起重机既可以用于码头前沿,也可以用作堆场机械。　　　　　　(　)
5. 废钢铁既可用电磁吸盘进行装卸,也可以用抓斗来装卸。　　　　　　(　)
6. 浮式起重机—缆车—流动机械系统适用于所有的内河港口。　　　　　(　)
7. 叉车除了可以完成水平运输外,还可以进行堆高作业。　　　　　　　(　)
8. 牵引车挂车是件杂货码头效率最高的一种水平运输机械。　　　　　　(　)

四、简答题

1. 件杂货装卸工作的特点有哪些?
2. 请简述典型件杂货的包装形式及主要装卸运输机械。
3. 如何对装卸作业线生产能力进行确定?
4. 请简述件杂货舱内作业存在的问题及解决的方法。
5. 请简述吨装袋货物装卸工艺。
6. 查阅资料,简述钢板(或钢板坯)装卸工艺。

五、工艺流程题

1. 请绘出件杂货船→库(场)装卸作业的工艺流程图。
2. 请绘出件杂货船→驳船装卸作业的工艺流程图。

第四章 CHAPTER FOUR
集装箱装卸工艺

知识目标

1. 了解集装箱装卸运输的优越性。
2. 了解集装箱船的类型和特点。
3. 理解集装箱码头的特点和集装箱码头的基本要求。
4. 掌握集装箱的箱型和规格、类型、标记。
5. 熟悉集装箱吊具的类型和工作特点。
6. 掌握集装箱装卸搬运机械的类型和工作特点。
7. 掌握典型的集装箱装卸工艺布置形式和布置要点。
8. 熟悉集装箱装卸工艺组织、工艺流程、工艺操作要点。
9. 了解提高集装箱装卸效率的一般方法。

能力目标

1. 具备集装箱装卸工艺的基础知识。
2. 具备集装箱装卸工艺系统的分析能力。
3. 具备集装箱装卸工艺系统的实际应用能力。

素质目标

1. 具备从事港口集装箱装卸工作需要的职业理想、职业道德、职业素养。
2. 具备从事港口集装箱装卸工作的科学思维方法,提高分析问题和解决问题的能力。
3. 培养从事港口集装箱装卸工作需要的敬业、精益、专注、创新的工匠精神。

第一节　概述

一、集装箱装卸运输的优越性

集装箱装卸运输之所以能如此迅速地发展,是由于相较传统运输方式,其具有以下优点。

1. 提高装卸效率,减轻劳动强度

集装箱装卸运输扩大了运输单元,规范了单元尺寸,为实现货物的装卸和搬运机械化提供了条件。机械化技术、自动化技术、信息技术、通信技术等在港口装卸中的广泛应用,明显提高了货物装卸和搬运的效率。在提高装卸效率的同时,工人的劳动强度大幅度降低。

2. 减少货损、货差,提高货物装卸运输的安全与质量

采用件杂货运输方式时,由于在装卸运输和保管过程中货物不易保护,尽管采取了一些措施,但货损、货差情况仍较严重,特别是在运输环节多、品种复杂的情况下,货物的中途转运搬捣、货物互串以及被盗事故时有发生,零担百货商品发生的事故更多。采用集装箱装卸运输方式后,由于采用强度较高、水密性较好的箱体对货物进行保护,从发货人装箱、铅封到收货人收货,一票到底,在整个运输过程中不再倒载,减少了装卸和搬运的次数。因此,货物在搬运、装卸和保管过程中不易损坏,不怕受潮。同时,通过采用"门—门"的多式联运方式,货物途中丢失的可能性大大降低,货物完好率大大提高。

3. 缩短货物的在途时间,加快车船的周转

货物的集装箱化给港口和场站的货物装卸、堆码的全机械化和自动化创造了条件。标准化的货物单元使装卸搬运动作变得简单和有规律,因此,在作业过程中能充分发挥装卸搬运机械设备的能力,便于实现自动控制的作业过程。装卸机械化和自动化,一方面,可以大大缩短车船在港站停留的时间,加快货物的送达速度;另一方面,集装箱装卸运输方式减少了运输中转环节和收发货的交接手续,方便了货主,提高了运输服务质量。

4. 节省货物运输的包装,简化理货手续

集装箱箱体作为一种能反复使用的包装物,虽然一次性投资较高,但与一次性的包装方式相比,其单位货物运输分摊的包装费用投资反而降低。此外,件杂货由于包装单元较小,形状各异,理货核对较为困难。而采用标准集装箱,理货时按整箱清点,大大节省了检查时间,同时节约了理货费用。

5. 减少货物运输费用

除了前述的节省船舶运输费用外,由于采用统一的货物单元,换装环节设施的效能大大提高,从而降低了装卸成本。同时,采用集装箱装卸运输方式,使货物的安全性明显提高,从而使保险费用有所下降。英国在大西洋航线上开展集装箱运输后,运输成本仅为普通杂货船的1/9。

6. 推动包装的标准化

集装箱作为一种大型标准化容器被使用,促进了商品包装的集装化和标准化。目前,中国颁布了很多包装国家标准,这些标准大多采用或参照国际标准,并且许多包装标准与集装箱标准箱相适应。

7. 有利于组织多种运输方式的联合运输

集装箱运输发展初期,由于各种运输设备和工具各自独立地发展,集装箱尺寸、装载容积和额定质量等无标准化考虑,因此,传统的运输方式给货物的换装带来一些困难。随着集装箱外形尺寸和额定质量的标准化,集装箱装卸运输机械、集装箱吊具、集装箱运输工具等也实现了设计制造标准化,满足了集装箱装卸运输的需要,集装箱在各种运输设备和工具之间的换装衔接变得更加便捷。

集装箱装卸运输的优越性使得集装箱运输快速发展,这也促进了集装箱船舶、码头、集装箱装卸运输机械的发展,同时也形成了一套比较成熟的集装箱装卸工艺及其机械化系统。

二、集装箱船

港口集装箱的装卸作业以集装箱船舶的装卸作业为主要环节。集装箱船具有吨位大、航速快、装卸效率高的特点。根据集装箱进出船舶的装卸方式不同,集装箱船可分为吊装式集装箱船和滚装式集装箱船。

1. 吊装式集装箱船

吊装式集装箱船的集装箱装卸船作业,采用起重机吊上、吊下的方式来进行。通常所说的集装箱船均指的是吊装式集装箱船。集装箱船可分为可变换集装箱船(又称集装箱两用船)、部分集装箱船(又称半集装箱船)和全集装箱船三种。

1)可变换集装箱船(convertible container ship)

可变换集装箱船的货舱内装载集装箱的结构为可拆装式的。因此,船舶所有的船舱,既可装运集装箱,必要时也可装运普通杂货。

2)部分集装箱船(partial container ship)

部分集装箱船仅以船舶的中央部位作为集装箱的专用舱位,其他舱位仍装普通杂货。

3)全集装箱船(full container ship)

全集装箱船是指专门用以装运集装箱的船舶,又称集装箱专用船,如图4-1a)所示。这种运输船舶的全部船舱和甲板都用于装载集装箱。

a)未装载集装箱的全集装箱船

b)装载集装箱的全集装箱船

图4-1 全集装箱船

全集装箱船与一般杂货船不同,其货舱内有格栅式货架,装有垂直导轨,便于集装箱沿导轨放下,四角有格栅制约,可防倾倒,如图 4-1b)所示。集装箱船的舱内一般可堆放三至九层集装箱,甲板上还可堆放三至四层集装箱。集装箱船的货舱口宽而长,货舱的尺寸按照载箱的要求规格化。

集装箱船航速较快,大多数船舶本身没有起吊设备,需要依靠码头上的起吊设备进行装卸,也有少数集装箱船本身配备集装箱起重机,用于装卸集装箱。

全集装箱船发展很快,表示它们大小的术语是第几代,它们的尺寸、吃水、载箱量、载质量各不相同,并在不断发展变化,并影响集装箱码头的设计和建造。表 4-1 所示是全集装箱船主要技术参考数据,大致反映了集装箱船的发展历程。

全集装箱船主要技术参考数据　　　　　　　　表 4-1

船型	出现年代	船长(m)	船宽(m)	吃水(m)	载箱量(TEU)	载质量(万吨)
第一代	1966 年前	<175	22～25	8～9	700～1000	1～1.5
第二代	1970 年前	175～225	25～30	9.5～10.5	1000～1500	1.5～2
第三代	1985 年前	240～275	32	10.5～12	1500～2500	2～3
第四代	1990 年前	275～295	32	11.5～12.5	3000～4000	4～5
第五代	1998 年前	280～300	32～40	11.5～13.5	4000～7500	5～7.5
第六代	2002 年前	≥300	≥40	14～15	6000～10000	8～10
第七代	2003 年后	380～400	47～62	15～30	10000～24000	10～23

注:标准箱的英文为 Twenty Equivalent Unit,简称 TEU。

随着集装箱运输的发展,集装箱船出现大型化趋势。例如 2019 年 7 月 20 日,世界上最大的集装箱船"地中海古尔松"安全靠泊上海洋山深水港。由韩国三星重工造船厂建造的"地中海古尔松"轮长 399.9m、宽 61.5m,最大载质量 224986.4t,最大载箱量 23756TEU。为了满足更大集装箱船停靠要求,许多新建和待建港口都增大了码头泊位水深,有些码头泊位水深已达到或超过 -20m。

2. 滚装式集装箱船

滚装式集装箱船又称滚上滚下船(roll on/roll off ship),是一种通过艏门、艉门或舷门与岸上连接的多层全通甲板船,如图 4-2 所示。

滚装式集装箱船起源于车辆轮渡,具有货种适应性强、舱容利用率低的特点。它的出现,改变了传统的船舶结构和港口布局,引发了装卸工艺的重大变革。在滚装式集装箱船基础上出现的滚装运输,无须码头和船舶上的任何起重设备,无须在港换装,甚至可以不在港内堆存,直接将货物拖至货主仓库,实现海陆直达运输。滚装式集装箱船装卸集装箱时,牵引车牵引载有集装箱的半挂车直接开进或开出船舱。这种船的优点是不依赖码头上的装卸设备,通过"滚上"或"滚下"的方法完成集装箱的装卸,装卸速度快,从而缩短船舶在港停留时间。滚装式集装箱船主要用来装运集装箱、汽车等货物。

a)示意图　　　　　　　　　　　　　　　b)实物图

图4-2　滚装式集装箱船

三、集装箱码头

集装箱码头是供集装箱船舶停靠和装卸作业的场所，与一般性件杂货、散货等码头有显著的差别。以下简单介绍集装箱码头的特点和基本条件。

1. 集装箱码头的特点

（1）码头设施的大型化、深水化。

随着集装箱船舶的大型化，集装箱码头，尤其是大型集装箱码头纷纷改建、扩建和新建泊位，以接纳更大的集装箱船舶靠泊和装卸。码头前沿水深不断增加，岸线泊位长度延长，堆场及整个码头的区域扩大。目前，世界各集装箱大港均拥有或在建 $-20m$ 以上的深水泊位，例如上海洋山港、青岛港等，均能接纳 18000TEU 以上集装箱船舶。

（2）码头作业的机械化、高效化。

现代集装箱码头无论是岸边装卸还是水平搬运和堆场、堆垛等作业均已全部实现机械化，采用大型先进的集装箱专用机械设备，快速、高效、连续地进行作业。一艘 3000~4000 TEU 的集装箱船舶，可以当天到港、当天离港。目前，国际先进的集装箱码头岸边集装箱起重机单机作业效率已达 120TEU/h 左右，随着装卸机械和装卸工艺的不断改进，集装箱码头的装卸效率仍可进一步提高。

（3）码头生产管理的数字化、信息化。

随着计算机技术和通信技术的快速发展，集装箱码头在生产作业管理中，大多已实现计算机管理。采用先进的计算机生产管理系统，对集装箱码头各项生产作业进行有效的组织、计划、指挥、控制，大大提高了作业效率，避免了复杂和重复的人工作业。与此同时，Internet 网络、电子数据交换（electronic data interchange，EDI）技术也被广泛应用于集装箱码头，即在集装箱码头的计算机生产管理系统中，通过 EDI 与货主、货代、船公司、船代、外轮理货以及一关二检等口岸管理机构实现快速而高效的信息沟通和信息交换，一些重要的运输单证，如舱单、船图、装箱单等已实现无纸化。码头生产管理的另一个趋势是智能化和自动化，国内外一些先进的集装箱码头，如中国厦门远海集装箱码头、上海洋山港四期全自动化码头、青岛前湾集装箱码头、荷兰鹿特丹港等，已实现了集装箱装卸作业的自动化。

2. 集装箱码头的基本条件

(1) 具有一定规模的集装箱运输量。

由于一个集装箱专用码头造价贵,一般一个集装箱码头的投资约相当于三个件杂货码头的投资,所以,只有当集装箱运输量达到一定规模时,建造集装箱专用码头在经济上才合理。一般一个泊位集装箱年吞吐量超过50000TEU,建造新泊位较合理。当小于30000TEU时,更适合建造多用途码头。

(2) 具有供集装箱船舶安全进出港的水域和方便装卸的泊位。

集装箱船舶进出港的水域包括航道、调头区、锚地等,水域不仅要求有足够的水深,同时要求有足够的宽度或面积,以供集装箱船舶安全进出港。集装箱码头的泊位是集装箱船舶停靠作业的主要场所,泊位水深应能满足挂靠的最大集装箱船舶的吃水要求。例如,3000~4000TEU集装箱船舶吃水为 -12.5m,5000TEU以上集装箱船舶吃水为 -14m。泊位的总长应能满足各航线集装箱船舶的挂靠频率,同时,每一泊位的长度也应视集装箱船舶的大小而定。目前,10000TEU以下集装箱船舶要求的泊位长度一般为300~350m,10000TEU以上集装箱船舶要求的泊位长度一般为350~400m。

(3) 具有一定数量技术性能良好的集装箱专用机械设备。

目前世界各国集装箱码头绝大多数配备了装卸集装箱的专用机械。一般有用于集装箱船舶装卸的专用机械,主要有岸边集装箱起重机(也称岸桥);用于堆场上集装箱的堆码、拆垛和转运的堆场机械;用于集装箱货场及其公路运输集装箱的集装箱水平运输机械。各机种的分工配合:由岸边集装箱起重机承担岸边船舶的集装箱装卸,由集装箱牵引车承担岸边到堆场的集装箱水平搬运,由轮胎式集装箱龙门起重机承担堆场集装箱的堆取和搬移。集装箱码头不仅要配备数量足够、技术性能良好的集装箱专用机械设备,还应满足这三个主要作业环节的能力配比,以保证码头作业连续、高效地进行。

(4) 具有宽敞的堆场和必要的堆场设施。

堆场占有集装箱码头主要面积,这是因为堆场在集装箱码头起着十分重要的作用:供出口集装箱暂时堆存,以便发货人报关和码头配载后装船出运;供进口集装箱暂时堆放,以便收货人报关后提运;此外,堆场也是对所有进入码头的集装箱进行调度管理的作业场所。随着集装箱船舶的大型化和集装箱码头作业的高效化,对堆场的面积要求也更高。例如,一个350m的标准泊位,其面积要求大致为350m×500m=175000m^2。除要有足够的堆场面积外,集装箱码头还要为堆场作业配备必要的设施,如集装箱牵引车道路、龙门吊行走线路及跨箱区作业转换地点、夜间作业的照明设施、冷藏箱区的供电系统、危险品箱的喷淋降温设备以及洗箱、熏箱的排污系统等。

(5) 具有必要的装拆箱设备和能力。

集装箱装卸运输中,由于装卸运输服务的多样化以及货物的批量化、多品种化,特别是一些货主要求码头代装箱、代拆箱,集装箱码头必须具备装拆箱的设施和能力,以满足集装箱装卸运输市场的要求。装拆箱的设施主要包括货物仓库、装拆箱作业堆场和装拆箱作业机械等。

(6) 具有完善的通信和生产指挥系统。

由于集装箱码头具有机械化、高效化、大规模的作业特点,必须配备与之相适应的通信和生产指挥系统,采用先进的管理手段和管理方法,充分发挥集装箱码头的最佳效益,同时为货主、船公司提供良好、及时和周到的服务。现代集装箱码头无一例外地将计算机生产管理系统作为码头建设的重点,其核心是在满足当前生产需要的前提下,根据国际集装箱运输发展新趋点,应用新特点、新工艺、新技术,不断提升和完善系统功能。

(7)具有通畅的集疏运交通条件。

在集装箱运输系统中,集装箱码头处于重要节点,通过这个节点完成集装箱从发货地到收货地的运输全过程。因此,集装箱码头除注重提升本身的硬件、软件技术水平外,还应注重与内陆集疏运连成一个有机系统,通过公路、铁路、水运,甚至航空等多种运输方式,把分散在内地各处的集装箱方便地汇集到码头装船出口,同时通过内陆集疏运系统将卸下的进口集装箱及时地运送到目的地。从国外先进的集装箱运输经验看,内陆集疏运条件是影响集装箱码头发展的一个极其重要的因素。

(8)具有现代化集装箱装卸运输专业人才。

人是生产力中最活跃、具有决定性的影响因素,对现代化集装箱码头更是如此。先进的管理模式和管理手段、高效的集装箱专用机械设备、科学的作业程序和方法,无一不需要与之相应的现代化集装箱装卸运输专业人才。

第二节 集装箱

一、集装箱的定义

国际标准化组织(International Standardization Organization,ISO)、集装箱海关公约(Customs Convention on Container,CCC)、《国际集装箱安全公约》(International Convention for Safe Container,CSC)都对集装箱下过定义。《系列1集装箱——分类、外形尺寸和额定值》(ISO 668:2013)、《系列1集装箱 分类、尺寸和额定质量》(GB/T 1413—2008)对集装箱的定义是:

集装箱(freight container)是一种运输设备,应具备下列条件:

(1)具有足够的强度,在有效使用期内可以反复使用;

(2)适用于一种或多种运输方式运送货物,途中无须倒装;

(3)设有供快速装卸的装置,便于从一种运输方式转移到另一种运输方式;

(4)便于箱内货物装满和卸空;

(5)内容积大于或等于$1m^3$($36.3ft^3$)。

"集装箱"这一术语既不包括车辆也不包括一般包装。

二、集装箱的标准

集装箱运输的初期,集装箱的结构和规格各不相同,影响了集装箱在国际上的流通,亟须制订集装箱的国际通用标准,以利于集装箱运输的发展。集装箱标准化,不仅能提高集装箱作为共同运输单元在海、陆、空运输中的通用性和互换性,而且能够提高集装箱运输的安全性和经济性,促进国际集装箱多式联运的发展。同时,集装箱的标准化还给集装箱的载运工具和装卸机械提供了选型、设计和制造的依据,从而使集装箱运输成为相互衔接配套、专业化和高效率的运输系统。

集装箱标准按使用范围分,有国际标准、国家标准、地区标准和公司标准四种。

1. 国际标准集装箱

国际标准化组织于1979年4月颁布了《第一系列货物集装箱分类、外部尺寸和质量》(ISO 668:1979)的国际标准。1988年、1995年、2013年又分别对其进行了修订,制订了相应的国际标准。2013年国际标准化组织颁布了《系列1集装箱——分类、外形尺寸和额定值》(ISO 668:2013)的国际标准,同时旧的国际标准废止。

《系列1集装箱——分类、外形尺寸和额定值》(ISO 668:2013)的国际标准,规定集装箱的分类和型号如下:

第一系列货物集装箱的宽度均为2438mm(8ft)。

各种集装箱的公称长度如表4-2所示。集装箱的长度分为E、A、B、C、D五个系列,其公称长度分别为45ft(13.716m)、40ft(12.2m)、30ft(9.1m)、20ft(6.1m)、10ft(3.0m)。

表4-2 系列1集装箱的公称长度(ISO 668:2013)

集装箱型号	公称长度	
	m	ft
1EEE 1EE	13.716[a]	45[a]
1AAA 1AA 1A 1AX	12.2[a]	40[a]
1BBB 1BB 1B 1BX	9.1	30
1CC 1C 1CX	6.1	20
1D 1DX	3.0	10

注:a 表示某些国家对车辆和装载货物的总长度有法规限制。

箱高为2896mm(9ft6in)的集装箱,其型号定为1EEE、1AAA和1BBB。

箱高为2591mm(8ft6in)的集装箱,其型号定为1EE、1AA、1BB和1CC。

箱高为2438mm(8ft)的集装箱,其型号定为1A、1B、1C和1D。

箱高小于2438mm(8ft)的集装箱,其型号定为1AX、1BX、1CX和1DX。

上述规定中所用字母"X"除了指集装箱的高度尺寸在0~2438mm(8ft)外,无其他特殊意义。

《系列 1 集装箱——分类、外形尺寸和额定值》(ISO 668:2013) 对集装箱的有关规定如表 4-3 所示。

系列 1 集装箱——分类、外形尺寸和额定值(ISO 668:2013)对集装箱的有关规定　　表 4-3

货物集装箱型号	长度 L				宽度 W				高度 H				额定总质量(总质量)	
	mm	公差(mm)	ft in	公差(in)	mm	公差(mm)	ft	公差(in)	mm	公差(mm)	ft in	公差 in	kg	lb
1EEE	13716	0 −10	40	0 −3/8					2896	0 −5	9 6①	0 −3/16	30480	67200
1EE	13716	0 −10	40	0 −3/8					2591①	0 −5	8 6①	0 −3/16	30480	67200
1AAA	12192	0 −10	40	0 −3/8					2896	0 −5	9 6①	0 −3/16	30480	67200
1AA	12192	0 −10	40	0 −3/8					2591①	0 −5	8 6①	0 −3/16	30480	67200
1A	12192	0 −10	40	0 −3/8					2438	0 −5	8	0 −3/16	30480	67200
1AX	12192	0 −10	40	0 −3/8					<2438		<8	—	30480	67200
1BBB	9125	0 −10	29 11 1/4	0 −3/8					2896①	0 −5	9 6①	0 −3/16	30480	67200
1BB	9125	0 −10	29 11 1/4	0 −3/8	2438	0 −5	8	0 −3/16	2591①	0 −5	8 6①	0 −3/16	30480	67200
1B	9125	0 −10	29 11 1/4	0 −3/8					2438	0 −5	8	0 −3/16	30480	67200
1BX	9125	0 −10	29 11 1/4	0 −3/8					<2438	—	<8	—	30480	67200
1CC	6058	0 −6	19 10 1/2	0 −1/4					2591①	0 −5	8 6①	0 −3/16	30480	67200
1C	6058	0 −6	19 10 1/2	0 −1/4					2438	0 −5	8	0 −3/16	30480	67200
1CX	6058	0 −6	19 10 1/2	0 −1/4					<2438	—	<8	—	30480	67200
1D	2991	0 −5	9 9 3/4	0 −3/16					2438	0 −5	8	0 −3/16	10160	22400
1DX	2991	0 −5	9 9 3/4	0 −3/16					<2438	—	<8	—	10160	22400

注：①表示某些国家对车辆和装载货物的总高度有法规限制。

2. 国家标准集装箱

我国分别于 1980 年、1985 年、1998 年和 2008 年参照当时的国际标准,制订并颁布了《系列 1 集装箱 分类、尺寸和额定质量》的国家标准。1998 年颁布了《系列 1 集装箱 分类、尺寸和额定质量》(GB/T 1413—1998),该标准与国际标准接轨,规定了我国各种型号集装箱的公称长度也是 A、B、C、D 四个系列,如表 4-4 所示。集装箱型号有 1AAA、1AA、1A、1AX、1BBB、1BB、1B、1BX、1CC、1C、1CX、1D 和 1DX 共十三种。

系列 1 集装箱公称长度(GB/T 1413—1998)　　　　　　　　表 4-4

集装箱型号	公称长度	
	m	ft
1AAA 1AA 1A 1AX	12^a	40^a
1BBB 1BB 1B 1BX	9	30
1CC 1C 1CX	6	20
1D 1DX	3	10

注:a 表示某些国家对车辆和装载货物的总长度有法规限制。

《系列 1 集装箱 分类、尺寸和额定质量》(GB/T 1413—1998)对集装箱的有关规定如表 4-5 所示。

系列 1 集装箱 分类、尺寸和额定质量(GB/T 1413—1998)**对集装箱的有关规定**　　表 4-5

集装箱型号	长度 L		宽度 W		高度 H		额定总质量(总质量)
	尺寸	极限偏差	尺寸	极限偏差	尺寸	极限偏差	
	mm						kg
1AAA	12192	0 -10	2438	0 -5	2896①	0 -5	30480
1AA	12192	0 -10	2438	0 -5	2591①	0 -5	30480
1A	12192	0 -10	2438	0 -5	2438	0 -5	30480
1AX	12192	0 -10	2438	0 -5	<2438	—	30480

续上表

集装箱型号	长度 L 尺寸	长度 L 极限偏差	宽度 W 尺寸	宽度 W 极限偏差	高度 H 尺寸	高度 H 极限偏差	额定总质量（总质量）
			mm				kg
1BBB	9125	0 −10	2438	0 −5	2896[①]	0 −5	25400
1BB	9125	0 −10	2438	0 −5	2591[①]	0 −5	25400
1B	9125	0 −10	2438	0 −5	2438	0 −5	25400
1BX	9125	0 −10	2438	0 −5	<2438	—	25400
1CC	6058	0 −6	2438	0 −5	2591[①]	0 −5	24000
1C	6058	0 −6	2438	0 −5	2438	0 −5	24000
1CX	6058	0 −6	2438	0 −5	<2438	—	24000
1D	2991	0 −5	2438	0 −5	2438	0 −5	10160
1DX	2991	0 −5	2438	0 −5	2438	0 −5	10160

注：①表示某些国家对车辆和装载货物的总高度有法规限制（如铁路和公路部门）。

近年来，为了充分利用运输工具的运输能力、发挥集装箱机械的潜力和扩大适箱货物的种类，集装箱有向大型化、专业化发展的趋势，出现了便于装卸、运输大型机械和设备的"超重集装箱"；装运轻泡货和百杂货的"超高集装箱""超宽集装箱""超长集装箱"等，40ft 集装箱在总箱量中的比重在逐年增加，出现了公称长度为45ft 的集装箱。此外，冷藏、罐状、开顶等特种货物的专用集装箱公称长度也有所增加。故我国于2008 年对《系列1 集装箱 分类、尺寸和额定质量》（GB/T 1413—1998）的国家标准进行了修订，同时废止了旧的国家标准。

2008 年8 月颁布了《系列1 集装箱 分类、尺寸和额定质量》（GB/T 1413—2008）的国家标准，该标准中主要增加了公称长度为45ft 的集装箱的相关内容和具体的技术数据；另外，将1BBB、1BB、1B、1BX、1CC、1C 和1CX 箱型的最大额定质量由24000kg 统一修订为30480kg；将1BBB、1BB、1B 和1BX 的长度公差由 $-\frac{3}{16} \sim 0$in 修订为 $-\frac{3}{8} \sim 0$in。

《系列1 集装箱 分类、尺寸和额定质量》（GB/T 1413—2008）的国家标准中，各种型号集装箱的宽度均为2438mm（8ft）。

各种型号集装箱的公称长度有 E、A、B、C、D 五个系列,其公称长度分别为 45ft(13.716m)、40ft(12m)、30ft(9m)、20ft(6m)、10ft(3m),如表 4-6 所示。

箱高为 2896mm(9ft6in)的集装箱,其型号定为 1EEE、1AAA 和 1BBB 型。

箱高为 2591mm(8ft6in)的集装箱,其型号定为 1EE、1AA、1BB 和 1CC 型。

箱高为 2438mm(8ft)的集装箱,其型号定为 1A、1B、1C 和 1D 型。

箱高小于 2438mm(8ft)的集装箱,其型号定为 1AX、1BX、1CX 和 1DX 型。

系列 1 集装箱公称长度(GB/T 1413—2008) 表 4-6

集装箱型号	公称长度	
	m	ft
1EEE 1EE	13.716[a]	45[a]
1AAA 1AA 1A 1AX	12[a]	40[a]
1BBB 1BB 1B 1BX	9	30
1CC 1C 1CX	6	20
1D 1DX	3	10

注:a 表示某些国家对车辆和装载货物的总长度有法规限制。

《系列 1 集装箱 分类、尺寸和额定质量》(GB/T 1413—2008)对集装箱的有关规定如表 4-7 所示。

系列 1 集装箱 分类、尺寸和额定质量(GB/T 1413—2008)对集装箱的有关规定 表 4-7

集装箱型号	长度 L				宽度 W				高度 H				额定总质量 (总质量)	
	mm	公差 (mm)	ft in	公差 (in)	mm	公差 (mm)	ft	公差 (in)	mm	公差 (mm)	ft in	公差 (in)	kg	lb
1EEE	13716	0 -10	45	0 $-\frac{3}{8}$	2438	0 -5	8	0 $-\frac{3}{16}$	2896[b]	0 -5	9 6[b]	0 $-\frac{3}{16}$	30480[b]	67200[b]
1EE									2591[b]	0 -5	8 6[b]	0 $-\frac{3}{16}$		

续上表

集装箱型号	长度 L				宽度 W				高度 H				额定总质量(总质量)	
	mm	公差(mm)	ft in	公差(in)	mm	公差(mm)	ft	公差(in)	mm	公差(mm)	ft in	公差(in)	kg	lb
1AAA	12192	$0 \\ -10$	40	$0 \\ -\frac{3}{8}$	2438	$0 \\ -5$	8	$0 \\ -\frac{3}{16}$	2896[b]	$0 \\ -5$	9 6[b]	$0 \\ -\frac{3}{16}$	30480[b]	67200[b]
1AA									2591[b]	$0 \\ -5$	8 6[b]	$0 \\ -\frac{3}{16}$		
1A									2438	$0 \\ -5$	8	$0 \\ -\frac{3}{16}$		
1AX									<2438		<8			
1BBB	9125	$0 \\ -10$	29 $11\frac{1}{4}$	$0 \\ -\frac{3}{8}$	2438	$0 \\ -5$	8	$0 \\ -\frac{3}{16}$	2896[b]	$0 \\ -5$	9 6[b]	$0 \\ -\frac{3}{16}$	30480[b]	67200[b]
1BB									2591[b]	$0 \\ -5$	8 6[b]	$0 \\ -\frac{3}{16}$		
1B									2438	$0 \\ -5$	8	$0 \\ -\frac{3}{16}$		
1BX									<2438		<8			
1CC	6058	$0 \\ -6$	19 $10\frac{1}{2}$	$0 \\ -\frac{1}{4}$	2438	$0 \\ -5$	8	$0 \\ -\frac{3}{16}$	2591[b]	$0 \\ -5$	8 6[b]	$0 \\ -\frac{3}{16}$	30480[b]	67200[b]
1C									2438	$0 \\ -5$	8	$0 \\ -\frac{3}{16}$		
1CX									<2438		<8			
1D	2991	$0 \\ -5$	9 $9\frac{3}{4}$	$0 \\ -\frac{3}{16}$	2438	$0 \\ -5$	8	$0 \\ -\frac{3}{16}$	2438	$0 \\ -5$	8	$0 \\ -\frac{3}{16}$	10160	22400
1DX									<2438		<8			

注:b 表示某些国家对车辆和装载货物的总高度、总载荷有法规限制(如铁路和公路部门)。

集装箱的宽度是统一的,但集装箱的长度规格繁多,为便于统计计算船舶的载运量、港口码头和库场的通过能力、机械设备的装卸效率等,国际上以 6m(20ft) 长度的集装箱作为当量箱来进行换算,因而将 6m(20ft) 长度的集装箱称为标准箱。

集装箱的长度系列互成一定简单的倍数关系,可以对不同长度的集装箱进行组合,充分利用运输工具的底面积和有效容积,便于集装箱的堆码和管理。国际标准第一系列货物集装箱的长度关系见图 4-3。从统计的角度,1 个

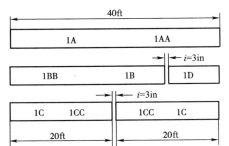

图 4-3 国际标准第一系列货物集装箱的长度关系 i(间距)=3in(76mm)

长度为6m(20ft)的集装箱计为1TEU;1个12m(40ft)的集装箱计为2TEU;1个9m(30ft)的集装箱计为1.5TEU;1个3m(10ft)的集装箱计为0.5TEU。

3. 地区标准集装箱

此类集装箱标准,是由地区组织根据该地区的特殊情况制订的,此类集装箱仅适用于该地区。如根据国际铁路联盟(Union Internationaledes Cheminsde Fer,UIC)所制订的集装箱标准而建造的集装箱。

4. 公司标准集装箱

公司标准集装箱是指某些大型集装箱船公司根据本公司的具体情况和条件制订的集装箱船公司标准,这类集装箱主要在该公司运输范围内使用。如美国海陆公司的11m(35ft)集装箱。

此外,目前世界上还有不少非标准集装箱。如非标准长度集装箱有美国海陆公司的11m(35ft)集装箱、总统轮船公司的15m(48ft)集装箱;非标准高度集装箱主要有2.7m(9ft)和2.9m(9.5ft)两种高度集装箱;非标准宽度集装箱有2.5m(8.2ft)宽度集装箱等。

三、集装箱的方位术语及基本结构

1. 集装箱的方位术语

集装箱的方位术语主要是指为了区分集装箱的前、后、左、右以及纵、横的方向和位置而下的定义。85%以上的集装箱为通用集装箱,均一端设箱门,另一端不设箱门,如图4-4所示。这类集装箱的方位术语如下:

图4-4 通用集装箱

前端(front):指没有箱门的一端。

后端(rear):指有箱门的一端。如集装箱两端结构相同,则应避免使用前端和后端这两个术语。若必须使用,则应依据标记、铭牌等特征加以区别。

左侧(left):指从集装箱后端向前看,左边的一侧。

右侧(right):指从集装箱后端向前看,右边的一侧。

由于集装箱在公路上行驶时,有箱门的后端都必须装在拖车的后方,因此有的标准把左侧称为公路侧,右侧称为路缘侧。

路缘侧(gurbside):指当集装箱底盘车在公路上沿右侧向前行驶时,靠近路缘的一侧。

公路侧(roadside):指当集装箱底盘车在公路上沿右侧向前行驶时,靠近马路中央的一侧。

纵向(longitudinal):指集装箱的前后方向。

横向(transverse):指集装箱的左右、与纵向垂直的方向。

2. 集装箱的基本结构

集装箱种类繁多,绝大多数的集装箱基本结构类似。下面以通用的干货集装箱为例,介绍它的基本结构。干货集装箱是一个六面长方体,它主要由箱体、端壁、箱门及一些附件组成,如图4-5所示。

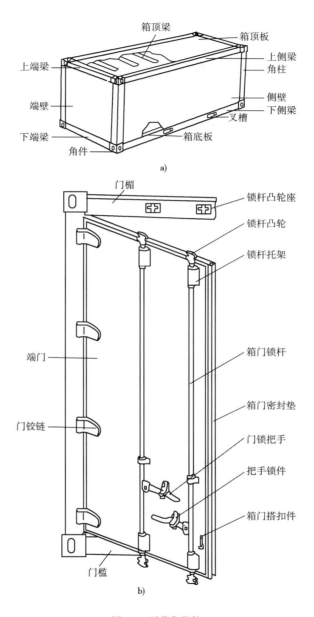

图 4-5　干货集装箱

（1）箱体。

箱体为集装箱的主体,是承载部件,要求有足够的强度,多采用框架结构,包括前端部框架、后端部框架和两侧的侧框架,使箱体成为一个刚性部件。在框架外面,覆盖有侧壁、箱底和箱顶。

①侧壁。它有两块,位于箱体两侧,由侧壁板和侧柱组成。侧壁板具有一定强度,并有水密性;在侧壁板上以一定间距配置了多根侧柱,以增强侧壁板的强度;在侧壁板内侧一般安有内衬板,以保护货物。

②箱底。由箱底架和箱底板组成,箱底架包括箱底梁、下横梁和下桁材,应能承受铲车作业的集中载荷。箱底板铺设在箱底架上,并用填料粘缝使其密封防水。

③箱顶。由箱顶梁、上桁材和箱顶板组成。箱顶板最好用整张金属板,以防漏水。

(2)箱门。

通常为两扇后端可启闭的门,用铰链安装在角柱上,并用门锁装置关闭。箱门应便于开启,并且防水、防风。

(3)端壁。

端壁位于集装箱的前端,由端柱和端壁板组成,具有一定的强度,它镶嵌在箱体框架上,应具有水密性。

(4)附件。

一个集装箱上装有许多不同功能的附件,下面介绍与集装箱装卸操作有关的一些附件,其他参见本书附录五。

角件(corner fitting),也称角配件。集装箱箱体的8个角上都设有角件,如图4-6所示。角件用于支承、堆码、装卸和栓固集装箱。集装箱上部的角件称为顶角件,下部的角件称为底角件。《系列1集装箱 角件》(GB/T 1835—2006)规定了各类集装箱所附角件的基本尺寸、设计功能、强度等,并规定了集装箱角件的类型、材质、试验、检验及标志和包装等的一般原则。

叉槽(fork/lift pockets):横向贯穿箱底结构、供叉车的货叉插入的槽。20ft型集装箱上一般设一对叉槽,必要时也可以设两对叉槽。40ft型集装箱上一般不设叉槽。通过叉槽一般不能叉实箱,只能叉空箱。

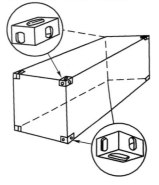

图4-6 集装箱角件

门铰链(door hinge):用短插销(一般用不锈钢制)使箱门与角柱连接起来,保证箱门能自由转动的零件。

箱门搭扣件(door holder):进行装、卸货物作业时,保证箱门开启状态的零件。它设在箱门下方和相对应的侧壁上,有采用钩环的,也有采用钩链或绳索的。

把手锁件(door locking handle retainer or handle lock):使箱门把手保持关闭状态的零件。

门锁把手(door locking handle):装在箱门锁杆上,在开关箱门时用来转动锁杆的零件。

箱门密封垫(door seal gasket):箱门周边为保证密封而设的零件。密封垫的材料一般采用氯丁橡胶。

箱门锁杆(door locking bar or door locking rod):设在箱门上垂直的轴或杆。锁杆两端有凸轮,锁杆转动后凸轮即嵌入锁杆凸轮座内,把箱门锁住。锁杆还起着加强箱门承托力的作用。

锁杆托架(door lock rod bracket):把锁杆固定在箱门上并使之能转动的承托件。

锁杆凸轮(locking bar cams):设于锁杆端部的门锁件,通过锁件的转动,把凸轮嵌入锁杆凸轮座内,将门锁住。

锁杆凸轮座(locking bar cam retainer or keeper):使凸轮保持闭锁状态的内撑装置,又称卡铁。

四、集装箱的分类

运输货物用的集装箱种类繁多,其类型可按结构、箱体材料、用途、外部尺寸的不同进行分类。

1. 按结构分类

(1)内柱式和外柱式集装箱。这里的"柱"指的是集装箱的端柱和侧柱。内柱式集装箱即侧柱和端柱位于侧壁和端壁之内;反之,则是外柱式集装箱,如图4-7所示。一般玻璃钢集装箱和钢集装箱均没有侧柱和端柱,故内柱式和外柱式集装箱通常是相对铝集装箱而言。

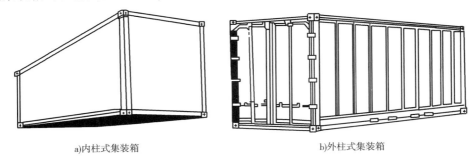

a)内柱式集装箱　　b)外柱式集装箱

图4-7　内柱式和外柱式集装箱

内柱式集装箱的优点是外表平滑、美观、受斜向外力作用不易损坏、印刷标记时比较方便。外板和内衬板之间隔有一定空隙,防热效果较好,能减少货物的湿损。

外柱式集装箱的优点是受外力作用时,外力由侧柱或端柱承受,起到了保护外板的作用,使外板不易损坏。由于集装箱内壁面平整,有时也不需要有内衬板。

(2)折叠式和固定式集装箱。折叠式集装箱是指侧壁、端壁和箱门等主要部件能简单地折叠或分解,再次使用时可以方便地组合起来的集装箱,如图4-8所示。反之,各部件永久固定地组合在一起的称为固定式集装箱。折叠式集装箱主要用在货源不平衡的航线上,是为了减少集装箱回程空载时的舱容损失而设计的。目前,使用最多的还是固定式集装箱。

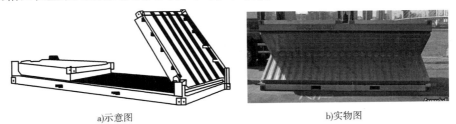

a)示意图　　b)实物图

图4-8　折叠式集装箱

(3)预制骨架式集装箱和薄壳式集装箱。集装箱的骨架由许多预制件组合起来,并由它承受主要载荷,外板和骨架用铆接或焊接的方式连为一体,称为预制骨架式集装箱。通常铝质和钢质的预制骨架式集装箱,其外板采用铆接或焊接的方式与骨架连接在一起;而玻璃钢的预制骨架式集装箱,其外板用螺栓与骨架连接。薄壳式集装箱则把所有构件结合成一个刚体,优点是重量轻、受扭力作用时不会引起永久变形。

2. 按箱体材料分类

集装箱按其主体材料构成可分为四类。

(1) 钢集装箱。钢集装箱的外板为钢板，结构部件也均采用钢材。这种集装箱的最大优点是强度大、结构牢、焊接性和水密性好，而且价格低廉。但其重量大，易腐蚀生锈。由于自重大，降低了装货量。而且每年一般需要进行两次除锈涂漆，使用期限较短，一般为11~12年。

(2) 铝集装箱。通常所说的铝集装箱并不是由纯铝制成的，而是各主要部件使用各种轻铝合金，故又称铝合金集装箱。一般都采用铝镁合金，这种铝合金集装箱的优点是重量轻、耐腐蚀、不生锈、外表美观。此外，铝集装箱加工方便，加工费低，一般外表需要涂其他涂料，维修费用低，使用年限长，通常为15~16年。主要缺点是强度较钢集装箱低，焊接性较差。铝集装箱最适合海上运输。

(3) 玻璃钢集装箱。玻璃钢集装箱是指用玻璃纤维和合成树脂混合在一起制成薄薄的加强塑料，再用黏合剂将所制成的加强塑料贴在胶合板的表面上形成玻璃钢板而制成的集装箱。玻璃钢集装箱的特点是强度大、刚性好。玻璃钢的隔热性、防腐性、耐化学性都比较好，能防止箱内产生结露现象，有利于保护箱内货物不遭受湿损。玻璃钢板可以整块制造，防水性好，还容易清洗。此外，这种集装箱还有不生锈、容易着色的优点，故外表美观。由于维修简单，维修费用也低。玻璃钢集装箱的主要缺点是重量较大，与一般钢集装箱相差无几，价格也较高。

(4) 不锈钢集装箱。不锈钢是一种新的集装箱材料，它有如下优点：强度大，不生锈，外表美观；在整个使用期内无须进行维修保养，故使用率高，耐蚀性能好。其缺点：价格高，初始投资大。目前，不锈钢制造的集装箱一般有罐式集装箱、冷藏集装箱。

3. 按用途分类

集装箱按用途一般分为：

(1) 通用干货集装箱 (dry cargo container)。通用干货集装箱又称杂货集装箱，用来运输无须控制温度的件杂货，如图4-9所示。其使用范围极广，是最为常见的一种集装箱，占集装箱总数的70%~85%。这种集装箱通常为封闭式，在一端或侧面设有箱门，通常用来装运文化用品、化工用品、电子机械、工艺品、医药、日用品、纺织品及仪器零件等。不受温度变化影响的各类固体散货、颗粒或粉末状的货物都可以用这种集装箱装运。

(2) 散货集装箱 (bulk container)。散货集装箱主要用于装运粮食、水泥和粒状化学品等散货。它的外形与杂货集装箱相近，在一端设有箱门，同时在顶部设有装货口。装货口有圆形和长方形两种。在箱门的下方还设有长方形的卸货口，如图4-10所示。散货集装箱也可用于装运普通的件杂货。

图4-9 通用干货集装箱

图4-10 散货集装箱

（3）冷藏集装箱（reefer container）。冷藏集装箱是指装载冷藏货，能保持所定温度的保温集装箱，如图4-11所示。这种集装箱一般具有制冷和保温功能，它既可以运输如鱼、肉等冷冻食品，也可以运输新鲜水果、蔬菜等。

冷藏集装箱的制冷装置分为外置式和内置式两种。内置式冷藏集装箱的制冷装置安装在集装箱箱外，在运输过程中可随时启动制冷装置，使集装箱保持指定温度；而外置式冷藏集装箱箱内只有隔热结构，集装箱端壁上设有进气孔和出气孔，必须依靠集装箱专用车辆、船舶或者专用堆场、车站上配备的制冷装置来制冷。

图4-11　冷藏集装箱

（4）通风集装箱（ventilated container）。通风集装箱外表与杂货集装箱类似，区别是通风集装箱在端壁和侧壁上设有多个通风口，使箱内空气与箱外空气相通，如图4-12所示，可防止箱内的货物变质。例如：装运水果、蔬菜等货物，这些货物不需要冷冻但具有呼吸作用，怕热怕闷，需要通风换气，否则，这些货物会变质。使用通风集装箱可满足装运这些货物的通风要求。如将通风集装箱的通风口关闭，通风集装箱可作为杂货集装箱使用。通风集装箱的一般采用自然通风。

 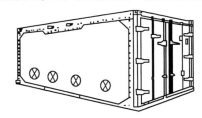

图4-12　通风集装箱

（5）开顶集装箱（open top container）。开顶集装箱又称敞顶式集装箱。这是一种没有刚性箱顶的集装箱，但有由可折叠式或可折式顶梁支撑的帆布、塑料布或涂塑布制成的顶篷，其他构件与通用集装箱类似。这种集装箱适用于装载大型货物和重货，如钢铁、木材，特别是像玻璃板等易碎的重货，利用吊车将货物从顶部吊入箱内不易损坏，而且便于在箱内固定。

（6）台架式集装箱（platform based container）。台架式集装箱是没有箱顶和侧壁，有的甚至连端壁也没有而只有箱底和四个角柱的集装箱，如图4-13所示。这种集装箱可以从前后、左右及上方进行装卸作业，适合装载长大件和重货件，如重型机械、钢材、钢管、木材、钢锭等。台架式集装箱没有水密性，怕水湿的货物不能装运，或用帆布遮盖装运。

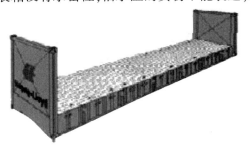 

图4-13　台架式集装箱

（7）平台集装箱（platform container）。平台集装箱是在台架式集装箱上再简化而只保留底板的一种具有特殊结构的集装箱，如图4-14所示。平台集装箱的形状类似铁路平板车，平台的长度与宽度与国际标准集装箱的箱底尺寸相同，可使用与其他集装箱相同的紧固件和起吊装置。这一集装箱的采用打破了过去一直认为集装箱必须具有一定容积的固有观念。平台集装箱在欧洲使用较多，适宜装超重、超长货物及汽车等。

图4-14 平台集装箱

（8）罐式集装箱（tank container）。罐式集装箱又称液体集装箱，是为运输食品、药品、化工品等液体货物而制造的特殊集装箱。罐式集装箱主要由罐体和箱体框架两部分构成，罐体固定于箱体框架内，如图4-15所示。罐体顶部设有装货口（入孔），装货口的盖子必须有水密性，罐底有排出口（阀门）。在运输途中货物如呈半罐状态，可能对罐体有巨大的冲击力，造成危险。因此装货时，应确保货物为满罐状态。

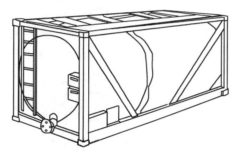 

图4-15 罐式集装箱

（9）汽车集装箱（car container）。汽车集装箱是在简易箱底上装一个钢制框架，一般设有端壁和侧壁，箱底应采用防滑钢板的集装箱，如图4-16所示。汽车集装箱有装单层和装双层两种。由于一般小轿车的高度为1.35～1.45m，如装在8ft（2438mm）高的标准集装箱内，只利用了其箱容积的3/5，所以，装单层集装箱进行轿车运输是不经济的，一般很少采用。为提高集装箱容积利用率，有一种装双层的汽车集装箱，其高度有两种，一种为10.5ft（3200mm），另一种为12.75ft（3886mm，8.5ft的1.5倍）。因此，汽车集装箱一般不是国际标准集装箱。

（10）牲畜集装箱（pen container or live stock container）。牲畜集装箱又称动物集装箱，是一种装运鸡、鸭、鹅等活家禽和牛、马、羊、猪等活家畜用的集装箱，如图4-17所示。为了遮蔽太阳，箱顶采用胶合板露盖，侧面和端面都有用铝丝网制成的窗，以求通风良好。侧壁下方设有清扫口和排水口，并配有上下移动的拉门，可把垃圾清扫出去。还装有喂食口。动物集装箱在船上必须装在甲板上，因为甲板上空气流通，便于清扫和照顾。而且不允许多层堆装，所以其强度可低于国际标准集装箱的要求，其总质量也较轻。

（11）服装集装箱（garment container）。服装集装箱又称挂式集装箱（dress hanger container），是杂货集装箱的一种变型，在集装箱内侧梁上装有许多横杆，每根横杆垂下若干绳扣。成衣利用衣架上的钩，直接挂在绳扣上。这种服装装载法无须包装，节约了大量的包装材料和费用，也省去了包装劳动。这种集装箱和普通杂货集装箱的区别仅在于内侧上梁的强度需略加强。将横杆上的绳扣收起，这类集装箱就能作为普通杂货集装箱使用。

(12)其他用途集装箱。如今集装箱的应用范围越来越广,不但用于装运货物,还有其他用途。如"流动电站集装箱",可在一个20ft集装箱内装置一套完整的发电机组,装满燃油后可连续发电96h,供应36只20ft或40ft冷藏集装箱的耗电。还有"流动舱室集装箱""流动办公室集装箱",可在一个20ft集装箱内装备舒适的居室和办公室。美国已研制成了由若干个20ft集装箱组成的"战地医院",有几十个床位,配有药房、化验室、手术室、护理室等,可用C130运输机运输,在战地迅速布置。

随着国际贸易的发展,商品结构不断变化,今后还会出现各种不同类型的专用或多用集装箱。

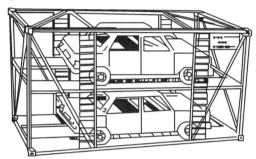
图4-16 汽车集装箱

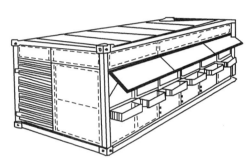
图4-17 牲畜集装箱

4. 按外部尺寸分类

目前国际标准集装箱的宽度均为2438mm(8ft);高度主要有小于2438mm(8ft)、2438mm(8ft)、2591mm(8ft6in)、2896mm(9ft6in)等四种;长度主要有13.716m(45ft)、12m(40ft)、9m(30ft)、6m(20ft)、3m(10ft)五种。

此外,还有一些国家颁布的各自标准下所使用的集装箱。

五、国际标准集装箱的标记

为了便于在流通和使用中识别和管理集装箱,以及便于单据编制和信息传输,《集装箱代码、识别和标记》(ISO 6346:1995)、《集装箱 代码、识别和标记》(GB/T 1836—2017)规定:集装箱的标记主要有"必备标记"和"自选标记"两类,每一类标记中,又分"识别标记"和"作业标记"两种。除此以外,还需要有通行标记。每一个集装箱均须在适当和明显的部位涂刷永久性标记,每类标记都必须按规定大小标识在集装箱规定的位置上,如图4-18所示。

1. 必备标记

1)识别标记

识别标记是某个集装箱在全球唯一的识别标识。该标记由箱主代码、设备识别码、箱号和校验码四个部分组成,用4个拉丁字母和7个数字来表示,如COSU 800121⑤。

(1)箱主代码。

国际标准化组织规定,箱主代码一般由3个大写的拉丁文字母表示,由箱主自己规定,并在国际集装箱局(BIC)登记注册,登记时不得与登记在先的箱主有重复。如中国远洋运输(集团)总公司的箱主代码是COS。目前国际集装箱局已在许多国家和地区设有注册机构,如我国北京设有注册机构。

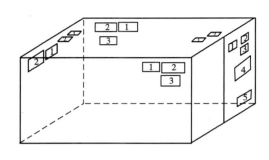

图 4-18　集装箱标记代码的位置

1-箱主代码、设备识别码;2-箱号、校验码;3-集装箱尺寸代码和箱型代码;4-集装箱最大总质量、空箱质量和容积;5-集装箱的制造厂名及日期

(2) 设备识别码。

设备识别码用 1 个拉丁字母表示。如规定用字母"U"表示所有集装箱,用字母"J"表示集装箱所配置的挂装设备,用字母"Z"表示集装箱拖挂车和底盘挂车。

(3) 箱号。

箱号又称顺序号,箱号用 6 位阿拉伯数字表示。如不足 6 位,则在有效数字前用"0"补足 6 位。如"053842"。

(4) 校验码。

校验码又称核对数,用来检验箱主代码、设备识别码和箱号数据传递的准确性,防止在记录时出错。它位于箱号后,以一个阿拉伯数字并加一个方框表示。

校验码是根据 3 位箱主代码、1 位设备识别码和 6 位箱号通过以下方式换算出来的。具体换算步骤如下:

① 将箱主代码、设备识别码等前 4 个字母转化成相应的数字,字母与数字的对应关系如表 4-8 所示。

校验码计算中箱主代码、设备识别码与数字的对应关系　　　　　　　表 4-8

字母	A	B	C	D	E	F	G	H	I	J	K	L	M
数字	10	12	13	14	15	16	17	18	19	20	21	23	24
字母	N	O	P	Q	R	S	T	U	V	W	X	Y	Z
数字	25	26	27	28	29	30	31	32	34	35	36	37	38

从表中可以看出,去掉了 11 及其倍数的数字,这是因为后面的计算将把 11 作为模数。

② 将前 4 个字母对应的数字加上后面的 6 位箱号的数字,共 10 位,按顺序排列。

例如,中国远洋运输(集团)总公司某集装箱,箱主代码、设备识别码与箱号为:COSU 800121,对应的数字排列为:13-26-30-32-8-0-0-1-2-1。

③ 采用加权系数法进行计算,计算公式为:

$$S = \sum_{i=0}^{9} C_i \times 2^i$$

式中：C_i——10 个数字中的第 i 个数字。

④将 S 除以模数 11，再取其余数，即为校验码。

仍然以 COSU 800121 箱为例，

$S = 13 \times 2^0 + 26 \times 2^1 + 30 \times 2^2 + 32 \times 2^3 + 8 \times 2^4 + 0 \times 2^5 + 0 \times 2^6 + 1 \times 2^7 + 2 \times 2^8 + 1 \times 2^9 = 1721$

用 S 除以 11，$1721 \div 11 = 156 \cdots 5$，取余数 5 为校验码，再在 5 上加一方框。

所以，中国远洋运输（集团）总公司某集装箱的识别标记：箱主代码为 COS、设备识别码为 U、箱号为 800121、校验码为 ⑤。识别标记为 COSU 800121 ⑤

必备标记规定：箱主代码与设备识别码紧挨在一起，与箱号之间至少应有一个字符的间隔，箱号与校验码之间也应有一个字符的间隔。

2）作业标记

作业标记不同于上述用于数据传递或其他用途的代码，它标注在箱体上，仅提供某些信息或起到视觉上的警示作用。

它包括以下四部分内容：

（1）最大总质量和空箱质量标记。

最大总质量（max gross），是集装箱空箱质量和最大允许载货量之和。空箱质量（tare）是集装箱空箱时的自重，规定用公斤（kg）和磅（lb）同时表示。最大总质量可参见表 4-7。

（2）空/陆/水联运集装箱标记

空/陆/水联运集装箱标记如图 4-19 所示。该标记用于空/陆/水联运集装箱并指明其堆码的限制。空/陆/水联运集装箱是指可以在飞机、船舶、卡车及火车之间换装运输的集装箱。这种集装箱自重较轻，结构强度较弱，在陆地上只允许堆码二层，在海上运输时，不准堆甲板，在舱内只能堆一层。

该标记位于集装箱端壁和侧壁的左上角和顶部，其标记位置和尺寸大小有规定。标记的颜色为黑色，如果标记的颜色与箱体的颜色较接近、不清晰，则可选择适当颜色，最好用白色作为底色。

（3）箱顶防电击警示标记。

凡装有登顶梯子的集装箱均应标打箱顶防电击警示标记，以警告登梯者有触电危险。该标记应为黄底黑色标符，并用黑边圈住，如图 4-20 所示。

（4）超高标记。

箱高超过 2.6m（8ft6in）的集装箱应标注此标记。该标记为在黄底黑色数字周边围以黑框，如图 4-21 所示。每个应标集装箱，应在集装箱的两侧标贴两个这样的标记，标贴位置在距箱顶不超过 1.2m（4ft）和距右端不超过 0.6m（2ft）处，在集装箱识别标记下方。

图 4-19 空/陆/水联运集装箱标记　　图 4-20 箱顶防电击警示标记（黄底）　　图 4-21 超高标记（黄底）

2. 自选标记

1）识别标记

《集装箱　代码、识别和标记》(ISO 6346：1995)规定，自选标记中的识别标记包括尺寸代码和箱型代码。

(1) 尺寸代码(或称尺寸代号)。

尺寸代码以两个字符表示，第一个字符表示箱长、第二个字符表示箱宽和箱高。

第一个字符表示箱长代码，如表4-9所示，其中10ft箱长代码为"1"；20ft箱长代码为"2"；30ft箱长代码为"3"；40ft箱长码号为"4"。5~9表示"未选定码"。另外，英文字母表示特殊箱长的集装箱代码。

集装箱箱长代码　　　　　　　　　　表4-9

箱长		代码	箱长		代码
mm	ft		mm	ft	
2911	10	1	7450	—	D
6068	20	2	7820	—	E
9125	30	3	8100	—	F
12192	40	4	12500	41	G
未选定码		5	13106	43	H
未选定码		6	13600	—	K
未选定码		7	13716	45	L
未选定码		8	14630	48	M
未选定码		9	14935	49	N
7150		A	16154	—	P
7315	24	B	未选定码	—	R
7430	24ft6in	C			

第二个字符表示箱宽与箱高代码，如表4-10所示，对标准集装箱(箱宽8ft)，箱宽与箱高代码表示方法如下：8ft高代码为"0"；8ft6in高代码为"2"；9ft高代码为"4"；9ft6in高代码为"5"；高于9ft6in代码为"6"；半高箱(箱高4ft3in)代码为"8"；低于或等于4ft代码为"9"。对非标准集装箱，即箱宽不是8ft的特殊宽度集装箱，箱宽与箱高代码用英文字母表示，如代码"L"表示箱宽大于2500mm，箱高为2591mm(8ft6in)。

集装箱箱宽与箱高代码　　　　　　　　　　表4-10

箱高		代码字符		
		箱宽		
mm	ft	2438mm(8ft)	>2438mm 和 ≤2500mm	>2500mm
2438	8	0	—	—
2591	8ft6in	2	C	L

续上表

箱高		代码字符		
		箱宽		
mm	ft	2438mm(8ft)	>2438mm 和 ≤2500mm	>2500mm
2743	9	4	D	M
2896	9ft6in	5	E	N
>2896	>9ft6in	6	F	P
1295	4ft3in	8	—	—
≤1219	≤4	9	—	—

例如：自选标记为 22G1，前两个字符表示识别标记。第一个字符 2 表示集装箱的长度是 20ft；第二个字符 2 表示集装箱的箱宽为 8ft，箱高为 8ft6in。

（2）箱型代码（或称类型代号）。

箱型代码反映集装箱的箱型和特征。箱型代码用 2 个字符表示，其中第一个字符为拉丁字母，表示集装箱的箱型。如：G（General）表示通用集装箱；V（Ventilated）表示通风集装箱；B（Bulk）表示散货集装箱；R（Reefer）表示保温集装箱中的冷藏集装箱。第二个字符为阿拉伯数字，表示某类型集装箱的特征。集装箱箱型代码如表 4-11 所示。如通用集装箱，一端或两端有箱门，箱型代码为 G0。

集装箱箱型代码 表 4-11

代码	类型	群组代码	主要特征	箱型代码
G	通用集装箱（无通风装置）	GP	一端或两端有箱门	G0
			货物的上方有透气罩	G1
			一端或两端有箱门，并且在一侧或两侧设"全开"箱门	G2
			一端或两端有箱门，并且在一侧或两侧设"局部"箱门	G3
			备用代码	G4
			备用代码	G5
			备用代码	G6
			备用代码	G7
			备用代码	G8
			备用代码	G9
V	通风式通用集装箱	VH	无机械排风装置，但在上下两侧设有自然通风窗	V0
			备用代码	V1
			箱内设有机械通风装置	V2
			备用代码	V3
			外置式机械通风装置	V4
			备用代码	V5

续上表

代码	类型	群组代码	主要特征	箱型代码
V	通风式通用集装箱	VH	备用代码	V6
			备用代码	V7
			备用代码	V8
			备用代码	V9
B	干散货集装箱	BU	封闭式	B0
	无压干散货集装箱	BU	气密式	B1
			备用式	B2
	承压干散货集装箱	BK	水平方向卸货,试验压力为150kPa	B3
			水平方向卸货,试验压力为265kPa	B4
			倾斜卸货,试验压力为150kPa	B5
			倾斜卸货,试验压力为265kPa	B6
			备用式	B7
			备用式	B8
			备用式	B9
S	以货物种类命名集装箱	SN	牲畜集装箱	S0
			汽车集装箱	S1
			活鱼集装箱	S2
			备用代码	S3
			备用代码	S4
			备用代码	S5
			备用代码	S6
			备用代码	S7
			备用代码	S8
R	保温集装箱 机械制冷	RE	机械制冷	R0
			机械制冷/加热	R1
	制冷/加热集装箱	RT	机械制冷	R2
			机械制冷/加热	R3
	自备电源的机械制冷/加热集装箱	RS	备用代码	R4
			备用代码	R5
			备用代码	R6
			备用代码	R7
			备用代码	R8
			备用代码	R9

续上表

代码	类型	群组代码	主要特征	箱型代码
H	保温集装箱 带挂装式机械 制冷/加热装置	HR	外置式挂装制冷/加热装置,其导热系数 $K=0.4\mathrm{W}/(\mathrm{m}^2\cdot\mathrm{℃})$	H0
			内置式挂装制冷/加热装置	H1
			外置式挂装制冷/加热装置,其导热系数 $K=0.7\mathrm{W}/(\mathrm{m}^2\cdot\mathrm{℃})$	H2
	隔热式集装箱	HI	备用代码	H3
			备用代码	H4
			隔热层,其导热系数 $K=0.4\mathrm{W}/(\mathrm{m}^2\cdot\mathrm{℃})$	H5
			隔热层,其导热系数 $K=0.7\mathrm{W}/(\mathrm{m}^2\cdot\mathrm{℃})$	H6
			备用代码	H7
			备用代码	H8
			备用代码	H9
U	敞顶式集装箱	UT	一端或两端开口	U0
			一端或两端开口并有活动的上端梁	U1
			一端或两端开口以及一侧或两侧开口	U2
			一端或两端开口以及一侧或两侧开口,并有活动的上端梁	U3
			一端或两端开口以及一侧部分开口和另一侧全部开口	U4
			全部敞顶,带固定的侧壁(无开门)	U5
			备用代码	U6
			备用代码	U7
			备用代码	U8
			备用代码	U9
P	平台(和台架式)集装箱	PL	平台集装箱	P0
	固端结构	PF	双固端结构	P1
			固定角柱,活动侧柱或活动顶结构	P2
	折端结构	PC	可折的完整端结构	P3
			可折角柱,活动侧柱或活动顶结构	P4
	带完整的上部结构的台架式集装箱	PS	散顶,敞端(骨架式)	P5
	—	—	备用代码	P6
			备用代码	P7
			备用代码	P8
			备用代码	P9

续上表

代码	类型	群组代码	主要特征	箱型代码
T	罐式集装箱 用于非危险性液体货	TN	最低试验压力 45kPa	T0
			最低试验压力 150kPa	T1
			最低试验压力 265kPa	T2
	用于非危险性液体货	TD	最低试验压力 150kPa	T3
			最低试验压力 265kPa	T4
			最低试验压力 400kPa	T5
			最低试验压力 600kPa	T6
	气体货物	TG	最低试验压力 910kPa	T7
			最低试验压力 2200kPa	T8
			最低试验压力 2200kPa	T9
A	空/陆/水 联运集装箱	AS	—	A0

例如：自选标记中的识别标记 22G1，后两个字符表示箱型代码：G 表示通用集装箱，1 表示通用集装箱的特征货物的上方有透气罩。

2) 作业标记

最大净货载标记。根据工业上的需要，除了标注集装箱最大总质量和空箱质量外，还可标注最大净货载的数据。标注形式如下：

最大总质量（max gross）　　00000kg　　00000lb
空箱质量（tare）　　　　　　00000kg　　00000lb
净货载（net）　　　　　　　00000kg　　00000lb

3. 通行标记

图 4-22　国际铁路联盟标记（尺寸单位：mm）

通行标记是集装箱在国际间运输时，为确保安全运输和简化运输过程中的通关、检疫、安全检查等方面的手续而设置的标志。主要有国际铁路联盟标记、安全合格牌照、集装箱批准牌照和检验合格徽等。国际铁路联盟标记如图 4-22 所示。凡符合《国际铁路联盟条例》规定的集装箱，可以获得此标记。该标记是在国际铁路上运输集装箱的必要通行标记。标记上 IC 表示国际铁路联盟，下方数字表示相应 UIC 成员的代码，例如，33 代表中国、70 代表英国、81 代表德国、87 代表法国等。

六、集装箱电子标签与电子箱封

集装箱港口码头信息化水平已经成为制约集装箱装卸运输的关键。集装箱装卸运输过程中，集装箱自身不载有信息，如果集装箱的流向、流转和识别等信息的传递依赖于传统方式，则会影响集装箱装卸运输的效率。集装箱自身不载有信息，如果中途被非法打开，就会给安全运输带来隐患。现代集装箱物流迫切需要一种智能化系统，实时记录集装箱装卸运输中的箱、货、流信息以及相关的安全信息,结合全球网络环境实现集装箱物流的全程实时在线监控,提高集装箱装卸运输效率,提升集装箱物流全程的安全性。

集装箱电子标签与电子箱封技术是提升集装箱运输智能化的重要手段。集装箱电子标签标识集装箱本身基础信息,可提高整个运输链的自动化水平。而集装箱电子箱封代替现有集装箱铅封,可有效得知集装箱是否被打开。目前,电子标签与电子箱封技术已经在集装箱运输中广泛应用。

有了电子标签和电子箱封,就相当于给集装箱装上一把"电子锁",集装箱从工厂装箱点装好货物,到出发港口,再漂洋过海到达目的地港口,最后到达产品分销中心,每一个环节电子标签都会记录到达的时间、地点,而且集装箱的实时状态可以通过无线局域网、手机网络和互联网查询。如果海关要开箱检查,属于合法开箱,同样会留下记录。但不法分子想要开箱偷货物,或者在箱内藏匿偷渡客或恐怖分子,电子箱封就会"报警"。

目前,行业内部分人士将电子标签等同于电子箱封。实际上,电子标签和电子箱封应用的区别在于电子标签重点反馈集装箱的箱信息,专注于集装箱自动化应用;而电子箱封重点反馈集装箱门开关信息,专注于集装箱运输安全。在安装方式与存储方式上,电子标签固定安装于集装箱上,且集装箱箱号、货物信息等不会被更改;而电子箱封可灵活安装于集装箱箱门处,可应用于所有的集装箱。

电子箱封可替代电子标签发挥作用,但鉴于电子箱封无法固定安装于每个集装箱,且电子标签相比于电子箱封成本低廉、应用简便,因此电子标签仍然有发展前景。

第三节 集装箱吊具

一、集装箱简易吊具

一般采用卸扣、钢丝绳和吊钩等集装箱简易吊具来装卸集装箱。钢丝绳起吊集装箱的方法如图 4-23 所示,其中图 4-23a)、b)、c)受力状态不好,一般只适用于轻箱、小箱。图 4-23d)起吊方法受力状态较好,在起吊大箱时,对最小夹角 α_{min} 有一定要求,如表 4-12 所示。

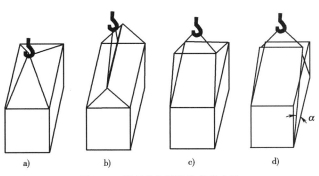

图 4-23 钢丝绳起吊集装箱的方法

钢丝绳起吊集装箱时的最小夹角 $\alpha_{\min}$ 要求　　　　表 4-12

箱型	1AA、1A	1BB、1B	1CC、1C	1D、1DX
$\alpha_{\min}$	30°	37°	45°	60°

使用集装箱简易吊具吊装集装箱时,需要人工摘挂钩,操作不灵活,生产效率低。因此,一般在非集装箱专用码头上装卸集装箱时使用,如通用型码头上需要装卸集装箱,一般采用门座起重机和简易吊具来吊装集装箱。在集装箱专用码头上装卸集装箱时采用集装箱专用吊具。

二、集装箱专用吊具

为了安全、迅速地吊运集装箱,如岸边集装箱起重机、集装箱跨运车、轮胎式集装箱龙门起重机、轨道式集装箱龙门起重机、集装箱正面吊运机等大多数集装箱机械,均采用集装箱吊具作为专用的取物装置。

常用的集装箱专用吊具不论其吊具结构如何,基本工作原理是一样的,即在吊具的四角设有旋锁装置和导向装置,通过液压或电力驱动,使吊具的旋锁与集装箱的角件结合与脱离。当旋锁进入集装箱的角件孔后,在液压或电力作用下,旋锁处于闭锁状态时,就可起吊集装箱;当旋锁处于开锁状态时,旋锁可自由进出集装箱的顶角件孔,此时,吊具可与集装箱脱离,如图 4-24、图 4-25 所示。

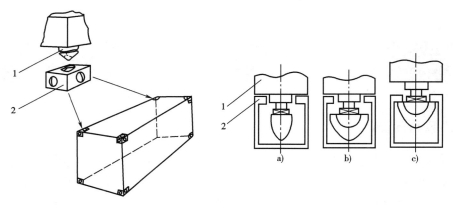

图 4-24　旋锁式连接装置　　　　图 4-25　旋锁式连接装置工作原理
1-吊具旋锁;2-集装箱角件　　　　1-吊具旋锁;2-集装箱角件

(扫码观看数字资源)

集装箱专用吊具种类很多,根据起吊集装箱的长度分,主要有 20ft 吊具、40ft 吊具、45ft 吊具等。有的吊具长度还能伸缩变换,以便于吊装不同规格、长度的集装箱。

根据起吊集装箱吊点数量,集装箱吊具分为单吊点式吊具、四吊点式吊具。有的单吊点式吊具还具有旋转功能。

根据起吊集装箱的数量,集装箱吊具分为单箱吊具、多箱吊具(如双箱吊具、三箱吊具)。

根据集装箱吊具上工作装置的驱动方式,集装箱吊具分为液压吊具、电动吊具等。

集装箱吊具通常按结构特点分为固定式集装箱吊具、组合式集装箱吊具、伸缩式集装箱吊具三种形式。

1. 固定式集装箱吊具

固定式集装箱吊具如图4-26所示。它是起吊20ft或40ft(45ft)集装箱的专用吊具。固定式集装箱吊具直接悬挂在起升钢丝绳上,在吊具上装设液压装置,通过旋锁机构转动旋锁,与集装箱的角配件连接或者松脱。这种吊具结构简单,重量轻,但只适用于起吊一种规格的集装箱。要起吊不同规格的集装箱,必须更换吊具,而更换吊具需要花费较长的时间,使用起来不太方便。且每个吊具配一套液压系统,成本相对较高。

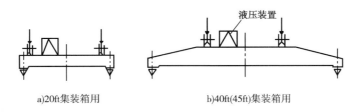

图4-26 固定式集装箱吊具

2. 组合式集装箱吊具

组合式集装箱吊具由两种或两种以上不同规格的固定式集装箱吊具组合而成,以适应起吊不同规格的集装箱。其还可分为吊梁式吊具、主从式吊具、子母式吊具三种形式。

1) 吊梁式吊具

如图4-27所示,吊梁式吊具是将专用吊梁悬挂在起升钢丝绳上,当需要起吊不同规格的集装箱时,将不同规格的固定式吊具与吊梁用销轴相接,连接接口具有统一的尺寸,使得更换下面的吊具比固定式集装箱吊具方便。驱动用的液压装置等分别装设在各个吊具上。吊梁式吊具比固定式集装箱吊具使用方便,但重量较重,成本也较高。

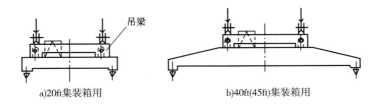

图4-27 吊梁式吊具

2) 主从式吊具

图4-28所示为主从式吊具,其主吊具为20ft集装箱专用吊具,用于直接起吊20ft集装箱,主吊具上设有液压装置。当需要起吊40ft(45ft)集装箱时,通过旋锁连接把40ft(45ft)吊具挂在主吊具下面。40ft(45ft)吊具上的各个动作由装在主吊具上面的液压装置驱动。这种吊具结构较简单,故障少,拆装和维修保养比较方便,有利于减轻机械自重,从而提高流动式集装箱装卸搬运机械的机动性。主从式吊具也可以设计成由其他规格的专用吊

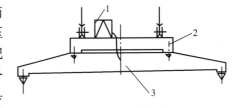

图4-28 主从式吊具
1-液压装置;2-20ft集装箱专用吊具;3-40ft或45ft集装箱专用吊具

具与主吊具配套使用,实现吊装其他规格的集装箱。主从式吊具的更换比吊梁式吊具更为方便,但重量也较重。

3)子母式吊具

子母式吊具如图4-29所示,其结构形式与吊梁式吊具相似,但液压装置装在母体的吊梁上,在吊梁下可换装20ft、40ft(45ft)等多种规格固定式集装箱吊具,液压系统通过快速接口实现上下相连。与主从式吊具相比,重量较轻。由于共用一套液压装置,成本也相应降低。

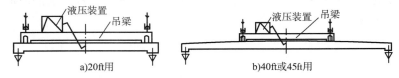

图4-29　子母式吊具

3. 伸缩式集装箱吊具

伸缩式集装箱吊具上装有机械式或液压式的伸缩机构,能在20～40ft(45ft)范围内进行伸缩调节,以适应不同规格集装箱的装卸要求。伸缩式吊具如图4-30所示,其主要由机架(包括主梁、伸缩架)、旋锁驱动装置、导向板驱动装置、前后倾斜装置、伸缩机架驱动装置等组成。

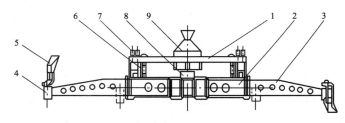

图4-30　伸缩式吊具

1-上架;2-底架;3-伸缩架;4-旋锁驱动装置;5-导向板驱动装置;6-前后倾斜装置;7-吊具滑轮;8-油泵驱动装置和油箱;9-电缆储存器

(扫码观看数字资源)

伸缩式集装箱吊具重量较重,但其长度调节方便,操作灵活,通用性强,生产效率高,因此是目前集装箱专用机械普遍采用的吊具。

伸缩式集装箱吊具类型较多,主要有普通型伸缩式吊具、旋转型伸缩式吊具、双箱吊具、三箱吊具等。

为适应船舶大型化,提高船舶的装卸效率,满足快速装卸的需要,一些集装箱码头使用了多箱吊具。多箱吊具是指用一个集装箱吊具可同时起吊两个或两个以上集装箱的专用吊具。多箱吊具的主要类型有双箱吊具、三箱吊具。

双箱吊具有两种形式,一种是一个吊具可同时吊装2个20ft集装箱或1个40ft集装箱的吊具,并可实现在两种吊装方式下的及时转换,如图4-31所示。另一种是吊装双40ft集装箱的吊具,如图4-32、图4-33所示,这种吊具可将2个40ft(2个45ft或4个20ft)集装箱吊起,用于集装箱船舶的装卸。以装卸40ft集装箱为例,理论计算其平均生产率每小时可达90～100自然箱。

三箱吊具是指单个吊具可同时起吊3个40ft集装箱的吊具,如图4-34所示。这种吊具可以进行单箱、双箱和三箱作业。在进行单箱、双箱作业时,不工作的吊具可升到顶部锁牢。与双 40ft 集装箱吊具相比,其装卸效率至少可提高 15%～20%。吊三箱作业的起重机已在一些集装箱码头成功投入生产。

图 4-31　吊装 2 个 20ft 集装箱或 1 个 40ft 集装箱的吊具

图 4-32　吊装 2 个 40ft 集装箱的吊具

图 4-33　吊装 4 个 20ft 集装箱的吊具

图 4-34　三箱吊具

第四节　集装箱起重运输机械

根据集装箱装卸方法的不同,港口集装箱装卸作业方式可分为吊装式作业方式和滚装式作业方式。其中最常用的作业方式为吊装式作业方式。

吊装式作业方式采用岸边集装箱起重机、船舶起重机进行集装箱的吊上吊下作业,故这种方式又称垂直作业方式。

采用吊装式作业方式,集装箱起重运输机械已经形成了比较完整的体系,并在不断发展创新。集装箱起重运输机械归纳起来主要有下列类型:用于在码头前沿进行集装箱船舶装卸的专用机械,主要有岸边集装箱起重机;用于堆场上集装箱的堆码、拆垛和转运的专用机械称为集装箱堆场作业机械,其主要机型有跨运车、轮胎式集装箱龙门起重机、轨道式集装箱龙门起重机、集装箱正面吊运机、集装箱叉车等;用于集装箱货场及公路运输集装箱的专用机械称为集装箱水平运输机械,其主要类型有集装箱牵引车和挂车、自动导向车等。

一、岸边集装箱起重机

(一)岸边集装箱起重机的分类

岸边集装箱起重机(ship-to-shore crane)又称集装箱装卸桥、集装箱桥吊,简称岸桥。

岸边集装箱起重机是集装箱码头前沿装卸集装箱船舶的专用起重机,主要应用于专用集装箱吊具完成集装箱的装卸船作业。其特点是跨距大、速度快、效率高。世界各港口集装箱专用码头普遍采用这种设备进行集装箱船舶的装卸作业。

岸边集装箱起重机有多种形式,按不同的分类方法分为以下几种类型,如表 4-13 所示。

岸边集装箱起重机的类型　　　　　　　　　　　　　　表 4-13

分类方法	类型
按主梁结构形式分	单箱形式梁结构岸桥
	双箱形式梁结构岸桥
	全桁架结构岸桥
	板梁与桁架梁混合结构岸桥
按主梁让船方式分	俯仰式主梁岸桥
	伸缩式主梁岸桥
	折叠式(鹅颈式)主梁岸桥
按起重小车数量分	单小车岸桥
	双小车岸桥
按起重小车形式分	起重自行小车式岸桥
	全绳索牵引小车式岸桥
	半绳索牵引小车式岸桥
按供电方式分	电缆卷盘供电岸桥
	滑触线供电岸桥
	柴油发动机组供电岸桥
按操作方式分	人工操作岸桥
	自动操作岸桥

(二)岸边集装箱起重机的基本构造

岸边集装箱起重机主要由金属结构、工作机构、驱动装置和控制系统、集装箱吊具等组成。岸边集装箱起重机如图 4-35 所示。

金属结构是该起重机械的基本骨架,用来安装和布置起重机的驱动装置和各工作机构,承受自重和各种外载荷,并将这些载荷传递给起重机械的支承基础。金属结构主要包括门架、拉杆、桥架（由前大梁和后大梁组成）、机房、司机室等。

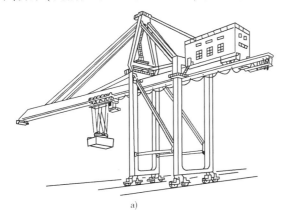

图 4-35　岸边集装箱起重机示意图
（扫码观看数字资源）

工作机构是该起重机械的执行机构，通过各机构的动作，完成集装箱的升降和水平移动，实现集装箱的装卸作业。岸边集装箱起重机的工作机构包括起升机构、小车行走机构、大车行走机构、俯仰机构。起升机构用来垂直升降集装箱和吊具机构。小车行走机构使集装箱吊具沿臂架做水平往复运动。大车行走机构用以实现起重机整机沿着码头前沿轨道做水平运动，调整起重机的工作位置。俯仰机构用以实现海域一侧前大梁绕铰点做俯仰运动，当船舶停靠或离开码头以及岸桥移动舱位时，将运行小车移至岸桥跨度以内，通过俯仰机构使前大梁仰起，避让船舶；作业时，通过俯仰机构放下前大梁。

驱动装置是用来驱动工作机构动作的动力设备，岸桥采用的是电力驱动。控制系统控制各工作机构进行相应动作，以实现各机构的起动、调速、变向、制动、停止、安全报警等动作，还可为起重机械提供照明。

岸边集装箱起重机作业时，由于集装箱专用船舶的船舱内设有箱格，舱内的集装箱作业对位非常方便，无须人工协助。因此，在作业中没有像件杂货那样的舱内作业工序。

根据世界集装箱码头营运经验，一般情况下，一个集装箱泊位平均配置 1~3 台岸边集装箱起重机。

集装箱自动化码头一般采用双小车岸边集装箱起重机（简称双小车岸桥）。双小车岸桥结构如图 4-36 所示,该机在常规岸桥的基础上增加了中转平台和后小车。它的基本原理是将装卸作业机构分解成几个环节,实行并行作业,缩短每个作业周期。

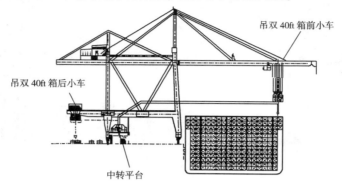

图 4-36　双 40 英尺箱双小车岸桥

双小车岸桥主要具有如下特点：

(1)起重机配置有两台自行式起重小车。两台起重小车一高一矮。前起重主小车(简称前小车)可沿铺设在大梁上的轨道运行,前小车起升高度在 40m 以上,便于装卸大船。后起重小车(简称后小车)的运行轨道铺设在门框连系梁上,后小车起升高度低于 15m,主要用于自中转平台取箱,再装(或卸)于高度只有 1m 多的集装箱卡车上[或自动导向车(automated guided vehicle,AGV)系统]。两台起重小车在各自独立的轨道上作业,互不干涉,均可各自进行操作。

(2)在靠陆侧门腿一侧的下横梁上设置有转接平台(或称中转平台)。该平台主要用于安放来自前小车或后小车起吊运送过来的集装箱。前小车和后小车吊运的集装箱在转接平台进行接力式转运。卸船时前小车将船上的集装箱吊运至转接平台的箱位上,后小车将前小车运到转接平台上的集装箱转运到地面运输车上;装船则过程相反。由于两台起重小车接力完成集装箱装卸作业,既解决了对起升高度达 40m 以上大船的作业,也解决了对承载高度只有 1.3m 地方运输车的作业。没有常规单小车岸桥在地面集卡对位不易和需要集装箱旋锁的问题,因而大大提高了装卸效率。

(3)双小车岸桥在码头上的成功应用,提高了现有码头的装卸效率,同时也极大地降低了劳动强度。

在常规码头上的使用方面,双小车岸桥具有常规岸桥难以比拟的优势：

(1)双小车岸桥解决了常规岸桥在船舶大型化方面的一系列难题,如岸桥起升高度越来越高,因小车太快,悬挂高度太高,装卸集卡时对位困难,严重影响码头的水平运输效率。而双小车岸桥因两部小车各司其职,常规岸桥难以解决的这个问题可以很好地得到解决。

(2)同等条件下,双小车岸桥的作业生产率是常规岸桥作业生产率的 1.5 倍以上。

(3)一个集装箱装卸泊位上用 3 台双小车岸桥可以代替 4～5 台同等要求的常规岸桥的作业,使得码头前沿有足够大的移动空间。

双小车岸桥的前小车配置的吊具,可以是单吊具,也可以是双吊具(吊双 40ft 集装箱),后小车配置一个标准吊具。

双小车岸桥和双 40ft 集装箱岸桥已在各港口使用。另外,双 40ft 集装箱双小车岸桥也逐步获得世界港口专家的认同,效率大为提高,理论上可达 55~60 个循环,折合 80~100TEU/h,已在各大枢纽港获得推广、应用。

(三)岸边集装箱起重机的主要技术参数

岸边集装箱起重机装卸效率,主要取决于岸边集装箱起重机的技术参数。岸边集装箱起重机主要技术参数有起重量、尺寸参数、工作速度前大梁俯仰时间、轮压等。

1. 起重量

起重量是岸边集装箱起重机装卸集装箱能力的标志,它是由集装箱额定起重量和集装箱吊具重量来确定的。即

$$Q = Q_\circ + W$$

式中:Q——岸边集装箱起重机的起重量(t);

$Q_\circ$——额定起重量(t);

W——吊具自重(t)。

额定起重量是指集装箱吊具所能吊起的最大总质量。ISO 标准规定,40ft 集装箱的最大总质量为 30.5t,20ft 集装箱的最大总质量为 24t。集装箱吊具额定起重量应按照 ISO 标准中 40ft 集装箱的最大总质量 30.5t 来考虑,再考虑集装箱吊具自重 7~10t,故目前岸边集装箱起重机的起重量多数采用 40.5t。对于有舱盖板的船型,还要考虑舱盖板的最大质量。

确定岸边集装箱起重机起重量要考虑下列作业条件:

(1)考虑吊船舶舱盖板的最大重量。

(2)考虑装卸非标准集装箱的需要。

(3)兼顾装卸其他非集装箱重大件货物的需要。

2. 尺寸参数

岸边集装箱起重机的尺寸参数,与所装卸的集装箱船型、箱型、码头作业条件以及堆场作业方式有关。其主要包括起升高度、外伸距、内伸距轨距(跨距)、横梁净空高度、基距等。

1)起升高度

岸边集装箱起重机的起升高度包括轨道顶面以上高度和轨道顶面以下高度。轨道顶面以上高度简称轨上高度,轨道顶面以下高度简称轨下高度。起升取决于船舶的型深、吃水、潮汐、甲板集装箱层数、码头标高等因素。

岸边集装箱起重机的起升高度应根据集装箱船舶甲板上装卸集装箱的要求确定,集装箱船舶轻载高水位时能装卸甲板上三层集装箱,并堆高至四层,在重载低水位时能吊运舱底最下一层集装箱。

轨上高度是指岸边集装箱起重机吊具上升到最高点时,吊具抓取集装箱面与轨道面之间的垂直距离,一般轨上高度约为 25m。

轨下高度是指岸边集装箱起重机运行轨道以下到吊具所能吊到舱底最下一层集装箱箱面之间的垂直距离,一般轨下高度约为 12m。

世界各国设计制造的岸边集装箱起重机总起升高度一般为 37m(轨上 25m,轨下 12m),

但也有的采用 43m(轨上 28m,轨下 15m)、58m(轨上 38m,轨下 20m)等,随着岸边集装箱起重机的大型化,起升高度更大。

2)外伸距

外伸距是指岸边集装箱起重机的水域侧轨道中心线至水域侧集装箱吊具铅垂中心线之间的最大水平距离。

外伸距主要取决于到港集装箱船舶最大船宽。另外,还要考虑船舶甲板上堆放的数层集装箱,当船舶在装卸作业过程中船体向外倾斜 3°左右时,吊具应仍能起吊外侧最高层的集装箱。故岸边集装箱起重机的外伸距一般为 35~50m,也有外伸距更大的。

3)内伸距

内伸距是指岸边集装箱起重机的内侧轨道中心线至陆域侧集装箱吊具铅垂中心线之间的最大水平距离。

为了保证装卸船舶的效率,在码头前沿水平搬运机械来不及搬运的情况下,内伸距就可起到临时堆放集装箱的缓冲作用。此外,考虑岸边集装箱起重机要把舱盖板吊放到内伸距范围以内的要求,内伸距一般取 7~16m。

4)轨距(跨距)

岸边集装箱起重机的轨距是指岸边集装箱起重机两条行走轨道中心线之间的距离。

岸边集装箱起重机轨距影响岸边集装箱起重机的稳定性以及集装箱码头前沿的疏运作业方式。从稳定性和更有效地疏运码头前沿的集装箱这两个方面来考虑,轨距内最好能容纳三条运输线。对几种集装箱搬运机械进行比较,当使用跨运车时,轨距应为 16m 左右。岸边集装箱起重机的轨距不应小于 16m。

我国目前岸边集装箱起重机所采用的轨距标准与我国起重机轨距标准一致,标准型岸边集装箱起重机均采用 16m 轨距。随着起重机的大型化,在保证起重机总体稳定性和降低轮压的前提下,岸边集装箱起重机采用宽门架可以加快装卸效率。岸边集装箱起重机轨距的增大,可增加码头前沿门架下的作业线数,加快集装箱的疏运。因此,目前岸边集装箱起重机的轨距,中国、日本主要有 16m、26.05m、30m 三种。中国的一些合资码头也有 20m、22m、24.384m(80ft)3 种。

5)横梁净空高度

横梁净空高度是指岸边集装箱起重机的横梁最低点到轨道面之间的距离。岸边集装箱起重机门架横梁净空高度取决于门架下通过的流动搬运机械的高度,该距离也必须由码头所配备的机械来确定,其原则是码头前沿搬运机械在作业时能顺利地在装卸桥路距内通过。对于能堆码三层、通过两层集装箱的跨运车,门架横梁净空高度至少应达 10m;当岸边搬运机械采用集装箱牵引车挂车和集装箱叉车时,所配备的岸边集装箱起重机的横梁净空高度应在 13m 以上。

6)基距

基距是指岸边集装箱起重机同侧轨道上两主支承中心线之间的距离。

基距除影响岸边集装箱起重机的稳定性外,还应保证集装箱、最大舱盖在框架下安全通过。基距至少应满足 40ft(12.19m)集装箱的通过,并满足最大舱盖的通行。另外,框架两边需各留 0.8~0.9m 的安全间隙,故基距有效宽度至少取 16m。对非标准集装箱,如 45ft、48ft、

53ft(53ft 集装箱长度为 16.154m)等箱型,岸边集装箱起重机的基距相应增大,目前世界上最大岸边集装箱起重机的基距有效宽度能适应更大的集装箱箱型,通常基距与轨距相等。

3. 工作速度

岸边集装箱起重机的工作速度也是最重要的技术参数之一,岸边集装箱起重机工作速度的选择应遵循下列原则:

(1)应满足整个集装箱码头的工艺速率要求。系统中搬运机械的能力应根据与岸边集装箱起重机的能力相适应的原则选定。

(2)合理地分配各种机构的工作速度。根据生产率、装卸工作周期的要求,对各个机构的工作速度进行合理分配。

(3)工作速度的提高应和相应的技术措施相结合。岸边集装箱起重机小车行走速度的提高,会加剧吊具的摆动,引起对箱困难,增加对箱时间。因此,只有在采取减摇装置等技术措施的条件下,提高工作速度才会取得良好的效果。

(4)与工作速度有关的动力设备的选型应考虑维修简便的因素,所选用的机电设备及其配件应尽可能与港口其他起重搬运机械通用,以便于维修。

岸边集装箱起重机的工作速度通常有以下几种:

(1)起升速度。通常设计为两种速度,即起吊额定负荷时的满载起升速度和不起吊负荷时的空载起升速度。

(2)小车行走速度。岸边集装箱起重机小车的行程一般大于 55m,但在装卸作业时,小车的行走距离平均在 40m 左右,小车行走的时间占整个工作循环时间的 25%。因此,提高小车行走速度对缩短工作周期、提高岸边集装箱起重机的效率有很大作用。

普通岸边集装箱起重机的小车行走速度为 120m/min。当岸边集装箱起重机的小车行走速度大于 130m/min 时,该岸边集装箱起重机称为高速型岸边集装箱起重机。

普通岸边集装箱起重机的满载起升速度为 $25 \sim 35$m/min,空载起升速度为 $50 \sim 70$m/min,小车行走速度为 $120 \sim 125$m/min,相应的生产率为 20 箱/h 左右。高速型岸边集装箱起重机的满载起升速度为 $50 \sim 55$m/min,空载起升速度为 $120 \sim 130$m/min,小车行走速度为 $130 \sim 150$m/min,相应的生产率为 $30 \sim 35$ 箱/h。

随着集装箱装卸机械的高速发展,岸边集装箱起重机小车行走速度将进一步提高,可达到 $180 \sim 200$m/min。

(3)大车行走速度。岸边集装箱起重机的大车行走速度主要考虑岸边集装箱起重机调整工作位置的需要。在进行集装箱装卸作业时,当完成了一个舱位装卸后,岸边集装箱起重机要移(大车行走)至船舶的另一个舱位进行作业。大车的行走速度一般为 $25 \sim 45$m/min。这一速度是按人的行走速度确定的,以便在检修时,检修人员可跟随岸边集装箱起重机进行检查。

4. 前大梁俯仰时间

前大梁的俯仰属非工作性操作。船舶靠码头前,前大梁仰起。进行装卸作业时,前大梁俯下。装卸完毕船舶离开码头前,再把前大梁仰起。前大梁仰起是为了使船舶能安全靠离码头,防止船舶与岸边集装箱起重机桥架碰撞。一般前大梁俯仰的一个工作循环时间为 $8 \sim 10$min。

5. 轮压

轮压是起重机或起重机小车一个车轮传递到地面或轨道上的最大垂直载荷。用 P 表示，单位为千牛（kN）。一般岸边集装箱起重机的自重为 500~650t，若每条支腿有 6 个行走轮，则最大轮压可达 270kN 左右。轮压越大，码头的建筑基础越需要牢固，建设费用也越高。因此，最大轮压力值是设计计算支承基础与运行机构的重要依据。最大轮压力值必须控制在允许范围之内。我国港口钢筋混凝土码头允许的最大轮压通常为 250~400kN（25~40t）。

近年来，随着集装箱运输业的发展，集装箱船大型化趋势越来越明显，目前装箱量最大达 23000TEU 的船舶已投入运营，为适应大型集装箱船对生产率的作业要求，岸边集装箱起重机的大型化、高效化和自动化是必然的发展趋势。

(四) 岸边集装箱起重机装船与卸船的作业过程

岸边集装箱起重机是沿着与码头岸线平行的轨道行走，完成集装箱船舶的装船与卸船作业的。通常岸边集装箱起重机装卸船作业的一个工作循环耗时 120s 左右。

1. 装船作业步骤

(1) 船靠码头前，将岸边集装箱起重机运行至码头岸线的大致作业位置。
(2) 船靠码头后，将岸边集装箱起重机移至具体的作业位置。
(3) 按照装卸顺序，将小车移至待装箱的正上方（箱在水平运输机械上或地面上），放下吊具。
(4) 待吊具上的扭锁装置将集装箱锁定后，吊起集装箱。
(5) 小车沿悬臂向水域侧方向移动，将集装箱吊至船上的指定位置。
(6) 松开扭锁装置，吊具与集装箱分离。
(7) 吊具起升，小车向陆域侧方向移动，进入下一个操作步骤。

2. 卸船作业步骤

(1) 船靠码头前，将岸边集装箱起重机运行至码头岸线的大致作业位置。
(2) 船靠码头后，将岸边集装箱起重机移至具体的作业位置。
(3) 按照装卸顺序，将小车移至船舶待卸箱的正上方，放下吊具。
(4) 待吊具上的扭锁装置将集装箱锁定后，吊起船上的集装箱。
(5) 小车沿臂架向陆域侧方向移动，将集装箱吊至码头前沿等待着的水平运输机械上或地面上。
(6) 松开扭锁装置，吊具与集装箱分离。
(7) 吊具起升，小车向水域侧方向移动，进入下一个操作步骤。

二、集装箱堆场作业机械

1. 集装箱堆场作业机械的类型

集装箱堆场作业机械是用于集装箱堆场的车辆装卸，集装箱的堆码、拆垛和转运的专用机械。主要有集装箱跨运车、轮胎式集装箱龙门起重机、轨道式集装箱龙门起重机、集装箱正面吊运机、集装箱叉车和集装箱空箱堆高机等。

1) 集装箱跨运车

集装箱跨运车(straddle carrier)是在集装箱码头前沿和堆场之间进行搬运、堆码集装箱的专用机械。

集装箱跨运车如图4-37所示。它的金属结构是一个门形跨架,支承在橡胶充气轮胎上,跨架上安装动力装置,布置工作机构、司机室等,跨架内部装集装箱的吊具。吊具采用旋锁机构与集装箱接合或脱开;吊具能够升降,以适应装卸和堆码集装箱的需要。吊具也能侧移、倾斜和微动,以满足对位的需要。跨运车的主要工作机构有起升机构、运行机构、转向机构。驱动装置一般有柴油机驱动或柴油机-电力驱动两种。

图4-37 集装箱跨运车
(扫码观看数字资源)

集装箱跨运车有专用型和通用型两种。专用型是指20ft型的跨运车只能装卸20ft集装箱,40ft型的跨运车只能装卸40ft集装箱;通用型是指既能装载20ft集装箱也能装卸40ft集装箱。

在集装箱码头上,集装箱跨运车可以完成以下作业:

(1)岸边集装箱起重机与前方堆场之间的装卸和搬运。

(2)前方堆场与后方堆场之间的装卸和搬运。

(3)后方堆场与货运站之间的装卸和搬运。

(4)对底盘车进行换装。

集装箱跨运车用于岸边集装箱起重机与前方堆场之间的装卸和搬运的作业过程如下:装船时,用跨运车拆垛,并将集装箱运至码头前沿,再由码头前沿的岸边集装箱起重机装船;卸船时,用码头上岸边集装箱起重机将船上集装箱卸至码头前沿的场地上,然后由跨运车运至堆场进行堆垛或给拖挂车装车。

采用集装箱跨运车作业方式,集装箱在堆场的平面布置如图4-38所示。

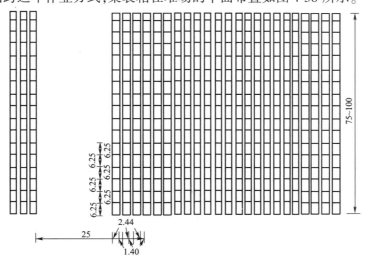

图4-38 跨运车作业集装箱在堆场的平面布置(尺寸单位:m)

集装箱跨运车作业方式的优点如下：

(1) 跨运车自码头前沿载运集装箱后直接运到堆场进行堆垛，中间不需要其他机械的协助；由于不需要换装，可节省换装所占用的场地。

(2) 由于集装箱从船上卸下来时采用"落地"方式接运，提高了岸边集装箱起重机的工作效率。

(3) 集装箱在场地上可重叠堆放，堆放层数因机种而异，最高可堆放3层。但从实际作业情况来看，一般出口集装箱堆2层，而进口集装箱因箱内货物不明通常只能堆1层，但与底盘车方式相比，还是节省了一定的场地。

(4) 跨运车是一种多用途机械，它以24km/h以上的速度高速地在场地上进行各种作业，由于码头上机种单一，故向薄弱环节调配机械的灵活性较大。

(5) 当码头每天作业量不平衡时，可根据作业量的大小来调节跨运车的数量。

集装箱跨运车作业方式的缺点如下：

(1) 跨运车本身的价格较高，采用跨运车进行换装和搬运时可能会提高装卸成本。

(2) 跨运车采用液压驱动，故障率较高，修理费用高，维修保养比较困难，对维护人员技术水平要求高，车辆的完好率低，这是跨运车作业方式中最突出的问题。

(3) 整机车体窄，质心位置高，行走稳定性较差，对路面和司机操作技术水平要求高，司机对位不准易造成集装箱损坏。

(4) 轮压较大，堆场运行通道和码头前沿场地要求有较高的承载能力，另外跨运车占用通道面积较大。因此，码头初始投资较高。

(5) 在进行"门到门"的内陆运输时，需要用跨运车再一次把集装箱装上底盘车，比底盘车方式增加了一次操作。

(6) 不能用于铁路车辆联运作业等。

跨运车作业方式在法国、德国等欧洲港口应用比较广泛，在中国集装箱港口应用较少。

2) 轮胎式集装箱龙门起重机

轮胎式集装箱龙门起重机 (rubber tyred container gantry crane, RTG)，也称场桥，是集装箱堆场进行装卸、搬运和堆码作业的专用机械。它是由前后两片门框和底梁组成的门架，支承在橡胶充气轮胎上，以便在货场上行走，并可转向换场作业。装有集装箱吊具的行走小车沿着门框横梁上的轨道行走，用以装卸底盘车和进行集装箱堆场的堆码作业，如图4-39所示。

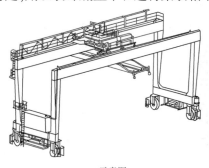
a) 示意图

b) 实物图

图4-39 轮胎式集装箱龙门起重机

(扫码观看数字资源)

轮胎式集装箱龙门起重机的工作机构主要有起升机构、小车运行机构和大车运行机构,并设有吊具减摇装置和吊具回转装置。吊具回转装置使吊具能在水平面内小范围回转(通常为±5°),以便吊具对准集装箱锁孔。轮胎式集装箱龙门起重机采用了行走限位警报装置或无线电感应装置,以在货场上保持直线行走,并可做90°直角转向,从一个堆场转移到另一个堆场,一般不载重箱行走。

轮胎式集装箱龙门起重机的驱动形式有柴油机-直流电动机驱动,随着变频调速技术的发展,柴油机-交流电机在轮胎式集装箱龙门起重机上得到了广泛应用。随着环保要求的不断提高,各港口已经积极尝试轮胎式集装箱龙门起重机"油改电"计划,将柴油机驱动改为电力驱动,这样既节能也环保。轮胎式集装箱龙门起重机的"油改电"技术主要有四种方案:电缆卷盘供电、底架滑触线供电、中架滑触线供电、高架滑触线供电。随着集装箱自动化码头的出现,轮胎式集装箱龙门起重机发展成自动轮胎式集装箱龙门起重机(automatic rubber tyred container gantry crane,ARTG),可实现集装箱堆场装卸、堆码、拆垛、转运的自动操作。

轮胎式集装箱龙门起重机主要技术参数有额定起重量、跨距、起升高度、工作速度、基距、轨压等。

轮胎式集装箱龙门起重机的起重量也是根据集装箱的最大总重量和吊具的重量来确定的,一般为40.5t。

轮胎式集装箱龙门起重机的跨距是指两侧行走车轮中心线之间的距离。其大小取决于龙门吊跨越的集装箱列数和挂车的通道宽度,常用的轮胎式集装箱龙门起重机可跨越6列集装箱和1条车道,其跨度可达23.5m,如图4-40所示。

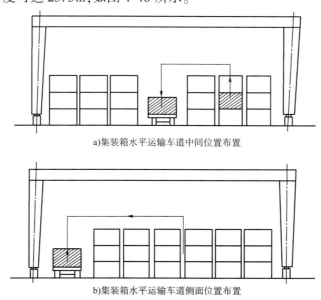

a)集装箱水平运输车道中间位置布置

b)集装箱水平运输车道侧面位置布置

图4-40 轮胎式集装箱龙门起重机

轮胎式集装箱龙门起重机的起升高度取决于起重机门架下所堆放的集装箱的层数和高度。现代集装箱码头堆场采用的轮胎式集装箱龙门起重机一般可堆放4~5层集装箱。根据目前的机型情况,许多国家生产的轮胎式集装箱龙门起重机的起升高度大都能满足堆放5~6层集装箱的要求。

轮胎式集装箱龙门起重机的工作速度是根据其装卸效率来确定的,其中起升速度和小车行走速度是两个主要的工作速度。提高这两个工作速度,对缩短装卸工作循环时间有着重要意义。一般要求轮胎式集装箱龙门起重机的装卸效率应与码头前沿岸边集装箱起重机的效率相适应,以保证码头前沿不停顿地进行装卸作业。

各厂家将轮胎式集装箱龙门起重机分别设计为普通型和高速型。普通型的工作速度:满载起升速度为9m/min,空载起升速度为18m/min,小车满载行走速度为35m/min,大车空载行走速度为90m/min。高速型的工作速度:满载起升速度为23m/min,空载起升速度为52m/min,小车满载行走速度为70m/min,大车空载行走速度为135m/min。

轮胎式集装箱龙门起重机的基距是指两片门框主柱中心线之间的距离。基距与整机的稳定性、跨距间的合理比例、动力装置的布置形式、起升机构的通过性等都有关,考虑上述因素,基距一般为6.4m。

轮胎式集装箱龙门起重机作业方式的优点:

(1)装卸效率高,可进行大面积连续堆码作业。

(2)跨距大,堆层高,堆场空间利用率高,由于采用转向装置(可90°直角转向、定轴转向、自由转向),便于从一个堆场转移到另一个堆场,尤其是采用90°原地转向后,占用堆场的通道面积很小,堆场的有效利用率得到提高。

(3)机械利用率高,机械维修量少,维修费用低,可降低维修成本。

(4)轮胎式集装箱龙门起重机易自动控制,可实现堆场装卸作业自动化。

轮胎式集装箱龙门起重机作业方式的缺点:

(1)由于搬运需要与集装箱拖挂车联合作业,因此,使用的机械数量多,初次投资较大;由于轮胎式集装箱龙门起重机的轮压较大,对码头的承载能力需求高,特别是行走车道需要进行加固,故码头的土建投资较大。

(2)轮胎式集装箱龙门起重机堆高层数增多,意味着堆场堆存量增加。目前的堆存方式主要为6列4层,在每一排箱位上,最多可堆6×4=24(个)集装箱。由于堆高增加,如果堆场翻箱作业量大,就会严重影响堆场的装卸效率。

因此,在翻箱作业量较大的集装箱码头,应合理地对集装箱进行堆存,尽量降低翻箱率,提高装卸效率。

因为轮胎式集装箱龙门起重机装卸工艺方案的存储能力较大,从提高土地利用率的角度看,它是一种理想的工艺方案。对交接速度要求不高,目前吞吐量尚不大,且有稳步发展的港口,它是一种较理想的选择。随着吞吐量的增加,该方案尤其适用于两个以上连续泊位的集装箱码头。

为了加快装卸速度,国外近几年出现了一种跨运车配合轮胎式集装箱龙门起重机作业的混合作业工艺方案,该工艺方案以轮胎式集装箱龙门起重机为主,跨运车为辅,共同承担堆场装卸作业,这样可以发挥两种集装箱装卸机械各自的特长。

传统轮胎式集装箱龙门起重机采用内燃机驱动,虽然机动性能好、工作范围广,但工作时噪声大、排放污染严重、油耗高、经济性差。目前,码头已经将柴油机驱动改为电力驱动,即所谓的"油改电",既减少了污染,也节约了成本。

3)轨道式集装箱龙门起重机

轨道式集装箱龙门起重机(Rail Mounted Cantry Crane,RMG)是集装箱码头堆场进行装卸、搬运和堆码集装箱的一种专用机械。根据场地、集装箱储运工艺流程及装卸车辆的不同，轨道式集装箱龙门起重机可采用无悬臂、单悬臂或双悬臂等形式。根据操作方式不同分为人工操作和自动操作，一般传统集装箱码头轨道式集装箱龙门起重机采用人工操作方式，集装箱自动化码头采用自动操作方式。

轨道式集装箱龙门起重机主要由金属结构、运行小车、起升机构、大车运行机构、小车平面回转装置、电气控制系统等组成。

图 4-41 所示的轨道式集装箱龙门起重机由两片双悬臂的门架组成，两侧门腿用下横梁连接，两侧悬臂用上横梁连接，门架通过大车运行机构在地面铺设的轨道上行走。

a)示意图

b)实物图

图 4-41 轨道式集装箱龙门起重机

轨道式集装箱龙门起重机作为堆场作业机械，其工艺流程包括两种类型：一种是卸船时用岸边集装箱起重机将集装箱从船上卸到码头前沿的集装箱拖挂车上，然后拖到堆场，采用轨道式集装箱龙门起重机进行堆码；装船时相反，在堆场上用轨道式集装箱龙门起重机将集装箱装到集装箱拖挂车上，然后拖到码头前沿，用岸边集装箱起重机把集装箱装船。另一种则是在船与堆场之间不使用水平搬运机械，而是由岸边集装箱起重机与轨道式集装箱龙门起重机直接转运。轨道式集装箱龙门起重机将悬臂伸至岸边集装箱起重机的内伸距的下方，接力式地将集装箱转送至堆场或进行铁路装卸。轨道式集装箱龙门起重机堆场装卸工艺如图 4-42 所示。

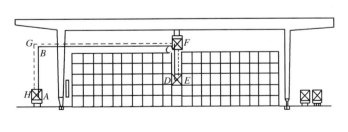
a)示意图

b)轨道式集装箱龙门起重机

图 4-42 轨道式集装箱龙门起重机堆场装卸工艺

轨道式集装箱龙门起重机的主要技术参数有起重量、跨度、悬臂伸距、起升高度、基距和工作速度等。轨道式集装箱龙门起重机的额定起重量一般为 40.5t，跨度为 30~60m，悬臂伸距为 8~10m，通常门架下可跨越 10~20 列集装箱，悬臂下一般可跨越 3~4 列集装箱，并采用回转式小车机构，可使吊具在 180°~210°范围内回转，以适应不同方向堆放集装箱的需要。起升高度可达 16m，一般可堆放 5~6 层集装箱。为了便于公路、铁路联运，基距一般大于 14m。其工作速度的选择应与岸边集装箱起重机的装卸效率相适应，通常要求轨道式集装箱龙门起重机的效率等于或略高于岸边集装箱起重机的效率。

轨道式集装箱龙门起重机作业方式的优点：

(1) 跨度大、堆码层数多，堆场的堆存能力大，堆场面积利用率高。

(2) 轨道式集装箱龙门起重机结构较为简单，操作容易，维修方便，有利于实现自动化控制。

轨道式集装箱龙门起重机的缺点：

(1) 轨道式集装箱龙门起重机只能沿轨道运行，不便在堆场之间转移，因而其机动性较轮胎式集装箱龙门起重机差，作业范围受到限制，轨道式集装箱龙门起重机之间无法相互协调作业。

(2) 由于轨道式集装箱龙门起重机只能沿轨道运行，堆场必须设轨道、电缆、变电站等设施，初期投资较大。

(3) 随着堆放层数的增加，相应的翻箱率也会提高，提取堆垛里层的集装箱比较麻烦，作业循环时间延长。

轨道式集装箱龙门起重机主要用于陆域堆场面积有限、集装箱吞吐量较大（年吞吐量大于 100000TEU）的水陆联运集装箱码头或大型铁路中转站。

4) 集装箱正面吊运机

集装箱正面吊运机 (front-handling mobile crane 或 reach stacker) 是一种用以完成集装箱装卸、堆码和水平运输作业的集装箱装卸搬运机械，如图 4-43 所示。

a) 示意图

b) 实物图

图 4-43 集装箱正面吊运机

集装箱正面吊运机主要由运行机构、臂架伸缩机构、臂架俯仰机构和可以回转、伸缩、横移的吊具等组成。运行机构包括发动机、液力变矩器、液力动力换挡变速箱及传动轴等。前桥为驱动桥，后桥为转向桥。集装箱正面吊运机除行走部分外，臂架伸缩、俯仰、转向及吊具的各项动作均采用液压传动。

集装箱正面吊运机的装卸作业特点主要有：

（1）有可伸缩和左右回转的吊具，因此特别适合在集装箱货场作业。由于吊具可伸缩，能用于20～45ft集装箱装卸作业。由于吊具可左右回转120°，在吊装集装箱时，可转动吊具，以便通过比较狭窄的通道。同时，吊具可以左右各移动800mm，便于在吊装时对箱，从而提高生产效率。

（2）有能带载荷伸缩和俯仰的臂架，臂架的伸缩和俯仰同时进行，所以可获得较大的升降速度，并且整机可同时行走，从而具有较高的效率。

（3）能堆码多层集装箱及跨箱作业。集装箱正面吊运机一般可吊装4个箱高，有的可达7～9个箱高，而且可跨箱作业，这样就可以提高堆场的利用率，如图4-44所示。

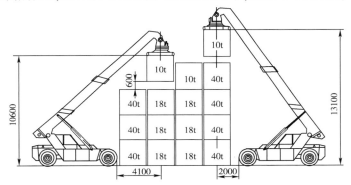

图4-44　集装箱正面吊运机作业（尺寸单位：mm）

（4）集装箱正面吊运机具有多种保护装置，能保证安全作业。

（5）在吊具上安装吊爪后，可以连集装箱半挂车一起装卸，实现铁路、公路联运。将集装箱吊具换装为吊钩后可吊装其他重大件货物。

采用集装箱正面吊运机工艺方案，其工艺流程有以下几种：

（1）码头前沿至堆场堆箱作业。

用集装箱正面吊运机从码头前沿吊起重箱，运至堆场堆箱，空载返回码头前沿进行第二次循环作业。

（2）堆场至半挂车的装箱作业。

用集装箱正面吊运机从堆场吊起重箱，运至半挂车上放下，由半挂车运走，然后空载返回堆场准备第二次循环作业。

（3）操作循环作业。

集装箱正面吊运机从码头前沿吊运重箱至堆场堆箱，然后在堆场吊运空箱回码头前沿放下，再吊运重箱进行第二次循环。

选用集装箱正面吊运机时，应考虑的主要技术参数有起重量、起升高度、工作幅度、工作速度等。集装箱正面吊运机的起重量由额定起重量和吊具的质量来确定。额定起重量一般按所吊运的集装箱最大总质量确定，对于标准40ft（45ft）集装箱，最大质量取30.5t。目前，各厂家生产的起吊40ft（45ft）集装箱的正面吊运机，其吊具质量都约为10t。起升高度即堆码高度，一般为4层箱高，取13m左右。集装箱正面吊运机的工作速度包括行走速度（满载小于10km/h，空载小于25km/h）、起升速度（满载小于24m/min，空载小于12m/min）和吊具工作速度(伸缩小于 12m/min,平移小于 6m/min,旋转小于 1.5m/min),其相应的生产率应满足工艺方案的要求。

集装箱正面吊运机具有机动性强、稳定性好、轮压低、堆码层数高、堆场利用率高等优点。集装箱正面吊运机的运行距离一般在 40~50m 以内较为合理。如距离太远,则应在前沿机械与堆场间用拖挂车进行水平运输。集装箱正面吊运机在满载时只允许低速行驶,因集装箱正面吊运机自重较大,在吊运质量为 40t 时,整机总重达 100t,如行驶速度过快,则对制动、爬坡、整机稳定性以及发动机功率都有较大影响。

目前,集装箱正面吊运机主要还是作为集装箱堆场的辅助作业机械,但是确实是一种很有前景的集装箱装卸的专用设备。集装箱正面吊运机工艺方案一般用于吞吐量不大的综合性码头。

5)集装箱叉车

集装箱叉车是一种从普通叉车发展而来的适用于集装箱装卸作业特殊需要的专用叉车,主要用于集装箱的装卸、堆码及短距离搬运等作业,是集装箱码头和货场常用的装卸设备之一。

(1)集装箱叉车的分类。

集装箱叉车按照构造形式分为正面集装箱叉车和侧面集装箱叉车,其中正面集装箱叉车是集装箱码头和货场常用的一种装卸机械,习惯上把正面集装箱叉车简称为集装箱叉车。

正面集装箱叉车搬运集装箱的方式有叉运式和吊运式。叉运式,即采用货叉插入集装箱底部叉槽内举升搬运集装箱,如图 4-45 所示,一般这种方式主要是搬运 20ft 集装箱或空箱。吊运式是在门架上装设一个吊顶架,吊顶架下有集装箱专用吊具,吊具借助旋锁与集装箱连接或脱离,从顶部装卸集装箱,如图 4-46 所示。正面集装箱叉车是目前常用的形式。

图 4-45　叉运式正面集装箱叉车　　　　图 4-46　吊运式正面集装箱叉车

侧面集装箱叉车(图 4-47)和普通侧面叉车类似,在装卸集装箱时,将门架和货叉向侧面移出,叉取集装箱后收回,将集装箱放置在货台上进行搬运;也可装设顶部起吊属具,进行起吊。与正面集装箱叉车比较,侧面集装箱叉车载箱行走时的横向尺寸要小得多,所要求的通道宽度也较窄(约 4m);堆场利用率可相应提高。载箱行走时的载荷中心在前后车轮之间,行走稳定性较好,轮压分配均匀。但是,侧面集装箱叉车的结构和操纵较为复杂,司机视线较差,装卸效率较低。侧面集装箱叉车运用较少。

根据装卸集装箱的要求,集装箱叉车又可分为:装卸空载集装箱用的集装箱空箱叉车;装卸重载集装箱用的集装箱重箱叉车。

图 4-47　侧面集装箱叉车

（2）应用集装箱叉车装卸集装箱的主要特点。

优点：集装箱叉车操作灵活，适应性较强，机动性大，设备投资小，使用范围广；其最大的优点在于卸船作业时，岸边集装箱起重机作业无须对位，集装箱直接落地，因而提高了卸船效率。

缺点：集装箱叉车液压件多，机械完好率低，维修费用较高；叉车作业由于需要对位，且运用较多的正面集装箱，叉车司机前方视野较差，因而叉车装卸效率较低，并且集装箱破损率较高；满载时前轴负荷及轮压较大，对码头前沿和堆场通道路面的承载能力要求高；另外，由于占用通道面积较大，在相同堆存量的条件下，码头占地面积较大，为了加快装卸速度，集装箱只能成两列堆放，同一堆场面积条件下，堆场的堆存量较低，堆场利用率也较低。

集装箱叉车一般仅适用于短距离搬运，其合理搬运距离仅为 50m 左右，超过 100m 用集装箱叉车搬运就不经济了，在这种情况下，可配合集装箱拖挂车使用。因此，集装箱叉车主要用作堆垛空集装箱等辅助性作业，也可在集装箱吞吐量不大（年吞吐量低于 30000TEU）的综合性码头和堆场进行装卸与短距离搬运。

6）集装箱空箱堆高机

集装箱空箱堆高机（图 4-48）是集装箱空箱堆垛和转运的专业机械。该机既可用于集装箱空箱的水平运输，又可用于堆场堆码、装卸搬运作业。目前市场上有起升高度最高达到 20m、堆码 9 层、门架高度 13m 的集装箱空箱堆高机。

集装箱空箱堆高机的主要特点是堆码层数高、堆垛和搬运速度快、作业效率高；可以一机多用，机动灵活、性能可靠，造价低，使用、维修方便。

集装箱空箱堆高机广泛用于港口、码头、铁路公路

图 4-48　集装箱空箱堆高机

中转站及堆场内的集装箱空箱的堆垛和转运。

2. 集装箱堆场作业机械的选择

各种堆场机械各有自己的性能和作业特点，如何选择堆场机械是一个需要考虑的问题。根据国内外多年使用的实际经验，在不同技术条件下，堆场机械的选择有一些基本原则可遵循，这些原则归纳如表4-14所示。应该指出，这些原则虽不是绝对的，但可以作为参考。

集装箱堆场机械选择一般原则 表4-14

条件		工艺方式			
		跨运车方式	轮胎式集装箱龙门起重机方式	轨道式集装箱龙门起重机方式	叉车方式
每年集装箱最大装卸量	60000TEU 以内				√
	60000～100000TEU	√			
	100000～130000TEU		√		
	130000TEU 以上			√	
船型特点和靠船频率	每周4～5次,每船装卸量少				
	每周3～4次,每船装卸量少	√	√		
	每周2～3次,每船装卸量少			√	
	有滚装船装卸				√
集装箱进出口数量	进出口箱量平衡	√			
	进口箱量＞出口箱量		√		
	进口箱量＜出口箱量	√			
整箱货和拼箱货的比例	整箱货很多				
	整箱货＞拼箱货	√			
	整箱货＜拼箱货		√	√	
码头的形状	近似正方形	√			√
	沿岸线呈长方形		√	√	
	三角形不规则形	√			√
	突堤式码头		√	√	
内陆集疏运方式	以公路疏运为主	√	√	√	
	以铁路疏运为主		√	√	√
	以内河驳船疏运为主	√			
码头经营方式	某公司专用码头				
	公用码头	√	√	√	√
空箱数量	空箱多		√	√	√
自动化	自动化方便		√	√	

三、集装箱水平运输机械

除了在堆场可使用的一些兼作水平搬运的机械以外,在集装箱码头还有集装箱水平运输机械。

集装箱水平运输机械是用于集装箱货场及公路运输集装箱的专用车辆。集装箱水平运输机械有集装箱牵引车、挂车和自动导向车(AGV)。集装箱牵引车(图4-49)是用来拖带载运集装箱的挂车。图4-50所示是集装箱牵引车拖带载运集装箱的半挂车。集装箱码头上通常将集装箱牵引车拖带集装箱挂车的车辆称为集装箱卡车,简称集卡。自动导向车主要用于自动化集装箱码头。

图4-49 集装箱牵引车

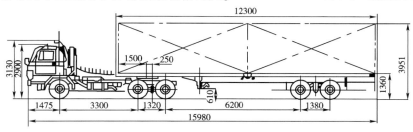

图4-50 集装箱半挂车(尺寸单位:mm)

1. 集装箱牵引车和挂车

1) 集装箱牵引车

集装箱牵引车按驾驶室的形式可分为长头式和平头式。按车轴的数量可分为双轴式和三轴式,双轴式用于牵引装运20ft集装箱的半挂车;三轴式一般用于牵引装运40ft集装箱的半挂车。按用途可分为公路运输用牵引车和货场运输用牵引车,公路运输用牵引车速度快(一般可达100km/h),主要用于高速和长距离运输;货场运输用牵引车行驶速度慢(一般不超过40km/h),用于在港口或集装箱货场进行短距离运输。

2) 集装箱挂车

集装箱挂车根据底盘车架的结构分为底盘车和平板车等。

底盘车的车架仅由底盘骨架构成,车架的前后四角装有集装箱固定锁件装置,车架下部前端有单腿或双腿支架,后端有一个或两个车桥装有轮胎,如图4-51所示。底盘车上可放置集装箱,将底盘车前端支承并连接于集装箱牵引车,收起支架,集装箱牵引车就可以拖带载运集装箱的底盘车,如图4-52所示。低盘车的结构简单、自重轻、维修方便,广泛用于集装箱堆场和公路进行集装箱水平运输。

采用底盘车在集装箱堆场进行集装箱水平运输,其装卸作业过程为:卸船时,岸边集装箱起重机将船上卸下的集装箱直接装在底盘车上,然后由牵引车拉至堆场按顺序存放,存放期间,集装箱与底盘车不脱离;装船的过程相反,用牵引车将堆场上装有集装箱的底盘车拖至码头前沿,再由岸边集装箱起重机将集装箱装到集装箱船上。

采用底盘车作业具有如下优点:

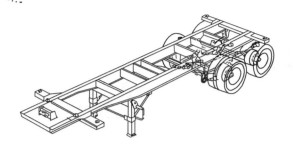 

a)示意图　　　　　　　　　　　　　　　b)实物图

图 4-51　底盘车

图 4-52　集装箱牵引车拖带载运集装箱的底盘车

（1）除铁路换装作业外，码头上所有作业只使用结构简单的底盘车，不需要其他辅助机械，因此装卸过程中发生机械故障而影响装卸作业的可能性很小。

（2）把集装箱存放在底盘车上，不重叠堆装，因而堆场上的作业环节少，搬运方便，取箱容易，疏运能力很高，集装箱破损率很小，机动性较好，适用于运距较长的作业，尤其适合开展"门—门"运输。特别是海运部门承担的是短途运输（如海峡运输等），也是一种集疏运效率较高的码头堆场作业方式。

（3）在装卸船舶时，码头上只需要使用场地牵引车就可以，不需要其他搬运设备，故对场地结构的要求低，对各种地面的适应性较强。

（4）即使集装箱堆场的箱位距离码头前沿很远，也不会影响集装箱船的装卸效率。

（5）集装箱装卸船作业时，码头上协助作业人员较少。

（6）集装箱吊箱次数少，集装箱损坏率低。

（7）便于与货主交接，减少交接时的差错。

采用底盘车作业具有以下缺点：

（1）全部集装箱都放置在底盘车上，集装箱堆存高度只有一层，不能堆装，而且需要留有较宽的车辆通道，因此需要占用较大的堆场面积，堆场面积利用率较低。

（2）每一个集装箱需要一台底盘车，故需要备有大量的底盘车，因此初始投资费用较高。

（3）作业时，一般内陆运输人员直接把车辆拖进堆场内，当场上发生事故时，难以明确事故责任。

（4）如果一个码头有两个以上的船务公司在使用，则各公司所提供的底盘车混杂在一起，难以顺利开展业务。

（5）每个集装箱用岸边集装箱起重机装到底盘车上时，都需要对位，故岸边集装箱起重机的作业效率不高。

底盘车在集装箱堆场的平面布置如图 4-53 所示。

图 4-53 底盘车在集装箱堆场的平面布置（尺寸单位：m）

平板车在底盘上全部铺有钢板，并在四角按集装箱尺寸要求装设集装箱下部固定锁件。平板车自重较大，宜用在兼顾装卸长大件和集装箱的码头。

集装箱挂车根据其拖带方式分为半拖挂车和全挂车。

牵引车拖带集装箱挂车大多采用半拖挂车方式[图 4-54a)]，半拖挂车和载货重量的一部分由牵引车直接支承，另一部分重量由半拖挂车支承。这种拖挂方式不仅使牵引车的牵引力得到有效发挥，而且拖挂车车身较短，便于倒车和转向，安全可靠。当牵引车与挂车脱离时，挂车可由前端底部的支架支承。在货物种类、目的地和数量不定的情况下，可采用全拖挂车方式[图 4-54b)]，即通过牵引杆架使牵引车与挂车连接，牵引车本身亦可作为普通货车单独使用，但操作比半拖挂车要稍难一些。

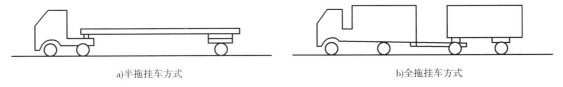

a) 半拖挂车方式　　　　　　　　　　　　b) 全拖挂车方式

图 4-54 牵引车的主要拖挂方式

2. 自动导向车

自动导向车，也称自动导向搬运车、自动引导搬运车。自动导向车是采用自动或人工方式装载货物，按设定的路线自动行驶或牵引着载货台车至指定地点，再用自动或人工方式装卸货物的工业车辆。这种车辆在集装箱码头上装卸运输集装箱，如图 4-55 所示。自动导向车是集装箱自动化码头中，集装箱从码头前沿的岸桥到堆场的水平运输工具之一。

图 4-55 自动导向车

（扫码观看数字资源）

按照动力方式不同,自动导向车可以分为柴油机动力、柴电混合动力、气电混合动力、纯电动动力等几种。

自动导向车的特点如下:

(1)运行路径和目的地可以由管理程序控制,机动能力强。某些导向方式的线路变更十分方便、灵活,设置成本低。

(2)工位识别能力和定位精度高,具有与各种加工设备协调工作的能力。在通信系统的支持和管理系统的调度下,可实现物流的柔性控制。

(3)载物平台可以采用不同的安装结构和装卸方式,物流系统的适应能力强。

(4)可装备多种声光报警系统,能通过车载障碍探测系统使自动导向车在碰撞到障碍物之前自动停车。当其列队行驶或在某一区域交叉运行时,具有避免相互碰撞的自控能力,不存在人为差错。因此,自动导向车比其他物料搬运系统更安全。

(5)自动导向车单机价格高,初期投资大,但运行费用较低。

第五节 集装箱装卸工艺系统

由集装箱装卸运输机械、设施及各项集装箱操作所组成的有机整体称为集装箱装卸工艺系统。

一、集装箱装卸工属具

集装箱装卸工属具主要有两类:集装箱专用吊具,一般用于集装箱专用码头;集装箱简易吊具,一般用于多用途型码头。

二、集装箱起重运输机械

集装箱起重运输机械根据其用途,分为三大类:

(1)集装箱船舶装卸机械。用于在码头前沿进行集装箱船舶装卸的专用机械,主要是岸边集装箱起重机。

(2)集装箱堆场装卸机械。用于堆场上集装箱的堆码、拆垛和转运的专用机械称集装箱堆场装卸机械,其主要机型有跨运车、轮胎式集装箱龙门起重机、轨道式集装箱龙门起重机、集装箱正面吊运机、集装箱叉车等。

(3)集装箱水平运输机械。用于集装箱货场及其公路运输集装箱的专用机械,其主要类型有集装箱牵引车、集装箱挂车和自动导向车等。

三、集装箱装卸工艺系统布置

1.集装箱装卸工艺系统布置的影响因素

在决定采用何种装卸工艺系统时,主要考虑下列因素:

（1）预定年装箱量的大小。
（2）所需土地面积的可能性。
（3）集装箱船的装载量和到港频率。
（4）投资的可能性。
（5）场地上作业效率的高低。
（6）集装箱内陆集疏运的方式。
（7）集装箱损坏率的高低。
（8）装卸机械的维修费用。
（9）码头作业的灵活性。
（10）实现自动化作业的要求。

2. 集装箱码头组成及平面布局

1）集装箱码头组成

集装箱码头由多个泊位组成，集装箱码头的泊位与其他码头有显著差别。

集装箱码头泊位是停靠集装箱船，进行集装箱装卸作业的场所，泊位的建造根据地质和水深的不同，通常有三种形式，即顺岸式、突堤式和栈桥式。集装箱码头通常采用顺岸式，其优点是建造成本相对较低，从岸线到堆场距离较近，装卸船作业也较方便，同时，对多个泊位的码头来说，还可以因装卸量的不同便于岸边集装箱起重机在泊位间移动。

集装箱码头泊位要有宽阔的水域以供集装箱船安全进出港；泊位要有足够的水深，满足挂靠的最大集装箱船的吃水要求，一般为 $-20 \sim -12m$。每一泊位的岸线长度也应视集装箱船的大小而定，一般岸线长度为 300~350m。泊位还设系缆桩和碰垫，由于集装箱船的船型较大、甲板箱较多、横向受风面积大，因此系缆桩要求有更高的强度，碰垫也多采用性能良好的橡胶制成。

2）集装箱码头平面布局

根据作业功能的不同，集装箱码头一般由码头前沿、堆场、门房、集装箱货运站、维修车间、办公楼等组成，如图 4-56 所示。

（1）码头前沿。

码头前沿（berth and apron）是指泊位岸线至集装箱堆场之间那部分区域。这部分区域主要用于布置岸边集装箱起重机和运行轨道，也是集装箱船岸边装卸作业的场所。码头前沿的纵深宽度取决于岸边集装箱起重机的作业范围，一般在 30~60m 之间。

码头前沿通常由四个部分组成：

①岸线至水域一侧轨道部分。这部分主要供船舶系解缆作业、放置舷梯以及设置岸边集装箱起重机供电系统、船舶供水系统以及照明系统之用，其宽度一般为 2~3m。

②运行轨距部分。这部分主要用于安装岸边集装箱起重机，轨距以内布置集装箱牵引车、跨运车等装卸运输机械的车道。轨距视岸边集装箱起重机的大小而定，一般为 15~30m。

③内伸距部分。这部分主要用于在码头前沿水平搬运机械来不及搬运的情况下，内伸距部分可临时堆放集装箱起缓冲作用，另外，也可以放置舱盖板。

④机动通道部分。这部分是前沿作业地带和堆场之间的道路。

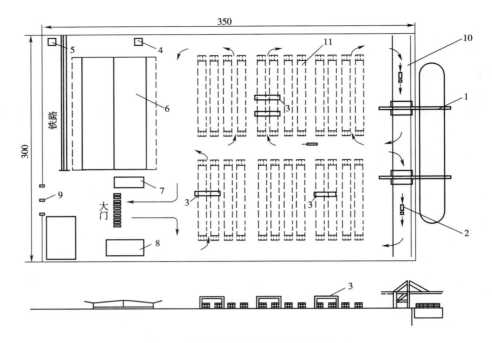

图 4-56 集装箱码头平面布局(尺寸单位:m)

1-岸边集装箱起重机;2-拖挂车(牵引车-底盘车);3-轮胎式集装箱龙门起重机;4-加油站;5-电力站;6-集装箱货运站;7-办公楼;8-维修车间;9-门房;10-码头前沿;11-堆场

（2）堆场。

堆场(yard)是集装箱码头的主要区域,是进行集装箱重箱或空箱装卸、转运、保管、交接作业的场所,也是堆场机械作业的场所。

按进口和出口业务,其可分为进口箱区和出口箱区。按堆场的前后位置,其可分为前方堆场和后方堆场。

①前方堆场(marshaling yard),又称集装箱编组场、调度场、调配场。

前方堆场位于码头前沿和后方堆场之间,主要用于出口集装箱或进口集装箱的临时堆放。船舶到港前,预先堆放要装船出口的集装箱;卸船时,临时堆存卸船进口的集装箱,以加快船舶装卸的作业效率。其面积占码头总面积的比例较大,其大小根据集装箱码头所采用的装卸工艺系统的不同而定。

②后方堆场(back-up yard),又称集装箱堆场(container yard)。

后方堆场紧靠前方堆场,是码头堆放集装箱的主要部分,用于堆放和保管各种重箱和空箱。按集装箱管理和堆场作业要求,后方堆场通常还进一步分为重箱箱区、空箱箱区、冷藏箱箱区、特种箱箱区以及危险品箱箱区等,每个箱区又由箱位组成,并编有号码(箱位号)。集装箱码头因陆域面积不同,有的把堆场明确地划分为前方和后方,有的只对前后作一大致划分,并无明确的分界线。

集装箱在堆场的排列形式一般有纵横排列法和人字形排列法。纵横排列法是指将集装箱按纵向或横向排列,此法应用较多。人字形排列法是指集装箱在堆场堆放成"人"字形,适用于底盘车装卸作业方式。

(3) 控制塔。

控制塔 (control tower) 又称控制中心、中心控制室、指挥塔 (室)，如图 4-57 中右侧圆形塔式建筑所示，其作用是按照码头生产计划部门所做的计划对船舶装卸作业、堆场作业以及集装箱疏运作业进行全面监督、协调、控制和指挥。码头的作业计划和调度安排在控制塔完成，因此其是集装箱码头各项生产作业的中枢。

控制塔一般设在码头建筑最高的楼层上，以便工作人员环视和监控整个码头各个作业地点的作业状况。控制塔内配有通信设施和计算机网络系统，以便于有效地行使生产指挥的职能。现代集装箱码头多用计算机生产作业系统进行管理，控制室计算机与各部门、各作业现场以及各装卸搬运机械的计算机终端通过有线或无线连接、传递指令、接受反馈信息，成为码头各项作业信息的汇集和处理中心。随着生产监控设施的现代化，指挥部门不一定要设在视野好的地方，控制室内的现代化的监控系统完全可以代替人眼来掌握现场作业的情况。

(4) 大门。

大门 (gate house)，又称检查桥、检查口、道口、闸口，是集装箱码头集卡车进出集装箱码头的唯一通道，是海关对集装箱进出口进行业务监管的分界点，是码头与货主的箱、货交接点。例如，在大门进行集装箱箱体检验与交接、单证的审核与签发签收、进箱和提箱的堆场位置确定、进出码头集装箱的信息记录等。一般在大门处还设有地磅，用于集装箱内货物的计量。检查口设在码头的后方靠大门处，按业务需要可分为进场检查口和出场检查口，其集装箱牵引车车道数视集装箱码头的规模而定。图 4-58 所示为青岛港集装箱码头大门。

图 4-57　集装箱码头控制塔 (圆形塔式建筑)　　　图 4-58　青岛港集装箱码头大门

(5) 集装箱货运站。

集装箱货运站 (container freight station, CFS) 又称集装箱拆装箱库，用于拼箱货物的装箱和拆箱，并完成货物的交接、理货和短时间堆存保管等辅助工作。由于对集装箱码头具有辅助作用，集装箱货运站通常设于码头的后方，其侧面靠近码头外接公路或铁路的区域，以方便货主的散件货物接运，同时又不对整个码头的主要作业造成影响。与传统的仓库不同，集装箱货运站是一个主要用于装、拆箱作业的场所，而不是主要用于保管货物的场所。

(6) 维修车间。

维修车间 (maintenance shop) 是集装箱码头对集装箱专用机械设备以及集装箱进行检修和保养的场所。集装箱码头的集装箱专用机械设备需要保持良好的状态，以保证集装箱码头作业效率的充分发挥。维修车间一般设在不影响码头作业的后方。

(7) 集装箱码头办公楼。

集装箱码头办公楼 (container terminal office) 是集装箱码头行政、业务管理的场所。办公楼内设立了对外营业大厅,以方便货主和各运输车队、储运场栈来集装箱码头办理各种具体业务和手续,从而加速各种单证的流转,提高办事效率和服务质量。目前已基本上实现了电子化管理,最终达到管理的自动化。

四、集装箱装卸工艺系统方案

集装箱码头采用吊装式方法的装卸工艺系统方案主要有以下几种。

1. 岸边集装箱起重机—牵引车、底盘车系统

该工艺系统如图 4-59 所示,其主要装卸机械由岸边集装箱起重机和牵引车、底盘车组成。牵引车、底盘车简称集装箱卡车。

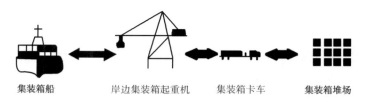

图 4-59 岸边集装箱起重机—牵引车、底盘车系统

码头的前沿采用岸边集装箱起重机承担船舶的装卸作业。集装箱卸船时,岸边集装箱起重机将集装箱从船上吊下,放置在集装箱底盘车上,然后用牵引车将载有集装箱的底盘车拖到集装箱堆场按顺序排列停放,等待运出港外,牵引车脱离底盘车返回码头前沿,继续接运。如要集装箱出场,则集装箱牵引车将载有集装箱的底盘车从堆场上直接拖出港区。集装箱装船时,集装箱牵引车将载有集装箱的底盘车从堆场拖到码头前沿,岸边集装箱起重机将集装箱吊装上船。

工艺流程:船舶→岸边集装箱起重机→牵引车、底盘车→堆场。

该工艺流程的主要特点:集装箱堆场上不需要其他装卸机械,集装箱在港的操作次数减少,装卸效率高,损坏率小;工作组织比较简单。但是,由于集装箱在码头堆场的整个停留期间均放置在底盘车上,需要数量较多的底盘车,在运量高峰期可能出现因底盘车不足而作业间断的现象;在堆场上集装箱不能叠放,所以需要较大的堆场面积;不易实现自动化。

该系统主要适用于集装箱年装卸量小于 60000TEU、整箱货比例较大、以公路疏运为主、堆场距离码头前沿较远、货物堆存期较短的集装箱专用码头。

2. 岸边集装箱起重机—跨运车系统

该工艺系统如图 4-60 所示,其主要装卸机械由岸边集装箱起重机、跨运车组成。

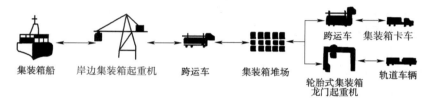

图 4-60 岸边集装箱起重机—跨运车系统
(扫码观看数字资源)

岸边集装箱起重机进行船舶装卸船作业,即"船→岸"作业;跨运车在集装箱码头前沿和

堆场之间进行搬运、堆码集装箱作业,其中"场→场""场→集装箱拖挂车""场→货运站"等作业,均由跨运车来承担。该系统的作业过程如下:卸船作业用岸边集装箱起重机将集装箱从船上吊下,放置于码头前沿地面上,然后用跨运车将集装箱搬运到集装箱堆场的指定箱位上。装船作业过程相反。该系统集装箱"场→火车"的作业,可在堆场上配置轮胎式集装箱龙门起重机。

工艺流程:船舶→岸边集装箱起重机→跨运车→堆场。

该系统的主要优点如下:

(1)码头前沿装卸船采用集装箱"陆地"作业方式。集装箱装船作业时,由跨运车将集装箱运至码头前将集装箱放置在地面上,然后由岸边集装箱起重机从地面取箱,将集装箱装载到船舶上。集装箱卸船作业时,岸边集装箱起重机从船上卸下集装箱不需要对准跨运车,直接放置到地面上,然后由跨运车自行抓取运走。

(2)机种少,适应性强。跨运车能完成多种作业(包括自取、搬运、堆垛、装卸车辆等),减少了码头装卸搬运机械的机种、数量和作业环节,组织管理方便。

(3)机动灵活。跨运车是一种流动性较强的机械,在港口作业量不平衡时,可以通过调节跨运车的数量来进行平衡。当某一处作业量大时,可以多配几台跨运车。

(4)跨运车具有一定的堆存能力,一般可堆高2~3层,与底盘车相比,堆场的利用率有所提高。

该系统的主要缺点如下:

(1)跨运车机械造价高,且结构复杂,故障率高,可靠性较差。

(2)对司机的操作水平要求较高,若司机对位不准,容易造成集装箱损坏。

(3)堆码集装箱层数仍较低,而且不便于装卸火车。

该系统适用于集装箱年装卸量60000~100000TEU、进口重箱量大于出口重箱量、以公路疏运或内河驳船疏运为主的集装箱公用码头。

采用上述两种吊装装卸工艺流程时,有时堆场里还配置集装箱叉车或集装箱正面吊运机,以供集装箱的堆高、倒载或装卸车辆之用。

3. 岸边集装箱起重机—集装箱卡车—轮胎式集装箱龙门起重机系统

该工艺系统如图4-61所示,其主要装卸机械由岸边集装箱起重机、水平搬运的集装箱卡车、堆场作业的轮胎式集装箱龙门起重机组成。

图4-61 岸边集装箱起重机—集装箱卡车—轮胎式集装箱龙门起重机系统

码头前沿采用岸边集装箱起重机承担船舶的集装箱装卸作业,码头前沿至堆场、堆场间的水平运输由集装箱卡车完成,龙门起重机承担码头堆场的装卸和堆码作业。轮胎式集装箱龙门起重机一般可跨越6列和1列集卡车道,堆高为3~5层集装箱。轮胎式集装箱龙门起重机设有转向装置,能从一个箱区移至另一个箱区进行作业。该系统可完成"船→场""船→车"

"场→车"等作业。

工艺流程:船舶→岸边集装箱起重机→集装箱卡车→轮胎式集装箱龙门起重机→堆场。

轮胎式集装箱龙门起重机是目前世界上通用并且成熟的集装箱堆场机械,我国大部分集装箱码头采用这种工艺系统。

该系统的主要优点如下:

(1)单位面积堆存量大。轮胎式集装箱龙门起重机堆放层数多、跨度大、堆场容量大、装卸效率高。

(2)堆场面积利用率高。由于集装箱在轮胎式集装箱龙门起重机跨距内可紧密堆垛,不留通道,因此堆场面积利用率高。

(3)各项作业均由专门机械来承担,因而机械作业可靠。

(4)本系统虽初始投资大,但机械设备的可靠性较好,维修管理、营运费用低。

(5)轮胎式集装箱龙门起重机机动灵活,操作方便。

该系统的主要缺点如下:

(1)翻箱率高。随着堆放层数的增加,要提取堆垛里层的集装箱就比较麻烦。

(2)轮胎式集装箱龙门起重机只限于堆场使用,堆场建设投资较大,作业效率比跨运车低。

该系统适用于集装箱年装卸量100000~130000TEU、出口重箱量大于进口重箱量、整箱货小于拼箱货的集装箱码头。

4. 岸边集装箱起重机—集装箱卡车—轨道式集装箱龙门起重机系统

该工艺系统如图4-62所示,其主要装卸机械由岸边集装箱起重机和水平搬运的集装箱卡车、堆场作业的轨道式集装箱龙门起重机组成。

图4-62 岸边集装箱起重机—集装箱卡车—轨道式集装箱龙门起重机系统

码头前沿采用岸边集装箱起重机承担船舶的集装箱装卸作业,码头前沿至堆场、堆场间的水平运输由集装箱卡车完成,轨道式集装箱龙门起重机承担码头堆场的装卸和堆码作业。该系统可完成"船→场""船→车""场→车"等作业。

工艺流程:船舶→岸边集装箱起重机→集装箱卡车→轨道式集装箱龙门起重机→堆场。

该系统的主要优点如下:

(1)单位面积堆存量大。由于轨道式集装箱龙门起重机堆放层数多,跨距更大,堆高能力更强。轨道式龙门起重机一般可堆高4~5层集装箱,可跨越14列甚至更多列集装箱。

(2)堆场面积利用率高。由于集装箱在轨道式集装箱龙门起重机跨距内可紧密堆垛,不留通道,因此堆场面积利用率高。

(3)营运费用低。本系统虽初始投资大,但机械设备可靠性好,设备维修管理费用低。

(4)易于实现自动化控制。轨道式集装箱龙门起重机系统的操作易于程序化,便于电子计算机控制。

该系统的主要缺点如下：

(1)翻箱率高。随着堆放层数的增加，要提取堆垛里层的集装箱就比较麻烦。

(2)轨道式集装箱龙门起重机只能沿轨道运行，灵活性差，堆场建设投资大。

该系统适用于场地面积有限、集装箱吞吐量较大的水陆联运码头。

从经济性和装卸性能来看，上述工艺系统各有利弊，目前世界上有些港口采用了下列集装箱装卸工艺系统方案。

(1)岸边集装箱起重机—轮胎式集装箱龙门起重机—轨道式集装箱龙门起重机系统。

(2)岸边集装箱起重机—跨运车—轮胎式(或轨道式)集装箱龙门起重机系统。

岸边集装箱起重机—跨运车—轮胎式(或轨道式)集装箱龙门起重机混合系统的作业方式：码头前沿装卸船作业由岸边集装箱起重机承担；进出口集装箱的水平运输、堆码和交货装车由跨运车完成；堆场的装卸和堆码由轮胎式(或轨道式)集装箱龙门起重机完成。

这种系统能充分发挥各种机械的特点，扬长避短，使系统更加趋于合理、完善。但系统机械配置数量和人员增加，投资大。

5. 自动化集装箱码头装卸工艺系统

随着国际经济的飞速发展，对港口自身的要求也在不断提高，为了适应这种经济现象，集装箱码头装卸工艺也在向信息化、自动化、智能化发展。国内外一些港口研发和使用了自动化集装箱码头装卸工艺系统。

自动化码头根据其自动化程度分为半自动化码头和全自动化码头。

(1)半自动化码头装卸工艺系统。

集装箱装卸作业主要有三个作业环节，即装卸船舶作业、水平运输作业和堆场装卸作业。专业半自动化码头是指集装箱装卸船舶作业、水平运输作业和堆场作业的一个或两个作业环节实现自动化，其他作业环节仍为人工驾驶完成的集装箱码头。目前，半自动化码头以堆场装卸作业自动化为代表，堆场装卸作业机械以自动化轮胎式集装箱龙门起重机(ARTG)和自动化轨道式集装箱龙门起重机(ARMG)为主。

其装卸机械系统主要形式有岸桥(人工操作)+跨运车(人工驾驶)+ARMG、岸桥(人工操作)+集装箱卡车(人工驾驶)+ARMG、岸桥(人工操作)+集装箱卡车(人工驾驶)+ARTG等几种。从目前应用情况看，岸桥(人工操作)+跨运车(人工驾驶)+ARMG形式较为普遍，其余三种形式均应用较少。

这种岸桥(人工操作)+跨运车(人工驾驶)+ARMG装卸系统的特点是：堆场内自动化，水平运输人工操作，自动化程度低，工人数量较多；堆场不能封闭，交通组织较复杂，存在干扰；设备数量与堆场采用的设备类型相关，通常同箱区不超过两台作业；水平运输采用内燃机驱动，存在废气排放和噪声，能耗大；设备投资费用较低，维护成本较高。

(2)全自动化码头装卸工艺系统。

全自动化码头装卸工艺系统的集装箱装卸作业主要包括三个作业环节，即装卸船舶作业、水平运输作业和堆场装卸作业，其全部实现自动化。

自动化集装箱码头装卸工艺系统根据在堆场的集装箱水平运输机械不同，分为三种类型。

(1)第一种类型：集装箱在堆场的水平运输采用集装箱自动导向车的自动化码头装卸系

统,如国外的德国汉堡港、荷兰鹿特丹港、我国厦门远海集装箱码头、上海洋山港四期自动化码头、青岛港全自动化集装箱码头等。这种自动化集装箱码头装卸工艺系统主要形式有双小车岸桥(自动操作)+AGV+ARMG、双小车岸桥(自动操作)+AGV+ARTG。

码头前沿装卸船舶设备通常采用带中转平台的双小车岸桥,中转平台解决岸桥和AGV之间作业的耦合和拆装集装箱锁销问题。岸桥轨距一般取30~35m,跨内主要布置舱盖板堆放区及3~4条特殊箱装卸车道。

水平运输设备采用AGV,即装备有电磁或光学等自动导引装置,由计算机控制并且能够沿规定的导引路径自动行走的运输车辆。AGV具有无人驾驶、自动导航、定位精确、路径优化以及安全避障等智能化功能,通常采用在运行路线上设置导向信息媒介的导引方式,如磁钉等。AGV根据搬运任务要求,由计算机管理系统优化运算得出最优路径后,通过控制系统向AGV发出指令信息,AGV接受指令后通过机上的导向探测器检测到导向信息,对信息进行实时处理后,沿规定的运行线路行走,完成搬运任务。AGV装卸车道布置于岸桥后伸距正下方,车道数量主要由最大设计船型及同时作业的岸桥数量、类型及生产组织方式综合确定;AGV行驶车道布置在堆场侧,车道数量根据港区具体作业量确定。

堆场装卸设备采用ARMG,高压电缆卷盘供电。ARMG通常垂直于码头布置,堆箱区采用封闭、无人化管理,每组轨道上配置2台ARMG。集装箱堆场箱区水域侧为AGV交换区,水域侧ARMG主要负责装、卸船作业时船与堆场间集装箱的接收和发放,解决水平运输和堆场装卸作业间的耦合问题。集装箱堆场箱区陆域侧端为集卡交换区,陆域侧ARMG主要负责水陆转运集装箱的接收和发放,并通过与水域侧ARMG的接力完成集装箱在同一箱区水域、陆域侧间的倒箱。每个箱区在陆域侧端可设多个集卡装卸位,集卡通过倒车方式进入堆区指定的装卸位作业。

AGV在堆场装卸集装箱时,水域侧堆场箱区边缘处需要配置AGV支架,如图4-63所示,AGV采用自带顶升机构。AGV支架类似一个中转平台,AGV小车载着集装箱,通过自带顶升机构顶升集装箱进入支架准确位置后,顶升机构下降,集装箱落座在支架上,然后ARMG从支架取箱,转运至堆场。反之,ARMG从堆场取箱,将集装箱放置在支架上,AGV小车驶入支架正下方,如图4-64所示,顶升机构顶升(图4-65)将集装箱运输至岸桥或其他堆场,实现集装箱的转运交接。

图4-63　AGV支架　　　图4-64　AGV小车进入支架下方　　图4-65　顶升机构顶升集装箱
(扫码观看数字资源)

如青岛和洋山自动化码头均采用带顶升机构的AGV,整体自重将增加5t左右,同时单机结构更加复杂。有一个最大的好处,如果出现问题,可以将AGV开到指定位置进行维修,无须人员到堆场现场,最大限度地减少了对自动化流程的干扰。

这种系统的特点:装卸船舶作业、水平运输作业、堆场作业实现全自动,自动化程度高。堆场全封闭,交通组织简单,不受外来车辆影响。采用电力驱动,无废气排放和噪声,能耗小。设备投资费用较高,维护成本较低。

(2)第二种类型:集装箱的水平运输机械使用跨运车的自动化装卸工艺系统,如美国弗吉尼亚港。跨运车全自动化码头,通常采用单小车岸桥(自动操作)+跨运车(自动驾驶)+ARMG解决方案。

自动驾驶跨运车装备有GPS自动导引装置,由计算机控制并且能够沿规定的导引路径自动行驶。自动控制跨运车在码头取箱过程中,无须等待岸桥落箱,可直接从地面取箱后运输到堆箱区,很好地解决了岸桥和水平运输作业的耦合问题。因此,这类码头岸桥通常选择单小车岸桥。自动驾驶跨运车装卸车道布置于岸桥后伸距正下方,自动驾驶跨运车行驶车道布置在堆场侧。

同AGV的自动化码头,这种系统的特点是自动化程度高。堆场全封闭,交通组织简单,不受外来车辆影响。水平运输采用内燃机,存在废气排放和噪声,能耗大。设备投资费用较高,维护成本较高。

(3)第三种类型:立体分配式高效全自动化集装箱码头装卸工艺系统。这是由上海振华重工股份有限公司开发研制的。

立体分配式高效全自动化集装箱码头装卸工艺系统如图4-66所示。集装箱的装卸运输机械主要由岸边集装箱起重机、低架桥水平分配机构、无人驾驶轨道平板车、轨道式集装箱龙门起重机等组成。

图4-66 立体分配式高效全自动化集装箱码头装卸工艺系统

岸边集装箱起重机采用双40ft集装箱起重机,岸边集装箱起重机的后大梁下方地面布置有低架桥水平分配机构。低架桥水平分配机构由低架桥、起重小车、平移小车及桥下地面轨道组成。低架桥由钢结构构筑而成,与岸边平行布置。低架桥上有起重小车和平移小车,可以在低架桥的运行轨道上运行,互不干扰,起重小车还具有转箱作业的功能。低架桥桥下地面有多股轨道,与低架桥轨道垂直布置,地面轨道上运行无人驾驶轨道平板车。通过地面轨道使低架桥、集装箱堆场空间位置相互衔接。堆场作业机械轨道式集装箱龙门起重机跨越地面轨道。因此低架桥上的起重小车、平移小车、平板车,以及堆场里的轨道式集装箱龙门起重机等都在特定轨道上运行,通过中央控制室控制,现场不需要装卸工人。

自动化码头除了集装箱码头装卸机械系统、码头管理系统外,核心设备还包括运输控制系统、自动化轨道吊控制系统、岸边集装箱起重机自动控制系统、电子识别系统、远程操作控制系统、堆垛控制系统、码头管理系统接口等。

以集装箱卸船为例,码头集装箱装卸过程如下:岸边集装箱起重机从船舶卸下集装箱后,将集装箱装载到低架桥平移小车上,如图4-67所示。然后低架桥起重小车用吊具从平移小车上起吊集装箱,经过运行、起降、转箱(因为低架桥轨道与地面轨道垂直布置,所以起重小车将集装箱下降至低架桥下后,需要通过起重小车上的回转机构将集装箱回转90°)过程,将集装箱转载到低架桥下无人驾驶轨道平板车上,如图4-68所示。无人驾驶轨道平板车将集装箱从低架桥上自动转运到堆场,由轨道式集装箱龙门起重机进行集装箱的装卸、堆码操作,如图4-69所示。

图4-67 岸边集装箱起重机将集装箱装载到低架桥平移小车上

图4-68 起重小车将集装箱转载到低架桥下无人驾驶轨道平板车上

图4-69 轨道式集装箱龙门起重机进行集装箱的装卸、堆码操作

工艺流程:船舶—岸边集装箱起重机—低架桥平移小车—低架桥起重小车—无人驾驶轨道平板车—轨道式集装箱龙门起重机—堆场。

该装卸工艺系统主要特点如下:

①集装箱水平输送机械定位精确、快速方便。低架桥、平板车和轨道式集装箱龙门起重机的轨道上用光缆和磁尺等导航定位装置,使起重小车、平移小车、无人驾驶轨道平板车及其轨道式集装箱龙门起重机的定位更精确、快速又方便。

②集装箱装卸效率高。集装箱码头前沿采用双40ft集装箱起重机,桥吊下对应的集装箱装卸路径各自独立,互不干涉,使得一台岸边集装箱起重机的装卸效率由每小时35个集装箱提高到每小时70个集装箱以上。

③集装箱码头的每条作业线上的操作人员大为减少,可以由以前的40人/天以上,减少到10人/天以下,节省了地面水平运输人力成本。

④在堆场上,所有无人驾驶轨道平板车全过程采用电力驱动,在地面轨道上运行,改变了传统集装箱码头和国外自动化集装箱码头使用内燃机驱动的水平运输方式,节能环保。

第六节　集装箱装箱技术

一、集装箱容积利用率

在标准集装箱内堆放符合 ISO 标准的货物单元时,箱容积利用率情况如下。

符合 ISO 标准的货物包装单元主要有 400mm×600mm、800mm×1200mm、1000mm×1200mm 三种。这里以 1000mm×1200mm 为例,来说明三种箱型(1A,1B,1C)的箱容积利用率。

对 1A 箱型,由图 4-70 可知,共计可以堆放 21 个货物单元,故箱内容积利用率的计算方法为:

货物单元所占容积的截面面积:$1000mm \times 1200mm \times 21 = 25.2m^2$

集装箱容积的横截面面积:$2200mm \times 11998mm = 26395600mm^2 \approx 26.4m^2$

集装箱容积利用率:$25.2 \div 26.4 \times 100\% \approx 95.5\%$

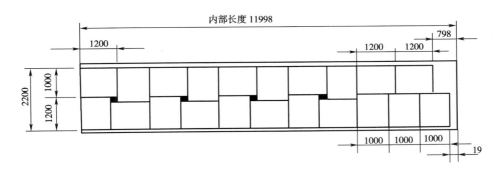

图 4-70　1A 箱型标准货物单元堆放方式(尺寸单位:mm)

对 1B 箱型,由图 4-71 可知,共计可以堆放 16 个货物单元,故箱容积利用率的计算方法为:

货物单元所占容积的截面面积:$1000mm \times 1200mm \times 16 = 19200000mm^2 = 19.2m^2$

集装箱容积的横截面面积:$2200mm \times 8931mm = 19648200mm^2 \approx 19.6m^2$

集装箱容积利用率:$19.2 \div 19.6 \times 100\% \approx 98\%$

对 1C 箱型,由图 4-72 可知,共计可以堆放 10 个货物单元,故箱容积利用率的计算方法为:

货物单元所占容积的截面面积:$1000mm \times 1200mm \times 10 = 12000000mm^2 = 12m^2$

集装箱容积的横截面面积:$2200mm \times 5867mm = 12907400mm^2 \approx 12.9m^2$

集装箱容积利用率:$12 \div 12.9 \times 100\% \approx 93.0\%$

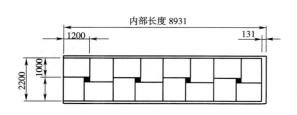
图 4-71 1B 箱型标准货物单元堆放方(尺寸单位:mm)

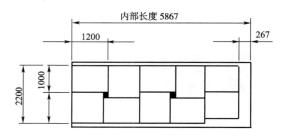
图 4-72 1C 箱型标准货物单元堆放方式(尺寸单位:mm)

二、几种常规货物种类的装箱工艺

1. 纸箱货的装箱操作

1) 纸箱货装箱操作的注意事项

纸箱是集装箱货物中最常见的一种包装,一般用于包装比较精细和质轻的货物。

(1) 如集装箱内装的是统一尺寸的大型纸箱,则会产生空隙。当空隙为 100mm 左右时,一般不需要对货物进行固定,但当空隙很大时,就需要按货物具体情况加以固定。

(2) 如果不同尺寸的纸箱混装,则应就纸箱大小合理搭配,做到紧密堆装。

(3) 拼箱的纸箱货应进行隔票。隔票时可使用纸、网、胶合板、电货板等材料,也可以用粉笔、带子等做记号。

(4) 纸箱货不足以装满一个集装箱时,应注意纸箱的堆垛高度,以满足使集装箱底面占满的要求。

2) 纸箱货的装载和固定操作

(1) 装箱要从箱里往外装,或从两侧往中间装。

(2) 在横向产生 250~300mm 的空隙时,可以利用上层货物的重量把下层货物压住,最上一层货物一定要塞满或加以固定。

(3) 如所装的纸箱很重,就需要在集装箱的中间层适当加以衬垫。

(4) 箱门端留有较大的空隙时,需要利用方形木条来固定货物。

(5) 装载小型纸箱货时,为了防止塌货,可采用纵横交叉的堆装法。

2. 木箱货的装箱操作

木箱的种类繁多,尺寸和重量各异。木箱货装载和固定时应注意的问题有:

(1) 装载比较重的小型木箱时,可采用骑缝装载法,使上层木箱压在下层两木箱的接缝上,最上一层必须加以固定或塞紧。

(2) 装载小型木箱时,如箱门端留有较大的空隙,则必须利用木板和木条加以固定或撑紧。

(3) 重心较低的重、大木箱只能装一层且不能充分利用箱底面积时,应装在集装箱的中央,底部横向必须用方形木条加以固定。

(4) 对于重心高的木箱,紧靠底部固定是不够的,还必须在上面用木条撑紧。

(5) 装载特别重的大型木箱时,经常会形成集中负荷或偏心负荷,故必须有专用的固定设施,不让货物与集装箱前后端壁接触。

(6)装载框箱时,通常是使用钢带拉紧,或用具有弹性的尼龙带或布带来代替钢带。

3. 货板货的装箱操作

货板上通常装载纸箱货和袋装货。纸箱货在上下层之间可用粘贴法固定。袋装货装板后要求袋子的尺寸与货板的尺寸一致,对于比较滑的袋装货也要用粘贴法固定。货板货装载和固定时应注意的问题有:

(1)货板的尺寸如在集装箱内横向只能装一块,则货物必须放在集装箱的中央,并用纵向垫木等加以固定。

(2)装载两层以上货物时,无论空隙在横向还是纵向,底部都应用档木固定,而上层货板货还需要用跨档木条塞紧。

(3)如货板数为奇数,则应把最后一块货板放在中央,并用绳索通过系环拉紧。

(4)货板货装载框架集装箱时,必须使集装箱前后、左右的重量平衡。装货后应用带子把货物拉紧,货物装完后集装箱上应加罩帆布或塑料薄膜。

(5)袋装的货板货应根据袋包的尺寸,将不同尺寸的货板搭配起来,以充分利用集装箱的容积。

4. 捆包货的装箱操作

捆包货包括纸浆、板纸、羊毛、棉花、面布、其他棉织品、纺织品、纤维制品以及废旧物料等。其平均每件重量和容积往往比纸箱货和小型木箱货大。一般捆包货都用杂货集装箱装载。捆包货装载和固定时应注意问题有:

(1)捆包货一般可横向装载或竖向装载,此时可充分利用集装箱容积。

(2)捆包货装载时一般要用厚木板等进行衬垫。

(3)用粗布包装的捆包货,一般比较稳定而不需要加以固定。

5. 袋装货的装箱操作

袋包装的种类有麻袋、布袋、塑料袋等,主要装载的货物有粮食、咖啡、可可、废料、水泥、粉状化学药品等。通常袋包装材料的抗潮、抗水湿能力较弱,故装箱完毕后,最好在货顶部铺设塑料等防水遮盖物。袋装货装载和固定时应注意的问题有:

(1)袋装货一般容易倒塌和滑动,可用粘贴剂粘固,或在袋装货中间插入衬垫板和防滑粗纸。

(2)袋包一般在中间呈鼓凸形,常用堆装方法有砌墙法和交叉法。

(3)为防止袋装货堆装过高而有塌货的危险,需要用系绑用具加以固定。

6. 卷盘货、圆筒状货物的装箱操作

卷钢、钢丝绳、电缆、盘元等卷盘货,卷纸、塑料薄膜、柏油纸、钢瓶和轮胎等圆筒状货物,具有滚动的特性。这类货装箱时一定要注意消除其滚动的特性,做到有效、合理地装载。

(1)卷纸类货物的装载和固定操作。卷纸类货物原则上应竖装,并应保证卷纸两端的截面不受污损。只要把靠近箱门口的几个卷纸与内侧的几个卷纸用钢带捆在一起,并用填充物将箱门口处的空隙填满,即可将货物固定。

(2)盘元的装载和固定操作。盘元是一种只能用机械装载的重货,一般在箱底只能装一层。最好使用井字形的盘元架。大型盘元还可以用直板系板、夹件等在集装箱箱底进行固定。

(3) 电缆的装载和固定操作。电缆是绕在电缆盘上进行运输的,装载电缆盘时也应注意箱底的局部强度问题。大型电缆盘在集装箱内只能装一层,一般使用支架以防止滚动。

(4) 卷钢的装载和固定操作。卷钢虽然也属于集中负荷的货物,但是热轧卷钢一般比电缆轻。装载卷钢时,一定要使货物之间互相贴紧,并装在集装箱的中央。对于重 3t 左右的卷钢,除用钢丝绳或钢带通过箱内系环将卷钢系紧外,还应用钢丝绳或钢带将卷钢连接起来;对于重 5t 左右的卷钢,还应再用方形木条加以固定。固定时通常使用钢丝绳,而不使用钢带,因为钢带容易断裂。

(5) 轮胎的装载和固定操作。普通卡车用的小型轮胎竖装、横装都可以。横装时比较稳定,不需要特别加以固定。大型轮胎一般以竖装为主,应根据轮胎的直径、厚度来研究其装载方法,并加以固定。

7. 桶装货的装箱操作

桶装货一般包括各种油类、液体和粉末类的化学制品、酒精、糖浆等,其包装形式有铁桶、木桶、塑料桶、胶合板桶和纸板桶 5 种。除桶口在腰部的传统鼓形木桶外,桶装货在集装箱内均以桶口向上的竖立方式堆装。由于桶体呈圆柱形,故在箱内堆装和加固的方法均由一定具体尺寸决定,使其与箱形尺寸相协调。

下面主要介绍铁桶、木桶、纸板桶等桶装货的装载和固定操作。

(1) 铁桶的装载和固定操作。集装箱运输中以 $0.25m^3$ (55gal) 的铁桶最为常见。这种铁桶在集装箱内可堆装两层,每一个 20ft 集装箱内一般可装 80 桶。装载时要求桶与桶之间靠近,对于桶上有凸缘的铁桶,为了使桶与桶之间的凸缘错开,每隔一行要垫一块垫高板,装载第二层时同样要垫上垫高板,而不垫垫高板的这一行也要垫上胶合板,使上层的桶装载稳定。

(2) 木桶的装载和固定操作。木桶一般呈鼓形,两端有铁箍,由于竖装时容易脱盖,故原则上要求横装。横装时在木桶的两端垫上木楔,木楔的高度要使桶中央能离开箱底,不让桶的腰部受力。

(3) 纸板桶的装载和固定操作。纸板桶的装载方法与铁桶相似,但其强度较弱,故在装箱时应注意不能使其翻倒而产生破损。装载时必须竖装,装载层数要根据桶的强度而定,有时要有一定限制,上下层之间一定要插入胶合板做衬垫,以便使负荷分散。

8. 各种车辆的装箱操作

集装箱内装载的车辆有小轿车、小型卡车、各种叉式装卸车、推土机、压路机和小型拖拉机等。杂货集装箱只能装一辆小轿车,因此箱内将产生很大的空隙。如果航线上有回空的冷冻集装箱或动物集装箱,则用来装小轿车比较理想,因为冷冻集装箱和动物集装箱的容积比较小,可以更有效地利用集装箱的箱容。而对于各种叉式装卸车、拖拉机、推土机及压路机等特种车辆的运输,通常采用板架集装箱来装载。

(1) 小轿车和小型卡车的装载和固定操作。小轿车和小型卡车一般采用密闭集装箱装载。固定时利用集装箱上的系环把车辆拉紧,然后利用方形木条钉成井字形木框垫在车轮下面,防止车辆滚动,同时应在轮胎与箱底或木条接触的部分用纱布或破布加以衬垫。也可按货主要求,不垫方形木条,只用绳索拉紧即可。利用冷冻箱装箱时,可用箱底通风轨上的孔眼进行拉紧。

（2）各种叉车的装卸和固定操作。装载叉式装卸车时，通常把货叉取下后装在箱内。装箱时，在箱底要铺设衬垫，固定时要用纱头或布将橡胶轮胎保护起来，并在车轮下垫塞木楔或方形木条，最后要利用板架集装箱箱底的系环，用钢丝绳系紧。

（3）推土机和压路机的装载和固定操作。推土机、压路机每台重量很大，一般一个板架集装箱内只能装一台，通常采用吊车从顶部装载，装载时必须注意车辆的履带是否在集装箱下侧梁上，因为铁与铁接触时很容易滑动，所以箱底一定要衬垫厚木板。

（4）拖拉机和其他车辆类货物的装载和固定操作。小型拖拉机横向装载时可使其装载量增加，但装载时也应注意集中负荷的问题，故箱底要进行衬垫，以分散其负荷，并用方形木条、木楔以及钢丝绳等进行固定。

第七节　集装箱码头新型装卸工艺方案

随着大型现代化集装箱码头的不断发展，对装卸工艺的高速化和自动化程度的要求越来越高，码头的装卸量也越来越大，因此，集装箱码头装卸工艺以及码头布置目前正处于不断创新和发展之中，其目的主要是提高集装箱码头船舶装卸作业的效率。其中，主要的新颖工艺有如下几种。

一、底盘车列与轮胎式集装箱龙门起重机的配合

在一般的轮胎式集装箱龙门起重机方式中，从码头前沿到堆场的集装箱搬运都是由场地牵引车拖带一节底盘车运行的。但是，如果场地面积很大，装卸的集装箱数量很多，或场地离岸壁前沿的距离较远，就可采用由一台牵引车同时牵引两台以上的底盘车（半挂车）组成的底盘车列运行，如图4-73所示。

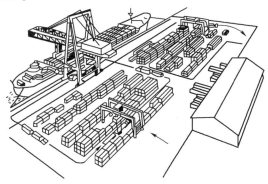

图4-73　底盘车列与轮胎式集装箱龙门起重机的配合

如图4-74所示，这种工艺方式由于同时可装卸搬运两个以上的集装箱，可减少牵引车的周转次数，相应地节省了牵引车的燃料消耗，从而降低了装卸成本，也减轻了牵引车司机的劳

动强度。如果牵引车的拖运距离很长,则采用这种工艺方式还可以大大减少牵引车的使用台数,这些对集装箱码头来说都是十分有利的。因此,在场地大、装卸量多、运行距离较远的条件下,利用这种工艺方式,不仅装卸效率高,而且装卸成本也低。

图4-74　一台集装箱牵引车拖带两台底盘车

二、采用自动导向车的全自动化集装箱码头

自动导向车系统是目前国际上一种先进的集装箱装卸工艺系统。其中,自动化程度很高的大型岸边集装箱起重机、自动导向车、无人驾驶轨道龙门起重机以及进出大门的自动识别系统是组成系统的关键。

1. 自动导向车原理及程序

自动导向车类型较多,按照驱动动力不同,自动导向车可以分为柴油机动力、柴电混合动力、气电混合动力、纯电动动力等几种。现在最流行的就是纯电动动力,即利用自动导向车上的蓄电池驱动工作机构的电动机,这种动力方式有两种:电池充电式和电池更换式。根据自动导向车导航方式可以分为磁导航方式、激光导航方式、光学导航方式惯性导航。我国厦门、上海、青岛等集装箱自动化码头,采用的是磁导航方式。

自动导向车根据运行机构的形式分为两种:一种是无轨运行式,自动导向车通过车架支承于轮胎,轮胎在集装箱堆场路面运行;另外一种是有轨运行式,自动导向车通过车架车轮支承于堆场固定轨道上运行。有轨运行式有单轨和双轨两种布置方案,轨道线通过轨道式集装箱龙门起重机和岸边集装箱起重机的机腿间呈环状敷设,这样自动导向车就沿着这一轨道绕场地回转运行。图4-75所示是有轨运行式自动导向车集装箱码头的布置。

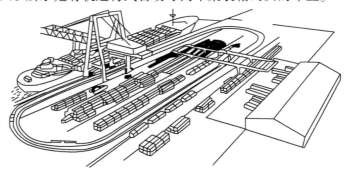

图4-75　有轨运行式自动导向车集装箱码头的布置

每辆自动导向车可装运一个40ft集装箱或两个20ft集装箱,运行于码头前沿和堆场之间。无轨运行式自动导向车沿设于作业区、堆场表面的电子网格运行。

自动导向车主要由车架、驱动装置、运行机构、转向机构等组成,自动导向车上还设置有信号接收装置、自动导航系统和控制装置等。自动导向车接收由中央控制室发出的信号,并将其转换成能够控制运行的程序,自动导向车就会根据这个程序来运行、操作。自动导向车上的自动导航系统能把自身的确切位置、方向、速度、重载、空载等信息发送给码头控制中心。自动导向车控制中心依据接收到的每辆自动导向车的信息来确定每辆车的运行顺序及转弯方向。为防止意外发生,小车上装有传感器和安全装置。小车内部信息系统可记录驱动装置(如柴油机的温度、油耗、冷却水水位等)等工作数据,并报告故障情况。自动导向车驱动装置的蓄电池电量或燃油量降低到预设值时,就发出信号,控制中心给自动导向车发出指令,自动导向车去充电或加油,驱动装置的电量充满或燃油加满后,自动导向车自动返回作业线工作。

2. 无人驾驶轨道式集装箱龙门起重机

自动导向车系统除了自动导向车外,堆场上配有无人驾驶轨道式集装箱龙门起重机。一般一台无人驾驶轨道式集装箱龙门起重机配有 6~8 台自动导向车,以满足装卸船或向货主发送货同时作业的要求。

这种堆场垂直于码头布置,对于轨道式集装箱龙门起重机,跨距内堆箱 6 排 4 层,可接收控制中心的指令进行作业。在堆场的沿码头一侧,轨道式集装箱龙门起重机接运由自动导向车运来的集装箱,堆放在堆场的指定箱位,或把堆场上的需要装船的集装箱运送并装到自动导向车上。轨道式集装箱龙门起重机也可以在堆场上完成集装箱拖挂车的作业。轨道式集装箱龙门起重机在堆场上的作业为全自动或通过中央控制室遥控来完成。

自动导向车系统具有高效、经济、准确的优点,使用于集装箱货运量大、劳动力成本高、水路转水路集装箱比例高的大型专业化集装箱码头,是 21 世纪现代化集装箱中转系统,操作、管理全部自动化的典型装卸工艺系统。

三、移箱输送机与轨道式集装箱龙门起重机的配合

移箱输送机是一架长条形的机械,其长度一般能放置 4~6 个 20ft 集装箱。它设置在码头前沿与前方堆场交接处的轨道上,使岸边集装箱起重机的后伸臂和轨道式集装箱龙门起重机的悬臂都能达到。

在装卸过程中,由于岸边集装箱起重机的后伸臂与轨道式集装箱龙门起重机的悬臂重叠交叉,在两机重叠交叉区域下方的地面上设置轨道,轨道上布置移箱输送机。在装卸出口集装箱时,由轨道式集装箱龙门起重机搬来的集装箱放置在悬臂下的移箱输送机上,通过移箱输送机的运行,移动到岸边集装箱起重机的内伸臂下,这时,岸边集装箱起重机起吊集装箱,装上集装箱船,如图 4-76 所示。

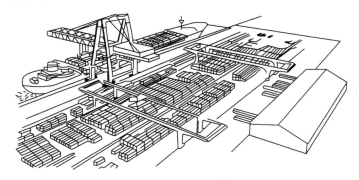

图 4-76　移箱输送机与轨道式集装箱龙门起重机的配合

当岸边集装箱起重机从一个舱口移动到另外一个舱口装卸时,移箱输送机由岸边集装箱起重机门腿牵引,与岸边集装箱起重机一起沿轨道运行,移箱输送机与岸边集装箱起重机保持一定距离。在堆场上轨道式集装箱龙门起重机可沿轨道任意运行,但在装卸船舶时,轨道式集装箱龙门起重机必须与移箱输送机衔接,只能在移箱输送机的长度范围内移动。在堆放出口集装箱时,应注意最好使集装箱堆放的位置与集装箱船的舱口位置对应,这样可避免装卸过程中装卸机械的多次移动。

采用这种装卸工艺时全部作业都可以用计算机控制操作,实现快速装卸,堆场利用率高。

四、岸边集装箱起重机的技术发展

1. 适应船舶大型化要求的大型岸边集装箱起重机

近年来,集装箱船大型化趋势越来越明显,岸边集装箱起重机(简称岸桥)作为装卸集装箱船的主要设备,需要适合大型集装箱船对生产率的作业要求,岸桥的大型化、高效化和自动化是必然的发展趋势。其主要途径是优化岸桥的技术参数,实现岸桥的远程控制自动化操作。

(1)额定起重量的提高。岸桥的额定起重量逐步提高,从 40.5t 提高到 50t、65t、70t,最大已达 120t。吊具由单箱吊具发展到双箱吊具、三箱吊具,以适应船舶大型化,提高船舶的装卸效率,满足快速装卸的需要。

(2)外伸距越来越大。在集装箱船舶的大型化趋势下,集装箱船舶的船宽已从 26~32m 扩大到 40~59m。集装箱船舶最大可运载 18000TEU。为了适应大型集装箱船舶装卸作业要求,现在岸桥的外伸距,由 32m 逐步增加到了 73.75m,以便于 25 排集装箱船舶的装卸需要。

(3)轨上的起升高度大幅增加。早期常规岸桥轨上起升高度在 27m 以下。随着集装箱船舶的大型化,现在岸桥轨上起升高度一般为 27~43m,有的港口为了能装卸更大的集装箱船舶,岸桥轨上起升高度已达 49m。

(4)自重越来越大。岸桥的自重,已从常规巴拿马型的 600~800t,增大到现在超巴拿马型的 1200~2000t。

(5)工作速度的高速化。岸桥的起升速度和小车运行速度是影响集装箱装卸效率最重要的技术参数。在起升高度不断增加的情况下,为了适应岸桥的工作要求,工作速度也随之提高。最初的普通型岸桥的起升速度一般是满载 31.5m/min、空载 72m/min;后期研制的高速型岸桥起升速度是满载 60m/min,空载 150m/min。小车速度由 150~180m/min 提高到 300~350m/min,并正在向更高速度发展,以缩短作业时间,提高生产效率。

(6)岸桥自动化程度不断提高。随着岸桥技术参数的增加,操作岸桥的难度也随之增大。为了提高装卸效率、降低劳动强度,有的岸桥操作配备了远程操控系统,司机可以不在岸桥大梁上的司机室内进行操作,只需在中央控制室进行计算机指令操作,一个人可以控制操作多台岸,改变了传统岸桥"一对一"的操作方式,司机的工作环境安静、舒适,码头人力成本也大幅降低。

2. 适应集装箱装卸高效化要求的新型岸桥结构

为进一步提高船舶的装卸效率,近年来,在提高常规岸桥性能的同时,也在研究和应用适应集装箱装卸高效化要求的新型岸桥结构。这些技术对未来岸桥的发展产生了深远的影响。

一些新型岸桥结构已经应用于集装箱港口。

1）过渡吊篮双起升式岸桥

这种岸桥在同一桥架上采用两套运行小车系统,两套起升机构,另外设一个可沿桥架轨道移动的过渡吊篮,用于在两套运行小车系统间中转输送集装箱,如图4-77所示。

每个集装箱经历一套运行小车系统上吊具的起升或下降,可移动式过渡吊篮平移,另一套运行小车系统上吊具的下降(起升)。运行小车系统只负责完成集装箱的升降,可移动式过渡吊篮负责集装箱的平移。每套运行小车系统在操

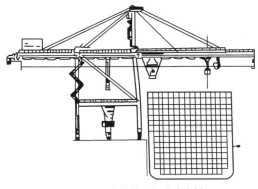

图4-77　过渡吊篮双起升式岸桥

作升降集装箱或准备操纵下一个集装箱时,可移动式过渡吊篮可进行平移以提高集装箱装卸速度。该岸桥在装卸甲板上积载13列集装箱的无舱盖板集装箱船舶时,单机装卸效率可达93箱/h。

这种岸桥的优点是装卸效率高,码头前沿可以用更少的岸桥进行集装箱船舶的装卸作业,使得后方的牵引车的作业工艺更有条理。由于工作机构装卸过程动作简单,便于自动化控制。

2）支承基础高架的多台岸桥方案

对于这种方案,在码头前沿构筑一座结构坚固的机架,作为常规岸桥的支承基础高架,在其上并列布置多台门架较低的岸桥,支承基础设有中间平台,机架内部设有运行小车。

在装卸船作业时,这些岸桥上的运行小车将船上卸下的集装箱落置在机架前方的中间平台上,然后由机架内部的运行小车横向移动至中间平台将集装箱取走。

这种方案的特点:岸桥门架较低,重量轻,轮压低,码头工程造价低,装卸系统效率高。

3）桥架可升降式岸桥

桥架可升降式岸桥如图4-78所示。这种岸桥有一套机构升降整个桥架,可根据靠泊集装箱船舶的类型调整桥架高度,以适应包括集装箱在内的各种集装箱船舶的装卸作业。

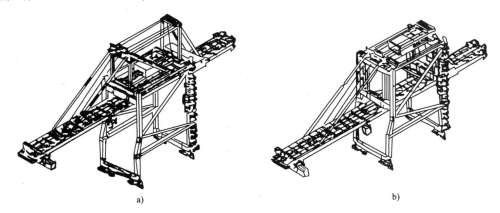

图4-78　桥架可升降式岸桥

这种起重机针对大、小船,采用一次定位,不再升降。桥架总升降高度为20m,每5m为一停层位置。总共5个大梁高度停层可以针对不同大小的集装箱船进行集装箱作业。

桥架可升降,一方面可避免不必要的过大起升,有利于减小集装箱的摇摆、缩短装卸作业循环时间和节约能耗;另一方面可改善司机视距,缓解疲劳,提高工作效率,从而提高生产率。但整机质量大,制造成本高,一般整机质量达1000t,其中桥架重达400t。

4)提升机式岸桥

提升机式岸桥如图4-79所示,在陆域侧门腿外侧安装车辆提升机,集装箱在码头前沿上的垂直运输由这台一体化的车辆提升机来完成。

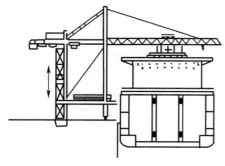

图4-79 提升机式岸桥

卸船时,一辆空载的自动化运输车从车辆提升机下方进入车辆提升机,由车辆提升机将其提升至高位,接受由岸桥运行小车卸下的一个集装箱后返回地面,然后驶离岸桥,同时,另一辆空载的自动化运输车进入车辆提升机卸下一个集装箱。装船时,一辆载有集装箱的自动化运输车从车辆提升机下方进入车辆提升机,由车辆提升机将其提升至高位,待岸桥运行小车取走所载集装箱后,再返回地面,然后驶离岸桥,同时,另一辆载有集装箱的自动化运输车进入车辆提升机,输送下一个集装箱给运行小车。

这种设想能够明显提高作业效率,它与常规岸桥相比,减少了每个集装箱由小车运行的平均操作时间,而且动作比较有规律,容易由计算机支持和人工操作控制,设计生产率可达51箱/h。

五、挖入式港池作业方式

挖入式港池作业方式如图4-80所示,这种作业方式是在港池的两侧布置多台岸边集装箱起重机,作业时安排多台岸桥同时作业,装卸一条集装箱船舶,从而提高装卸速度,缩短船舶在港停泊时间。

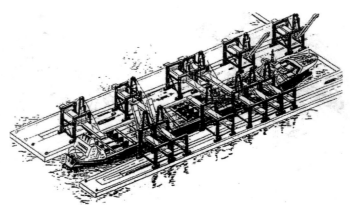

图4-80 挖入式港池作业方式示意

六、自动化、信息化、智能化的集装箱装卸工艺系统的发展

随着经济发展、科技进步,对集装箱码头装卸工艺要求不断提高,集装箱装卸工艺朝着自动化、信息化、智能化方向发展。将计算机技术、信息技术、自动控制技术等应用于集装箱装卸工艺系统,以实现集装箱码头全自动化是今后的发展趋势。

目前,港口设备制造商研究和开发了许多高度集成的自动化技术,如CCTV监控系统摄像头、自动化定位摄像头、OCR系统摄像头、大车磁钉定位系统和小车磁尺定位系统。将这些先进技术应用到岸桥、场桥等集装箱机械上,以实行集装箱装卸、堆码、搬运操作作业的远程操控,具有程序控制和信息处理功能,这使集装箱码头自动化水平明显提高。

另外,各港口信息化技术已经广泛应用于港口企业管理、生产调度和作业控制、口岸大通关等各个方面。例如,上海港完成"现代集装箱码头智能化生产关键技术"研究,开发出了"集装箱智能化生产系统""集装箱生产多级优化管理系统""E港口""集装箱装饰工艺仿真决策系统"等重大技术创新课题,并尝试应用无人操作进行集装箱装卸,促进了上海港港口集装箱生产、管理、保障等技术的全面提升。

天津港研究开发的"天津港集装箱网络自动化操作管理系统"和"集装箱码头生产过程控制可视化管理系统",应用计算机、网络、无线通信、信息处理、数字视频等技术,结合先进的集装箱码头管理理念、管理软件,实现了码头双箱作业、无线视频通信、无线视频监控、高精度实时定位等多种功能,使天津港成为国际上为数不多的采用双箱作业工艺,并能实现生产过程可视可控的港口之一,在国内率先实现集装箱码头数字化,标志着天津港集装箱码头智能化管理已达到国际先进水平。

第八节　集装箱装卸工艺案例

一、码头概况

某港区的集装箱码头岸线长1250m,建有4个可停靠第四代集装箱船的泊位,年吞吐集装箱量1750000TEU。港区后方陆域宽约1350m、纵深约1220m,陆域面积为163万平方米。码头顺岸布置,前沿水深-10m,码头与后方靠引桥连接,港区陆域前方为生产作业区,布置集装箱堆场,后方为生产辅助区,布置集装箱调配中心、拆装箱库、停车场等。

装卸工艺方案:集装箱码头前沿装卸集装箱船舶采用岸边集装箱起重机;堆场作业主要机械采用轮胎式集装箱龙门起重机—轨道式集装箱龙门起重机,并配有集装箱正面吊运机、集装箱空箱堆高机、集装箱叉车等进行辅助作业;集装箱货场及其公路运输集装箱采用集装箱牵引车、挂车。

二、主要装卸机械设备技术参数

装卸工艺方案中主要装卸机械设备(岸边集装箱起重机、轮胎式集装箱龙门起重机、轨道

式集装箱龙门起重机)的技术参数如表 4-15 所示。

主要装卸机械设备的技术参数　　　　　　表 4-15

序号	项目	岸边集装箱起重机	轮胎式集装箱龙门起重机	轨道式集装箱龙门起重机
1	吊具下起重量(t)	50	40	40
2	轨距(m)	30	23.47	41
3	内伸距(m)	15	—	—
4	外伸距(m)	55	—	—
5	基距(m)	17.2	6.4	15.5
6	起升高度(m)：轨面以上/轨面以下	36/−15	15.2/0	18.2/0
7	工作状态最大轮压(t)	58.6	32	28
8	非工作状态最大轮压(t)	64.7	21	—
9	轮数	4×8	4×2	4×4
10	堆高层数	—	堆四过五	堆五过六

三、主要装卸机械设备规格及数量

集装箱码头的主要装卸机械设备规格及数量见表 4-16。

主要装卸机械设备规格及数量　　　　　　表 4-16

序号	设备名称	规格	数量
1	岸边集装箱起重机	吊具下起重量50t,外伸距55m,轨距30m	14
2	轮胎式集装箱龙门起重机	吊具下起重量40t,轨距23.47m	30
3	轨道式集装箱龙门起重机	吊具下起重量40t,跨距41m	10
4	集装箱牵引车	40ft	84
5	集装箱正面吊运机	吊具下起重量42t	4
6	集装箱空箱堆高机	6 层箱	6
7	集装箱叉车	吊具下起重量42t	2
8	叉车	16t	2
9	箱内叉车	2t	18
10	集装箱半挂车	40~45ft	120
11	汽车衡	80t×20m	12

四、装卸工艺流程

轮胎式集装箱龙门起重机—轨道式集装箱龙门起重机工艺流程如图 4-81 所示。

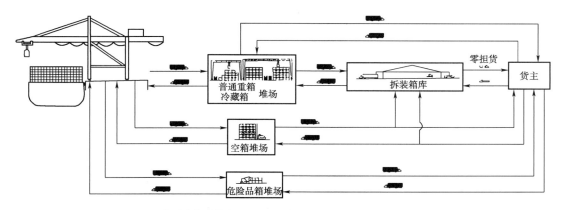

图 4-81　轮胎式集装箱龙门起重机—轨道式集装箱龙门起重机工艺流程

练习与思考

一、填空题

1. 吊装式集装箱船可分为（　　）、（　　）、（　　）。
2. 国家标准集装箱的宽度均为（　　）ft，高度可分为（　　）、（　　）、（　　）、（　　）等几种。
3. 最常见的集装箱长度有（　　）ft 和（　　）ft 两种。
4. 国际上将（　　）ft 长度的集装箱称为标准箱，1 个标准箱英文简称 1 个（　　）。
5. 角件，也称角配件。集装箱箱体的 8 个角上都设有角件。它的作用是（　　）、堆码、（　　）和栓固集装箱。
6. 按制造材料分，集装箱可分为（　　）制集装箱、（　　）制集装箱、（　　）制集装箱等。
7. 集装箱必备标记中的识别标记由（　　）、（　　）、（　　）、（　　）四部分组成。
8. 国际标准规定，40ft 集装箱的最大允许总重为（　　）kg，20ft 集装箱的最大允许总重为（　　）kg。
9. 国际标准集装箱共分为（　　）个系列，各系列集装箱的（　　）是相同的。
10. 通常，集装箱专用吊具按其结构分为（　　）、（　　）、（　　）等三种形式。
11. 泊位的长度主要取决于（　　）。
12. 岸边集装箱起重机的起重量等于（　　）与（　　）之和。
13. ISO 标准规定，40ft 集装箱的最大总质量为（　　）t，20ft 集装箱的最大总质量为（　　）t。
14. 集装箱的尺寸代码用两个字符表示，第 1 个字符表示（　　），第 2 个字符表示（　　）。

15. 集装箱的箱型代码用两个字符表示，第1个字符表示集装箱的（　　），第2个字符表示集装箱的（　　）。

16. 用于在码头前沿进行集装箱船舶装卸的专用机械，主要有（　　）；用于堆场上集装箱的堆码、拆垛和转运的专用机械称为集装箱堆场作业机械，其主要机型有跨运车、（　　）、轨道式集装箱龙门起重机、集装箱正面吊运机、集装箱叉车等；用于集装箱货场及公路运输集装箱的专用机械称为集装箱水平运输机械，其主要类型有（　　）、（　　）等。

17. 根据作业功能的不同，集装箱码头一般由（　　）、（　　）、控制塔、大门、集装箱货运站、维修车间、集装箱码头办公楼等组成。

二、选择题

1. 国际上，将（　　）长度集装箱称为标准箱。
　　A. 40ft　　　　B. 30ft　　　　C. 20ft　　　　D. 10ft

2. 标准集装箱的英文缩写是（　　）。
　　A. TUE　　　　B. TEU　　　　C. TUF　　　　D. UET

3. 1个30ft的实物集装箱等于（　　）个TEU。
　　A. 0.5　　　　B. 1　　　　　C. 1.5　　　　D. 2

4. 某货物集装箱型号为1BX，则这种集装箱的长度和高度分别为（　　）。
　　A. 40ft, 8ft　　B. 30ft, 8ft　　C. 30ft, <8ft　　D. 20ft, 8ft

5. 使用集装箱专用吊具吊装集装箱时，集装箱的角件与吊具上的（　　）相配合。
　　A. 钢丝绳　　　B. 旋锁　　　　C. 固定槽　　　D. 旋转件

6. 集装箱起重运输机械的类型主要包括（　　）。
　　A. 岸边集装箱起重机　　　　　B. 集装箱堆场作业机械
　　C. 集装箱水平运输机械　　　　D. A+B+C

7. 用于码头岸边装卸集装箱船舶和车辆的专用机械是（　　）。
　　A. 门座起重机　　　　　　　　B. 岸边集装箱起重机
　　C. 集装箱堆场作业机械　　　　D. 集装箱水平运输机械

8. 用于堆场上进行集装箱的堆码、拆垛和转运的专用机械称为（　　）。
　　A. 门座起重机　　　　　　　　B. 岸边集装箱起重机
　　C. 集装箱堆场作业机械　　　　D. 集装箱水平运输机械

9. 集装箱水平运输机械，其主要类型有（　　）。
　　A. 门座起重机
　　B. 岸边集装箱起重机
　　C. 轮胎式集装箱龙门起重机
　　D. 集装箱的牵引车、挂车、AGV小车

10. 岸边集装箱起重机两条行走轨道中心线之间的水平距离称为（　　）。
　　A. 基距　　　　B. 轨距　　　　C. 外伸距　　　D. 内伸距

11. 目前岸边集装箱起重机广泛采用的前大梁的结构形式是（　　）。
　　A. 俯仰式　　　B. 折叠式　　　C. 滑梁式　　　D. B 和 C
12. 集装箱跨运车不具有的工作机构是（　　）。
　　A. 起升机构　　B. 变幅机构　　C. 运行机构　　D. 转向机构
13. 轨道式集装箱龙门起重机的两侧轨道中心线到悬臂端吊具中心线之间的距离，称为（　　）。
　　A. 跨度　　　　B. 幅度　　　　C. 基距　　　　D. 悬臂伸距
14. 集装箱正面吊运机的运行距离一般在（　　）m 以内较为合理。
　　A. 40～50　　　B. 100～200　　C. 300～400　　D. 100～1000
15. 下列不属于跨运车系统主要优点之一的是（　　）。
　　A. 一机完成多种作业
　　B. 机动灵活，岸边集装箱起重机无须准确对位
　　C. 堆场的利用率较高
　　D. 设备投资小
16. 轮胎式集装箱龙门起重机跨距内一般可跨（　　）。
　　A. 6 列集装箱和 1 列集装箱卡车
　　B. 4 列集装箱和 1 列集装箱卡车
　　C. 3 列集装箱和 2 列集装箱卡车
　　D. 6 列集装箱和 2 列集装箱卡车
17. 集装箱牵引车拖带挂车的方式多数采用（　　）。
　　A. 全拖挂方式　　　　　　　B. 半拖挂方式
　　C. 混合拖挂方式　　　　　　D. B 和 C
18. 双轴式的集装箱牵引车，一般用于牵引装运（　　）。
　　A. 20ft 集装箱挂车　　　　　B. 40ft（45ft）集装箱挂车
　　C. 20ft 集装箱半挂车　　　　D. 40ft（45ft）集装箱半挂车
19. 三轴式的集装箱牵引车，一般用于牵引装运（　　）。
　　A. 20ft 集装箱挂车　　　　　B. 40ft（或 45ft）集装箱挂车
　　C. 20ft 集装箱半挂车　　　　D. 40ft（或 45ft）集装箱半挂车
20. 集装箱水平运输机械，一种 AGV 小车是指（　　）。
　　A. 集装箱卡车　　　　　　　B. 集装箱自动导向搬运车
　　C. 集装箱叉车　　　　　　　D. 载重卡车

三、判断题

1. 集装箱船舶大型化是集装箱运输发展的趋势之一。　　　　　　　　　（　　）
2. 《系列 1 集装箱　分类、尺寸和额定质量》（GB/T 1413—2008）中，集装箱型号有 15 种。　　　　　　　　　　　　　　　　　　　　　　　　　（　　）
3. 各类集装箱的底部都设有叉槽以便用集装箱叉车装卸集装箱。
　　　　　　　　　　　　　　　　　　　　　　　　　　　　　　（　　）

4. 我国出口的冷冻海产品都是用普通干货箱装运的。（   ）
5. 罐式集装箱是专门用于运输液体产品的。（   ）
6. 国际标准集装箱必备识别标记必须由 4 个字母和 7 个数字组成。
（   ）
7. 箱高超过 2.6m 的集装箱必须有标注，该标注属于必备标记。（   ）
8. 集装箱的最大总重就是最大允许载货量之和。（   ）
9. 从事国际运输的集装箱必须带有通行标记。（   ）
10. 岸边集装箱起重机是集装箱码头前沿装卸集装箱船舶的专用起重机，主要应用专用集装箱吊具完成集装箱的装卸船作业。（   ）
11. 跨运车可以带箱行走，而轮胎式集装箱龙门起重机不能带箱运行。
（   ）
12. 集装箱正面吊运机可以跨排作业。（   ）
13. 集装箱码头的大门只是集装箱和集装箱货物的交接点。（   ）
14. 集装箱拼箱货物的装箱和拆箱是在后方堆场进行的。（   ）
15. 自动导向车系统是目前国际上一种先进的集装箱装卸工艺系统。
（   ）
16. 自动式吊具是目前岸边集装箱起重机上使用最为普遍的吊具。
（   ）
17. 跨运车有专用型和通用型两种。（   ）
18. 小型纸箱货装箱时，为防止塌货，应采用纵横交叉的堆装法。（   ）

四、简答题

1. 集装箱运输的优越性有哪些？
2. 集装箱专用码头应具备哪些条件？
3. 集装箱有哪些主要种类？各种类用途有哪些？
4. 集装箱吊具的类型有哪些？
5. 集装箱起重运输机械主要类型有哪些？各有何用途？
6. 岸边集装箱起重机有哪些主要技术参数？
7. 简述集装箱装卸工艺系统选择的影响因素。
8. 集装箱码头一般由哪些部分组成？简述其各部分的作用。
9. 木箱货和桶装货的装箱工艺要求各有哪些？
10. 查阅资料，研究分析集装箱码头新型装卸工艺方案。

五、工艺流程题

1. 试说明集装箱装卸的岸边集装箱起重机—跨运车工艺系统的组成、作业过程、工艺流程、系统特点。
2. 试说明集装箱装卸的岸边集装箱起重机—集装箱卡车—轮胎式集装箱龙门起重机工艺系统的组成、作业过程、工艺流程、系统特点。

第五章 CHAPTER FIVE
木材装卸工艺

 知识目标

1. 了解木材的分类,以及木材的运输、装卸和保管的特点。
2. 掌握木材装卸工属具的类型和特点。
3. 掌握木材装卸和搬运机械的类型、特点和适用范围。
4. 掌握木材装卸工艺系统的类型、系统组成、装卸工艺的方案、特点。
5. 通过木材装卸工艺案例,掌握装卸工艺机械配备、装卸工属具的选择、工艺流程、工艺布置,懂得木材装卸工艺方案存在的主要问题及解决方向。

 能力目标

1. 具备木材装卸工艺的基础知识。
2. 具备木材装卸工艺方案分析和应用能力。

 素质目标

1. 具备从事港口木材装卸工作需要的职业理想、职业道德、职业素养。
2. 具备从事港口木材装卸工作的科学思维方法,提高分析问题和解决问题的能力。
3. 培养从事港口木材装卸工作需要的敬业、精益、专注、创新的工匠精神。

第一节 概述

木材被广泛应用于交通、电力、建筑、化工、纺织、造纸、军事、宇航等行业,木材被制作成各种工具、农具、家具、工艺品、乐器等,满足人们不断增长的物质和文化需要。因此,木材作为一种生产资料,在国民经济中发挥着重要作用,是装卸运输生产的重要资源。

一、木材分类

木材主要可分为圆木和成材木两大类。

1. 圆木

圆木分为长圆木和短圆木两种。长度大于或等于 4m 的圆木称为长圆木。这类圆木主要用于建筑业(如梁、木桩)、造船业(如木船的龙骨、桅杆)、电力行业(如电杆木)等。长度在 4m 以下的圆木称为短圆木。这类圆木常用于做坑木,我国东北的榆木、桦木、杨木等都是短圆木的木材品种。短圆木还可用作造纸工业和民用的薪材(烧火用的木柴)。

2. 成材木

成材木是经过加工或初步加工的木材。成材木分为方木和板材两种。宽度与厚度之比小于 3 的成材木称为方木;宽度与厚度之比大于或等于 3 的成材木称为板材。

除上述两大类木材外,海船经常运输的还有枕木、制箱板及胶合板等。木材装卸原本属于件杂货装卸工艺,由于木材运输保管要求的独特性,在木材运输量增加的情况下,港口木材装卸泊位和木材装卸工艺逐渐形成。近年来,随着人类对森林自然资源的保护和木材替代品的发展,圆木的采伐量逐步减少,木材专用泊位新建速度放慢,木材的装卸作业已出现在通用码头。尽管如此,木材在装卸运输和保管方面仍有独特要求,需要在港口装卸和保管中予以重视。

圆木和成材木在港口吞吐量较大,国内建有多个木材码头,如江苏太仓万方国际码头。此外,随着我国经济的发展,国内市场对木浆的需求量越来越大,目前木浆厂所需木片原料大部分从国外进口。木片装卸可归属散货装卸范畴。本章主要讨论圆木和成材木装卸。

二、木材运输、装卸和保管的特点

1. 木材是一种长、大、笨、重的货物

圆木长度一般为 4~10m,直径在 100mm 以上。长大的木材可重 4~5t,与其他件杂货相比,操作更为困难,特别是舱内作业不仅费力、费时,而且不安全。为了确保木材的装卸作业安全,要求运输木材船舶的舱口面积大,而且只有单层甲板;装卸作业还可使用专用的木材装卸吊具,以提高装卸效率和避免作业事故的发生。

2. 木材的含水率高而且含水率变化范围大

新伐木材含水率可达 70%~140%,干木材含水率则为 4%~12%,因此木材不是以质量计,而用体积来表示,单位为 m^3。体积单位与质量单位的换算可参考有关规定,一般情况下,针叶树为 $380kg/m^3$、大长圆木为 $968kg/m^3$、成材木为 $600kg/m^3$。

3. 木材的品种、规格多

木材的品种、规格多,对装卸机械的结构及生产率有特别要求,以枕木为例,有宽轨枕木、窄轨枕木和准轨枕木。又如在横断面面积相同时,一捆木材的质量随木材的相对密度及长度而变,由此在选择装卸机械的起重量、吊货工夹具的尺寸及实际操作时,要十分小心,以免机械超载起吊。在木材品种和票数多的情况下,需要分垛保管,货堆之间要留有堆拆垛机械作业的通道,同时还要考虑堆场作业的安全,木材的堆放不能过高。因此,场地的利用率相对较低,木材专用泊位要有足够的木材堆场面积。

4. 木材的积载因素大

积载因素,即货物单位质量所占的体积,单位是 m^3/t。木材的积载因素较大,这是由于木材的密度较小。如湿木材的密度为 $0.75 \sim 0.96t/m^3$,积载因素却达 $1.3 \sim 1.04m^3/t$;干木材在含水率为15%时的密度是 $0.44 \sim 0.76t/m^3$,但积载因素为 $1.3 \sim 2.3m^3/t$。为了使船舶舱容和载质量得到充分利用,通常情况下采用轻重货(如铁木)搭配的船舶配载方式,所以在木材专用泊位上也要配置港口装卸设备及工属具,以减少船舶装卸作业过程中的移泊次数。

在木材装车作业时,为充分利用车辆的载质量,也常常在车辆的车厢两边加装支柱,适当加高木材的装载高度。因此,选用装车机械时,要保证机械的起升高度能符合木材装载高度的要求。

5. 木材易腐烂、生青斑和木蕈,易龟裂及弯曲

木材发生腐烂、生青斑会致使木质下降,发生这种情况的原因主要是木材含水率高。当木材的含水率为25%~60%时,最易遭到真菌侵害,木蕈长得最快,进而造成木材腐烂。防止的方法是采用适当的木材保管方法,同时要加强对进口木材的选材、加工和防疫的措施。木材不规律或快速干燥过程中,较易造成木材龟裂与弯曲。

圆木的保管方法有两种:湿法保管和干燥保管法。湿法保管适用于未去皮的木材。采用湿法保管时,可将木材浸在水中或密堆在货场上,在天气干热时适当加水,使木材长久保持比较高的湿度,以防止木蕈的生长。已去皮的木材宜采用干燥保管法。采用干燥保管法时,应将木材稀疏堆放,并保持良好的通风,使木材保持干燥。

不同的木材保管方法需采用不同的木材堆垛形式。最基本的木材堆垛形式分为分层堆垛和紧密堆垛两种。干燥保管法宜采用木材的分层堆垛形式,分层堆垛时,堆场上可使用起重机,装卸工属具采用钢丝绳扣;采用紧密堆垛形式,装卸工属具常采用木材抓斗。图5-1 所示是圆木紧密堆垛形式。紧密堆垛形式有利于充分利用堆场的堆存能力,特别在木材成组运输时更为适用。

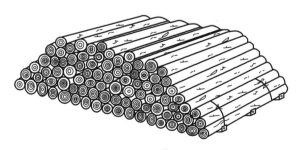

图 5-1 圆木紧密堆垛形式

无论采用何种堆垛形式,在货垛间要留出1m 的通道,每隔150m 要有10m 宽的消防道路。

另外,要说明的是,成材木的保管要求比圆木更高。为了使成材木不弯曲、不变形,要求堆场的地面平整,分层堆放的板层之间要加垫板,货堆的地面要易排水,堆垛的垛顶要用木板搭成斜面遮盖,防止日光强烈地照射。

6. 木材的浮性

木材在水中具有浮性,因此在水中可采用浮运方法运输木材。木材的浮运方法是把木材

扎成木排在水中拖运。利用木材的浮性可改变木材的装卸工艺过程,如圆木可以先将木材自卸船上卸到水中,然后将木材从水中拖上岸。目前,这种装卸工艺在海港很少采用。

三、木材在港口的装卸概况

森林树木被伐倒后,需要通过陆路或水路运送到贮木场或需要木材的单位,这就涉及木材装卸运输生产问题,国内外木材运输类型基本上分为陆运、水运、空运和管运(管道运输)四种。水运是木材运输体系的一个子系统,它分为内河运输和海洋运输。木材在港口的装卸是木材水运的一部分。

木材在港口的装卸工艺由木材装卸船工艺、水平输送工艺、库场作业工艺三个作业环节组成。

1. 木材装卸船工艺

(1)人工吊装法。由工人在舱内捆绑操作(或摘挂钩),再利用船舶起重机或岸上起重机吊至码头(或相反)。目前我国一些港口还在使用这种方法。

(2)木材抓斗装卸船。木材抓斗装卸船是20世纪50年代兴起的,并很快发展成一种新的工艺,使用木材抓斗装卸船作业,需要与船舶起重机或岸上起重机配合进行。这种装卸方式的最大优点是装卸作业中能做到人、木分离,保证作业人员的人身安全。

(3)木材专用船装卸。许多国家木材的进出口量很大,因此,特建造木材专用船,其船舶上配置有木材装卸机械。其机动性能好、使用方便、效率高。

(4)木材自卸船。木材自卸船也是专用船的一种,这种船利用船底的斜坡或向船舶专门水舱注入水使船体发生倾斜,然后靠圆木的自重和圆柱面滚动滑入水中,再用浮式起重机或岸壁起重机等从水中打捞上岸;或在水中扎成木排,用拖船拖至水上贮木场。这种船效率极高,但需要有宽阔的水域,且对比重大于水的木材不适用。

2. 水平输送工艺

(1)在一般港口,对长大的木材常采用牵引车、挂车做水平输送工具,运输量大,效果很好。对运输距离稍短的,则可使用叉车搬运木材。这种水平输送工艺的特点是机动灵活、操作方便,但需要宽敞的道路,圆木容易滚落,故需十分注意安全问题。

(2)机械化程度较高的港口大多采用木材装载机,即叉车配置不同的抱夹装置。木材装载机的特点是起重量大,一般为5t以上,起升高度大,抓叉张开时离地面高度可达9~10m;各种工作机构均为液压驱动,操作方便、灵活、省力,机械转弯半径小,不需人员辅助作业,适用于木材的短距离搬运作业。其作业方式有从上向下抓抱的高抓式和正面铲抱的抱抓式两种。

3. 库场作业工艺

库场作业工艺是库场木材堆码垛或装卸车的作业,它可以采用有轨运行起重机,如桥式起重机、门座起重机等。也可以采用流动式装卸搬运机械,如轮胎起重机、木材装载机、液压曲臂起重机等。

在具体的装卸生产组织中,上述三个工序可根据具体情况运用各种机械、抱夹工具等,以不同的形式组成不同的生产作业线。譬如,当码头离堆场较近时,可组成门座起重机—木材装载机的生产作业线等。

第二节　木材装卸工属具

一、圆木装卸工属具

圆木装卸工属具有双钩、钢丝绳扣、圆木夹钳吊具、带钩吊索、木材抓斗等。

用双钩(马钩)和钢丝绳扣装卸木材如图5-2所示,图5-2a)专门用于船舶装卸,图5-2b)专门用于堆场作业。圆木装卸工属具,在使用钢丝绳扣时要成对使用,两根钢丝绳扣的放置位置及长短要相当。装卸作业时,圆木下方需要货垫,以方便钢丝绳扣抽取。这种圆木装卸工属具需要人工摘挂钩,装卸效率较低。

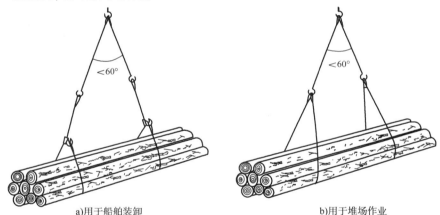

a)用于船舶装卸　　　　　　　　　　b)用于堆场作业

图5-2　双钩(马钩)和钢丝绳扣装卸木材

圆木夹钳吊具如图5-3所示,带钩吊索如图5-4所示,都可用来装卸没有货垫的大圆木。

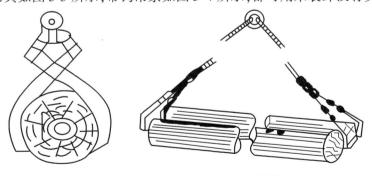

图5-3　圆木夹钳吊具　　　　　图5-4　带钩吊索

木材抓斗是装卸圆木的专用工属具,有多种类型。

根据抓斗开闭的驱动方式不同,木材抓斗可分为绳索式抓斗、动力抓斗。绳索式抓斗依靠绳索滑轮组产生闭合力,使抓斗启闭,一般有单绳抓斗、双绳抓斗、四绳抓斗。图5-5所示是绳索式木材抓斗的基本结构，图5-6所示是双绳木材抓斗吊装圆木。动力抓斗是利用抓斗上的动力装置和传动装置使抓斗启闭，如液压抓斗、气动抓斗、电动抓斗等，其中液压抓斗应用广泛。图5-7所示是液压木材抓斗抓取圆木。

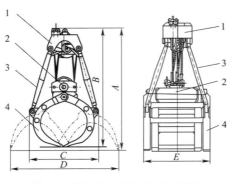 

图5-5　绳索式木材抓斗的基本结构　　　　图5-6　双绳木材抓斗吊装圆木
1-头部；2-下横梁；3-撑杆；4-颚爪

图5-7　液压木材抓斗抓取圆木

木材抓斗根据抓斗颚爪（俗称抓指）数目分为双颚爪抓斗、三颚爪抓斗、四颚爪抓斗等。应用广泛的木材抓斗是三颚爪抓斗、四颚爪抓斗。三颚爪抓斗的两个颚爪在一面，还有一个颚爪在另一面，颚爪闭合时，木材抓斗紧紧抓住木材，但这种抓斗在颚爪抓取木材时，木材容易发生倾斜，作业不便。四颚爪抓斗的颚爪对称分布于抓斗的两侧，抓斗抓取木材时，操作安全方便，木材不易发生倾斜，这种抓斗在港口应用最广泛。

使用木材抓斗装卸圆木，抓斗结构简单，操作方便，劳动生产率高，装卸作业中能做到人、木分离，保证作业人员的人身安全，但木材抓斗的自重较大。木材泊位配置的起重机的起重量通常在10t或10t以上。木材抓斗的技术参数和适用条件如表5-1所示。

木材抓斗的技术参数和适用条件　　　　表5-1

抓斗类型	爪齿最小夹抱直径(m)	爪齿开度(m)	爪齿宽度(m)	抓斗自重(t)	滑轮组倍率	适用抓取圆木长度(m)	起重机械类型
5t双绳圆木抓斗	0.2	2.5	1.4	1.2	3	2～4	8t轮胎起重机
						6～8	5t门座起重机
7.5t双绳圆木抓斗	0.3	2.6	1.6	1.6	3	2～6	5t门座起重机
						2～8	16t轮胎起重机
10t单绳圆木抓斗	0.3	3	1.8	2.9	3	4～10	10t门座起重机

续上表

抓斗类型	爪齿最小夹抱直径(m)	爪齿开度(m)	爪齿宽度(m)	抓斗自重(t)	滑轮组倍率	适用抓取圆木长度(m)	起重机械类型
10t 双绳圆木抓斗	0.3	3	1.92	3.6	5	2~8	7.5t 单杆、克令船吊
						2~10	10t 单杆、克令船吊
15t 单绳圆木抓斗	0.35	3.5	2	4.3	3	3~6	10t 单杆、克令船吊
						6~12	≥15t 单杆、克令船吊

二、成材木装卸工属具

装卸成材木的工属具主要是吊带和压紧式夹具。

吊带是用细钢丝和细麻绳编织成的。用吊带代替钢丝绳可以避免成材木在装卸过程中被损坏。

压紧式夹具如图5-8所示。在起吊作业时,夹具下部深入成材木板的下方,杠杆式夹具置于成材木板的上方,并与起重机的吊钩相连,起吊时,可将货组紧紧压住。利用压紧式夹具做货组时,不需要搬动板材,并可保证板材质量。压紧式夹具可配在起重量不大的起重机上用来装卸铁路车辆或卡车。

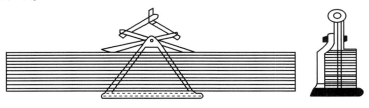

图 5-8 压紧式夹具

三、木材成组运输工具

木材成组运输是木材借助成组运输工具进行运输和保存的一种装卸工艺。木材成组运输不仅可以大大提高装卸效率,而且可以防止散运木材装船时因抽钩而使钩头在空中游荡伤人和圆木在舱内滚动挤伤工人。由于成组运输不能混票,有利于保证木材运输和保管的质量。

木材成组运输工具的种类有很多,可分为刚性的、柔性的和半刚性三类。刚性的成组运输工具是木材、钢管或型钢等材料制成的框架,木材装入框架后用钢丝捆紧。柔性的成组运输工具主要是钢丝绳扣,半刚性的成组运输工具主要由钢条和链条制成。大型的成组运输质量通常为10~15t,也有高达30t的。

四、其他木材装卸工属具

其他木材装卸工属具还包括用于装卸短圆木和小的板材的网络,以及各式各样的木材索具。其中木材钢丝绳扣的结构和钢材钢丝绳扣的结构类似,而长度较钢材钢丝绳扣长。木材钢丝绳扣既可用作装卸工属具,也可用作成组运输工具。

第三节　木材装卸搬运机械

一、装卸船舶机械

木材码头装卸船舶上圆木和成材木的机械与件杂货码头相似,有岸上起重机和船舶起重机(也称船舶起货机,简称船吊)两大类。常用的岸上起重机主要有门座起重机(简称门机)、轮胎起重机和履带起重机等;船舶起重机主要有吊杆起货机、回转式起货机。图 5-9 所示为木材船舶,图 5-10 所示为木材船舶装卸机械。

图 5-9　木材船舶

图 5-10　木材船舶装卸机械
（扫码观看数字资源）

木材码头装卸船舶机械的选型应根据船型、木材的运量、木材的种类和工艺布置等因素经比较后选定。

木材码头使用门座起重机装卸船舶的特点是装卸效率高、机械的通用性好,既便于木材的直取作业,又可进行水中起运木材作业,对船舶的适应性好,是木材码头最常使用的装卸船舶机械,特别适合装卸非木材专用船舶。木材码头采用门座起重机装卸船作业时,门座起重机的起重量一般要大于 10t,其吊臂的最大工作幅度应满足船舶甲板货物的装卸要求。

轮胎起重机主要用于装卸木材驳船。

采用船舶起货机的特点是装卸工艺系统简单,码头可不专门设置装卸船舶机械,因而可节省系统的投资;但船舶起货机的装卸效率低,起货高度受码头水位的限制,特别是在码头水位较低时,不利于木材的装卸作业。

二、水平运输机械

木材码头水平运输机械主要有牵引车挂车(也称牵引车平车或拖头平车)、卡车、木材装载机及液压曲臂起重机等几种。

1. 牵引车挂车

牵引车挂车是木材码头最主要的水平运输机械,一般由牵引车和挂车(平板车)组成,牵引车拖带挂车。根据木材的长度要求,可选用加长和加大牵引力的牵引车作为码头的水平运输机械。如图5-11所示,牵引车一般拖带一辆平板车,也可以拖带两辆或两辆以上平板车。平板车在进行水平运输时,平板车装圆木一律纵向装载,紧靠圆木架栏桩顶部的圆木,直径2/3须在栏桩内,装载重心接近平板车中心,两端参差不齐不超过0.5m。牵引车挂车的特点是机动灵活,但需要圆木装载机或起重机进行装卸,其适用于运输距离较长的堆场。

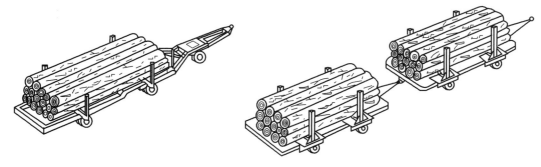

图5-11 平板车

2. 卡车

卡车也是水平运输木材的机械,其装载方法分为纵向装载和横向装载,如图5-10所示。纵向装载如图5-12a)所示,卡车车架一般分段配置插桩,紧靠圆木架栏桩顶部的圆木,直径2/3须在栏桩内。横向装载如图5-12b)所示,卡车车架无插桩时,需用绳索将每段圆木捆绑成整体。超出车厢部分两边对称,两端参差不齐不超过200mm。横向装载进行港区内水平运输,限于长度小于4m的圆木。

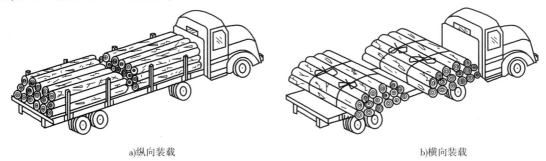

a)纵向装载　　　　　　　　　　　　b)横向装载

图5-12 卡车水平运输木材装载方法

(扫码观看数字资源)

卡车水平运输木材装载应合理排摆,直径大的和直的圆木应装于下层及两侧,并紧靠侧板,直径小的和弯曲的圆木应将弯头向下,装于中间呈凹形,使每层圆木滚动力向内,相互挤紧。圆木的大小头要相互颠倒、紧密排摆,避免形成向前或向后的溜坡。车内前端圆木头部应顶靠端板,不得压端板。超出车厢板后层层压缝起脊,满足驾驶员装车要求。驾驶员用自备紧固器进行绑扎加固后,车辆方能运行,如图5-13所示。卡车水平运输木材一般适用于堆场或公路运输。

3. 木材装载机

木材装载机是木材水平运输、堆拆垛和装卸车的专用机械。这种机械在车辆的底盘上配装叉架装卸工具、铲装或抓取木材的自行式起重机械。木材装载机按用途的不同,分为圆木装载机和成材木装载机;按行走装置的不同,分为履带式和轮胎式两类。履带式木材装载机采用履带行走装置,其接地比压小,承载能力大,稳定性能好。但行驶速度慢,机动性差,易损伤路面,在港口应用较少。如图 5-14 所示,轮胎式木材装载机采用轮胎行走装置,其特点是抓取木材方便,行驶速度快,机动性能好,因此应用广泛,适用于多规格的圆木的短途运输和货场的堆拆垛作业。

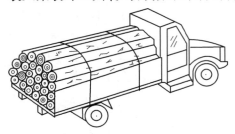

图 5-13　上车装载圆木的绑扎加固

木材装载机根据叉架位置不同可分为正面装载机和侧面装载机两类,有的叉架还具有旋转、左右摆动等功能。正面装载机一般在堆场通道较宽的情况下使用,如堆场通道狭窄,可选择侧面装载机。

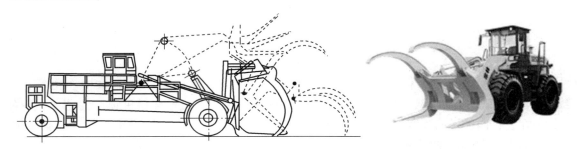

图 5-14　轮胎式木材装载机

4. 液压曲臂起重机

液压曲臂起重机(图 5-15)广泛用于装卸木材、堆垛拆垛和场内运输。这种起重机是在车辆的底盘上设置液压曲臂,曲臂由两节或三节铰接组成,液压曲臂顶端安装木材抓斗。曲臂上有液压油缸,通过液压油缸的伸缩,实现木材抓斗的升降和变幅,有的液压曲臂还能 360°回转,功能更完善。木材抓斗的启闭一般也采用液压驱动。

图 5-15　液压曲臂起重机

这种起重机的特点是操作灵活,作业面大,任意选择抓取方向,落点准确,抓取时不需人力辅助作业,安全可靠。

三、堆场作业机械

木材堆场作业机械主要包括桥式起重机、门座起重机、流动起重机和装载机等。用臂幅较大的流动起重机来从事堆拆垛作业可以增加木材堆垛的高度,并有利于装卸长度较长的木材。

相比之下,木材堆场使用门座起重机或桥式起重机时,可以增加货堆的高度,提高堆场面积的利用率。

第四节 木材装卸工艺系统

木材装卸工艺系统包括装卸工属具、装卸运输机械、堆场等设备设施。

木材装卸工艺的类型主要有圆木装卸工艺、成材木装卸工艺、木材水中起运工艺和木材装车工艺。在我国海港木材装卸中常见的是前两种,木片装卸运输有集装箱化的趋势,木片浆化运输技术还未能在我国得到较快发展。

一、圆木装卸工艺

圆木的集疏运方式多种多样,由铁路、河驳、木排、汽车运到港口,再由海船运出港;或相反。圆木装卸工艺组织要考虑装卸工属具配备、装卸运输机械配备、装卸工艺系统布置、装卸工艺流程、装卸工艺操作要点等。

1. 装卸工属具配备

船、驳装卸、堆垛作业及扎排作业,尽可能使用抓斗。装卸红木、花梨木等贵重圆木,圆木重量或直径超过抓斗技术性能的以及舱内圆木票数多、易混票时,使用钩头钢丝绳组成货组。

2. 装卸运输机械配备

(1)装卸船舶(驳)机械:船舶起重机、门座起重机。
(2)水平搬运机械:牵引车挂车、木材装载机、液压曲臂起重机。
(3)库场作业机械:轮胎起重机、门座起重机。
(4)装卸车机械:轮胎起重机、门座起重机、木材装载机。

3. 装卸工艺系统布置

根据圆木装卸机械化系统的配置,圆木装卸工艺系统布置形式主要有三大类:第一类是由船舶起重机与流动机械组合而成的装卸工艺系统;第二类是由门座起重机与流动机械组合而成的装卸工艺系统;第三类是由门座起重机与装卸桥组合而成的装卸工艺系统。

1)船舶起重机—流动机械装卸工艺系统

该装卸工艺方案船舶起重机用于装卸船舶作业,流动机械用于水平搬运、库场作业、装卸车作业。

这种工艺方案的特点：系统简单，如采用船舶起重机进行木材装卸作业，可节省港口设备的投资；流动机械机动性强，操作方便、灵活。但流动机械操作需要较大的陆地面积，影响货场堆存面积的有效利用，船舶起重机的起重量在不能满足木材装卸要求的情况下，需要再设置大起重量的岸机。

船舶起重机—流动机械的装卸工艺方案适用于专用船舶的装卸作业。我国一些港口也采用这种装卸方案。

2）门座起重机—流动机械装卸工艺系统

在这种工艺方案中，通常采用门座起重机来进行装卸船舶作业，选用牵引车挂车、装载机进行水平搬运作业，轮胎起重机或门座起重机进行库场作业。这是木材装卸中最常见的一种装卸工艺形式。

门座起重机的工作特点如同件杂货装卸工艺中门座起重机的工作特点；木材装载机在木材装卸码头前沿至堆场之间进行水平运输，它可稳固地夹住木材，但堆垛木材的高度十分有限，同时作业效率也不高。因此只适用于运量和装卸量不大的堆场作业，或者堆场的辅助作业。对专用化的木材泊位，木材的水平运输还是以牵引车挂车为主。在木材专用的牵引车挂车上设置 U 形货架，如图 5-16 所示，其作用是防止木材在运输过程中滚下。

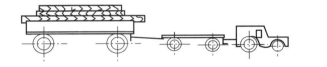

图 5-16　木材专用牵引车挂车

3）门座起重机—装卸桥装卸工艺系统

该系统也称一线门座起重机、二线装卸桥系统，如图 5-17 所示。系统采用门座起重机进行装卸船舶作业，装卸桥用于库场作业。

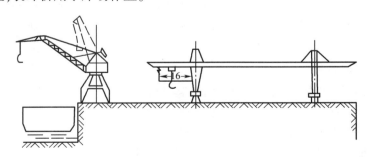

图 5-17　一线门座起重机、二线装卸桥工艺系统（尺寸单位：m）

这种系统的特点：布置简单，但由于码头上的门座起重机与二线装卸桥的作业范围不易衔接，装卸桥要在作业过程中经常移动，影响装卸效率，所以需要另外配置牵引车挂车作为水平运输机械，使门座起重机与装卸桥在作业时相互衔接。

为克服装卸桥作业范围不大的弱点，国外有的码头在装卸桥上设置回转式臂架型起重机，如图 5-18 所示。该起重机可以沿装卸桥梁移动，又可升降、回转、变幅。这种装卸桥作业范围较大,作业时与门座起重机衔接较好,但装卸桥整机重量大。当装卸桥在装卸后方铁路的车辆时,码头前沿的门座起重机可进行船舶装卸。

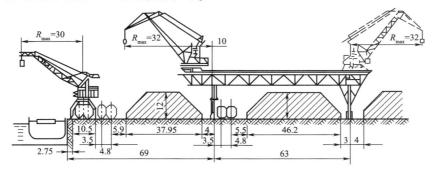

a)示意图

b)实物图

图 5-18 装卸桥上设置回转式臂架型起重机(尺寸单位:m)

对圆木装卸机械及其工艺方案的选择,要由码头、船舶、木材运输等具体情况确定。从卸船效率来看,上述工艺方案中相同的运输条件下,船舶起重机与门座起重机相仿。但由于木材码头的装卸操作过程较复杂,常常还要完成进口木材的捆扎和水中起运木材的作业,因此即使是以装卸木材专用船为主的,采用船舶起重机的木材泊位,也要配备门座起重机,采用船舶起重机和门座起重机联合作业方式。

4. 装卸工艺流程

圆木装卸工艺流程如图 5-19 所示。

5. 装卸工艺操作要点

为了确保木材装卸作业的安全,在具体作业操作过程中,要注意如下要点:

(1)木材车辆到港装卸,起重机借助钢丝绳从敞车中卸长圆木时,起重机先要做提头作业,即起重机用一根较细的钢丝绳将圆木的一头或两头吊起 0.3~0.4m,然后工人将吊货钢丝绳穿过圆木,做成货组。长圆木要用两根长度相同的钢丝绳扣起吊,货组由起重机从车内到货堆、船舶或木排上,人工摘钩后,起重机将吊货钢丝绳从货组抽出。

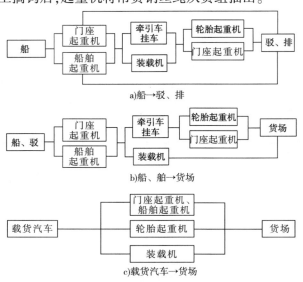

图 5-19　圆木装卸工艺流程

(2) 舱内作业是木材装卸工作中的薄弱环节,作业十分繁重。我国港口一般通过利用圆木滚动的特性减少舱内作业量,取得一定效果。其操作特点是先装舱口直下的圆木,再装船舱深处的圆木,即先把长圆木以纵向放在舱口直下位置,然后把短圆木顺着这些长圆木滚入船舱深处。为了减少仓容损失,可在船舱的四角用人工装入小木板。

(3) 用抓斗将木材从堆场装到船舶的过程中,一般抓斗将抓取的货组放在平台货架上聚集,再用起重机吊到船舱。为减少起重机的等候、聚集时间,起重机最好配备两个平台货架。

(4) 堆场很大时,一般在码头前沿布置起重机(称一线起重机),在堆场也设置起重机(称二线起重机),通过起重机之间的相互协作,完成木材的成组、短距离的搬运和装卸船作业。其协同操纵方式有两种:

第一种是堆场起重机在货场做关(组成货组),再传递给码头上的起重机装船。做关和将货组装船由两台起重机分别承担。作业线生产率可提高 20%~30%。

第二种是在船舶到达前,用堆场起重机将装船所需的木材堆放到码头起重机作业范围的操作场地(缓冲场地)。在装卸船舶时,堆场起重机可以从事后方铁路车辆的装卸工作。如果木材是散堆在操作场地,这样的作业方法要增加一次货物的装卸。这种作业方法只适用于成组装卸或至少操作场地的货物用绳扣捆住的情况。

上述装卸工艺方案都是可逆的。

(5) 在堆场上不设置大型起重机的情况下,可在堆场配备木材装载机,用于装卸车作业、堆码作业、拆垛作业。木材装卸机也可以完成木材堆场的水平运输作业。

(6) 圆木可以成组或以散件形式由木材船舶运输。如以散件形式运输,则可用船吊木材抓斗进行船舶装卸,木材装载机进行装卸车作业、水平运输作业和堆码作业、拆垛作业。用船吊木材抓斗代替舱内人力做关,不仅能保证安全作业,而且在同样条件下,舱时效率提高 40% 左右,人时效率提高 160% 左右。对长度长、货票少的木材,使用船吊木材抓斗效果较好。

(7)木材码头前方作用地带的宽度不宜小于30m。

(8)堆场距码头前沿较远时,可采用牵引车挂车进行水平运输,液压曲臂起重机进行堆垛。液压曲臂起重机配以圆木装卸机还可用于堆场上的木材装驳船;液压曲臂起重机还可以用于水中取木材。

(9)装火车可用液压曲臂起重机配以圆木装载机;装汽车可用液压曲臂起重机,也可用圆木装载机。

二、成材木装卸工艺

我国进口的木材中有相当部分是圆木,成材木和半成材木所占的比例较小。随着木材出口国采取更严格的限制圆木出口的政策,成材木和半成材木所占的比例将上升。

国外成材木出口基本上已实现成组装卸运输,正向大成组化的集装箱发展,成材木集装箱单元的质量达30t,成组板材木的质量约14.5t。

成材木散件装卸运输,装卸工艺组织也要考虑装卸工属具配备、装卸运输机械配备、装卸工艺系统布置、装卸工艺流程等。

1. 装卸工属具配备

成材木装卸工属具的配备要根据吊运单元选用相应规格及负荷的吊具。散支的方木、木板和长度小于4m的成捆方木、木板使用钩头钢丝绳和双钩。夹板、纤维板以及长度大于或等于4m的成捆方木、木板等使用双扣钢丝绳和双钩;袖木夹板、装饰板等较贵重的成材木使用双扣锦纶带或双扣锦纶绳和双钩。长度小于1m的方木、板料等使用木材网络、平板车上放置八角斗。稳关配用排钩或排篙,做关勾拉钢丝绳使用排钩。橇拨成材木使用铁橇棒。

2. 装卸运输机械配备

(1)装卸船舶(驳)机械:船舶起重机、门座起重机。

(2)水平搬运机械:牵引车挂车、卡车。

(3)库场作业机械:轮胎起重机、门座起重机、侧向装卸车、旋转式叉式装载车。

(4)装卸车机械:轮胎起重机、门座起重机。

(5)辅助机械:叉式装载车。

3. 装卸工艺系统布置

根据成材木装卸机械化系统的配置,成材木装卸工艺系统布置普遍采用门座起重机(或船舶起货机)—流动机械装卸工艺系统和门座起重机—桥式起重机装卸工艺系统。

1)门座起重机(或船舶起重机)—流动机械装卸工艺系统

在这种工艺系统中,采用门座起重机(或船舶起重机)用于装卸船舶作业,选用牵引车挂车在码头前沿至库场之间进行成材木的水平搬运,应用旋转式叉式装载车和侧向装卸车进行成材木货场内堆拆垛作业。这是成材木装卸中最常见的一种装卸工艺形式。

在成材木货场内进行堆拆垛作业,一般采用旋转式叉式装载车和侧向装卸车。

旋转式叉式装载车是一种叉架能在水平面内90°旋转的装卸车,由于叉架能旋转,所以能适应通道较窄的货场作业。一般情况下,当木材长7m时,堆拆垛处通道的宽度只要4.5~

5m,单向通道的宽度只要 3m,而一般叉式装载车的作业通道要 8m。图 5-20 所示为旋转式叉式装载车在成材木货场内进行的堆拆垛作业。

侧向装卸车是一种专门设计带有侧叉的叉式装载车。它的单向运输通道也只要 3m,而堆拆垛处的通道宽度比旋转式叉式装载车的还要小,但这种侧向装卸车只能堆拆纵向的货垛,因此不适用于木材品种多、批量小的货场作业。

2) 门座起重机—桥式起重机装卸工艺系统

门座起重机—桥式起重机装卸工艺系统中,采用门座起重机进行装卸船舶作业,装卸桥用于库场作业。在这种工艺系统中,如果码头前沿到库场之间距离较大,门座起重机与桥式起重机不能衔接作业,则需要另外配置牵引车挂车,在门座起重机与装卸桥之间水平搬运。

这种装卸工艺系统也可以用于成材木的货棚内作业,如图 5-21 所示。门座起重机的臂架幅度达 30m,门座起重机与桥式起重机能衔接作业。这种系统的特点是布置简单、装卸效率高,适用于专业化的成材木装卸码头。

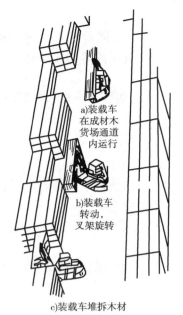

图 5-20 旋转式叉式装载车在成材木货场内进行的堆拆垛作业

a) 装载车在成材木货场通道内运行
b) 装载车转动,叉架旋转
c) 装载车堆拆木材

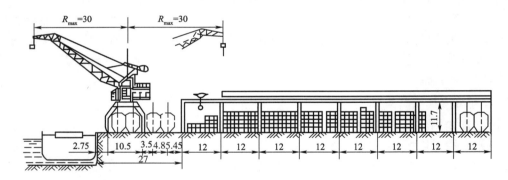

图 5-21 门座起重机—桥式起重机装卸工艺系统用于成材木的货棚内作业(尺寸单位:m)

如到港的船型是驳船,库内的桥式起重机可以进行船舶作业,如图 5-22 所示。

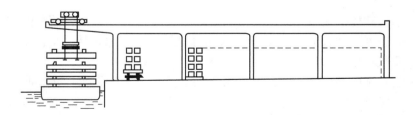

图 5-22 桥式起重机装卸驳船

4. 装卸工艺流程

成材木装卸工艺流程见图 5-23。

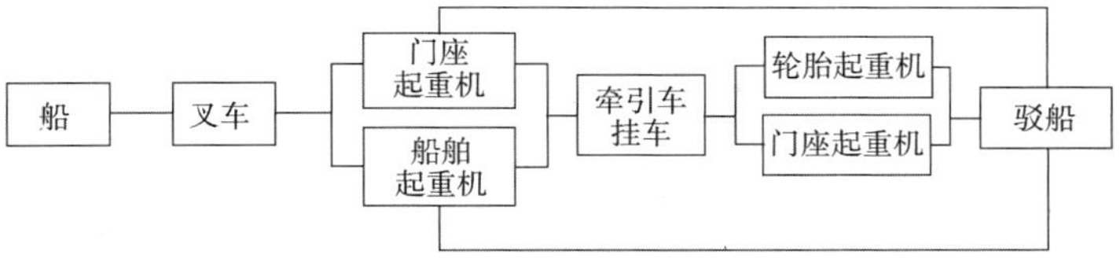

a) 船→驳船

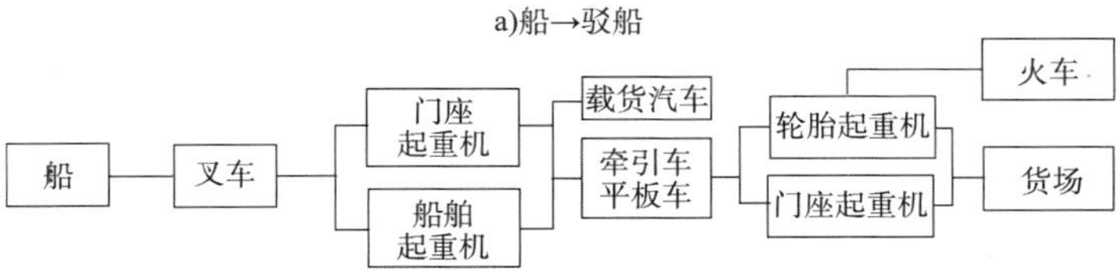

b) 船→货场(或火车、载货汽车)

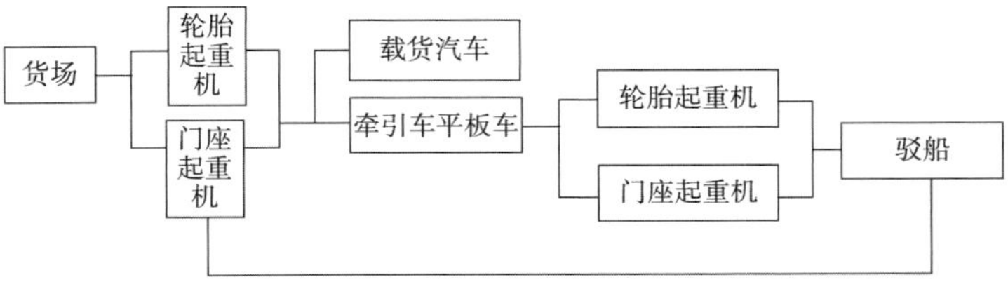

c) 货场→驳船(或载货汽车)

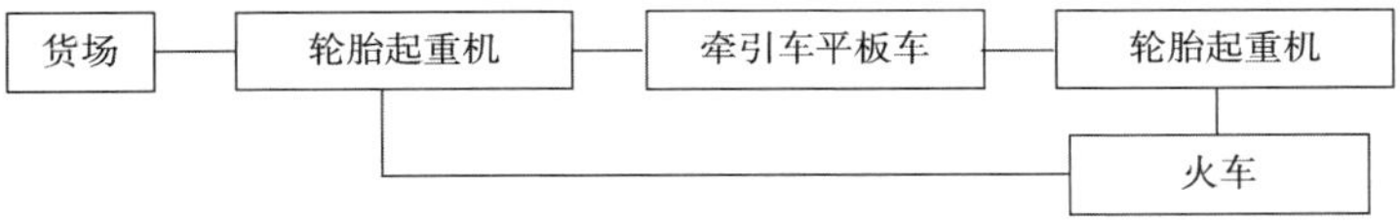

d) 货场→火车

图 5-23　成材木装卸工艺流程

三、木材水中起运工艺

1. 采用船舶起重机(或起重船)装卸工艺方案

为了将船舶运来的木材在水中保管一段时间再运到岸上或扎成木排继续运输,需要将圆木从船上卸到水中。一般的运木船上的木材是用船舶起重机或起重船配合自动摘钩的钢丝绳扣或抓斗卸到水中。

2. 自卸驳装卸工艺

为提高卸船的效率,可以采用自卸驳。自卸驳主要有两种形式:一种是舱底板设有斜坡的自卸驳,另一种是设有专用水舱的自卸驳。

图 5-24a) 所示是舱底板设有斜坡的自卸驳。舱底板有两个向两舷倾斜 10°～12°的斜坡。圆木沿船舶的首尾方向堆放,圆木由船舷边可放倒的支柱挡住。卸货时将支柱放倒,木材在几分钟内便可从驳船的两边滑入水中。

图 5-24b) 所示是设有专用水舱的自卸驳。当驳船一侧专用水舱充水后,驳船倾斜的 15°～20°便将沿船舶首尾方向堆放的圆木卸入水中。这种自卸驳在风浪较小的内河航行时,木材单件或成组横放在甲板的垫木上。在海上航行时,木材要用舷侧可放倒的支柱挡住,并用

钢丝绳、链条等索具固定。卸货后将水舱中的水排出,驳船就恢复到水平状态。

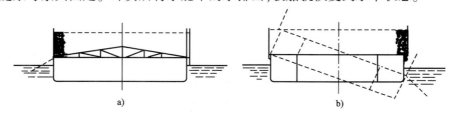

图 5-24 木材自卸驳
(扫码观看数字资源)

自卸驳装卸工艺的主要特点是卸船的效率高、操作简单,除了可以运输木材外,还可以运输各种适合在甲板驳上装载的货物。

一般来讲,将船运木材卸入水中,在水域内保管和运输,然后运到岸上使用陆运工具,其总费用比用岸上机械直接装卸木材要高,工人劳动生产率也较低。

3. 从水中起运木材装卸工艺

无论是船上木材卸入水中还是木材拖运到港,都需要从水中起运木材到岸上。从水中起运木材装卸工艺方案主要有门座起重机系统、绞车系统、横向木材输送机和纵向木材输送机工艺。

1)门座起重机系统

门座起重机系统是利用门座起重机从水中起运木材的装卸工艺系统。当水中起运的木材是由成捆的木材扎成的木排,货场纵深不大时,用门座起重机可直接将木材从水中起吊上岸。门座起重机系统还可以把岸上的木材运到水中捆扎成木排。该系统适用于直立式码头,效果特别好。

2)绞车系统

在斜坡式岸壁条件下,可以根据不同的条件采用绞车系统或输送机系统。图 5-25 所示为用绞车从水中起运木材。当木材被捆住以后,就开动绞车。在绞车作用下重载的绳索将木材拉到货场,空载的绳索就回到水面,因此在货场上将重货吊摘钩时,就可以同时在水面上将另一捆木材挂上。利用这种绞车系统装车时,要使用移动导架,木材捆通过移动导架被牵拉到车上。

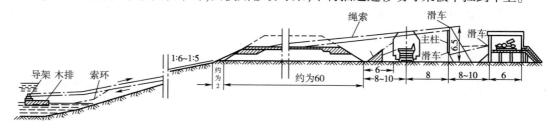

图 5-25 用绞车从水中起运木材(尺寸单位:m)

绞车系统的优点是生产率较高、系统简单、便于拆装,并可起运水中的成捆木材;绞车系统的缺点是不能在岸上分类,不便从一个货垛移到另一个货垛。

3)横向木材输送机和纵向木材输送机工艺

横向木材输送机和纵向木材输送机均为链条输送机。横向木材输送机由两根平行的链条组成,链条上有抓钩,也称受货器。纵向木材输送机由桁架上带双轮的小车和倒刺架链条组成,链条上每隔一定距离设有双轮小车倒刺架,双轮小车使链条运行,倒刺架的主要作用是固定起运的圆木。

横向木材输送机和纵向木材输送机工艺如图 5-26 所示。该工艺系统中,水中的木材先由横向木材输送机的抓钩抓住,然后沿横向木材输送机运送到纵向木材输送机的接头处,木材就沿滑槽滚到纵向木材输送机上,再由推木机把木材推向两边的堆场。

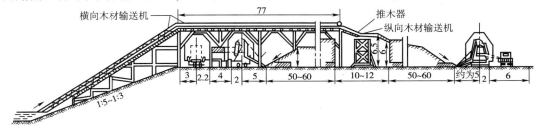

图 5-26 横向木材输送机和纵向木材输送机工艺(尺寸单位:m)

四、木材装车工艺

货场上的木材装车可以利用移动式木材装载机。装铁路车辆有两种方法:一种方法是利用木材装载机直接装车;另一种方法是木材装载机先把木材装在装货平台上,然后用成组方法把预先在装货平台上堆成的木材组装到平板车上去。采用这种成组装车法可以有效地解决港口木材装载机数量不足与港口装车任务不均衡之间的矛盾。但这种工艺的缺点是只适用于一次到港车辆多,而且是平板车的情况。

第五节 木材装卸工艺案例

一、基本情况

(1)某港两个木材专用泊位岸线长 334m,码头前沿水深 9m,陆域纵深 117～183m。堆场总面积 37600m^2,实际木材容量 27000m^3,木材一次堆存量为 2 万～2.5 万吨。

(2)疏运方式:驳船和卡车。

二、机械配备

两个泊位主要机械的配置:

(1)装卸船舶机械:门座起重机 6 台,其中 M5-30 型 2 台(起重量 5t、最大工作幅度 30m),10t-30M 型 4 台。

(2)堆场机械:桥式起重机 10t-50M 型 3 台(起重量 10t、跨度 50m)。

(3)水平运输机械:牵引车挂车。

三、装卸工艺流程

装卸工艺流程如图 5-27 所示。

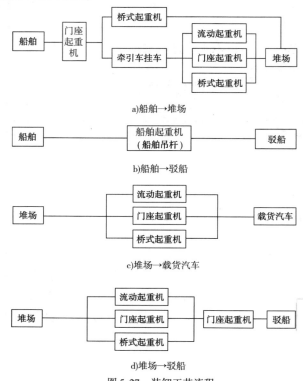

图 5-27 装卸工艺流程

四、装卸工艺断面图

装卸工艺断面图如图 5-28 所示。

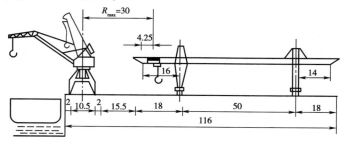

图 5-28 装卸工艺断面图(尺寸单位:m)

五、本工艺方案存在的主要问题及解决方向

本案例采用的是门座起重机—装卸桥装卸工艺方案,使用中存在的主要问题是门座起重机与装卸桥的衔接问题。

（1）在实际操作中，门座起重机的作业点难以固定，使机械的生产效率得不到充分发挥，因此在作业过程中，必须经常移动装卸桥。

（2）木材的货票多，需要在堆场上分票堆放，造成了装卸桥在堆场作业中移动频繁，影响了门座起重机与桥式起重机的衔接作业。

（3）在门座起重机与桥式起重机联合作业时，前方作业地带就显得十分拥挤，其他流动机械就必须绕道运行，降低了整个系统的装卸生产效率。

解决上述问题的方法是另配水平运输机械，装卸桥仅作堆场机械；另一个方法是在装卸桥上设置回转式臂架型起重机，从而扩大装卸桥的工作范围，有利于门座起重机与装卸桥的衔接。

练习与思考

一、填空题

1. 木材主要可分为（　　）和（　　）两大类。
2. 干木材的密度一般为（　　）、湿木材的密度一般为（　　）。
3. 装卸圆木的专用工属具是（　　）。
4. 木材抓斗的特点是（　　）、（　　）。
5. 装卸成材木的装卸工属具一般有（　　）和（　　）。
6. 木材堆场作业机械主要有（　　）、（　　）、（　　）、（　　）等。
7. 木材抓斗不仅可以用于装卸（　　），也可用于装卸（　　）。
8. 木材码头水平运输机械主要有（　　）、（　　）、（　　）、（　　）等。
9. 吊带是用（　　）和（　　）编成的。
10. 木材成组运输工具可分为（　　）、（　　）、（　　）三类。

二、选择题

1. 木材在港口的装卸工艺，由木材（　　）等作业环节组成。
   A. 装卸船工艺　　　　　　B. 水平输送工艺
   C. 库场作业工艺　　　　　D. A＋B＋C
2. 港口常见的圆木装卸工属具有（　　）。
   A. 双钩＋钢丝绳扣　　　　B. 圆木夹钳吊具
   C. 木材抓斗　　　　　　　D. A＋B＋C
3. 在港口，木材装卸搬运机械主要类型有（　　）。
   A. 装卸船舶机械　　　　　B. 水平输送机械
   C. 堆场作业机械　　　　　D. A＋B＋C
4. 港口圆木装卸工艺中，（　　）最适用于堆场进行距离较长的水平运输作业。
   A. 牵引车挂车　　　　　　B. 卡车
   C. 木材装载机　　　　　　D. 液压曲臂起重机
5. （　　）适用于多规格的圆木短途运输和货场的堆拆垛作业。
   A. 牵引车挂车　　　　　　B. 卡车
   C. 木材装载机　　　　　　D. 门座起重机

6. 在木材品种多、批量小的货场内进行堆拆垛作业,宜选用( )。
   A. 牵引车挂车   B. 旋转式叉式装卸车
   C. 侧向装卸车   D. 木材装载机

三、判断题

1. 圆木可以成组或以散件形式由木材船运输。 ( )
2. 圆木的保管方法有湿法保管和真空保管两种。 ( )
3. 木材堆垛分为紧密堆垛和分层堆垛两种形式。 ( )
4. 圆木装卸工艺方案可分为四大类。 ( )
5. 圆木夹钳吊具可用来装卸没有货垫的大圆木。 ( )
6. 门座起重机适合于装卸非木材专用船舶。 ( )
7. 轮胎起重机不可以用于装卸木材驳船。 ( )
8. 从敞车卸长圆木时,需先进行提头作业。 ( )
9. 木材码头堆场很大时可设立二线起重机。 ( )
10. 木材钢丝绳扣既可用作装卸工属具,也可用作成组工具。 ( )

四、简答题

1. 简述木材装卸和搬运机械的种类。
2. 木材运输、装卸和保管的特点有哪些?
3. 木材的门座起重机—流动机械装卸工艺方案的特点有哪些?
4. 使用门座起重机—桥式起重机装卸工艺的主要问题有哪些?

五、工艺流程题

1. 请绘出船、驳→货场的圆木装卸工艺流程图。
2. 请绘出船→货场(或火车、载货汽车)的成材木装卸工艺流程图。

第六章
CHAPTER SIX
煤炭和矿石装卸工艺

 知识目标

1. 了解煤炭和矿石特性对装卸保管的要求,了解煤炭和矿石主要运输工具的类型和特点,理解煤炭和矿石港口装卸工艺的系统类型、基本组成。

2. 掌握煤炭和矿石出口装卸工艺系统工艺环节组成、工艺布置形式、作业过程和工艺特点。

3. 掌握煤炭和矿石进口装卸工艺系统工艺环节组成、工艺布置形式、作业过程和工艺特点。

4. 了解煤炭和矿石粉尘形成的原因,掌握煤炭、矿石粉尘污染的防治措施,了解煤炭、矿石计量的方法。

5. 通过煤炭和矿石装卸工艺案例分析,掌握煤炭、矿石装卸工艺系统的工艺布置、装卸工艺主要设备的配置、工艺操纵过程、工艺流程。

能力目标

1. 具备煤炭和矿石装卸工艺的基础知识。

2. 初步具备煤炭和矿石装卸工艺的布置能力,装卸工艺主要设备的分析、比较、选择、配置能力。

3. 具备煤炭和矿石装卸工艺的实际应用能力。

素质目标

1. 具备从事港口煤炭和矿石装卸工作需要的职业理想、职业道德、职业素养。

2. 具备从事港口煤炭和矿石装卸工作的科学思维方法,提高分析问题和解决问题的能力。

3. 培养从事港口煤炭和矿石装卸工作需要的敬业、精益、专注、创新的工匠精神。

第一节 概述

以煤炭和矿石为主的散货是国民经济发展所需的重要原材料。这些年来,在世界货物海运量中,散货的年运输量约占世界年总海运运输量的14%,仅次于石油运输量,是世界货物海运量第二位的货种。在散货运输量中,煤炭和矿石的运输量又占了约90%。随着国内外工农业的加速发展,各行各业对煤炭和矿石的需求量越来越大,促使煤炭和矿石的运输量增加。

大批量的运输需求,促进了煤炭、矿石的专业化装卸运输的发展及现代大型散货专用船舶建造技术的发展,煤炭、矿石装卸运输专用设备的采用以及煤炭、矿石码头装卸技术水平的提高,为现代煤炭、矿石码头装卸工艺的形成和发展提供了技术支持,也使煤炭、矿石散运方式的优越性得到了充分发挥。首先,专业化装卸工艺极大地提高了煤炭、矿石散运的装卸效率。如在专业化煤炭码头上,用抓斗门座起重机卸煤效率可达700t/台时,连续型卸船机的卸煤效率可高达2500t/台时;煤炭、矿石装船效率更高,我国秦皇岛散货泊位的装船效率可达6000t/h。其次,采用了专业化运输、装卸和保管技术,使煤炭、矿石的质量得到了保证。再次,大批量的煤炭和矿石运输降低了单位运输成本,同时也有利于对煤炭和矿石装卸运输实施环境保护,煤炭和矿石专业化运输和装卸方式产生的社会经济效益是明显的。

在专业化码头装卸工艺中,煤炭和矿石是港口装卸的具体对象,所以煤炭和矿石的特性及对装卸、运输的要求,对装卸工艺的选择有着极为重要的影响。

一、煤炭、矿石特性及对装卸储存的影响

煤炭、矿石有很多特性,其中对装卸工艺有较大影响的有以下特性。

1. 物料密度、自然堆积角、粒度(块度)及外摩擦系数

1)物料密度

散粒物料的密度用堆积密度和填实密度表示。

(1)堆积密度。

在自然松散堆积状态下占据单位体积的干燥松散物料的质量,叫作该物料的堆积密度,用 ρ 表示,单位为 t/m^3。

(2)填实密度。

在自然堆积状态下的干燥松散物料,经一定振动和加载压实后占据单位体积的物料质量,叫作该物料的填实密度,用 ρ_y 表示,单位为 t/m^3。

物料密度的大小影响抓斗类型的选用,另外,也与带式输送机、堆取料机械的选用有关。不同物料的密度各不相同,表6-1列出了部分煤炭、矿石的堆积密度。

煤炭、矿石的堆积密度（t/m³）　　　　　　表6-1

货物	煤炭	无烟煤	烟煤	矿石	粒矿	澳矿
堆积密度	0.8～0.9	0.9	0.8～0.85	2.35～3.5	2.5	3.0

2) 自然堆积角

自然堆积角（也称自然坡度角）是指物料从一个规定的高处自由、均匀地落下时，所形成的能稳定保持的锥形料堆的最大坡角（即自然坡度表面与水平面之间的夹角），用 φ 表示。自然堆积角反映了物料的流散性，物料的自然堆积角越小，其流散性越好；自然堆积角越大的物料，其流散性越差。

对煤炭、矿石的装卸来说，物料的自然堆积角可影响储料漏斗壁倾角的确定，即选择的漏斗壁倾角一定要大于货物的自然堆积角，否则物料就不易从漏斗漏出。煤炭的自然堆积角为45°左右。

3) 粒度（块度）

大多数散粒物料均含有不同大小和形状的颗粒（或料块）。物料颗粒（或料块）的粒度（或块度）是指物料单个颗粒（或料块）的尺寸，用最大线尺寸 d(mm) 表示。

对粒状物料，粒度为组成颗粒的最大直径 d[图6-1a]；对块状物料，块度为组成料块的最大对角线长度 L（即 $d=L$）[图6-1b]。

物料的粒度（块度）影响装卸输送机械和抓斗的选用。如选用螺旋式卸车机，当遇到物料的粒度（块度）大于螺旋的螺距时，大块度的物料就不能卸下。选用抓斗时，也要考虑物料的粒度（块度），因为抓斗的张开度对物料的粒度（块度）也有限制。同样，卸料漏斗和料槽卸料孔尺寸也要考虑物料的粒度（块度）。

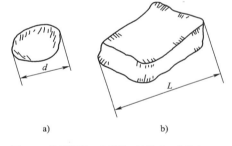

图6-1　物料颗粒（或料块）的粒度（或块度）

4) 外摩擦系数（物料与承受面之间的摩擦系数）

物料和与之接触的承受面之间的摩擦力同接触承受面上的法向压力之比，叫作物料对该承受面的外摩擦系数，用 μ_o 表示。

外摩擦系数有静态外摩擦系数和动态外摩擦系数之分。

(1) 静态外摩擦系数 μ_{os}。

物料和与之接触的承受面在相对静止状态下的外摩擦系数，叫作静态外摩擦系数，用 μ_{os} 表示。

(2) 动态外摩擦系数 μ_{od}。

物料和与之接触的承受面以一定速度相对滑移时的外摩擦系数，叫作动态外摩擦系数，用 μ_{od} 表示。

大量试验表明，动态外摩擦系数值大致为静态外摩擦系数值的70%～90%。

外摩擦系数与物料的特性和与之接触的物体（如输送带）的材质有关。动态外摩擦系数是与设计选用有关的一个参数。

动态外摩擦系数决定了输送带的容许倾角，如输送带最大倾角应较动态外摩擦系数小

7°～10°。动态外摩擦系数也影响物料的倾倒,如动态外摩擦系数大,物料就不易倾倒,因而要求料斗面光滑,料斗面的倾斜度也要增大,以减少物料下滑的阻力。

2. 冻结性

通常,煤炭和矿石含有一定量的水分,煤炭未脱水时,含水率可达20%。而含水率高的物料在冬季易结冰,造成卸货困难。因此,在煤炭、矿石装卸工艺中要考虑物料的解冻方法,如增加破冰机械或设置加温设备。我国运输部门还采用在物料上撒生石灰,利用生石灰的吸水性,降低煤炭的含水率,从而减轻货物冻结程度。国外采用煤炭在矿山脱水的方法,或在物料和车辆里加防冻剂氯化钠以降低煤炭冻结的温度;也有采用红外线或蒸汽加热的方法,在煤炭卸车前解冻。

3. 发热和自燃性

在堆场上存放的煤炭,如果煤炭中含硫量较高,堆存放时间久了,往往会由于自然氧化而发热;另外,当外界气温高时,煤堆内也会发热。当煤堆内温度上升到60℃时,煤炭的温度上升速度加剧,此时如不降温散热,煤炭就会自燃。通常的解决方法是将物料及时转堆、翻垛和洒水,使其散热降温,避免煤堆温度达到自燃点。

因此,选用的堆场机械要便于频繁的堆取作业;在煤堆布置时要注意在煤炭的堆垛之间留出2m以上的间隙,煤堆的堆垛端面间距不小于6m,以作消防通道用。

4. 脆弱性、扬尘性

煤炭、矿石在装卸输送时会产生的大量的粉尘,对周围环境造成污染,并影响装卸工人的身体健康,因此要求港口的装卸工艺系统中设置防尘装置,如在堆场场地上设置洒水防尘系统,采用加罩封闭式输送系统等。对于焦炭等有脆弱性的物料,就要求装卸时放低落料点,以保证物料的质量。

二、煤炭、矿石运输工具

煤炭、矿石运输工具主要有水上运输船舶和陆路运输铁路车型。

水上运输船舶有大型专用煤炭或矿石船、驳船等散货船。大型专用煤炭或矿石船通常是大舱口而且甲板上不设起重机和桅杆等设备,如图6-2所示。内河驳船则有矿石驳、甲板驳和舱口驳之分。专用的煤炭和矿石船舶(驳船)对港口装卸工艺设计十分有利。

装载煤炭、矿石的陆路运输铁路车型也分专用车型和通用车型。采用专用车型装运煤炭、矿石便于港口装卸车作业实现机械化、自动化。

现代运输的发展表明,在煤炭、矿石运量大、货流稳定的情况下,在专用船舶大型化和高效化、铁路车辆的长大专列固定编组和直达循环的运行组织条件下,港口应选用专用、高效的港口工艺设备与之配套。因此,在设计和选择港口装卸工艺时,必须深入分析车船的现状和发展趋势,既要考虑现实的情况,又要积极探讨采用高效率的专用车船的可能性及其对港口装卸工艺的要求。

图6-2 大型专用煤炭或矿石船
(扫码观看数字资源)

三、煤炭、矿石港口装卸工艺的特点

运达港口的煤炭、矿石批量大,流向单一。运载工具越来越大,运输船舶和车型向大型化方向发展。煤炭、矿石多采用连续作业、系列化作业、自动化作业,港口的专业化程度高,装卸效率高。煤炭、矿石堆场储存量大,需要大型存储空间。

第二节　煤炭、矿石装卸工属具

煤炭、矿石装卸工属具主要是抓斗。抓斗是一种以抓放形式装卸散货的取物装置。

一、抓斗种类

抓斗种类有很多,根据抓取物料的容积密度不同,抓斗可分为轻型($\gamma < 1.2t/m^3$)、中型($\gamma = 1.2 \sim 2.0t/m^3$)、重型($\gamma = 2.0 \sim 2.6t/m^3$)及特重型($\gamma > 2.6t/m^3$)四种不同类型,为适应不同容积密度的物料,在容积相同的情况下,抓斗的自重有较大的差异。

根据抓斗颚板闭合和张开驱动方式的不同,抓斗可分为绳索式抓斗和动力式抓斗。绳索式抓斗依靠自重打开抓斗、钢丝绳提升产生闭合力,达到抓取物料的目的,一般分为单绳、双绳和四绳抓斗。港口煤炭、矿石装卸一般采用四绳抓斗,如图6-3所示。动力式抓斗通过装在抓斗上的动力传动装置使颚板开闭。动力式抓斗根据动力不同分为液压抓斗、电动抓斗、气动抓斗等。

根据颚板的数目不同,抓斗又可分为双颚板抓斗和多颚板抓斗(图6-4)。在港口装卸作业中广泛采用的是双颚板抓斗;而对于大颗粒矿石、废钢等则选用多颚板抓斗。

图6-3　四绳双颚板抓斗
(扫码观看数字资源)

图6-4　多颚板抓斗

二、双绳双颚板抓斗

双绳双颚板抓斗的结构如图6-5a)所示,主要由上承梁(也称头部)、撑杆、下承梁、左右对称颚板等组成。另外还有支持绳和开闭绳,支持绳直接固定在上承梁上,开闭绳安装于下承梁上或穿过上承梁绕过安装在下承梁的滑轮后,固定在上承梁上。支持绳和开闭绳分别卷绕在

支持机构和开闭机构的卷筒上,支持卷筒、开闭卷筒分别由电动机驱动。支持绳用于支持抓斗和货物的重量,开闭绳用来控制抓斗的启、闭。

双绳双颚板抓斗的工作原理如图6-5所示。

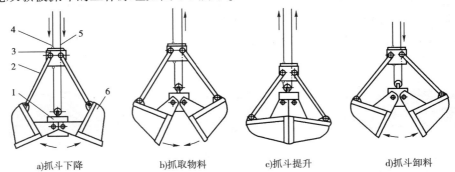

图6-5 双绳双颚板抓斗的结构与工作原理
1-下承梁;2-撑杆;3-上承梁;4-支持绳;5-开闭绳;6-颚板
(扫码观看数字资源)

(1)抓斗下降:起升绳、开闭绳同步放出,空抓斗以张开状态下降至货堆上。
(2)抓取物料:两绳均松弛,抓斗靠自重插入货堆,收紧开闭绳,抓斗逐渐闭合。
(3)抓斗提升:抓斗完全闭合后,两绳同步收紧,抓斗上升。
(4)抓斗卸料:抓斗移至卸料点,放松开闭绳,在抓斗自重及料重作用下,抓斗自动打开卸料。

然后,空抓斗以打开状态返回到取料点,准备进入下一循环。

双绳双颚板抓斗特点:工作可靠,操作简便,生产率高,应用广泛。双绳双颚板抓斗的两根绳索分别单独由单联卷筒驱动。若采用两组双绳就成为四绳双颚板抓斗,如图6-6所示,四绳双颚板抓斗的两根支持绳和两根开闭绳分别由双联卷筒驱动,工作原理与双绳双颚板抓斗相同。四绳双颚板抓斗由于支持绳和开闭绳成对布置,抓斗工作时不易打转,工作稳定,在港口散货装卸作业中获得最广泛的应用。

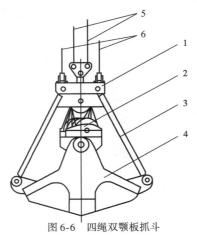

图6-6 四绳双颚板抓斗
1-上承梁;2-下承梁;3-撑杆;4-颚板;5-支持绳;6-开闭绳

三、剪式抓斗

剪式抓斗是按剪刀原理设计的叉铰结构,由剪臂、平衡梁、颚板、中心铰轴和开闭滑轮组组成,如图6-7所示。剪式抓斗的开闭滑轮组在与颚板连成一体的剪臂之间,而长撑杆抓斗的开闭滑轮组在上下承梁之间。因此,长撑杆抓斗需要用刚性撑杆,将开闭滑轮组及上承梁的重量产生的闭合力传递给颚板。剪式抓斗不需要刚性撑杆,依靠放松开闭滑轮组的钢丝绳,收紧支持绳,使抓斗打开。收紧开闭滑轮组的钢丝绳,钢丝绳的拉力对中心铰轴产生力矩,由于杠杆原理,颚板受到较大的闭合力矩,抓斗闭合。

在抓取物料的初始阶段,开闭滑轮组钢丝绳轴线与中心铰轴接近于一条直线,钢丝绳拉力对中心铰轴的力矩小,抓斗闭合力也小。随着抓斗逐渐闭合,抓斗闭合力矩逐渐增大。当抓斗闭合终了时,开闭滑轮组钢丝绳对中心铰轴的力矩最大,因此抓斗的闭合力也最大。剪式抓斗特别适用于抓取煤炭、矿石、砾石等大容积密度的物料。

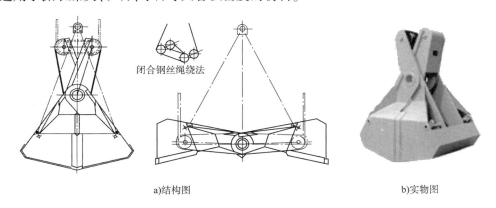

a) 结构图　　　　　　　　　　b) 实物图

图 6-7　剪式抓斗

第三节　煤炭、矿石装卸机械

煤炭、矿石码头装卸机械主要包括煤炭和矿石船舶装卸机械、煤炭和矿石水平运输机械、煤炭和矿石堆场作业机械、煤炭和矿石装卸车机械以及煤炭和矿石辅助作业机械等。

一、煤炭和矿石船舶装卸机械

煤炭和矿石船舶装卸机械分为装船机和卸船机。

(一) 装船机

散货装船机是将后方输送机系统输送来的大宗散货装入船舱的连续式装卸机械。

一般散货装船机主要由带式输送机、装船溜筒、各工作机构(如臂架伸缩、俯仰、回转机构,机架行走机构等)、金属结构、驱动装置与控制系统等组成。散货装船机通常与堆场主带式输送机衔接,散货装船机装船作业时,物料由后方输送机系统运送转载到散货装船机的带式输送机上,再送至悬臂前端,经溜筒装入船舱内。通过臂架的伸缩、俯仰、回转和整机运行,改变装料点位置,以适应船舱尺寸的要求和水位的变化。

散货装船机按货种可分为煤炭装船机、矿石装船机、散粮装船机等;根据其结构形式和装船工艺,可分为固定式装船机和移动式装船机两大类。

1. 固定式装船机

固定式装船机是一种不能沿码头岸线移动的散货装船机械。固定式装船机按整机支承装置不同可以分为转盘式散货装船机、摆动式散货装船机。

1) 转盘式散货装船机

图 6-8 所示为固定转盘式散货装船机。其悬臂带式输送机与转盘相铰接,另一端通过俯仰钢丝绳吊挂在固定立柱顶部,由中心漏斗接受后方带式输送机系统的供料。悬臂带式输送机可通过悬臂的伸缩改变装船的幅度;通过悬臂的俯仰和回转,适应船型和水位的变化,以及在非工作状态下可以避让船舶和使悬臂能转回到码头岸线内。伸缩、俯仰及回转机构均由电动机驱动。

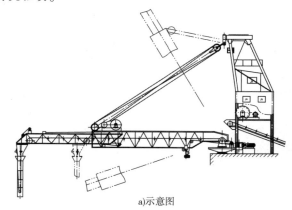

a) 示意图　　　　　　　　　　　　　　b) 实物图

图 6-8　固定转盘式散货装船机

该装船机的装船作业是这样进行的:船舶靠码头系缆后,装船机的机头对正船舶舱口,依次开动前后带式输送机,将堆场或卸车线上的物料经过后方带式输送机输送到装船机的中心漏斗,再传递到悬臂带式输送机,通过装船溜筒装入舱内。

转盘式散货装船机可固定在码头前沿的墩座上,也可安装在趸船上使用。装船有效作业面有限,装船时需移船作业,对不同船型的适应性较差,但因构造较简单、布置方便、自重较轻,工艺要求也简单,可节省码头水工投资,因而在河港中应用较为普遍。装船机的配机方案有单机、双机和多机配置。为提高装船效率,可在一个泊位设置多台装船机。图 6-9 所示为一个泊位配置两台装船机。

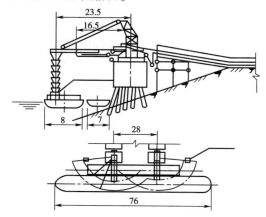

图 6-9　双机转盘式散货装船机(尺寸单位:m)

转盘式散货装船机在我国海港的大型散货码头也有应用,例如青岛港煤炭出口码头配置了五台生产率为 1500~2000t/h 的固定式装船机。根据不同要求,各港现有的转盘式散货装船机形式很多。较完善的机型一般都具有回转、伸缩及变幅等机构,以扩大其有效装载面积及适应多种船型。有的还可以根据需要吊挂平舱机械,以保证船舶满载及配载平衡。

2) 摆动式散货装船机

摆动式散货装船机由前端臂架和可绕固定的回转中心转动的桥架装置等组成,臂架和桥架内部布置带式输送机。桥架装置由前后支承装置所支承,桥架前端通过台车下的滚轮支承于运行轨道,桥架后端置于相对固定的墩座支承上,桥架本身可绕墩座支承中心摆动,而整机不沿码头岸线移动。臂架有俯仰和伸缩机构,分别由各自驱动装置驱动,通过电动机、减速器、卷筒等零部件卷放钢丝绳来实现俯仰和伸缩的功能。摆动式散货装船机根据运行轨道的形式不同可分为两种,一种是弧线摆动式散货装船机,另一种是直线摆动式散货装船机,如图 6-10 所示。

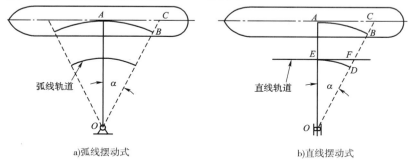

图 6-10　摆动式散货装船机类型

（1）弧线摆动式散货装船机。

弧线摆动式散货装船机如图 6-11 所示,后支承为固定的回转中心,前支承通过行走机构在弧形轨道上行走,使整机绕后支承摆动。装船作业时,后方输送机将物料送至回转中心转载,再通过悬臂带式输送机装入船舱内。这种装船机的结构较为简单,重量较小,但要占用较大的布置面积,其弧形轨道的建造也较困难。一般适宜在河港趸船浮码头或水位差不大的直立式码头上使用。

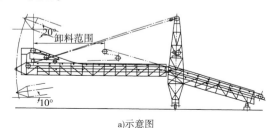

图 6-11　弧线摆动式散货装船机

（2）直线摆动式散货装船机。

直线摆动式散货装船机如图 6-12 所示,这种装船机由臂架、移动台车、桥架（摆动桥）、前支承和后支承等组成。装船带式输送机采用一条输送带,绕过臂架前端和移动台车前端的驱动滚筒、桥架前部的改向滚筒和尾部的拉紧滚筒而形成一个闭合回路。图 6-13 所示为直线摆动式散货装船机实物图。

作业时,后方输送机运送的物料在后支承回转中心转载,再由装船带式输送机装入船舱内。装船机直线摆动时,前后支承中心的距离会变化,桥架可做成伸缩式的构架。为适应船型需要,装船带式输送机可前后伸缩来改变工作幅度,其伸缩动作由臂架移动台车的移动来实现。直线摆动式散货装船机结构较简单,重量较小,装船效率高,但也需较大的布置面积。

这种直线摆动式散货装船机在国内外大型散货码头应用较多,如巴西的伊塔基铁矿山码头的直线摆动式散货装船机的装船效率为 16000t/h,我国山东日照石臼港煤炭码头选用的直线摆动式散货装船机的装船效率为6300t/h。

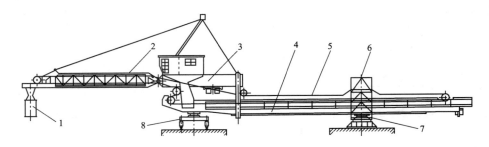

图6-12　直线摆动式散货装船机
1-溜筒；2-臂架；3-移动台车；4-桥架（摆动桥）；5-带式输送机；6-供料点；7-后支承；8-前支承

图6-13　直线摆动式散货装船机实物图

2. 移动式装船机

移动式装船机是一种整机可沿码头前沿轨道全长运行的装船机械。这种装船机功能完善，可适应各种煤炭和矿石船的任一船舱的装载，但结构比较复杂。

移动式装船机的基本结构如图6-14所示，它主要由门架、悬臂和后方输送系统组成。门架支承于轨道，可沿轨道运行，满足装载不同船舱的需要，悬臂根据不同的使用条件可分为俯仰回转型、俯仰回转伸缩型和俯仰伸缩型等，因此具有较大的作业覆盖面和较高的装船效率，对船型的适应性强。悬臂上布置有带式输送机、伸缩溜筒和平舱机，与后方输送系统衔接。

移动式装船机的作业过程如下：码头前沿带式输送机（后方输送系统）送来散货，通过装船机门架卸到装船机回转中心处的漏斗内，再通过悬臂带式输送机、溜筒、平舱机将散货装入船舱。卸料位置可以通过门架运行，悬臂的俯仰、回转和伸缩来调节。

移动式装船机虽然构造较复杂、自重较大，对码头结构要求较高，后方输送系统也较复杂，但它具有使用灵活机动、工作面大、效率高，对船型变化适应性强的优点，所以是国内外煤炭、矿石码头最常见的装船机型，这种装船机的装船采用定船移机工艺。

除上述两种主要的装船机外，还有一种小批量煤炭装船工艺系统，采用栈桥带式输送机溜筒。这种系统在装船时，由带式输送机供料，物料经过漏斗到溜筒，然后将物料装到船上。船舶边装料边用人工或绞车移动，直至装满为止，该系统还可以用手推车供料。

装船机的选用需要考虑的问题：第一，要求装船机具有俯仰、回转和伸缩的基本功能，特别是对大型、超大型的煤炭、矿石出口码头，需要装船机具有移动的功能。第二，高效率、少机头是大型的煤炭、矿石出口码头的配机原则。第三，装船机效率选择要与船型相匹配，如5万吨级的船型，可选用装船效率为4000t/h的装船机；15万吨级的船型，可选用装船效率为6000t/h的装船机；35万吨级的船型，可选用装船效率为16000t/h的装船机。

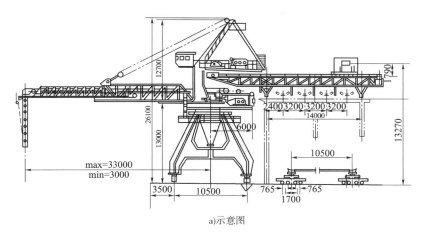

b)实物图1

c)实物图2

图6-14 移动式装船机的基本结构(尺寸单位:m)

(二) 卸船机

卸船机的作用是将船舱内的散货物提升出舱并输送到岸上的堆场或装车系统。煤炭、矿石卸船机械按机械工作特点可分为间歇型卸船机和连续型卸船机两类,按卸船方式分又可以分为船舶自卸和非自卸。

1. 间歇型卸船机

间歇型卸船机主要有船舶抓斗起重机、抓斗卸船机等,其特点是利用抓斗抓取物料卸船,因为抓斗卸船的工作循环周期中有一个空返回程,因此称之为间歇型卸船机或非连续型卸船机。间歇型卸船机除可用作煤炭、矿石卸船外,还可作为其他诸如散粮、散盐、沙等散装货卸船之用。

船舶抓斗起重机采用抓斗作业,起重量较小,卸货效率较低,如起重量为 3~5t 的船舶抓斗起重机的卸船效率仅为 140~200t/h;清舱量大(约为50%);但采用船舶抓斗卸船方式时,不需要在码头上配置卸船机械,因此,可节约码头的建设费用,港口的装卸成本也可降低。但船舶抓斗起重机在大型专业化散货码头应用不多。

抓斗卸船机是目前应用较广泛的散货卸船机,根据抓斗水平移动方式不同分为两种机型,一种是依靠臂架变幅进行水平移动的门座抓斗卸船机,另一种是依靠小车沿桥架运行进行水平移动的桥式抓斗卸船机。

1)门座抓斗卸船机

门座抓斗卸船机(也称带斗门座起重机)的基本构造和门座起重机相似,只是在其门架上装有漏斗和带式输送机系统,如图6-15所示。卸船时,抓斗在船舱内抓起散货,移动到漏斗上方,将散货卸入漏斗,再经带式输送机输送到货场。门座抓斗卸船机的主要特点是卸船效率高,这一方面是因为门架下的漏斗可根据抓斗行程调节伸缩,使抓斗带货运行的行程缩短;另一方面是因为带斗门机的起升、变幅速度比普通门座起重机高40%~50%,从而提高了装卸效率。但由于钢丝绳吊挂抓斗的长度较长,臂架重量较大,提高起升和变幅速度会增加抓斗的偏摆和引起较大的动载荷,因而进一步提高速度受到限制;另外,起重量的增加又对自重和轮压的影响很大。门座抓斗卸船机的起重量为5~40t,起升速度一般为40~80m/min,卸船生产率一般在1000t/h以下,适用于船型不超过5万吨级的中型散货进口码头,卸船效率在700t/h以下。如我国上海港区中华南栈煤炭进口码头使用的门座抓手卸船机的起重量为15t,卸船生产率为500t/h,适用船型为2万~3万吨级。日本日立造船公司制造的起重量为16t的门座抓斗卸船机,卸船生产率为600t/h,适用于5万吨级的船舶。

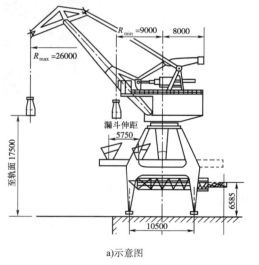

a)示意图　　　　　　　　b)实物图

图6-15　门座抓斗卸船机(尺寸单位:mm)

2)桥式抓斗卸船机

桥式抓斗卸船机是一种桥架型起重机,除了具有和一般桥架型起重机相似的机构之外,其结构特点是在高大的门架上装设了有轨桥架,载重小车(对散货为抓斗小车)沿桥架运行。图6-16所示是桥式抓斗卸船机。

作业时,抓斗自船舱内抓取散货并提升出舱,载重小车向岸边方向运行,当抓斗到达前门框内侧的漏斗上方时,将散货卸入漏斗,再经带式输送机系统送到货场。

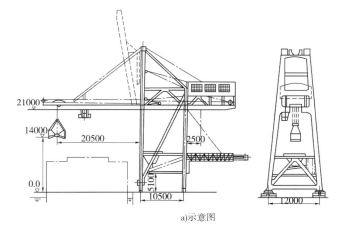

图 6-16 桥式抓斗卸船机(尺寸单位:mm)
(扫码观看数字资源)

桥式抓斗卸船机可以承受较大的动载荷,具有较高的起升和小车运行速度,机上的受料漏斗又靠近船舱,载重小车的作业行程较短,另外,抓斗的起重量大,因此,桥式抓斗卸船机可达到较高的生产率。

桥式抓斗卸船机的使用范围比较广,最小的起重量为5t,卸船生产率约为400t/h;最大的起重量可达85t,卸船生产率高达4200~5100t/h。

桥式抓斗卸船机是国外大型散货码头最主要的卸船机械,一般适用于5万吨级以上的散货专用船,卸船生产率一般为700~3000t/h。如荷兰马斯平原矿石中转码头(年吞吐量1800万吨)使用的就是起重量为50t的、台时效率最高达3000t/h的桥式抓斗卸船机,适用船型为25万吨级的散货船。

2. 连续型卸船机

连续型卸船机靠机械式连续输送机从船舱中取料,并将散货提升出舱输送到岸上机械。它一般与码头上的输送机系统衔接。

机械式散货连续卸船机根据提升物料出舱的连续输送机而命名,有链斗卸船机、斗轮卸船机、双带式卸船机、波状挡边带式卸船机、螺旋卸船机、埋刮板卸船机等。

链斗卸船机和斗轮卸船机是两种常见的煤炭、矿石连续型卸船机。

这两种卸船机一般由做垂直提升的斗式提升机和水平输送的带式输送机两大部件组成。

1) 链斗卸船机

链斗卸船机是利用链斗从船舱内挖取物料并通过机上的输送系统将物料卸至码头上的散货连续型卸船机械。

链斗卸船机如图 6-17 所示,它主要由门架、水平臂架、垂直臂架等组成,门架可在码头前沿沿轨道运行,水平臂架可变幅、回转,以改变取料位置。水平臂架布置带式输送机,并与码头上的输送机系统衔接,垂直臂架装有链斗提升机。

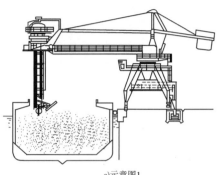

a)示意图1

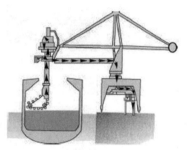

b)示意图2

c)实物图

图 6-17 链斗卸船机

链斗卸船机的卸船过程如下:物料由链斗提升机垂直提取,卸到水平臂架和垂直臂架连接处的料槽(或漏斗)内,由料槽转送到水平臂架带式输送机上,再送进门架回转中心料斗,物料由中心料斗落至下面的双料斗直接卸到汽车或火车内,或者流到带式输送机上,经坑道带式输送机转堆场存放。

为增加卸船机的作业面,以获得良好的取料效果,机头往往设计成若干种取料机头,其中一种机头设计成 L 形,如图 6-18 所示,这种机头可上下摆动改变水平角度,也可在油缸作用下改变机头水平取料部分长度,这样链斗能抓取舱内各角落的物料。

链斗卸船机按结构不同分为张紧式和悬链式两种。图 6-19 所示为张紧式 L 形链斗卸船机,图 6-20 所示为悬链式链斗卸船机。悬链式链斗卸船机与张紧式链斗卸船机的主要区别在于链斗机构没有张紧装置,其取料区段呈自由悬垂状态,可在取料的同时完成清舱。

图 6-18 L 形取料机头舱内作业

与传统的抓斗卸船机相比,链斗卸船机的主要特点如下:

①适用范围广。就货物而言,可用于从磷酸盐、煤(粒度在 100mm 以下)、矾土等轻物料直至铁矿、石灰石等重物料的卸船作业。就船舱而言,可适用于从河驳到大、中型海船的卸载。

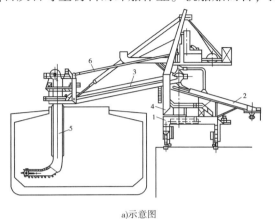 

a)示意图　　　　　　　　　　　　　　b)实物图

图 6-19　张紧式 L 形链斗卸船机

1-门架;2-固定臂架;3-活动臂架;4-C 形支架;5-链斗提升机;6-平行四边形臂架系统

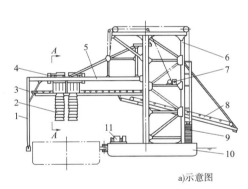 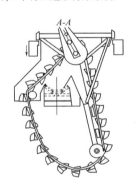

a)示意图

b)实物图

图 6-20　悬链式链斗卸船机

1-夹船臂;2-链斗机构;3-接料带式输送机;4-横移小车;5-悬臂梁;6-立柱;7-提升机构;8-倾斜带式输送机;9-平衡重;10-趸船;11-移船机构

②卸船效率较高。包括清舱阶段在内的平均卸船效率可达到额定生产率的 55% ~ 60%;

而抓斗卸船机的平均卸船效率通常只有额定生产率的45%~50%。

③工作平稳。以连续性的方式工作,工作中没有频繁的起、制动,噪声也较小。

④物料损失小,能耗低。卸船时的物料损失量低于抓斗起重机的2%,能量消耗也比抓斗起重机低1%~2%。

⑤易于实现卸船作业自动化。

⑥对环境的污染小,除取料处外,物料在卸船机上的输送路径基本上是封闭的。

2) 斗轮卸船机

斗轮卸船机是用一个或一对较大的(一般直径5m以上)斗轮挖取物料通过斗式提升机或输送机将物料卸出船舱输送上岸的机械。

刚性的取料斗轮作为斗轮卸船机的取料装置,具有很强的挖取能力,故斗轮卸船机几乎可以用来卸任何散粒物料。从经济方面考虑,斗轮卸船机更适合用来卸那些易结块、堆积密度大、磨琢性大等的物料,如煤炭、矿石等。

斗轮卸船机按接卸船型可分为内河型斗轮卸船机和海港型斗轮卸船机两大类。

内河型斗轮卸船机用于接卸各种散货驳船。其主要类型有固定式和自行式。

固定式斗轮卸船机整机不能沿码头前沿移动。图6-21所示是固定式(墩柱式)双斗轮卸船机,它采用墩柱式结构,机架跨越驳船,支腿分别装在岸上和墩柱上,斗轮直径7.2m,取料层厚度为1.5m。作业时靠岸上的绞车移动驳船,分两层把货卸完。斗轮挖取的物料通过斗式提升机或带式输送机输送上岸,卸煤生产率为1000t/h。由于驳船舱深较小,物料所需的提升高度较小,物料的转载比较容易实现,固定式斗轮卸船机的构造比较简单。固定式斗轮卸船机的缺点是作业范围受限制。

自行式内河斗轮卸船机如图6-22所示。整机可沿码头前沿移动,机动灵活,作业范围大。

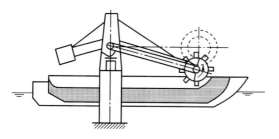
图6-21 固定式(墩柱式)双斗轮卸船机

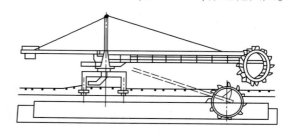
图6-22 自行式内河斗轮卸船机

海港型斗轮卸船机适用于各种散货海轮的卸船,如图6-23所示。这种斗轮卸船机除挖取、输送物料所必需的机构外,还必须设有整机行走、臂架俯仰、臂架回转、机头回转等机构,以保证斗轮能到达船舱内的任何地点进行作业。另外,为确保在整个卸船过程中海轮和卸船机的安全,海港型斗轮卸船机还装配有完善的电控、操作和安全保护系统,故其结构比较复杂。

海港型斗轮卸船机的工作过程:斗轮挖取的物料直接转卸到中间带式输送机上,经链斗提升机提升出舱,再转到臂架带式输送机、中心漏斗等转卸到码头带式输送机,最终被送到堆场堆存。有的海港型斗轮卸船机,斗轮挖取后,转卸到波形挡边带式输送机,进行提升和水平输送,效率更高。

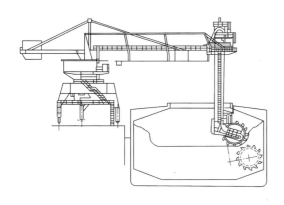 

a)示意图　　　　　　　　　　　　　　　　b)实物图

图 6-23　海港型斗轮卸船机

斗轮卸船机的主要特点：

①对物料的适应性好，斗轮挖取力强，可以作业各种散粒物料，尤其适合作业粒度大、堆积密度大、坚硬、潮湿、具有黏性的散粒物料。

②对船型的适应性好，不仅可接卸各种内河驳船，也可接卸各种海轮。

③卸船效率高。斗轮卸船机可经常在额定生产率下工作，在清舱阶段，借助清舱机械的配合作业，也可达到较高的卸船效率，其平均生产率较高。

④能耗较低。斗轮卸船机除了机头取料装置外，其余主要部分是带式输送机或斗式提升机，故其能耗较低。

⑤环境污染小。斗轮卸船机卸船时，除斗轮取料部位外，其余的物料输送和转卸环节均处于密闭的环境中，无撒落和扬尘。

⑥由于斗轮卸船机一般用于接卸较难挖取的重散粒物料，故其整机刚度较大，整机重量及制造成本也比其他机械式连续卸船机高。

3) 螺旋卸船机

螺旋卸船机是以螺旋取料并利用垂直螺旋输送机提升物料的散货卸船机械，如图 6-24 所示。

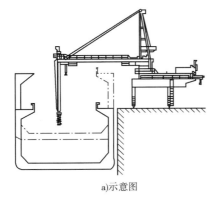 

a)示意图　　　　　　　　　　　　　　　　b)实物图

图 6-24　螺旋卸船机

(扫码观看数字资源)

螺旋卸船机的取料装置由旋转方向相反的管外螺旋、管内垂直螺旋和带有倾斜翼板的给料器组成,如图 6-25 所示。作业时,管外螺旋使周围物料松动并向垂直螺旋供料,它的转速可按物料性质和生产率需要而调整,垂直螺旋将物料提升至顶端再转至水平螺旋输送机或带式输送机运送上岸。螺旋卸船机借助臂架回转、变幅、垂直螺旋摆动等机构的协同动作,机头可伸至舱内各点取料。

螺旋卸船机的主要特点:

①卸船效率高。螺旋卸船机额定生产率可达 2000t/h 以上。借助反向旋转式取料装置,使物料较紧密地在输送管道内匀速向前输送,取料装置又具有自动松料和掘进的功能,无论物料的流动性如何,只要舱底上面的物料层厚度为 30～50cm,螺旋卸船机都能连续地接近满负荷工作,故其平均生产率较高,可达到额定生产率的 70% 以上。

图 6-25　螺旋卸船机的取料装置

②对货物和船型的适应性强。螺旋卸船机可用于卸粉状、颗粒状及块状的物料,由于取料装置具有松料功能,它甚至还能卸被压实形成硬壳的物料。螺旋卸船机借助臂架回转、变幅、垂直螺旋摆动等机构的协同动作,保证了卸船时的动作灵活,可适应各种类型的海船和内河驳船。

③结构简单、自重轻。螺旋卸船机依靠螺旋输送物料,外形为封闭的圆筒,无牵引构件,无空返分支,故断面尺寸小。

④环境污染小。螺旋卸船机的卸料过程是全封闭的,无泄漏和扬尘,噪声也较小。

⑤工作构件的磨损严重。螺旋卸船机的主要易磨损部件是螺旋输送机的中间支承轴承和螺旋。这两者都埋在物料中,且与物料的相对滑动不可避免。

⑥能耗较高。输送螺旋在工作时由于物料与螺旋面之间的摩擦,物料与料槽或输送管壁之间的摩擦,以及物料之间的相互摩擦与搅动,物料的单位长度运移阻力较大,使得螺旋卸船机的单位能耗比其他机械式连续卸船机高,与抓斗卸船机相当。随着船型增大,输送系统的垂直提升高度与水平输送距离也逐渐增大,螺旋卸船机的单位能耗也将显著提高。一般对于 10000～50000 吨级的船舶,卸煤或谷物的单位电耗为 0.5～0.7kW·h/t,卸水泥的电耗则低些。

3. 自卸船

自卸船是指用船舶本身卸货设备,以连续输送方式将货物卸出的专用船。典型自卸船的工作过程:物料由货舱或料斗经由可控制的斗门流入置于舱底的纵向输送带上,将物料输送至船首部或船尾部,由提升机构将物料提升送交舱面投料输送机投送上岸。

图 6-26 所示为自卸船的一种。自卸船与一般散货船的不同之处在于装料船舱底部呈 V 形,并有船舱漏斗和控制闸门,在 V 形船舱底和船底之间布置有带式输送机系统。

利用自卸船卸货的优点:船舶可以完全机械化、高效率卸货,可完全消除船舶清舱作业,如最高卸货效率的自卸船,其卸船效率可达 20400t/h,并可以节省码头建造专用卸货设备的费用,有利于解决煤炭和矿石卸船时的环境污染问题。其缺点是自卸船结构复杂,造价高,维修困难。

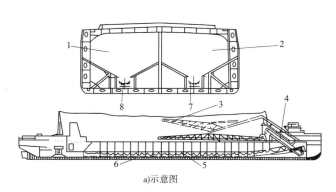

a)示意图　　　　　　　　　　　　　　　b)实物图

图 6-26　自卸船

1、2-V 形船舱；3-舱面投料输送机；4-提升机；5、7、8-舱底纵向输送带；6-舱底

(扫码观看数字资源)

二、煤炭和矿石水平运输机械

煤炭和矿石水平运输机械主要使用普通带式输送机,也有一些码头采用管状带式输送机,少数码头也用卡车运输。

1. 普通带式输送机

普通带式输送机(也称带式输送机、皮带输送机、皮带机)广泛应用于煤炭、矿石等散货码头,它是煤炭、矿石装卸作业线的连接装卸船、装卸车、堆场机械和各种储存、给料等作业环节之间水平运输的转运工具。带式输送机如图 6-27 所示,其主要由输送带、托辊装置、驱动装置、张紧装置、装料装置、卸料装置、清扫装置等组成。

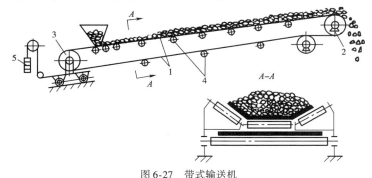

图 6-27　带式输送机

1-输送带；2-驱动滚筒；3-张紧滚筒；4-托辊装置；5-张紧装置

1) 带式输送机的布置方式

带式输送机的布置方式有水平输送方式、倾斜输送方式以及水平倾斜混合输送方式等,如图 6-28 所示。

在自然条件允许的情况下,带式输送机最好采用水平输送方式或接近水平输送方式,当输送带的布置需要有一定的倾斜时,倾斜角不能太大,否则会引起物料沿输送带下滑,造成生产率降低甚至不能正常输送。

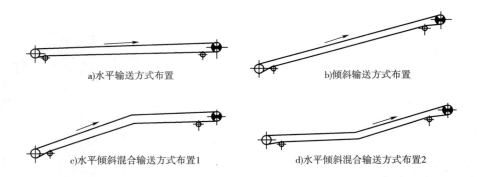

图 6-28 带式输送机的布置

输送带的倾斜角取决于动摩擦系数、输送带的断面形状、物料的自然堆积角、装卸方式和输送带的速度。

2) 带式输送机的输送速度

用作散粮输送的皮带机的最大速度与输送带宽度有关,当散粮输送机的最大倾斜角为15°时,带式输送机的输送速度如表6-2所示。

散粮带式输送机的输送速度　　　　　表6-2

输送带宽度(mm)	400	500~700	>900
输送速度(m/min)	100	150	150~200

3) 带式输送机的输送能力

带式输送机的输送能力可用下列公式计算:

$$Q = 60SA = 60SK(0.9b - 0.05)^2$$

式中:Q——输送能力(m^3/h);

S——输送带速度(m/min);

A——装载截面积(m^2);

K——系数,与槽角和堆积角有关,一般为 0.0963~0.1698;

b——输送带宽度(mm)。

4) 带式输送机的特点

带式输送机具有以下特点:

①输送距离长。

②结构简单,易于制造、维修,基建投资少,营运费用低。

③能耗低。

④操作简单,安全可靠,方便管理,易实现自动控制。

⑤输送线路可以呈水平、倾斜布置,也可在水平方向、垂直方向弯曲布置,因而受地形条件限制较小。

⑥不能自动取料,需要辅助设备或其他机械进行喂料。

⑦运输线路固定,当货流方向变化时,往往要重新布置带式输送机的输送线路。

⑧倾斜角度受物料的流动性和动摩擦系数等特性限制,只能在水平面倾角不大时进行工作,且中间卸料有难度。

随着装卸船效率和煤炭、矿石装卸工艺的现代化发展,带式输送机的输送能力要提高,长距离、高带速、大运量、大功率、高效率是今后发展的必然趋势。

高效率的带式输送机对输送带的强度要求高,对输送带的带宽和带速也提出更高的要求。如带式输送机皮带的宽度可达 3m 以上,带速可达 4.6m/s。带式输送机的输送效率要与装船机和卸船机相适应。

2. 管状带式输送机

1) 概述

管状带式输送机是把物料置于围成管状的输送带内进行密闭输送的输送机。管状带式输送机是在通用槽形带式输送机的基础上发展起来的一种特种带式输送机。

管状带式输送机按其截面形状大致可分为两大类:第一类为圆管状带式输送机;第二类为异形管状带式输送机。异形管状带式输送机有吊挂管状、U 形带 Q 状、U 形带三角状、折叠状等几种形式,如图 6-29 所示。

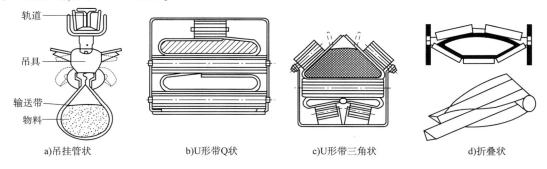

图 6-29 异形管状带式输送机

在上述两大类封闭型带式输送机中,圆管状带式输送机是众多封闭型带式输送机中开发最早、发展最快、应用最广泛的一种。

圆管状带式输送机能广泛应用于采矿、码头、发电、港口、建材、化工、冶炼、粮食、造纸等众多行业,适合输送各种煤炭、矿石、化工原料、建材原料、造纸材料、粮食等散状物料。

2) 圆管状带式输送机结构与原理

圆管状带式输送机由驱动装置、传动滚筒、改向滚筒、托辊组和机架等部分组成,如图 6-30 所示。其头部、尾部、受料点、卸料点、拉紧装置等位置的结构与普通带式输送机的结构几乎一样,只是在输送机的加载点后至卸料点前的中部输送段形成圆管状。输送带在尾部受料后,在过渡段逐渐把其卷成圆管状进行物料密闭输送,到头部过渡段再逐渐展开呈槽形,直到头部卸料。输送带的回程段也基本上与承载段相同,一般也是形成圆管状,但回程段输送带也可采用平行或 V 形返回。

圆管状带式输送机的工作原理与通用带式输送机相同,都是靠摩擦驱动使输送带及其上的物料移动。大多数部件与通用带式输送机相同,不同之处在于:输送带要卷成圆管状,因而需要采用多边形托辊组(最常用的是正六边形托辊组)。圆管状带式输送机如图 6-31 所示,在装料区和卸料区,管状带式输送机的输送带呈槽形打开,装料或卸料后,输送带由过渡托辊、多边托辊组卷曲成管状,圆管状形成后,呈正多边形布置的托辊组保持输送带卷曲成管状,如图 6-32 所示。由于输送带在输送线路上呈管形,增大了输送带对物料的围包,物料不会撒落,也不会因刮风、下雨而受外部环境的影响,这样既避免了因物料的撒落而污染环境,也避免了外部环境对物料的污染,达到无泄漏密闭输送。

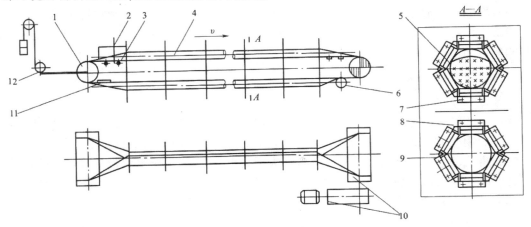

图 6-30　圆管状带式输送机结构示意图

1-改向滚筒;2-导料槽;3-过渡托辊组和缓冲托辊组;4-输送带;5-物料;6-改向滚筒;7-正多边形托辊组;8-框支架;9-回程分支托辊;10-传动滚筒和驱动装置;11-清扫器;12-拉紧装置

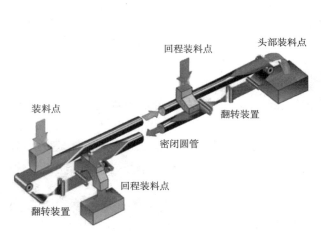

图 6-31　圆管状带式输送机
（扫码观看数字资源）

图 6-32　圆管状带式输送机实物图

3）圆管状带式输送机的特点

圆管状带式输送机除了具有通用带式输送机的特点外,还具有以下优点和缺点。

（1）优点。

①可实现封闭输送散状物料,可以避免撒料、漏料,物料输送质量好,且环保安全。

②能实现大倾角输送。通用带式输送机的输送倾角最大能达到24°,一般在18°左右。而圆管状带式输送机由于输送带将物料包围在圆管内输送,增大了物料与输送带之间的摩擦力,有利于提高输送机的倾角,目前已投入使用的圆管状带式输送机的最大倾角在30°左右。

③布置灵活。可空间弯曲布置输送线路,圆管状带式输送机因其输送带呈圆管状,可实现

小半径三维空间转弯,省去了中间转运站的设立和相应辅助设备的投资和维护费用。

④可双向输送物料。圆管状带式输送机在承载段和回程段均采用封闭管筒输送,如在回程段加装受料口,则回程段也可输送物料,且回程段加料口的位置不受限制。

(2)缺点。

①结构复杂。由于圆管状带式输送机的结构比通用带式输送机的结构复杂,因而其设计复杂,制造成本高,使用管理要求较高。

②生产率较低。在相同的带速和带宽条件下,输送量是通用带式输送机的50%左右。

③运行阻力大。由于物料被围包在圆管内输送,增大了物料与输送带的挤压力,所以圆管状带式输送机的运行阻力系数比通用带式输送机大。

④输送带易扭转损坏。尽管从结构上来看,圆管状带式输送机不会产生如同通用带式输送机的输送带跑偏问题,但是存在输送带的扭转问题,严重时,会使输送带的边缘进入两个托辊之间,造成输送带损坏。

虽然圆管状带式输送机存在上述各种缺点,但它具有密闭和大倾角输送、易于空间转弯、占地面积小等显著特点,使其成为水泥、钢铁、化工、港口、电厂、粮食等领域广泛应用的一种新型特种带式输送机。

三、煤炭和矿石堆场作业机械

堆场作业机械是散货堆场进行散货堆料、取料的专用机械。其根据功能不同可分为堆料机、取料机和斗轮堆取料机三种类型。

1. 堆料机

堆料机是指用来完成物料进场和堆料作业的机械。由卸船机或卸车机卸下的散货通常用带式输送机运送至堆场,在堆场上由堆料机进行堆料。

堆料机主要由堆料机体和尾车两大部分组成。堆料机体上有悬臂带式输送机、俯仰机构、整机运行机构,有的堆料机还设有回转机构。尾车实际上是堆场水平固定式带式输送机(主皮带机)的卸料车。堆料机作业时,由尾车将堆场水平固定式带式输送机上输送过来的散料转卸到机架上伸出的悬臂带式输送机上,悬臂带式输送机将物料卸在堆场上从而完成堆料作业。堆料机机架跨在堆场水平固定式带式输送机上,运行机构可使堆料机在轨道上沿着堆场水平固定式带式输送机移动,以调整堆料机的堆料地点,使堆料机将物料堆满在整个堆场上。

堆料机的主要性能参数有生产率、堆料高度和工作幅度。堆料机的生产率应与堆场水平固定式带式输送机的生产率相匹配;堆料高度和工作幅度则根据装卸工艺的堆料要求来确定。设有俯仰机构和回转机构的堆料机可调整堆料高度和堆料位置,俯仰机构和回转机构运动速度一般较低,工作频率不高,均属非工作性机构。

堆料机按结构特征可分为不可回转式和回转式;按臂架形式可分为单臂架和双臂架;按货种可分为堆煤机、堆矿机等。

1)不可回转式堆料机

不可回转式堆料机用于特定的平面布置和工艺要求,只能在固定的带式输送机的一侧或两侧堆料,臂架不能回转,只能在垂直平面内俯仰,因而堆成的料堆呈较窄的尖顶状长条形,堆料的总长度小于与之配套的堆场水平固定式带式输送机的长度。不可回转式堆料机适用于配合坑道输送机系统作业,或适用于对堆料范围要求不高的场合。不可回转式堆料机如图6-33所示。

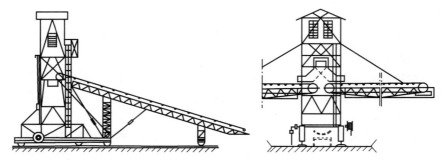

图6-33 不可回转式堆料机

2) 回转式堆料机

回转式堆料机的堆料臂通过回转机构驱动其回转,可在堆场水平固定式带式输送机的两侧堆料,可以堆出较宽的平顶状长条形料堆,料堆的总长度可超过与之配套的堆场水平固定式带式输送机的长度,适用于在面积较大的散货堆场上作业。回转式堆料机如图6-34所示。

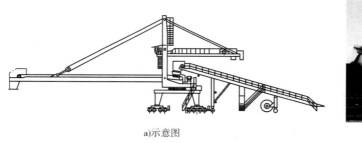 

a)示意图　　　　　　　　　　　　　　　　　b)实物图

图6-34 回转式堆料机

堆料机还可采用高门架式,与高架栈桥带式输送机配套使用,以便于堆场内流动机械的通行,如图6-35所示。

煤炭和矿石堆料机是国内外煤炭和矿石堆场常采用的专用机械。如美国亚拉巴马州柏得利转运码头,煤炭堆料机的效率为5000t/台时,我国秦皇岛煤码头四期选用的煤炭堆料机的效率为5400t/台时;美国康涅恩特矿石码头,矿石堆料机的效率为10000t/台时。

2. 取料机

取料机是用于挖取堆场上的散粒物料,并将物料供给地面或坑道带式输送机,从而将散粒物料从堆场运出的专用机械。

取料机主要由取料部分、运料部分和行走、回转、俯仰等机构组成。工作时,取料装置连续不断地从料堆上取料,并由运料输送机输送到地面或坑道带式输送机。通过行走、回转、俯仰等机构协同动作保证取料装置能连续高效地从料堆上取料。

取料机按取料装置的结构特征可分为悬臂式斗轮取料机、门式斗轮取料机和螺旋式取料机等形式。

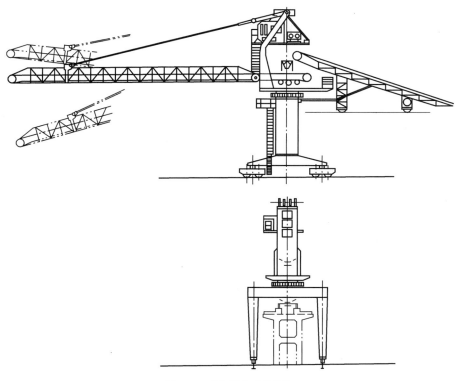

图 6-35 高架回转式堆料机

1) 悬臂式斗轮取料机

悬臂式斗轮取料机主要由斗轮装置、悬臂带式输送机、机架和俯仰、回转、行走机构等组成。

工作时,斗轮从料堆取料,并通过悬臂带式输送机转载至地面带式输送机运出堆场。斗轮的工作位置可由斗轮臂的俯仰、回转和整机的行走来调整,以保证斗轮能连续地从料堆上取料,如图 6-36 所示。

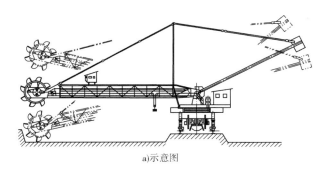
a)示意图

b)实物图

图 6-36 悬臂式斗轮取料机
(扫码观看数字资源)

2) 门式斗轮取料机

门式斗轮取料机的门架横向跨越料堆,并通过两端的车轮沿料堆两侧轨道纵向行走。取料斗轮套装在活动梁上,活动梁内装有带式输送机,活动梁可在垂直方向上下移动。工作时斗轮转动,从料堆取料并卸到活动梁内的带式输送机上,然后转载到堆场地面带式输送机运出。斗轮可沿活动梁移动并由整机行走来保证斗轮连续取料,如图6-37所示。

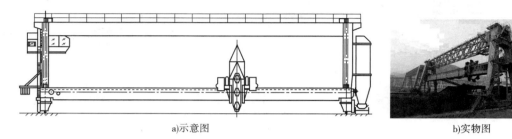

a)示意图　　　　　　　　　　　　b)实物图

图6-37　门式斗轮取料机

3)螺旋式取料机

螺旋式取料机是利用旋转的螺旋直接把堆场上的散粒物料推进坑道带式输送机的一种取料机械。简易螺旋取料机跨越料堆并贴近地面移动,只能从料堆的底部将物料推入坑道带式输送机,因而多用于小型堆场,如图6-38所示。双臂螺旋取料机由取料螺旋、臂架、机架和行走、俯仰、伸缩等机构组成,如图6-39所示。工作时取料螺旋可做上下、左右及前后几个方向的移动,因而取料效果较好。

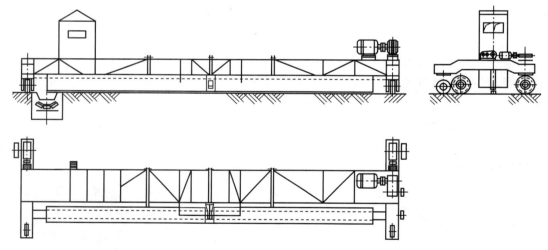

图6-38　简易螺旋取料机

3. 斗轮堆取料机

斗轮堆取料机是一种配合堆场固定皮带输送机系统,具有堆料和取料两种功能的专用机械。与堆料、取料分开的两台设备比较,整个散货卸船机械化系统机种少,工艺布置简单,其设备价格和运转费用低,在堆场上占地面积小、堆场的利用率高。在港口散货码头应用广泛,如我国宁波北仑矿石码头选用的斗轮堆取料机平均效率为4200t/h,最大效率为5250t/h。曹妃甸煤炭码头选用的斗轮堆取料机的效率为7500t/h。

1)斗轮堆取料机的类型

按照生产能力的大小将斗轮堆取料机分为轻型(生产率在630m^3/h以下)、中型(生产率为630~2500m³/h)、大型(生产率为2500~5000m³/h)、特大型(生产率为5000~10000m³/h)、巨型(生产率在10000m³/h以上)。

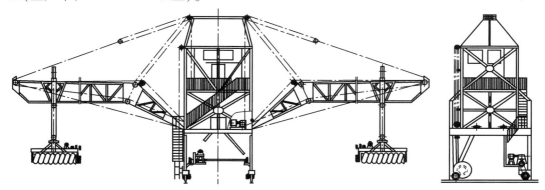

图6-39 双臂螺旋取料机

按运行装置的形式可将斗轮堆取料机分为履带式、轮胎式和轨道式三种,我国设计制造的斗轮堆取料机多为轨道式。

2) 斗轮堆取料机的主要性能参数

斗轮堆取料机的主要性能参数有生产率、堆料高度、回转半径、回转角度和工作速度等。生产率应与前方装卸系统生产能力匹配;堆料高度、回转半径和回转角度则由堆场的堆存量、面积及料堆的几何尺寸来确定。

3) 斗轮堆取料机的主要组成与作业工况

斗轮堆取料机主要由斗轮机构、悬臂带式输送机、俯仰机构、回转机构、行走机构、尾部带式输送机(主带式输送机)、尾车架和门架等部分组成。图6-40所示为悬臂式斗轮堆取料机。在图6-40中,斗轮机构、悬臂带式输送机、俯仰机构、回转机构等回转部分安装在门架上,门架通过由四套运行台车组成的运行机构可沿轨道运行;悬臂带式输送机通过尾车架与沿主输送线布置的尾部带式输送机协同工作;尾车架通过挂钩与堆取料机主机架相连,尾部带式输送机的头部可通过设在尾车架上的液压缸进行升降,其尾部则与尾部带式输送机连为一体。

a)示意图　　　　　　　　　　b)实物图

图6-40 悬臂式斗轮堆取料机

1-斗轮机构;2-悬臂带式输送机;3-俯仰机构;4-回转机构;5-运行机构;6-尾部带式输送机;7-尾车架

(扫码观看数字资源)

斗轮堆取料机的生产作业分为堆料和取料两种不同工况,但堆料和取料不能同时进行。斗轮堆取料机通常是卸船或卸车系统进行堆料作业,装船或装车系统进行取料作业的主要配套设备。

当进行堆料作业时,尾部带式输送机的头部处于转盘中心的悬臂带式输送机装料斗的上方,从尾部带式输送机输送上来的物料经尾部带式输送机头部滚筒卸入料斗,再经悬臂带式输送机抛向堆场。悬臂带式输送机的装料斗设置在转盘的回转中心,因此,无论转盘回转到任意方位均能保证从尾部带式输送机上来的物料准确无误地卸入料斗并进入悬臂带式输送机。

当进行取料作业时,则应首先解开挂钩,使尾车架脱离主车架并通过升降液压缸将尾部带式输送机的头部降至主机门架档部,再挂上挂钩,然后开动装设在悬臂带式输送机头部的斗轮机构使斗轮转动,取料铲斗便切入料堆挖取物料,当装满物料的料斗运转至悬臂带式输送机头部的上方时,料斗内物料在自身重力作用下卸落到固定料槽上,经溜料板滑落至悬臂带式输送机上(此时悬臂带式输送机的运行方向与堆料作业时相反),最后经悬臂带式输送机的尾部料斗送入尾部带式输送机直至堆场带式输送机上。

无论是堆料还是取料作业,均可利用整机回转机构和运行机构的配合运动,调整和改变堆取料位置,以尽量扩大堆取料机的作业范围。而俯仰机构则用于调节堆取料的高度。

在斗轮堆取料机堆料作业时,斗轮机构是不工作的。

4) 斗轮堆取料机的优点

斗轮堆取料机与其他周期性动作的装卸机械(如单斗装载机、装卸桥等)相比,具有以下优点:

①生产率高。因为它有专门的工作机构,堆料(或取料)与输送物料是同时进行的,而且是不间断地连续作业,故其生产率很高。

②能耗低。因为它主要采用能耗较低的带式输送机来完成物料输送,故其功率消耗小。

③自重相对较轻。在生产率相同的情况下,斗轮堆取料机的自重比单斗装载机要轻1/3~1/2。

④投资少。使用斗轮堆取料机的堆场,其设备都布置在地面以上,基础简单,工程的土石方量少,所以施工期短,总投资相对较少。

⑤操作简便。斗轮取料比较有规则,易于实现自动化,从而大大简化了操作程序,有效地改善了工人的劳动条件,降低了劳动强度。

⑥对所输送的物料的块度有限制,散粒物料的块度不能太大,对于中型(生产率为630~2500m^3/h)斗轮堆取料机,通常允许挖取粒度300mm以下的物料。

由于斗轮堆取料机具有上述许多优点,所以它在国内外的应用已越来越广泛。

四、煤炭和矿石装卸车机械

(一) 装车机械

陆运出港一般由火车或货车运输,在港口需要进行装车作业。装车作业的方法主要有高架存仓装车、悬臂装车机装车、流动机械装车。装车机械有高架存仓、悬臂装车机、流动装卸机械。

1. 高架存仓

在装车量较大的港口,可使用高架存仓、漏斗和带式输送机构成的装车系统。高架存仓漏斗下可设一线、二线、三线停车线,如图 6-41 所示,每条线下有若干车位可以同时装货,每辆车只要几分钟就可装满。

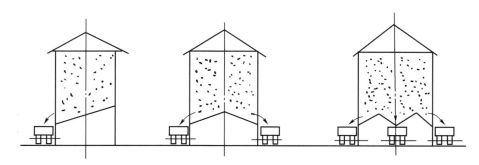

图 6-41 高架存仓装车系统示意图

如果采用长的装车线,若干车辆同时装车,可具备很高的装车能力。图 6-42 所示是每三辆车成一组进行装车的方式。物料由倾斜带式输送机供给,并由可逆带式输送机分配到各存仓中,由于存仓具有一定的容量,向存仓供料,以及装车作业都有相对的独立性。当车辆停妥以后,放下溜槽,打开闸门,物料自动流入车辆。当装入车辆内的物料接近规定的吨位时,即关闭闸门,由前方的牵引绞车使列车向前移动。当第一辆车位于轨道秤上后即停车,打开存仓下的计量闸门,根据轨道秤的指示,补充车内不足部分的物料质量,使其达到规定的吨位,然后计量闸门关闭。第二、三辆车的物料补充装货方法同第一辆车。当车辆进入轨道秤补充装货时,向车辆溜送的物料应该用较小的流量,随着轨道秤接近规定吨位,流量应不断减少,直到停止。

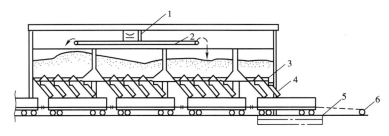

图 6-42 三辆车成组装车示意图
1-倾斜带式输送机;2-可逆带式输送机;3-闸门;4-溜槽;5-轨道秤;6-牵引绞车

装车量和闸门的控制可以采用机械化和自动化。例如,闸门的开闭可以用液压油缸或电动机驱动齿轮来实现。溜槽升降控制则可以采用电动机驱动卷筒上的钢丝绳,通过钢丝绳的收放来实现。当装货达到预定的高度时,物料推动挡板触动闸门控制开关,使闸门自动关闭或以电信号通知作业人员关闭闸门。这个电信号也可以作为通知调车绞车之用。

高架存仓装车系统容易实现自动化控制,装车速度快,装车精度高,装车质量好,对环境污染小。

2. 悬臂装车机

悬臂装车机如图 6-43 所示,它由机架、进料带式输送机、悬臂及悬臂带式输送机、行走机构及电控操作系统等组成。机架支承于轨道,可以在轨道上移动,悬臂及悬臂带式输送机位于轨道上方。当需要装车时,列车开到装车轨道区域,堆场的煤炭、矿石由堆场带式输送机输送

图6-43 悬臂装车机

至悬臂装车机上的进料带式输送机,再转载到悬臂带式输送机,然后装入列车车厢。

悬臂装车机装车,装车效率高,最大装车能力可达3600t/h,装车质量好,车厢表面物料平整、无偏载,完全符合铁路运行要求。但设备投入大,制造成本高。适用于装车量大的专业化码头。

3. 流动装卸机械

如单斗装载机、轮胎式(或履带式)抓斗起重机等流动装卸机械也可以用于装车作业。图6-44所示是单斗装载机,图6-45所示是单斗装载机用铲斗将堆场的煤炭装入火车。

图6-44 单斗装载机

图6-45 单斗装载机将煤炭装入火车

流动装卸机械装车的特点是机动性能好,作业范围大。但装车效率低、物料容易撒落、扬尘严重。一般用于装车量不大、非专业化的码头。

(二)卸车机械

在港口卸火车(简称卸车)作业是指将火车运抵港口的煤炭、矿石从车上卸下的作业环节。

装运煤炭、矿石的铁路车辆主要有敞车和自卸车。

敞车如图6-46所示,它是一种通用型的车辆,敞车装运煤炭、矿石时,物料从车辆的上方敞开部分装入;卸料时既可以从上方敞开部分卸出,也可以打开侧门卸出,车辆的利用率高,应用广泛。因此,装运煤炭、矿石的铁路车辆大多数是敞车。敞车除装运煤炭、矿石外,还可以用于装运各种包装件杂货。

图6-46 敞车

自卸车是装运煤炭、矿石的专用车辆。装运煤炭、矿石时,物料从车辆的上方敞开部分装入;卸料时打开底门,物料自流卸出。自卸车的卸车效率高,造价贵,不适合装运其他货物。因为自卸车回程的载质量低,所以在煤炭、矿石散运的车辆中,自卸车的比例较低。

在吞吐量大的港口,煤炭、矿石的列车多采用专列直达,一般由30~50节车厢组成。

根据车型不同,散货卸车主要有翻车机、螺旋卸车机、链斗卸车机和底开门自卸车等几种。

1. 翻车机

翻车机是用倾翻车厢的方法将所载散货从车厢顶部一次卸出的快速卸车机械。翻车机是一种大型卸车设备,具有卸车效率高、生产能力大、机械化程度高等特点,适用于大型专业化散货码头和电厂。

翻车机卸车工艺作业过程:当车辆进入翻车机后,车厢被翻转165°~175°,将物料卸到机房下的漏斗中,漏斗下设有板式给料机,或皮带给料机,或振动给料机,把已卸下的物料均匀地转送给翻车机下的皮带输送机,系统通过皮带输送机将物料送入堆场,或送去装船。

翻车机的卸车效率通常为30~40厢/h,一次可翻一节车厢,也可一次翻两节车厢或三节车厢,最高一次性可翻卸八节车厢。对于采用旋转车钩的车厢,可采用不解体的方式卸车,卸车效率更高。

1) 翻车机的形式

翻车机主要有转子式和侧倾式两种形式。

(1) 转子式翻车机。

目前应用最广泛的是转子式翻车机,也称转筒式翻车机。转子式翻车机根据回转机架(即转子)的结构形式不同分为O形转子式翻车机和C形转子式翻车机,如图6-47所示。

O形转子式翻车机回转机架的端环为"O"形结构,如图6-47a)所示,是早期翻车机产品,设备结构较复杂,整体刚性好,驱动功率较大,适合配备钢丝绳牵引的重车铁牛调车系统。

C形转子式翻车机回转机架的端环为"C"形开口结构,如图6-47b)所示,以便拨车机大臂通过翻车机。这种翻车机结构轻巧,驱动功率小,适合配备重车调车系统。

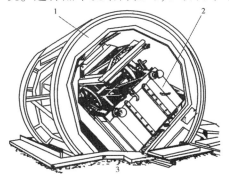

a) O形转子式翻车机

b) C形转子式翻车机

图6-47 转子式翻车机
1-转子;2-敞车;3-地下料仓

(扫码观看数字资源)

如图6-48所示是O形转子式翻车机的结构,主要由转子(即回转机架)、车辆支承轨道、车体压紧装置、回转机架的驱动装置、翻车机支承装置及其他辅助装置组成。回转机架主要由翻车机底梁和数个O形端环、侧梁靠车板装置、顶梁压车装置等结构组成。顶梁上装有压车装置,在翻车机翻转过程中将进入回转机架的车厢牢固地固定,并与回转机架一起回转。通常压紧装置采用液压方式压紧。回转机架的驱动装置由电动机、减速器、开式小齿轮和固定在回转机架环形支承结构上的大齿圈组成,开式小齿轮与大齿圈啮合。电动机通过减速器驱动开式小齿轮回转,开式小齿轮通过大齿圈带动回转机架环形转动,车厢实现翻转。

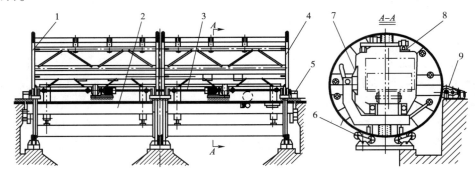

图 6-48　O 形转子式翻车机的结构

1-转子(左);2-支承平台及支承轨道;3-传动装置;4-转子(右);5-电气设备;6-翻车机支承装置;7-侧梁靠车板;8-车体压紧装置;9-回转机架的驱动装置

转子式翻车机工作时,车辆被送进转子内的支承平台,压紧装置压紧车体,然后转子回转将散货卸到下面的受料漏斗内。转子式翻车机的翻转轴线靠近车辆中心线,翻转角度可达 165°~175°。转子式翻车机卸货后,反向回转相同角度,为下一次翻车做准备。

这种翻车机重量较轻,耗电量小,生产率较高,工作可靠,货物容易卸干净;但其地下构筑物基础较深,土建投资大;翻车时对车底部压力较大,易损坏车辆。

(2) 侧倾式翻车机。

侧倾式翻车机主要由偏心回转平台、压紧装置和回转驱动装置等组成。图 6-49 所示为侧倾式翻车机示意图,当车厢被送进旋转平台后,压紧装置压紧车体,回转平台转动将散货卸到侧面的漏斗内。这种翻车机翻车时对车底部压力较小,有利于保护车辆,而且地下构筑物基础浅,土建投资少。但这种翻车机结构复杂,整机重量较大,由于偏心布置,翻转轴线位于车辆侧面,提升高度大,工作线速度较高,耗电多,其翻转角度较小,一般不超过 180°,货物不易卸干净。其适用于卸车量不太大,所装货物黏性不大的场合。

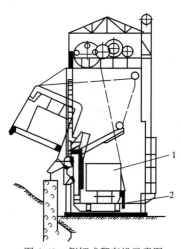

图 6-49　侧倾式翻车机示意图
1-敞车;2-翻转架

2) 翻车机的翻车形式

翻车机的翻车形式按翻车机本体一次可翻卸车辆的数量可分为单翻式和串翻式。

单翻式翻车时,每次只能翻一节车辆。串翻式翻车,每次可翻两节或两节以上串联的车辆。如南京港煤炭码头采用的是单翻式,翻车效率达 850t/h,秦皇岛煤炭码头四期的翻车机采用串翻式,每次可翻三节车辆,列车不解体,翻车效率达 5400t/h。

形成一个有效的翻车机系统,除了翻车机外,还需要铁路线(重车线和空车线)、翻车机下方漏斗、接运带式输送机和辅助机械等。

3）卸车线的布置形式

翻车机卸车工艺中的卸车线布置形式有两种：折返式和贯通式。

（1）折返式布置。

折返式布置是指重载车辆从重车线某一个方向进入翻车机系统,开始翻卸作业,翻卸之后,空载车辆移动到空车线上,然后从相反方向折返离开翻车机系统。这种折返式卸车线的布置形式,重车线与空车线分别为两股轨道,卸车前列车需要解列,重车卸料后,空车折返,列车再重新编组。折返式卸车线布置形式常用于列车需要解体,并逐一送进翻车机的单翻式方式。

这种折返式卸车线有两种布置形式：一种是有牵车平台的卸车线布置形式；另一种是驼峰式（没有牵车平台）卸车线布置形式。

① 有牵车平台的卸车线布置形式。

对 O 形转子式翻车机,卸车线布置形式如图 6-50 所示,该翻车机系统主要由牵车铁牛（也称重车推车器、重车铁牛）、摘钩平台、翻车机、迁车台、空车铁牛、重车推送线和空车集结线等组成,翻车机下设有漏斗、给料器、接运带式输送机等。

牵车铁牛的作用是将机车牵引送来的载货车列停列在重车线上。由重车铁牛按一定的时间周期将车厢推或拉至摘钩平台上,或直接将车厢推进翻车机（车厢已摘钩）。牵车铁牛一般由卷扬机通过钢丝绳驱动,将一节重载车辆推或拉到翻车机前的摘钩平台上,然后返回,准备推或拉后一节重载车辆。

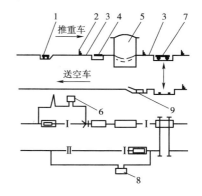

图 6-50 O 形转子式翻车机的卸车线布置形式
1-重车铁牛和牛槽；2-减压止挡器；3-记数装置；4-摘钩平台；5-翻车机；6-重车卷扬机房；7-迁车台；8-空车卷扬机房；9-空车铁牛和牛槽

摘钩平台位于翻车机之前,它的作用是使停在其上的重载车厢自动摘钩后溜进翻车机内。其原理是当重车被送上摘钩平台后,制动列车。启动摘钩平台的液压驱动装置,当摘钩平台的一端升起到一定程度时,车辆之间的挂钩便自动脱开,重车凭借摘钩平台的坡度溜进翻车机中进行卸车作业。

迁车台位于翻车机之后,承载从翻车机中溜出的空车,将空车平行移送至空车线上,并对准空车轨道。

空车铁牛的作用是推动空车厢移出迁车台,使空车厢到空车线轨道集结重新编组。

O 形转子式翻车机的卸车线布置形式如图 6-50 所示：列车由重车铁牛从第一辆车牵引,当第一辆车进入摘钩平台后,后面的车辆由减压止挡器挡住。重车铁牛与第一辆车脱钩,然后摘钩平台后端上升 0.4m,这样可以和后面的车辆脱钩,重车凭借着摘钩平台的坡度溜进翻车机内。翻车机内有止挡器止挡定位,重车由翻车机上机械式压紧装置压紧后翻卸。重车卸空后由翻车机内的推车器将空车推出,溜入迁车台,止挡器止挡定位后,由迁车台将空车平行移送至空车线上,并对准空车轨道推出,空车再由空车线上的空车铁牛推送至空车线轨道集结重新编组,迁车台完成移送任务后返回原位。如此重复,直到一列列车卸空。

这种有牵车平台的卸车线布置形式,取送车效率高,每小时可翻 30~33 次,由于不需要人力摘钩,作业安全。

对 C 形转子式翻车机,卸车线布置形式如图 6-51 所示,这种翻车机系统主要由拨车机及其轨道装置、翻车机、迁车台、推车机及其轨道装置、重车推送线和空车集结线等组成,翻车下设有漏斗、给料器、接运带式输送机等。拨车机和推车机布置在各自轨道上。

图 6-51　C 形转子式翻车机的卸车线布置形式
1-铁路敞车(重车);2-拨车机;3-翻车机;4-迁车台;5-推车机

拨车机用来拨送各种铁路敞车(重车)进入翻车机,并将翻卸完毕的空车推出翻车机至迁车台。翻车机用来翻卸铁路敞车装载的各种散状物料,如煤炭、铁矿石等,翻车机翻卸后的散状物料进入翻车机机下漏斗,通过给料器转运到带式输送机,再输送至堆场。迁车台位于翻车机之后,它将翻车机翻卸完的空车运送到空车线上。推车机用来将空车推出迁车台,并将空车在空车线上集结成整列。

② 驼峰式(没有牵车平台)卸车线布置形式。

这种驼峰式卸车线布置形式如图 6-52 所示。这种布置形式的铁路线根据车辆的工作状态分成重车推送线Ⅰ、空车溜放线Ⅱ、空车集结线Ⅲ、驼峰溜放线Ⅳ,系统配有推车器(铁牛)、驼峰等送车和取车设施,翻车机下设有漏斗、给料器、坑道接运带式输送机等。

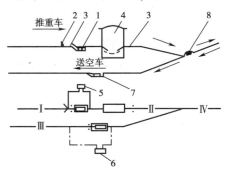

图 6-52　驼峰式卸车线布置形式
1-重车铁牛和牛槽;2-止挡器;3-记数装置;4-翻车机;5-重车卷扬机房;6-空车卷扬机房;7-空车铁牛和牛槽;8-弹簧道岔;Ⅰ-重车推送线;Ⅱ-空车溜放线;Ⅲ-空车集结线;Ⅳ-驼峰溜放线

卸车作业过程如下:散货列车到达港口车站以后,须经过技术检查,查明车辆是否适合用翻车机翻卸,将不适合翻卸的车辆从列车中挑出,将适合翻卸的车辆根据品种和卸车次序加以编组,然后才能向翻车机重车停车线送车。

用机车将车辆送入重车推送线Ⅰ后,将第一辆车的钩销和制动闸松开,然后由人力撬动车轮,沿坡溜下,当车辆进入调车绞车推车器(重车铁牛)牛槽后,即用铁鞋制动,以免后退,接着开动重车卷扬机房的卷扬机,钢丝绳通过滑轮牵引推车器,将车辆推入翻车机内。车辆在翻车机内停妥后,开动翻车机转 165°~175°,将物料翻卸至翻车机下部的大型漏斗里,由漏斗底部的坑道接运带式输送机将散料运输到料场或货舱。翻车机翻卸后回正,由翻车机内推车器将空车推出,沿驼峰(空车溜放线Ⅱ)溜下,冲入驼峰溜放线Ⅳ回溜,经弹簧道岔进入空车集结线Ⅲ。在进入空车集结线时,必须制动空车,以免与前面的空车发生碰撞。

回到空车集结线上的空车,还需要清扫残留在车辆内的物料,如装运的潮湿的煤炭,剩余量可达 2~3t。

每辆重车经过上述过程后,在空车集结线上集结,经车检,由机车取回。

翻车机与坑道接运带式输送机之间设有存仓漏斗闸门,起缓冲作用,存仓漏斗的容量为车辆质量的 1.5~2 倍。为有效控制物料的流量,漏斗闸门采用板式闸门,通过控制其开度来控制其流量。但为供料均匀,减少对坑道接运带式输送机的冲击,防止撒料、漏料,漏斗闸门下出料口处应安装给料机,出料口下落的物料直接作用在给料机上,由给料机将物料卸送至坑道接运带式输送机。

驼峰式卸车线布置形式的特点是卸车生产率较高,一般每小时可翻 25 次,卸车线上的辅助机械机种少。不足之处是用人力摘钩、劳动强度大;驼峰空车溜滑速度不易控制,作业欠安全。

折返式卸车线布置形式整体布置紧凑,占地面积小,但列车需要摘钩解体,翻车效率受影响。适用于对占地面积限制较大,效率要求不是很高的港口散货码头。

为了提高翻车效率,近年来国内外发展了一种不摘钩的连续卸车方式。要实现这种作业方式,需要车辆之间的连接钩能够回转;翻车机的回转中心应与进车线和出车线上车辆之间的连接钩的回转中心一致。这种作业方式,效率可达 30~40 次/h,同时也避免了摘挂钩等人力作业环节。为了节约空、重车进出翻车房所需要的时间,卸车线的布置改为贯通式布置。

(2) 贯通式布置。

贯通式布置是指重载车厢从某一个方向进入翻车机系统,开始翻卸作业,之后从相同方向离开翻车机系统,贯通式翻车机卸车线布置如图 6-53 所示。此种形式是重车线和空车线与车辆进出翻车机房同一方向布置,重车线与空车线只设一条卸车线,常与采用旋转车钩的不解列车辆配合使用。

贯通式系统特点:由于只设一条卸车线,卸车作业简单,辅助机械少,系统翻卸效率高,一般可达 3500t/h。但由于需要满足列车的转弯半径要求,铁路卸车线的布置线路长,系统占地面积大。我国秦皇岛煤炭码头一期工程就是采用这种卸车线布置形式。

4) 使用翻车机卸车的特点

(1) 系统的机械化程度高,卸车效率高,卸车后车内余量少。

(2) 对货种及物料块度的适应性强。

(3) 系统的机械设备多,对不能使用翻车机卸货的车辆,翻车机系统需另设辅助卸车机械,因此投资费用高。

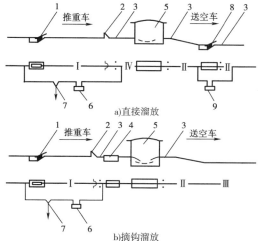

图 6-53 贯通式翻车机卸车线布置
1-重车铁牛和牛槽;2-减压止挡器;3-记数装置;4-摘钩平台;5-翻车机;6-重车卷扬机房;7-拉紧装置;8-空车铁牛和牛槽;9-空车卷扬机房;Ⅰ-重车推送线;Ⅱ-空车溜放线;Ⅲ-空车集结线;Ⅳ-重车溜放线

(4) 对车辆的适应性差,对车辆的损害大,所以翻车机不适用于平车、低帮车或结构不好的车辆的卸车作业。

2. 螺旋卸车机

螺旋卸车机是接卸具有侧开门铁路敞车的专用卸车机械。它由水平卸料螺旋、螺旋传动机构、螺旋摆动机构、提升机构、行走机构和机架等组成。

螺旋卸车机具有结构简单、效率高、设备投资少等优点。一般生产率为300~400t/h,卸料螺旋一般为直径为800~900mm的三头螺旋,螺旋转速为100r/min左右,适合作业松散和堆积密度不大的散货物料。

螺旋卸车机在我国沿海散货卸车量不太大的港口应用较为广泛,也是翻车机系统的主要辅助机械,可用于卸那些不能使用翻车机卸车的货物。

1) 螺旋卸车机类型

螺旋卸车机按支承结构形式不同可分为桥式螺旋卸车机、门式螺旋卸车机和悬臂式螺旋卸车机;按卸车卸煤的方向可分为单侧和双侧两种;按螺旋头数可分为单旋、双旋和三头螺旋等几种。

(1) 桥式螺旋卸车机。

桥式螺旋卸车机主要由大车行走机构、小车行走机构、桥架、螺旋传动机构、螺旋圆周提升机构等组成,如图6-54所示。其大车行走机构沿着铺设在混凝土支柱上的轨道行走,主要用于库内或车间内的卸车作业。

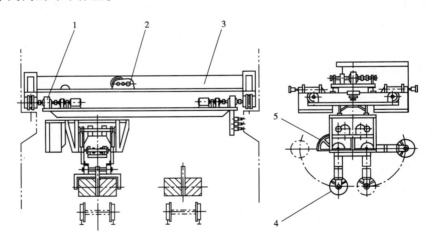

图6-54 桥式螺旋卸车机

1-大车行走机构;2-小车行走机构;3-桥架;4-螺旋传动机构;5-螺旋圆周提升机构

(2) 门式螺旋卸车机。

门式螺旋卸车机主要由螺旋传动机构、螺旋提升机构、大车行走机构、门架等组成,门式螺旋卸车机可跨越单列或多列车厢,如图6-55所示。有的门式螺旋卸车机两边设有倾斜带式输送机,可在平地料场进行卸车和堆高作业,如图6-56所示。

(3) 悬臂式螺旋卸车机。

悬臂式螺旋卸车机主要由螺旋传动机构、螺旋提升机构、螺旋移动小车、回转机构、大车行走机构、门架等组成。回转机构可使臂架回转360°,因此可分别在螺旋卸车机的两侧铁路轨道上进行卸车,如图6-57所示。

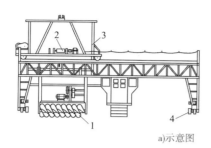
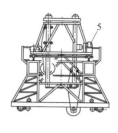

a)示意图

b)实物图1

c)实物图2

图6-55 门式螺旋卸车机
1-螺旋传动机构；2-螺旋提升机构；3-小车；4-大车行走机构；5-小车行走机构

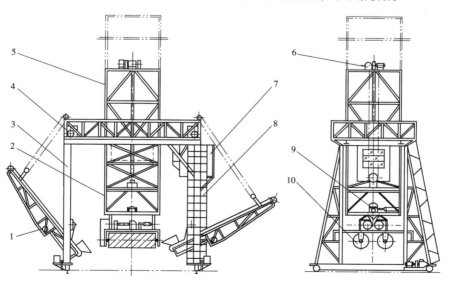

图6-56 带倾斜带式输送机的螺旋卸车机
1-带式输送机；2-滑动架；3-门架；4-输送机俯仰机构；5-固定架；6-螺旋提升机构；7-操作室；8-梯子；9-螺旋摆动机构；10-螺旋机构

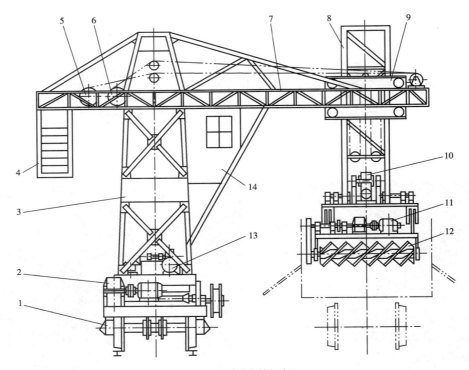

图 6-57 悬臂式螺旋卸车机

1-铁路平车;2-行走传动机构;3-回转架;4-平衡重;5-螺旋提升绞车;6-螺旋移动绞车;7-悬臂桁架;8-螺旋套架;9-螺旋移动小车;10-螺旋倾斜传动机构;11-螺旋传动机构;12-螺旋;13-回转传动机构;14-操作室

2) 螺旋卸车机系统组成和作业过程

螺旋卸车机系统一般由螺旋卸车机、卸车铁路线、铁路线一侧或两侧的收货槽、坑道漏斗和坑道皮带机等组成,如图 6-58 所示。

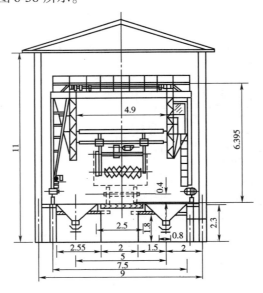

图 6-58 螺旋卸车机系统(尺寸单位:m)

作业时,将螺旋卸车机运行到车厢端部,打开敞车侧门,逐步放下卸料螺旋,让其插入物料堆中,开动卸料螺旋,利用螺旋的斜面将物料从敞车两侧推出。通过行走机构的移动和螺旋升降机构的升降,螺旋卸车机可将车厢中的散货物料逐层从车厢两侧卸下,直至将车厢内的散货物料全部卸完。当螺旋接近车厢底部时,可操纵螺旋摆动机构,使两个卸料螺旋处于不同的高度位置,以便将车厢底板上和端部的残留散货清卸干净。

车上卸下的物料由螺旋一侧或两侧落到收货槽,通过坑道漏斗漏到槽下坑道皮带机,由皮带机输送出去。收货槽起集料的作用,所以容积不大,并且可以不设闸门。

3) 螺旋卸车机工艺系统布置

(1) 一台螺旋卸车机工作范围为 2~3 个车位。

(2) 卸车线的长度,需要根据每次到港列车车辆数决定,可以设一线、二线或三线,可视场地条件而定。一般情况下,每线可配两台螺旋卸车机。

(3) 铁路线两侧要有收货槽和坑道皮带机。

(4) 轨道高出地面 200~300mm,使物料不压轨。

4) 螺旋卸车机工艺系统特点

与翻车机相比,螺旋卸车机具有结构简单、投资少、效率高的优点,且对车辆的适应性好。在维修保养方面,螺旋卸车机的配置较多,机械同时发生故障的机会少,而且维修保养也较翻车机简单,对车辆的损坏率也较翻车机低。

但螺旋卸车机对货种的适应性不如翻车机好,特别是螺旋卸车机不适用于卸块度大于螺距的物料。

防尘方面,翻车机布置紧凑,物料翻卸容易,清舱量少,而螺旋卸车机作业面大,还需要清舱作业,所以扬尘性大,且较难解决防尘问题。在卸车自动化程度方面,螺旋卸车机也不如翻车机,相比之下,螺旋卸车机的卸车效率较低,特别是在物料的湿度大时,卸车的效率就更低。

在使用方面,根据使用经验,当年卸车量超过 400 万吨时,翻车机卸车的经济性较螺旋卸车机好。这是因为,当卸车量增加时,螺旋卸车机的工作线数也要增加,整个工艺布置就显得复杂,同时也扩大了环境污染面,增加了清扫车厢的工作量,螺旋卸车机的缺点越发显现出来。

3. 链斗卸车机

1) 链斗卸车机概述

链斗卸车机是一种能将散货卸车并堆放的卸车机械。链斗卸车机主要由链斗提升机、升降机构、带式输送机、行走机构、机架和电气控制系统等组成,如图 6-59 所示。其特点是结构简单、效率高、装卸成本低。

作业时,链斗提升机下降至待卸敞车内,链斗将物料挖取提升到一定高度后,转卸到带式输送机上,由带式输送机将物料输送堆放到铁路两侧的堆场上。通过行走机构的移动和链斗提升机的升降运动,链斗卸车机可逐层挖取物料,直至将车厢内的散货物料全部卸完。

链斗卸车机按跨越车厢的数量可分为单轨和双轨,其跨度在 5~22m 之间。带式输送机可为一条固定的或可双向移动的双向带式输送机,也可左右各配置一条可俯仰、回转的堆料带式输送机,如图 6-60 所示,以获得较大的堆存能力。

链斗卸车机的生产率一般为 300~400t/h,每小时可接卸 5~6 节敞车。适宜作业粒状和小块状的干燥的、流动性好的散粒物料,如煤炭。

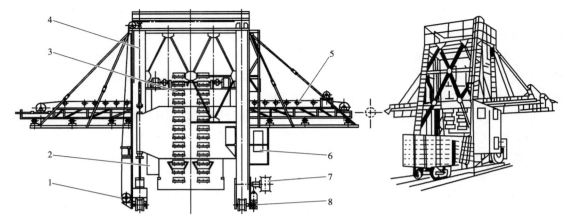

图 6-59 链斗卸车机结构示意图

1-升降机构;2-电气控制系统;3-链斗提升机;4-机架;5-带式输送机;6-司机室;7-电缆卷筒;8-行走机构

(扫码观看数字资源)

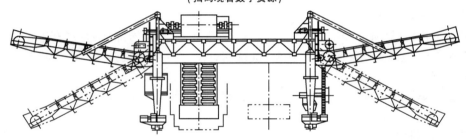

图 6-60 链斗卸车机

2)链斗卸车机卸车工艺布置

(1)链斗卸车机两侧不设坑道皮带机。由于链斗卸车机采用高处卸货,所以可以不用坑道皮带机配合,直接将物料投入堆场。

(2)链斗卸车机既可布置在地面上,也可布置在栈桥上。布置在栈桥上,投料点高,堆场容积大,但投资高。

(3)一条卸车线上可配两台或多台链斗卸车机。卸车时,链斗卸车机既可以沿卸车线长距离行走卸货,也可以定点卸货,但此时需要移动车辆。当卸车线上配置多台链斗卸车机时,多台可以同时卸车,形成很高的卸车能力。

3)链斗卸车机卸车工艺特点

(1)造价低(因为不设坑道皮带机)。

(2)要求地面没有坡度,以保持机架在工作时的稳定性。

(3)机械磨损大,维修费用高,能耗大。

(4)清车量大,扬尘性大,对货种适应性差。

(5)在港口仅作辅助设备用,而较少作为主卸车机用。

4. 底开门自卸车

底开门自卸车是一种卸车效率很高的散货专用列车。卸车时,可打开专用列车两侧的底部门,列车边运行边卸货至铁道两旁的收货槽或货堆,货槽的底部设有漏斗和皮带机,可将物料运出卸货点至堆场(通常可设坑道)。底开门自卸车操作视频扫码观看。

1)底开门自卸车形式

底开门自卸车有平底式底开门自卸车和漏斗式底开门自卸车两大类。载质量多为60~70t,平底式车有7对车门,漏斗式车有2个车门。

2)底开门自卸车系统的布置

底开门自卸车系统的布置分为卸车线高于地面和卸车线不高出地面两种形式。

(1)卸车线高于地面布置。

卸车线高于地面布置,如图6-61所示,这种卸车线布置的收货有两种形式:

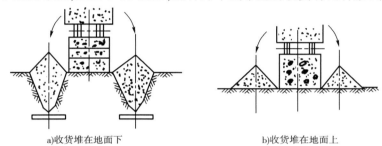

a)收货堆在地面下　　　　b)收货堆在地面上

图6-61　卸车线高于地面

(扫码观看数字资源)

①收货堆在地面下,货槽的底部设有漏斗和坑道皮带机。

②收货堆在地面上,通过取料机、带式输送机运送至堆场,在堆场上由堆料机进行堆料。

(2)卸车线不高出地面布置。

图6-62所示为卸车线不高出地面布置。卸车线布置的收货有两种形式:

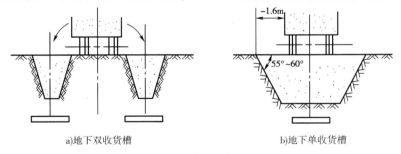

a)地下双收货槽　　　　b)地下单收货槽

图6-62　卸车线不高出地面

①地下双收货槽(双坑道皮带机)。

②地下单收货槽。单收货槽下设坑道皮带机。

3)底开门自卸车系统使用情况

此种卸车系统在国外散货码头使用较多,效率也高。例如:美国俄亥俄州康涅斯特煤炭码头采用底开门自卸车系统,一次卸三个车皮,卸车效率为3000~4000t/h;美国明尼苏达州的塔科尼斯特矿石码头,一列140节车厢(每节车厢载质量为85t),只需要8~9min可全部卸完,卸车效率可达80000t/h。

我国港口码头底开门自卸车发展较慢,只有少数港口在使用,如海南八所矿石码头采用底开门,但技术水平不高。主要原因是专用车辆制造技术要求高,而且还需要专用线,车辆重去空返,使车辆及其铁路线利用率受影响。

4)底开门自卸车系统使用特点

①不需要其他卸车设备,卸车效率高,物料卸车较彻底。如每节车厢载质量为70t的自卸车(K70型底开门自卸车),平均卸车效率可达4200t/h。但当物料因潮湿而黏结在车厢边角上时,还需要进行清扫,然后将车底门关上,而关车底门是一个比较费力的作业。

②车辆造价高,利用率低。

③需要铁路专线。

散货卸车工艺除了上述卸车工艺以外,对装卸运量不大的港口,使用带抓斗的门座起重机、轮胎式起重机或履带式起重机,直接在车厢内抓取作业,卸车后可经皮带机转运或直接堆垛。这种卸车工艺码头造价低,对货种的适应性强,但卸车效率较低,扬尘性大,卸车后清车量大。

五、装卸运输车辆的解冻

在冬季寒冷的季节,由于物料含有水分,在运输时间较长的情况下,物料容易冻结,冻结严重时,物料就无法卸车。简单的解决方法是在物料中加些防冻剂,如在煤炭中加重油,在矿石中加一定量的生石灰;此外,可采取在车顶盖草席、在车底和车厢四周侧板上涂蜡等措施,这些措施对物料冻结有一定改善。

但在水分过多、温度过低、时间较长而冻结严重时,上述方法效果不好。为顺利卸车,应建解冷库。解冷库内加热方法大致有以下几种:热风解冻、蒸汽暖管式解冻、煤气或电气红外线解冻。其中效率较高的是电气红外线解冻方式。解冷库应设在卸车线紧靠卸车处,以便在解冻后立即卸车。

六、煤炭和矿石辅助作业机械

1. 清舱机

用抓斗卸船机、链斗卸船机和斗轮卸船机,都不可能将舱内物料卸清,因此必须用清舱机械配合作业。清舱机的作用是清除舱内物料和提高抓斗的卸船效率。

常用的清舱机有履带式推土机和推扒机。在舱内清舱条件较差的情况下,大多数使用履带式推土机(图6-63)清舱,它不但能在物料上运行,而且爬坡能力大。推扒机是推土机的一种变形机种,通过推扒机(图6-64)上推扒板的推和扒,将舱内物料(如煤炭、铁矿石等)从舱壁汇聚到中央,以便抓斗抓取,所以推扒机兼有推和扒两种作业功能,清舱时比单一的推土机更为有效。

图6-63 履带式推土机

图6-64 推扒机

清舱机的动力多为内燃机，排气污染严重。岸上电缆供电的清舱机虽无排气污染问题，但使用电缆供电作业不方便。

清舱机的生产率远低于卸船机械。为保证卸船机的生产率，卸船作业和清舱作业要有序进行。图 6-65 所示为抓斗卸船机的卸船程序。当抓斗卸完 1 号部分物料后，把清舱机放入舱内，抓斗卸 2 号部分物料时，清舱机将抓斗不能直接抓取的 4 号部分物料推或扒至垂直舱口下，当抓斗抓取这部分物料和 3 号部分物料时，清舱机再将 5 号物料送至垂直舱口下。

2. 平舱机械

平舱是散货船作业时在舱内将货堆好、整平的作业。平舱机械是配合装船机使散货能平整装入船舱的专用机械。

在煤炭、矿石的装船作业中，对于专用的煤炭、矿石船舶，由于其舱口大，用岸上的装船机即可把船装

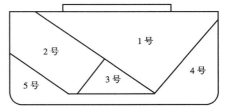

图 6-65　抓斗卸船机的卸船程序

满；但对于舱口不大的船舶，装船机投料只能达到舱口垂直范围内，不能把船装满。为了保证船舶的航行安全，对于这类船舶的装船都要进行平舱作业。

平舱作业是把垂直送的物料转为水平方向投向舱口四周的甲板下。所需投送物料的距离和船舶宽度有关，一般不超过船舶宽度的一半，舱口四个对角线的投料点最远。

平舱机械主要工作机构有抛射机构和回转机构。抛射机构可加速物料的输送速度，使物料向前方抛射；回转机构可使平舱机回转，根据作业的要求改变物料抛射的方向。常用的平舱机械有三种：溜筒平舱机、曲带平舱机和直带平舱机。

（1）溜筒平舱机。溜筒平舱机如图 6-66 所示，其基本原理是物料在装入船舱时，物料以较大的落差产生较大的速度，落入物料弧形槽，利用弧形槽的导向作用，将物料抛射至甲板上。这种平舱机适合平舱不易破碎、流动性好、磨损性小的物料，如散盐、散煤等。

（2）曲带平舱机。曲带平舱机如图 6-67 所示，其主要部分是曲带，物料通过溜筒落在曲带上，沿曲带弧形方向运动，使物料得以加速，从而增加物料的抛射距离。

（3）直带平舱机。直带平舱机如图 6-68 所示，物料通过漏斗落在直带输送机上，由直带输送机将其抛射到卸料点。这种平舱机带速较低，抛射距离较小。为取得较高的抛射速度和一定的投送距离，要求直带平舱机的外形尺寸较大。

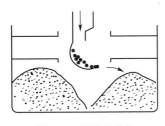
图 6-66　溜筒平舱机
（扫码观看数字资源）

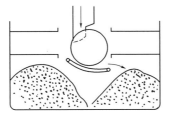
图 6-67　曲带平舱机

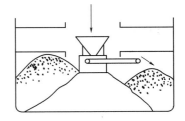
图 6-68　直带平舱机

平舱机的安装形式有三种：第一种是将平舱机吊挂在散货装船机头部卸料溜管下，靠平舱机的回转或倾斜，达到平舱目的；第二种是将平舱机安装在舱口围壁上，进行抛射平舱；第三种是采用流动起重机吊装。

第四节 煤炭、矿石装卸工艺系统

煤炭和矿石在港口装卸工艺由装卸船舶作业、水平运输作业、堆场作业三个作业环节组成。按物料进出港口的流向,将煤炭和矿石装卸工艺系统分为水运进港、陆运出港的煤炭、矿石进口装卸工艺。陆运进港、水运出港的煤炭、矿石出口装卸工艺,如图6-69所示。

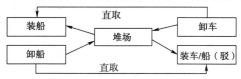

图6-69 煤炭和矿石装卸工艺系统

一、煤炭、矿石进口装卸工艺系统

煤炭、矿石进口装卸工艺主要由卸船作业、堆场作业和装车作业三个工艺环节组成,三个工艺环节及其机械如图6-70所示。每个作业环节也有相应的作业机械,三个工艺环节之间通过水平运输机械衔接。货物的装卸有多种工艺流程。

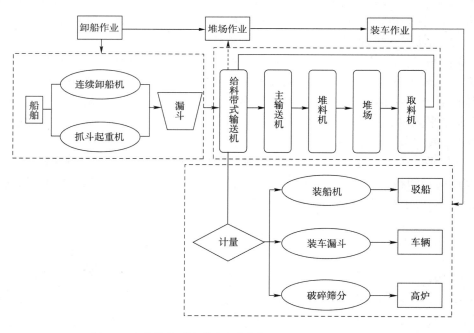

图6-70 卸船作业、堆场作业和装车作业三个工艺环节及其机械

1. 装卸作业机械系统

(1)卸船机:桥式抓斗卸船机、门座抓斗卸船机;链斗卸船机、斗轮卸船机、螺旋卸船机等。

(2)水平运输机械:带式输送机、圆管状输送机等。

(3)堆场机械:堆料机、堆取料机。
(4)装车系统:高架存仓装车系统、悬臂装车机、装载机、抓斗起重机等。
(5)辅助机械:清舱机械(履带式推土机、推扒机)。

2.装卸工艺系统布置

煤炭、矿石进口装卸码头主要包括码头前沿和堆场区域。码头前沿有供船舶停靠的泊位,且布置有卸船机及轨道、车辆通行道路、高架带式输送机等设施和设备。整个堆场分为若干个小型堆场,堆存不同的散货,堆场上布置堆场机械(堆料机或堆取料机)及其轨道、车辆道路、堆场带式输送机和转接塔等设施和设备。码头前沿与堆场、堆场与堆场之间,一般通过带式输送机和转接塔衔接。

根据应用的机械设备和物料进、出场和堆存形式的不同,堆场装卸工艺布置形式可分为由堆料机和坑道带式输送机组成的地下系统和地面露天堆场作业的地面系统。

1)地下系统

煤炭和矿石散货堆场地下工艺系统由地面双悬臂堆料机、V形坑道存仓(或称储料仓)以及坑道带式输送机组成,如图6-71所示,这是一种堆料机和坑道带式输送机联合作业系统。

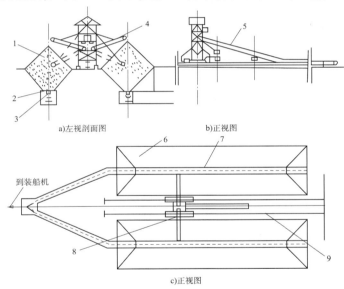

图6-71 煤炭和矿石散货堆场地下工艺系统
1-存仓;2-坑道;3、7-坑道带式输送机;4-堆料机悬臂;5-尾车;6-料堆;8-双悬臂堆料机;9-堆料机轨道

堆料机的作用是进行物料的进场和堆放作业,堆料机的双臂上布置有两台带式输送机,接受纵向带式输送机的物料,通过分叉漏斗,把物料向左或向右分配。在一个新起堆的货位上投料时,臂架应降低高度,减少投送高度,避免粉尘飞扬和物料破碎,随着一个货位的堆满,堆料机沿轨道移动到另外一个货位。有时由于物料品种不同,堆料机也要从一个货位移到另一个货位。

V形坑道存仓的作用是储存物料,并能使物料在重力作用下自流供料,存仓的底部有控制闸门,在需要时可方便地使存仓中物料流到下方的坑道带式输送机。V形坑道存仓具有物料储存量大、储料、给料方便的优点,但存在土建工程大、容易成拱而不能自流的缺点,后来发展了一种平坑道和螺旋喂料机堆场作业系统,如图 6-72 所示。这种系统采用链斗卸车机和堆取料机相结合的进场堆垛方式,出场利用物料的自流和螺旋喂料机相结合的方式。物料堆存在地面,螺旋喂料机贴近地面沿堆场移动,由螺旋向中间坑道喂料。螺旋喂料机较推土机等投资小,修造简单,费用低,减轻了工人劳动强度。

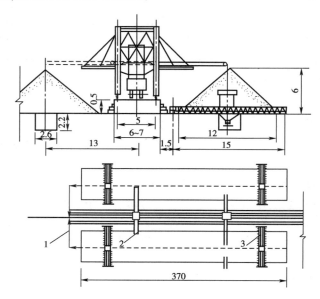

图 6-72 平坑道和螺旋喂料机堆场作业系统(尺寸单位:m)
1-带式输送机;2-链斗卸车机;3-螺旋喂料机

坑道带式输送机的作用是将物料输送出堆场。

地下系统货场容量有限,适宜在港口存期短的大型煤炭码头使用。

2) 地面系统

堆料机、取料机和斗轮堆取料机与地面带式输送机系统构成了煤炭和矿石的地面堆场作业工艺系统,国内外大型煤炭和矿石都采用这种地面系统。

采用地面堆场作业工艺系统基本上有两种工艺方式:一种是堆取分开或堆取分设,即采用堆料机堆料、取料机取料;另一种是堆取合一,堆料和取料由堆取料机完成。

在堆取分开的堆场系统中,堆场上的带式输送机只能单向转动,而堆取合一的堆场系统中,堆场上的带式输送机能正反双向转动。

堆取分开的堆场工艺形式的特点:堆场作业比较灵活,即物料进场和出场作业可同时进行,工艺布置简单;堆场上的带式输送机不需要正、反方向转动,所以机械结构简单、使用方便。但在堆场的堆存量大的情况下,需要的堆料机、取料机数量多,堆场面积较大,机械的利用率较低。这种工艺形式适用于物料品种多,堆取料作业频繁,且堆取作业重叠时间较多的情况。

堆取合一的堆场工艺形式的特点:堆场布置的堆取料机台数少,带式输送机数量少,堆场布置紧凑,机械利用率较高;带式输送机需要可逆转运行,机械结构复杂。一台堆取料机不能同时进行堆料和取料作业,工艺系统也较复杂。适用于物料品种少,但堆取作业重叠时间较少的情况。

当然，对于具体采用何种形式，应具体分析，综合考虑，进行经济论证后方可确定。

图 6-73 所示是地面系统布置的煤炭、矿石进口装卸工艺系统。码头前沿泊位停靠有散货船，岸边布置卸船机及其轨道、车辆通行道路和带式输送机等设施设备。堆场布置有堆场机械及其轨道、车辆道路、堆场带式输送机和转接塔等设施设备，整个堆场被堆场机械轨道和道路划分为若干堆场场地。码头前沿与堆场之间通过带式输送机连接。

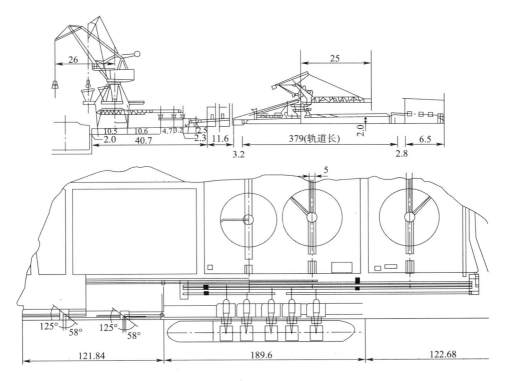

图 6-73 煤炭、矿石进口装卸工艺系统布置(尺寸单位:m)

卸船机沿码头岸线平行布置，通过码头前沿带式输送机以及栈桥带式输送机，将物料输送到堆场。码头前沿带式输送机一般平行于码头岸线布置，而栈桥带式输送机和引桥上的带式输送机则与岸线垂直布置。

煤炭、矿石码头及后方堆场的布置形式有两种：一种是堆场料堆布置方向与码头岸线方向一致，堆场堆料机的运行轨道方向与码头岸线平行，如图 6-74 所示；另一种是堆场料堆布置方向与码头岸线方向垂直，即堆场堆料机或堆取料机的运行轨道与码头岸线垂直。

一般情况下，堆场布置形式为矩形，并且被堆场取料机或堆取料机的轨道划分为若干个堆料场地。堆场上料堆的布置形式有两种，一种是圆形料堆，另一种是梯形料堆。一般情况下，码头前沿以及堆场中间都有道路贯通，供汽车行走。在带式输送机之间方向改变时，一般通过设置转接塔进行转接。

3. 装卸工艺流程

煤炭、矿石进口装卸工艺系统装卸工艺流程可分为船→堆场的进场作业、船→驳船的水→水中转作业和场→车作业。

图 6-74　煤炭、矿石码头及后方堆场的布置

1)船→堆场

船→堆场进场作业主要通过卸船机机械系统对到港船舶进行卸船作业,将散货物料转运至带式输送机,接运带式输送机与堆场带式输送机衔接,散货物料再经过堆场带式输送机械由堆料机或堆取料机进行堆场堆料(图 6-75)。一般情况下,进场作业需要经多条带式输送机转接才可实现,货物进堆场后经过一段时间的堆存再进行出场作业,或经流程实施水路装船运出,或经流程铁路装车转运作业,或实施平面运输使用汽车进行公路运输。实施流程作业的带式输送机系统多采取封闭输送方法,减少散货扬尘。

图 6-75　船→堆场装卸工艺流程

2)船→驳船

船→驳船作业即散货物料不进入堆场,直接装入其他船舶的作业,也即水路与水路中转或过驳作业。我国南方沿海的主要煤炭卸船码头,卸下的煤炭经常由驳船通过内河运往使用地,所以这些码头经常会有煤炭的过驳作业发生。铁矿石方面,水路与水路中转作业也是大型铁矿石卸船码头常见的流程作业。实施水路与水路中转的国内运输船一般为 3000~50000t,从沿海港口转运至长江港口和其他内河港口或其他沿海港口。船→驳船作业一般使用码头卸船设备卸货后,通过集中控制的带式输送机系统,主要是由接运带式输送机和装驳带式输送机装运至驳船(图 6-76)。

图 6-76　船→驳船装卸工艺流程

3)堆场→车

堆场→车装卸工艺流程如图 6-77 所示,一般先通过堆场的取料机械从堆场取料,然后通过

堆场高架带式输送机进入高架存仓,高架存仓有装车漏斗,物料通过装车漏斗进行自流式装车。

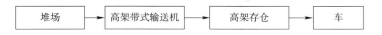

图6-77　堆场→车装卸工艺流程

二、煤炭、矿石出口装卸工艺系统

煤炭、矿石出口装卸工艺系统主要由卸火车作业、堆场作业和装船作业三个工艺环节组成,如图6-78所示。每个作业环节有相应的作业机械,三个工艺环节之间由水平运输机械衔接。

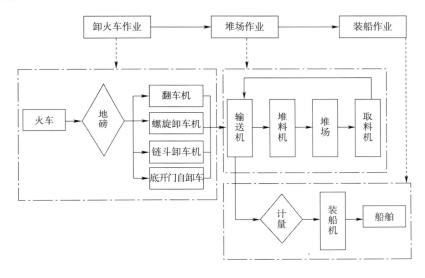

图6-78　卸火车作业、堆场作业和装船作业三个工艺环节及其机械

1. 装卸作业机械系统

(1) 卸火车机械:翻车机、螺旋卸车机、链斗卸车机和底开门自卸车等。

(2) 水平运输机械:带式输送机、圆管状输送机等。

(3) 堆场机械:取料机、堆取料机。

(4) 装船机:固定式装船机、移动式装船机。固定式装船机包括转盘式装船机、摆动式装船机等。

(5) 辅助机械:平舱机械(溜筒平舱机、曲带平舱机和直带平舱机)。

2. 装卸工艺系统布置

煤炭、矿石进口装卸工艺系统布置如图6-79所示。堆场附近设有铁路线和翻车作业车间,经过卸车作业后的散货物料通过带式输送机送堆场存放。整个堆场布置有多个不同的堆场区域、堆场机械及其轨道、车辆道路、堆场带式输送机和转接塔等。码头前沿布置有装船机及其轨道、车辆通行道路。堆场与码头前沿之间一般通过带式输送机连接。此外,还设有防尘设施等。

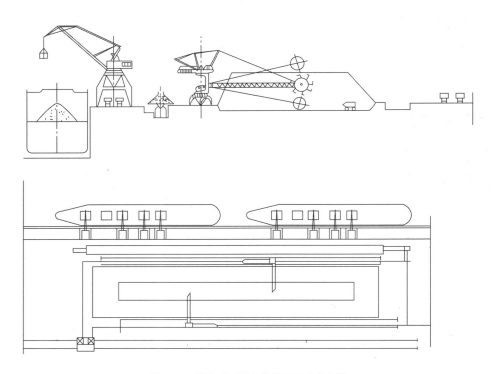

图 6-79 煤炭、矿石进口装卸工艺系统布置

在将堆场的散货物料输送至码头前沿的过程中,从堆场堆料方向与码头岸线垂直布置的情况来看,一般在堆场靠近码头一侧设堆场带式输送机,取料机(或堆取料机械)将散货物料取料后经过转接塔,将散货物料卸至堆场带式输送机上,然后经过转接塔将散货物料卸至与码头前沿垂直的引桥带式输送机或栈桥带式输送机上(图6-80)。

图 6-80 散货码头堆场堆料方向与码头岸线垂直布置

从堆场堆料方向与码头岸线平行布置的情况来看,堆场两侧与岸线垂直的方向都可设置堆场带式输送机,该带式输送机直接与通向码头前沿的高架带式输送机相连,无须转接塔进行转接(图6-81)。

图 6-81　散货码头堆场堆料方向与码头岸线平行布置

3. 装卸工艺流程

煤炭、矿石装卸工艺流程主要有（火）车→堆场，堆场→船、驳，（火）车→船、驳。

1）（火）车→堆场

这一装卸工艺流程见图 6-82。火车运抵港口后，由卸车机械将散料从火车中卸出至固定带式输送机，通过固定带式输送机系统输送至堆场的地面系统堆料，或至地下坑道系统堆存料。

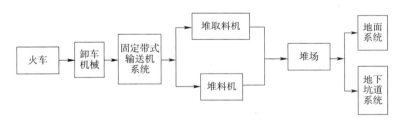

图 6-82　（火）车→堆场装卸工艺流程图

2）堆场→船、驳

堆场→船、驳这一装卸工艺流程如图 6-83 所示。如果物料堆在地面堆场上，取料机或堆取料机取料后，利用装船带式输送机系统（高架带式输送机和转接塔等）将物料输送到装船机，再通过定机移船方式或定船移机方式装入船舱。如果物料堆存在地下坑道，则物料由坑道流到坑道带式输送机，再转载到装船带式输送机系统，然后输送到装船机装船，装船有定机移船方式和定船移机方式两种。

3）（火）车→船、驳

火车→船、驳，即直取作业，其装卸工艺流程见图 6-84。在此工艺流程中，火车装载着散货物料进入码头卸车线，通过卸车机系统卸下散货物料，卸下的散货物料不进入码头堆场，而是通过堆场固定带式输送机系统、装船带式机系统转载输入，进入装船机进行装船或装驳。

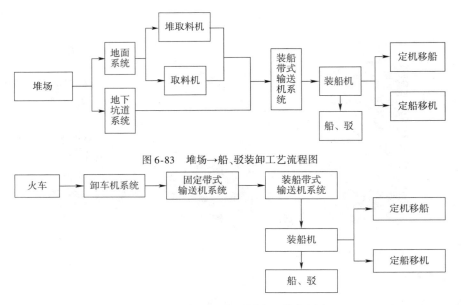

图 6-83　堆场→船、驳装卸工艺流程图

图 6-84　(火)车→船、驳装卸工艺流程图

第五节　煤炭、矿石计量与粉尘防治

一、煤炭、矿石的计量

图 6-85　船舶水尺目测

由于煤炭、矿石的疏批量大,装卸输送的效率高,因此很难做到精确计量。最常用的计量方法是船舶水尺目测,如图 6-85 所示,这是利用船舶排水量估计物料装卸量的一种方法,这种计量方法简单,但计量误差大。另一种计量装置是电子皮带秤,这是一种连续式计量设备,它可对煤炭、矿石进行精确计量。计量的精确的国际标准要求达 0.1%,尽管实际计量的精确度与此要求尚有一定的差距,但这种计量方式仍是发展的方向。此外,如煤炭、矿石的卡车和火车计量还可分别用计量精确度较高的地磅、轨道衡。

二、煤炭、矿石的粉尘防治

1. 煤炭、矿石装卸粉尘污染问题

煤炭与矿石,不论是块状、粒状还是粉状,都具有扬尘性。因此,在煤炭、矿石的装卸过程中,不论是用抓斗、带式输送机、翻车机、斗式提升机、堆取料机,还是用坑道漏斗等机械,在对物料进行抓取、投送或物料经过漏斗自流时,都会由于冲击和振动而引起粉尘飞扬。国内外对煤炭和矿石粉尘污染的研究认为:首先,粉尘污染的程度与距离货源的远近有关,这是因为物料的损失率随离开货堆的距离增加而逐渐减少。其次,粉尘污染的程度与物料的湿度有关,这是因为物料的损失率随物料的湿度增加而减少。

表6-3所示是煤炭的损失率随其湿度变化的关系。由表6-3可见,当煤炭的湿度大于6%时,煤炭损失率大为降低。

煤炭的损失率随其湿度变化的关系　　　　表6-3

湿度(%)	4	5	6	7	8	9	10	11
煤炭(粉尘)损失率(%)	20	10	6	3.5	2	1.5	1	0.5

2. 防粉尘污染的措施

(1)喷雾抑尘法。将压力水喷到空中,形成雾状的水滴,散落到物料的表面和扬尘处,粉尘在水雾的包围下黏结成较大颗粒,减少飞扬。这种方法适用于减少抓取和投送时产生的粉尘。如南京港的翻车机就采用此法,其效果好,空气中粉尘浓度从1738mg/m³下降到6~13.5mg/m³。基本上达到粉尘浓度国家规定的标准10mg/m³。

(2)喷水抑尘法。用活动喷水嘴或流动喷水车对货堆表面均匀喷洒水,使物料湿润,以减少粉尘的飞扬,如图6-86所示,这种方法适用于大面积露天堆场。有的煤炭码头在喷水抑尘时,将煤粉尘抑制剂与水混合后喷洒在煤炭上,使煤粒聚集,形成柔韧、可再生的保护层,以防止煤尘的飞扬。

图6-86　喷水抑尘法
(扫码观看数字资源)

采用这种方法防尘,需要在堆场修建污水处理池,将堆场流出的污水集中在大池中,并对其进行沉淀、过滤等处理。

喷雾抑尘法和喷水抑尘法,在北方冬季会结冰,因而不能使用。在南方实际使用中,也存在难以控制喷水量的问题,如喷水过多,则容易使煤黏结在带式输送机的输送带上,造成打滑,影响煤炭输送的正常工作。

(3)覆盖物遮盖法。将覆盖防尘网或防雨布遮盖在煤炭、矿石的料堆上,起到密封抑尘作用,如图6-87所示。这种方法简单实用,港口应用较多,适用于堆放较长的煤炭、矿石港口的堆场。

图6-87 覆盖物遮盖法

(4)防风抑尘网抑尘法。在堆场周围设置防风抑尘网,如图6-88所示,通过降低来流风的风速,减小来流风的动能,使风力达不到让粉尘飞扬的效果。这种方法投资小,抑尘效果好,港口应用广泛。

(5)除尘器除尘。在煤炭输送线上,物料在运动过程中因冲击和振动而产生粉尘,例如,由漏斗向带式输送机投料时,会产生粉尘。这是局部产生的粉尘,可用板围成一个空间,通过除尘器管道,将这些地方的含尘空气吸到除尘器中,经过除尘处理再由风机将清洁的空气送回大气中。采用除尘器除尘效率高,一般除尘效率可达95%~99%,但体积较大,设备费用高,维护管理也复杂。

 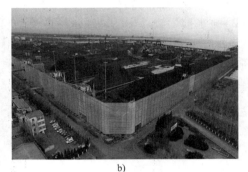

a) b)

图6-88 防风抑尘网抑尘法

(6)高压静电收尘。将物料输送过程中产生的局部粉尘,采用特殊结构的收尘箱进行收集,利用高压静电收尘装置进行除尘。高压静电收尘的基本原理是在两电极之间,加高压电,使电极附近气体电离,在空间产生大量的电荷,电荷附在粉尘上,在静电力的作用下,粉尘电荷漂移,被集尘板收集,达到气体净化目的。采用这种方法除尘,收尘效果好,可以实现自动化控制。

防污染的措施还有很多,如在装料漏斗周围增设抑尘板、在带式输送机的接头处加上防尘罩、改进和提高操作技术(如降低落料高度)等。总之,港口可根据具体条件,采取各种切实有效的措施,并在散货码头(泊位)的四周植树,形成天然的防护林,将粉尘的污染降到最低。

第六节　煤炭、矿石码头装卸工艺案例

港口煤炭、矿石码头装卸工艺方案多种多样，本节选取三个案例来分析说明码头装卸工艺方案所要解决的问题以及方法、设计和使用上的若干经验。

一、河港煤炭出口码头装卸工艺系统

1. 工艺系统布置

河港煤炭出口工艺系统布置如图 6-89 所示。

2. 主要工艺设备性能

(1) M2 型转子式翻车机，效率为 20～25 车/h，2 台。
(2) 固定墩柱转盘式装船机，效率为 900～1300t/h，2 台。
(3) 堆料机，带宽 1m，带速 3.8m/s，效率为 900～1300t/h，2 台。
(4) 带式输送机，包括坑道带式输送机、堆场带式输送机、倾斜带式输送机，带宽 1m，带速 3～8m/s，效率 900～1300t/h。
(5) 推车器(铁牛)，推力 10t，速度 1.5m/s，2 台。
(6) 年通过能力 600 万～700 万吨。

3. 装卸工艺流程

河港煤炭出口装卸工艺流程如图 6-90 所示。

根据图 6-89 的工艺系统布置，列车到达重车线后，脱钩，由铁牛推入翻车机翻卸，可以两台同时工作。卸下的物料经翻车机下的坑道带式输送机，输送至堆场带式输送机，再到堆料机，完成(火)车→堆场作业。或者翻车机下的坑道带式输送机经过转换阀门，将煤炭转送到坑道带式输送机及倾斜带式输送机，再到装船机，完成(火)车→船舶作业。

如果由堆场储煤坑出货装船(驳)，打开储煤坑下的漏斗闸门，物料落于坑道带式输送机上，经坑道带式输送机坑道和倾斜带式输送机到装船机，完成堆场→船(驳)作业。改变漏斗闸门开度可调节落于坑道带式输送机上的煤炭流量，从而控制堆场到船(驳)的煤量。堆场各储煤坑可分别储存不同种类的煤，以满足不同煤种装船的需要。

各环节的台时生产能力：翻车机平均效率为 800t/h，最高可达 1300t/h；堆煤机和装船机最高效率可达 1300t/h，装一艘 2000t 驳船需要 1.5h 左右，其中包括 15～20min 的非生产时间。

4. 使用经验

(1) 为保证翻车机效率的发挥，铁牛的取送车效率及翻车机下带式输送机的生产率均应稍高于翻车机效率。
(2) 空车线的数目应考虑空车列检的需要，原设计仅设 1 条空车线，不敷应用，因此又增设 1 线。

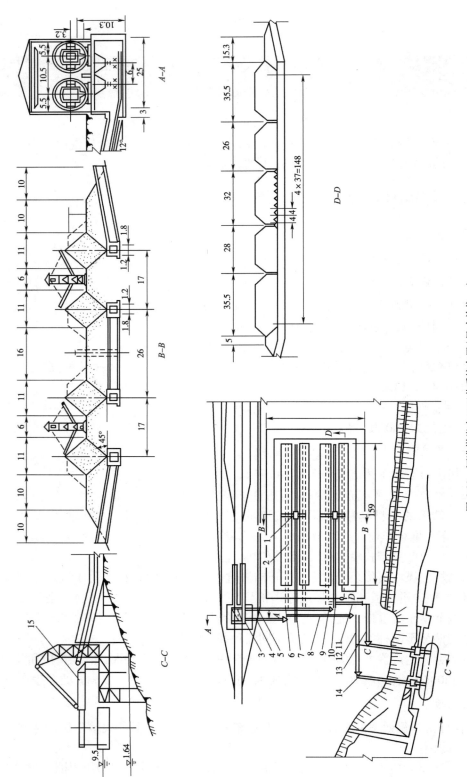

图6-89 河港煤炭出口工艺系统布置（尺寸单位：m）

1-堆料机；2、4、5、8、11、12、13-坑道带式输送机；3-翻车机；6、9-转换阀门；7、10-堆场带式输送机；14-倾斜带式输送机；15-装船机

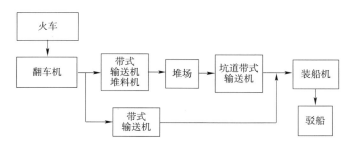

图 6-90 河港煤炭出口装卸工艺流程图

(3) 到达的重载列车应列检后按货物品种重新编组,统一品种货物应编成一组,这样可避免堆料机作业时因换货位而往返行走,影响效率。此外,还应将不适于翻车机翻卸的车辆挑出,送其他货位用别的机械卸车,为此港口应自备机车。

(4) 装驳码头的上下游各设靠驳趸船,并配备绞船设备。上游趸船停靠空驳,下游趸船停靠装了货的重驳。驳船装满前即可将上游空驳牵引到驳船码头正在装货的驳船外档停靠,做好换档的准备。各里档驳船装满后,可用绞船设备牵出并停靠于下游趸船,重驳离开空驳即可靠上装驳码头装货,不必由拖船从锚地取送和协助靠离码头。这样大大缩短了船舶靠离、换档等间断时间,有效地提高了码头通过能力。

(5) 原设计 V 形坑道储煤坑容量偏小,只能储存 3.4 万吨煤炭,与码头通过能力不相适应,如果 2 天不装船,港口就处于堵塞状态。

二、秦皇岛港煤四期煤炭出口装卸工艺案例

秦皇岛港煤四期煤炭出口码头拥有 3.5 万吨级泊位两个,10 万吨级泊位 1 个,预留 3.5 万吨级泊位 1 个,设计年通过能力 4000 万吨,泊位的基本情况见表 6-4。

秦皇岛港煤四期煤炭出口码头泊位的基本情况　　　　表 6-4

码头号	704	705	706	707
水深(m)	-12.5	-12.5	-17	-16
长度(m)	215	215	295	295
吨位(t)	35000	35000	100000	35000

1. 卸车系统

卸车系统选用英国汉肖公司设计的三翻式翻车机,卸车时列车不解体。卸车系统由 3 套翻车机系统组成,其中 1 套为预留系统。

翻车机形式为三串(联)转子式,每套翻车机系统由 1 台翻车机、定位车、夹轮器、料斗、轨道衡及附属设施组成,单套设计能力为 5400t/h。为了解决冬季冻煤卸车问题,每台翻车机都配有电磁脉冲清车装置,将冻煤从车厢内壁分离;为维护货主利益,保证进港煤炭重量准确,在每台翻车机的入口和出口处分别设有称量重车和轻车的动态轨道衡。

2. 输送系统

煤炭输送采用带式输送机系统。输送系统是由两大带式输送机系统组成的:一个是翻堆

带式输送机系统,它由翻车机接料带式输送机和堆场堆料系统带式输送机组成;另一个是取装带式输送机系统,它由堆场取料系统带式输送机和装船系统带式输送机组成。整个输送系统的带式输送机总长为16km。

3. 堆场系统

堆场形式为地面堆取分开布置。堆料系统选用3台轨道移动式堆料机,堆料机的回转半径为36.5m,最大堆料高度为17m,单机额定堆料能力为5400t/h。

取料系统由4台取料机组成,4台取料机中,2台是悬臂式斗轮取料机,2台是门式斗轮取料机。悬臂斗轮取料机的回转半径为47m,门式斗轮取料机的回转半径为50.5m,两种机型的单机取料能力均为6000t/h。

堆场总面积为35万平方米,可堆存煤炭200万吨,是亚洲最大的煤炭堆场。堆场由6个条形分堆场组成,每条堆场分10个垛位,以利于按货主不同的要求分垛堆放不同品种、不同质量的煤炭。

4. 装船系统

装船系统设3台移动式装船机,单机的装船能力为6000t/h,适应装载2万~10万吨级干散货船。

5. 装卸工艺流程

秦皇岛港煤四期煤炭出口码头装卸工艺流程如图6-91所示。

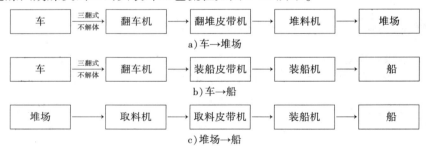

图6-91 秦皇岛港煤四期煤炭出口码头装卸工艺流程图

秦皇岛港煤四期煤炭出口码头装卸工艺流程如图6-92所示。

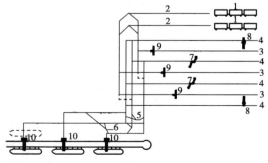

图6-92 秦皇岛港煤四期煤炭出口码头装卸工艺流程图

1-翻车机;2-翻堆带式输送机;3-堆料带式输送机;4-取料带式输送机;5-取装带式输送机;6-装船带式输送机;7-悬臂式斗轮取料机;8-门式斗轮取料机;9-堆料机;10-装船机

三、宁波港北仑区矿石中转码头装卸工艺系统

1. 码头泊位概况

宁波港北仑区矿石中转码头由 2 个卸船泊位和 3 个装船泊位组成,5 个泊位的概况如表 6-5 所示。

宁波港北仑区矿石中转码头泊位概况　　　表 6-5

码头名称	吨位(万吨)	前沿水深(m)	泊位长度(m)	泊位宽度(m)	泊位数(个)
卸船泊位 (1 号泊位)	10	-18.2	351	36.5	1
卸船泊位 (2 号泊位)	20~30	-20.5	360	36.5	1
装船泊位 (3 号、4 号、5 号泊位)	2.5	-12.5	650	16	1

2. 堆场

矿石码头堆场的总堆存量为 235 万吨,其中 10 万吨级矿石中转码头配套的堆场容量为 123 万吨,20 万吨矿石中转码头配套的堆场容量为 128 万吨。

3. 主要装卸设备

1) 卸船机

2 个卸船泊位共配置卸船机 4 台,其中 10 万吨级码头上配置日本日立公司制造的额定起重量为 56t 的卸船机 2 台,每台循环周期为 50.7s;20 万吨级码头上配置芬兰柯尼公司制造的额定起重量为 52t 的卸船机 2 台,每台循环周期为 50s。上述各台卸船机的轨距为 30m,卸船臂外伸幅度分别是 38m 和 43m,最大台时效率为 2625t/h。

2) 装船机

3 个装船泊位共配置装船机 3 台。装船机轨距 8m,装船臂的外伸幅度为 35m,最大装船台时效率为 5250t/h。

3) 堆场机械

该中转码头采用地面系统堆取合一的堆场作业方式,堆场设置 4 台斗轮堆取料机。其中,20 万吨级泊位配置的是德国克鲁伯公司制造的斗轮堆取料机 2 台,10 万吨级泊位配置的是日本日立公司制造的斗轮堆取料机 2 台。斗轮堆取料机的轨距为 9m,最大臂幅伸距为 42m。

4) 水平输送机

该中转码头的矿石水平输送采用的是固定式带式输送机。系统共设固定式带式输送机 34 条,总长为 13247m,其中 BC2-12 带速为 170m/min,FC 带速为 130m/min,带式输送机的带宽为 1.6m,最大输送能力为 5250t/h,工作时的最大带速可达 180m/min。

4. 码头装卸工艺

1) 卸船泊位的典型船型

卸船泊位典型船型的外形参数如表 6-6 所示。

卸船泊位典型船型的外形参数 表 6-6

船型	总长(m)	型宽(m)	型深(m)	满载吃水深度(m)
10 万吨级散货船	260	39	21.40	15.20
12 万吨级散货船	269	42	24.20	17.00
15 万吨级散货船	300	46	25.90	18.10
20 万吨级散货船	322	50	27.30	19.00
26 万吨级散货船	331.5	56	26.40	20.58

2) 操作过程

该矿石中转码头的装卸工艺布置呈 F 形。目前拥有 36 条作业线,组成了船→船、船→场、场→船、场→火车的主要操作过程。这些操作过程中,除场→火车操作过程外,其他操作过程均实现了中央控制。

3) 工艺流程图

宁波港北仑区矿石中转码头装卸工艺流程如图 6-93 所示。

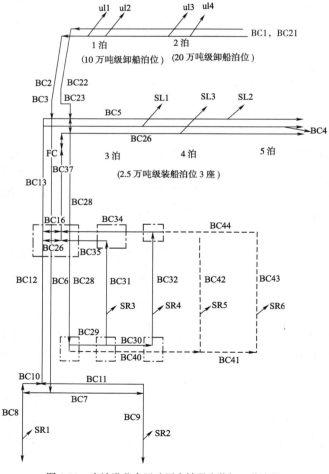

图 6-93　宁波港北仑区矿石中转码头装卸工艺流程
(注:图中,虚线部分为待建设备,点画线为转运站。)
ul-卸船机;SL-装船机;SR-斗轮堆取料机;BC-固定式带式输送机;FC-功能带式输送机

练习与思考

一、填空题

1. 物料的堆积密度是在自然松散堆积状态下占据单位体积的干燥松散物料的（　　）。
2. 煤炭、矿石出口装卸工艺主要由（　　）、（　　）、（　　）三个工艺环节组成。
3. 翻车机的形式有（　　）、（　　）两种。
4. 堆料机是完成物料的（　　）和（　　）的专用机械。
5. 取料机按结构特征分，主要有（　　）、（　　）、（　　）三种机型。
6. 斗轮堆取料机是既能（　　），又能（　　）的机械。
7. 堆料机的轨道要高出地面（　　）m。
8. 常用的平舱机械有（　　）、（　　）、（　　）三种。
9. 煤炭、矿石装卸的计量方法有（　　）、（　　）、（　　）三种。
10. 空气中粉尘浓度的国家标准是（　　）mg/m³。
11. 常用的清舱机械有（　　）、（　　）两种。
12. 目前，高速带式输送机的皮带宽度可达（　　）m，带速可达（　　）m/s。
13. 摆动式装船机按运行轨道的形式不同，可分为（　　）和（　　）两种。
14. 螺旋卸车机按支承结构形式分，有（　　）、（　　）、（　　）三种。
15. 螺旋卸车机按卸车卸煤的方向分，有（　　）、（　　）两种。
16. 折返式翻车机系统的卸车线布置形式有（　　）、（　　）两种。
17. 煤炭防粉尘污染的措施有（　　）、（　　）、（　　）、（　　）等。
18. 常用的两种连续型卸船机是（　　）和（　　）。

二、选择题

1. 块状物料的块度是指料块的（　　）。
   A. 最大体积
   B. 最大对角线长度
   C. 最大长度与最大宽度之比
   D. 最大长度与最小宽度之比
2. 某物料的静态自然堆积角为40°，其动态自然堆积角大约为（　　）。
   A. 20°　　　　　　　　　　　B. 30°
   C. 40°　　　　　　　　　　　D. 50°
3. 物料的堆积密度与填实密度相比（　　）。
   A. 前者大　　　　　　　　　B. 前者小
   C. 两者相等　　　　　　　　D. 无明确的大小关系
4. 在港口，煤炭、矿石出口装卸工艺主要由（　　）等工艺环节组成。
   A. 卸火车作业　B. 堆场作业　　C. 装船作业　　D. A+B+C

5. 国内散货码头将散货(如煤炭、矿石等)装入铁路敞车的方式主要有(　　)。
　　A.流动装车机械　　　　　　B.轨道移动式装车机装车
　　C.筒仓装车系统　　　　　　D.A+B+C

6. 螺旋卸车机按支承结构形式不同可分为(　　)。
　　A.桥式螺旋卸车机　　　　　B.门式螺旋卸车机
　　C.悬臂式螺旋卸车机　　　　D.A+B+C

7. C型翻车机翻车系统,(　　)用来拨送各种铁路敞车(重车)进入翻车机,并将翻卸完毕的空车推出翻车机至迁车台。
　　A.拨车机　　B.翻车机　　C.迁车台　　D.推车机

8. C型翻车机翻车系统,(　　)位于翻车机之后,它能把在翻车机翻卸完的空车平行运送到空车线一侧。
　　A.拨车机　　B.翻车机　　C.迁车台　　D.推车机

9. C型翻车机翻车系统,(　　)用于将迁车台上的空车车辆推出送到空车线上集结成整列。
　　A.拨车机　　B.翻车机　　C.迁车台　　D.推车机

10. 散货堆场机械根据它的功能不同可分为(　　)等类型。
　　A.堆料机　　B.取料机　　C.堆取料机　　D.A+B+C

11. 取料机按取料装置的结构特征可分为(　　)等形式。
　　A.悬臂式斗轮取料机　　　　B.门式斗轮取料机
　　C.螺旋式取料机　　　　　　D.A+B+C

12. 斗轮堆取料机进行堆料作业时,尾部的带式输送机实际上是主带式输送机的(　　)。
　　A.分支　　B.装料料斗　　C.张紧轮　　D.卸料小车

13. 固定式装船机按结构性能特点不同,可分为转盘式(如墩柱式)、弧线摆动式和(　　)等不同机型。
　　A.直线摆动式　　B.固定式　　C.移动式　　D.浮式

14. 固定式散货装船机固定在码头前沿,整机不能沿码头前沿运行。主要类型有(　　)。
　　A.墩柱式散货装船机　　　　B.弧线摆动式散货装船机
　　C.直线摆动式散货装船机　　D.A+B+C

15. (　　)移动式散货装船机因功能较完善,可以有较大的作业覆盖面和较高的装船效率,对船型的适应性强。
　　A.俯仰回转型　　　　　　　B.俯仰伸缩型
　　C.俯仰回转伸缩型　　　　　D.A+B+C

16. 张紧链式链斗卸船机的取料和提升装置是(　　)。
　　A.链斗提升机　　　　　　　B.门架
　　C.水平活动臂架　　　　　　D.垂直臂架

17. ( ) 对物料的适应性好,挖取力强,可以作业各种散粒物料,尤其适合作业粒度大、堆积密度大、坚硬、潮湿、黏性的散粒物料。

　　A. 链斗卸船机　　　　　　　B. 埋刮板卸船机
　　C. 螺旋卸船机　　　　　　　D. 斗轮卸船机

18. 港口煤炭、矿石装卸时,需要连续精确计量,计量设备宜采用( )。

　　A. 船舶水尺目测　　　　　　B. 电子皮带秤
　　C. 地磅　　　　　　　　　　D. 轨道衡

19. 煤炭、矿石的粉尘防治的主要方法有( )。

　　Ⅰ.喷雾抑尘法;Ⅱ.喷水抑尘法;Ⅲ.覆盖物遮盖法;Ⅳ.堆场设防风抑尘网。

　　A. Ⅰ+Ⅱ　　　　　　　　　B. Ⅲ+Ⅳ
　　C. Ⅰ+Ⅱ+Ⅲ　　　　　　　D. Ⅰ+Ⅱ+Ⅲ+Ⅳ

三、判断题

1. 清舱作业是为了将舱内物料卸清。　　　　　　　　　　　　　　(　)
2. 平舱作业是为了配合装船机使散货能平整装入船舱。　　　　　　(　)
3. 煤炭翻车机每次只能翻一个车辆。　　　　　　　　　　　　　　(　)
4. 煤炭的自然坡度角在65°左右。　　　　　　　　　　　　　　　(　)
5. 煤炭和矿石都具有冻结性。　　　　　　　　　　　　　　　　　(　)
6. 斗轮堆取料机堆料和取料作业可同时进行。　　　　　　　　　　(　)
7. 煤炭车辆解冻效率较高的方式是电气红外线解冻。　　　　　　　(　)
8. 卸船效率较高是链斗式卸船机的优点之一。　　　　　　　　　　(　)

四、简答题

1. 煤炭、矿石的特性有哪些?这些对装卸储存有何影响?
2. 煤炭、矿石出口装卸工艺系统主要工艺环节有哪些?
3. 根据煤炭、矿石车型不同,卸火车工艺主要有哪些类型?
4. 简述翻车机系统的主要组成。
5. 有牵车平台的卸车线布置形式主要组成有哪些?各组成部分的作用是什么?简述其作业过程。
6. 简述螺旋卸车机卸车系统的组成和作业过程。
7. 简述双绳抓斗的结构与工作原理。
8. 卸船机的类型有哪些?简述其各类型工艺特点。

五、工艺流程题

1. 请绘出煤炭、矿石出口装卸工艺系统中堆场→船、驳,(火)车→船、驳的装卸工艺流程图。
2. 请绘出煤炭、矿石进口装卸工艺系统中船→堆场,堆场→车的装卸工艺流程图。

第七章 散粮装卸工艺
CHAPTER SEVEN

知识目标
1. 理解粮食装卸运输的主要形式，以及装卸储运特点。
2. 掌握散粮船舶装卸机械的类型、装卸工作过程及使用特点。
3. 掌握各类散粮输送机械的基本组成、输送原理、工作特点。
4. 理解和掌握散粮筒仓机械化系统的作用、组成、布置形式。
5. 理解和掌握散粮卸车的方法、粮仓系统的组成、卸车线的布置、存仓的布置形式；掌握散粮装车的方法和特点。
6. 理解和熟悉散粮进出口装卸工艺的功能、工艺流程；掌握散粮装船水上过驳方法。
7. 理解散粮码头粉尘爆炸的原因，掌握除尘防爆的基本措施。

能力目标
1. 具备粮食装卸工艺的基础知识。
2. 具备粮食装卸工艺方案的分析和应用能力。

素质目标
1. 具备从事港口散粮装卸工作需要的职业理想、职业道德、职业素养。
2. 具备从事港口散粮装卸工作的科学思维方法，提高分析问题和解决问题的能力。
3. 培养从事港口散粮装卸工作需要的敬业、精益、专注、创新工匠精神。

第一节 概述

散粮主要包括小麦、大麦、玉米、谷类、高粱、豆类、油料等。粮食在世界货物运输量中占有相当大的比重。粮食运输主要有袋装运输和散装运输两种形式，也有用集装箱运输粮食的。上述粮食运输方式中，特别是对大批量的粮食运输来说，目前国内外仍广泛采用散装运输形式,除了世界散粮运输量需求相当大这个原因以外,还因为大批量散粮运输具有优越性。

与袋装粮食运输方式相比,散粮运输方式具有如下优点:

(1)节约了袋装粮食的包装费用、散粮的灌包和操作费用。

(2)易于实现粮食装卸的专业化、机械化。因为各种颗粒状的粮食(如麦子、玉米、大米、大豆等)具有相似的运输特性,对运输工具、储存保管、装卸方法和设备有比较一致的要求,所以容易对各种散粮采用相同的专业化设备,实现散粮运输系统的专业化、机械化。

(3)提高了粮食的装卸效率。港口装卸袋装粮食的效率较低,如港口装卸单件重量为80~100kg袋粮时,平均每台时装卸量仅为60t左右,而散粮专业化码头装卸散粮时,平均每台时装卸量不低于300t,甚至更高。

(4)降低了工人的劳动强度。袋装粮食装卸作业时,袋粮的舱内做关、清舱及车内作业等作业环节需要由工人进行繁重的体力劳动才能完成。而散粮的清舱作业如同散货清舱作业一样,可借助清舱机作业,从而大大降低了工人的劳动强度,特别是在采用先进的卸粮机卸船时,清舱量极少。

粮食是食物,在运输和装卸的过程中要严格保证其食用的质量,为此要了解粮食的特性对装卸保管的要求。

(1)粮食的食用性。粮食是宝贵的物质,主要供人类食用,所以要求在运输装卸过程中要始终保持粮食的清洁卫生;装卸和保管粮食时,要求周围环境通风良好,严格要求粮食不受气味、潮湿、油污、杂质的污染,一定要与有气味的货物分开。

(2)由于粮食是宝贵的物质,在粮食的运输和保管时需要精确计量,还要防止货损货差。因此,散粮装卸机械化系统中必须设置准确的计量设备。

(3)粮食具有吸附性。粮食的吸附性即粮食具有吸收水分和气味的能力。粮食吸收水分后,当其含水率超过14%时,就会霉变,所以保管粮食时要注意低湿度的要求。

(4)粮食具有流散性。一般情况下,粮食的静态自然堆积角为35°左右,但其动态自然堆积角与粮食的品种有关,不同品种的粮食的动态自然堆积角是不同的,如豌豆为22°、小麦和黑麦为25°、大麦为30°。因此,在运输时,船舶为了保持必要的航行稳定性,需要在船舱内设置隔舱板。在装卸时,粮食的漏斗溜管和(存舱的)输料管的倾角不小于35°,玉米、小麦和大米最好要大于60°。此外,粮食的流散性还与温度有关,温度提高,粮食的流散性就降低。

(5)粮食还具有扬尘性。粮食的扬尘性对机械化系统提出了特殊的要求,特别是采用筒仓保管储存粮食的系统中,粉尘往往会引起筒仓爆炸,所以要有防尘、防爆设施。

上述粮食的特性,我们在设计或使用装卸机械化系统时需要加以注意。

此外,散粮在运输和装卸过程中有许多辅助作业,如粮食的检验、熏蒸等,也应在装卸工艺中作相应的考虑。

第二节　散粮船舶装卸机械

一、散粮卸船机械

(一)散粮卸船机械的类型

散粮卸船机械根据其工作时是否连续,可分为间歇型卸船机和连续型卸船机两大类。间歇型卸船机是指各类抓斗卸船机,如门机抓斗卸船机、桥式抓斗卸船机等;常用的连续型散粮卸船机有吸粮机、压带式卸船机、螺旋卸船机、斗式卸船机等。现将各种主要散粮卸船机械的工作原理和特点分述如下。

1. 抓斗卸船机

这是一种最早在港口使用的传统的散粮卸船机型。尽管当前在国内外粮食专业化码头上已普遍使用了高效的连续型散粮卸船机,但仍有港口使用抓斗卸船机接卸散粮。

与连续型散粮卸船机相比,抓斗卸船机的使用特点如下:

(1) 机械的结构简单,造价低,维修保养方便。

(2) 对船型和货种的适应性强,配合各种吊货工夹具还可装卸其他货物,因此抓斗卸船机的通用性好,尤其适用于通用性码头的散粮船舶接卸作业。

(3) 船舶装卸效率低、能耗大。抓斗卸船机的散粮接卸效率与抓斗抓满率有关,但普遍低于连续型散粮卸船机,并随着船舱内货位的下降而降低。抓斗卸船机的清舱作业量大,清舱效率较低。

(4) 抓斗闭合不严密,卸船作业过程中散粮撒落现象较为严重。据统计,抓斗作业的散粮撒落量约占散粮接卸量的万分之三。

(5) 粉尘污染大。卸粮过程中的各个工序(如舱内抓取、提升散落、漏斗上空投料等)产生大量粉尘,有些落料点的粉尘浓度超过国家标准。

2. 吸粮机

用于散粮卸船作业的气力卸船机通常称为吸粮机。吸粮机是用吸气方式来输送物料的气力输送机,是连续型散粮卸船机的常见机型。

在国际上,19世纪末期开始在港口运用气力输送机进行散粮卸船,20世纪30年代,气力输送机成为欧洲某些大港专业化散粮码头上的主要卸船设备。目前,用于荷兰鹿特丹港的吸粮机单机生产率为1000t/h,国内湛江、广州港采用400t/h的吸粮机。

吸粮机的工作原理是利用风机从封闭的管路内抽气,使管路内的气体压力低于外界大气压力(即形成一定的真空度)。在压力差的作用下,管路内形成急速气流来输送散粒物料,空气和物料一起到达接收地点,然后空气与物料分离,物料再通过码头上的机械重新转运。

吸粮机由气力吸送散粮输送系统和为使吸嘴灵活吸粮的各种工作机构和机架组成,其类型有固定式、移动式和浮式。

固定式吸粮机(图7-1)固定在岸边或趸船上,整机不可移动。固定式吸粮机结构简单、操作方便、工作可靠、容易维修,但其作业范围较小、工作时噪声大,装卸船舶不同舱室粮食时,需要时常移动船舶。

图7-2所示为移动式吸粮机。其机身、门架支承于轨道上,整机可沿轨道运行。气力吸送散粮输送系统主要由吸嘴、垂直输送管、水平输送管、吸管转换器、分离器、卸料器、除尘器、鼓风机等组成。工作时,船舱内的散粮由吸嘴吸进气力输送系统,经分离器卸至门架上的伸缩式胶带机,再通过与之衔接的输送机系统送入机械化圆筒粮仓。

图7-1 固定式吸粮机

吸粮机转动臂上的水平和垂直输送管通常可伸缩,清舱吸嘴可伸到舱口的角落。因此,其突出优点是便于清舱作业,不损伤舱底。这种卸船机一般装有吸尘及隔音设施。

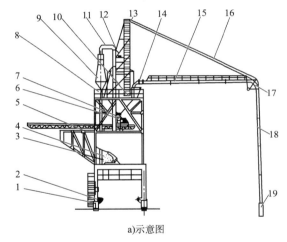
a)示意图

b)实物图

图7-2 移动式吸粮机

1-行走机构;2-行走驱动装置;3-电动机;4-鼓风机;5-伸缩式胶带机;6-卸料器驱动装置;7-卸料器;8-卸灰器;9-除尘器;10-分离器;11-风管;12-吸管俯仰驱动装置;13-滑轮;14-吸管转换器;15-水平输送管;16-钢丝绳;17-弯管;18-垂直输送管;19-吸嘴

吸粮机的工作优点有:

(1)吸粮机结构简单,造价低,操作方便,使用灵活。

(2)对船型的适应性强,清舱量较小,工人的劳动强度低。

(3)易与其他运输环节衔接。

但在实际使用中,吸粮机也存在"三大一低"的缺点:

(1)噪声大。吸粮机在工作时,产生较大的振动噪声(噪声一般大于90dB),不仅污染环境,而且对一线作业的装卸工人的健康造成危害。

(2)粉尘大。尽管吸粮机装有吸尘设施,但由于卸船作业与水平运输作业的衔接部分的密封性不够,加上散粮粉尘的颗粒小,在散粮卸船作业中泄漏造成的粉尘浓度远远大于国家规定的粉尘浓度不超过$10mg/m^3$的标准。

(3)能耗大。如生产率为200t/h的吸粮机,风机电动机的功率为240kW。

（4）效率低。一方面是由机械本身特性所致；另一方面是由于它的卸船效率随船舱内物料货位的降低而下降，如到清舱阶段，吸粮机的卸船效率更低。

为了解卸船效率的变化，根据生产现场操作程序可把吸粮机卸船过程分为三个阶段：

（1）第一阶段，船舶满载粮食抵港，货位高，这时吸粮机的吸嘴只需在舱内垂直上下运动。但要注意吸嘴埋入货堆中的工作深度，根据我国实践经验，吸嘴埋入粮食堆中的理想工作深度为 0.6m 左右，这时吸粮机效率系数可达 0.97。

（2）第二阶段，物料减少，货位降低，此时要注意水平管道的上下摆动角度。如果水平管向上倾斜超过一定角度，吸粮机提升功率增加；如果水平管向下倾斜过大，就会引起管内粮食下滑，也会影响吸粮机效率的发挥。根据我国实践经验，在操作时，水平管道上下摆动角度以不超过 15° 为宜。

（3）第三阶段，清舱阶段。由于此时舱内的物料大大减少，剩余物料的厚度达不到吸嘴埋入料堆中的理想深度，这时的效率利用系数约为 0.2。

提高吸粮机生产效率的措施：

（1）采用水平、垂直伸缩输送管以增加第一、第二阶段的卸货效率。

（2）采用专用的清舱吸嘴。清舱吸嘴可绕垂直输料管做 360° 转动，以增加吸料面，提高卸船效率。

3. 压带式卸船机

压带式卸船机也称双带式卸船机或夹带式卸船机，它是利用压带式输送机将供料装置喂入的物料提升出舱的一种连续式卸船机械。

我国天津港、大连港的散粮码头，从英国引进了 2 台装卸效率为 750t/h 的压带式卸船机，用于散粮卸船作业。2012 年南京港机重工制造有限公司为天津临港港务集团有限公司 2 号、3 号散粮码头，研制生产了国内首台绿色环保压带式连续卸船机，如图 7-3 所示。

图 7-3　南京港机重工制造有限公司生产的压带式连续卸船机

1）压带式卸船机基本结构与工作原理

压带式卸船机的基本结构如图 7-4a）所示。其主要由门形座架、输送臂架等组成。门形座架可沿码头岸边轨道行走。输送臂架由垂直和水平臂架组成，内部安装有压带式输送机，输送臂架可回转，能围绕门形座架顺时针或逆时针旋转任意角度。水平臂架可俯仰，俯仰范围为水平以下 28°，水平以上 36°。垂直臂架可内外摆动，向外 20°，向内 20°。因此，压带式卸船机具有极大的灵活性。

压带式卸船机的工作原理如图 7-4b）所示，压带式输送机由承载带和覆盖带共同组成，两带同步运行。在垂直输送区段则由两带共同夹紧物料，产生夹持作用，阻止物料的下滑和滚动，实现物料与输送带同步运行完成物料的输送、垂直提升。在提升时，货物仅与双带接触，双带的边部由密封装置压紧。物料提升后改变方向被转送到水平输送区段，这时物料由承载带输送；之后，物料被送至回转中心的接料漏斗，再通过漏斗下的溜管装车或通过门架下的带式输送机将物料送到码头的输送机系统。

垂直输送区段下方是喂料装置。喂料装置基本上有三种形式:螺旋喂料器、刮板输送机喂料器和双叶轮喂料器。

图 7-4c)所示是螺旋喂料器,它由左右两侧集料的螺旋和中间径向叶轮抛料器组成。工作时,物料经过螺旋将物料汇集到中间径向叶轮,然后向上或向外抛出,将物料供入双带之间。

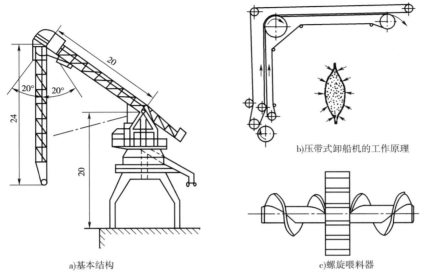

图 7-4 压带式卸船机

图 7-5 所示是刮板输送机喂料器,其主要依靠刮板输送机为压带式输送机供料。

图 7-6 所示是双叶轮喂料器,它是在压带式输送机机头部位安装两个旋转方向相反的叶轮,当压带式输送机工作时,两个旋转方向相反的叶轮将料堆上的物料拨入夹皮带进料口。

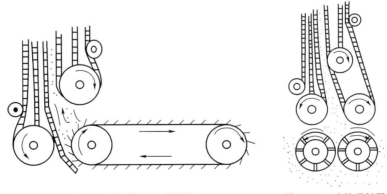

图 7-5 刮板输送机喂料器　　图 7-6 双叶轮喂料器

2)压带式卸船机的特点

压带式卸船机的主要优点:

①卸船效率高。压带式卸船机卸散粮或其他颗粒状散货时,单机效率可达 300~2000t/h。若能配置特殊的取料装置,如清舱吸嘴,则即使在清舱阶段也可以取得较高的卸船效率。

②能耗低。其作业散粮时的能耗约 0.19~0.25kW·h/t,是所有散粮卸船机型中能耗最

低的一种机型。

③自重轻。压带式卸船机的主要组成部分是带式输送机,故其结构轻巧,对码头的负荷也较小。

④货运质量好。除取料部位外,物料始终处于双带之间的密闭环境中输送,因而不会造成撒漏和扬尘,被运送物料破损小。

⑤粉尘少。夹皮带卸船机卸料时,物料首先经过埋在物料下面的喂料器,然后由两条边部密封的皮带夹运输送,因而其粉尘是极少的。

⑥压带式卸船机运转平稳,噪声小,操作与维护较方便。

压带式卸船机的主要缺点:

①压带式输送机由两套输送机组成,其结构复杂、磨损大。

②由于结构特点,要求物料粒度均匀、磨碴性和磨损性较小。

③压带装置结构复杂,带边缘不易压紧。

④不易输送流动性差的物料。

4. 螺旋卸船机

散粮装卸也可以使用螺旋卸船机,其基本内容参见本书第六章第三节螺旋卸船机的相关内容。

5. 斗式卸船机

斗式卸船机是一种用料斗直接挖取提升物料的连续型卸船机型,也是使用较为广泛的一种散粮和其他散货的卸船机型。

斗式卸船机上的主要设备是斗式提升机。斗式提升机由驱动装置、牵引构件、承载构件、张紧装置和机架罩壳等组成。驱动装置主要由电动机、减速器和链轮(或滚筒)等构成,其作用是驱动牵引构件和承载构件运动。牵引构件的主要类型有输送带和链条,其作用是牵引承载构件的运动。承载构件是料斗,是挖取料、承载货物的构件。斗式提升机根据牵引构件的不同分为带斗提升机和链斗提升机。斗式卸船机是利用带斗提升机或链斗提升机上的料斗进行挖料、取料、提升物料的卸船机械,这两种斗式卸船机的工作原理基本相同。散粮码头使用链斗提升机进行卸船的机械,简称链斗卸船机。链斗卸船机根据链条是否张紧分为悬链式链斗卸船机和张紧链式链斗卸船机,其主要差别在于牵引构件(链条)有没有张紧装置。悬链式链斗卸船机的取料区域呈自由悬垂状态,其卸料系统如图7-7所示,可以在取料的同时完成清舱作业。

1)组成

与螺旋卸船机相仿,斗式卸船机也是由门架、垂直臂架(链斗卸船机)、水平臂架、旋转塔、末端输送机、斗式提升机等组成,斗式提升机安装在垂直臂上。斗式卸船机的水平臂架可上下垂直移动,垂直臂架可左右、前后摆动,以扩大工作面,门架可在轨道上移动。

2)卸船作业

(1)卸船顺序。斗式卸船机的卸船是从船舱口边开始的,伸出取料伸缩臂,使臂的头部料斗向内壁靠近,铲取内壁处的散粮,先卸下船舱四边内壁处的散粮,再逐步向中间推进,在船舱中间保持原锥形的料堆。

(2)清舱作业。由于悬链式链斗卸船机的料斗系统具有很好的柔性,因而能使料斗沿舱底运行,在清舱阶段可不使用推土机等辅助机械。而张紧链式链斗卸船机的提升部分是刚性连接,当船舶摇摆时,易磨伤船底,清舱时需要推土机、推耙机来进行辅助作业。

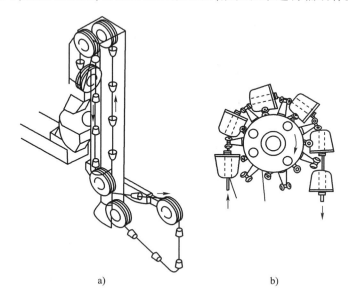

图 7-7 悬链式链斗卸船机的卸料系统

3)工作特点

(1)结构简单。斗式卸船机的工作原理简单,主要工作机构(如卸料系统、提升系统、输送系统以及卸船机的臂架及门架等)结构相对简单。

(2)操作方便。斗式卸船机的自动化程度高,并能在较低的速度下充分发挥作业效率,各机构运行速度均为 10~20m/min,使操作非常容易。

(3)卸船效率好。斗式卸船机能在船舱壁下部进行卸船作业,从取料卸船开始,到清舱作业为止,都能保持稳定的卸船效率。可以通过加大料斗的容量来提高斗式卸船机的卸船效率。

(4)能耗低。由于斗式卸船机是恒速、连续运行,所以在同等作业情况下,电力消耗较低。

(5)防尘性能好。斗式卸船机的卸料系统通过防尘的通道,并使受料斗和溜槽密封,输送机也全部设置机罩,所以具有良好的防尘性能。

(6)用途广泛。斗式卸船机不仅能卸粮食,也广泛应用于煤炭、石灰石、铁矿石、化肥等卸船作业。但由于专业化的散粮卸船机械种类多,斗式卸船机不如其他类型的专用卸粮机应用广泛。

(7)存在的缺点。斗式卸船机也存在着料斗和承载链或钢丝绳芯输送带磨损大的缺点,同时,当船舶受波浪影响而摇晃时,料斗容易对船底造成伤害。

6. 埋刮板卸船机

埋刮板卸船机是利用固接在牵引链上的刮板在封闭的料槽中输送散状物料的输送机,物料从下端开口处流入箱体,受刮板的运动推力而移动,至出口处卸出。这种提升机适用于散货船,尤其是巨型散粮船的连续卸船作业。

1）组成

埋刮板卸船机由垂直提升机、水平输送机和门机架等主要部件组成。散粮卸船和输送的埋刮板牵引链安装在垂直提升机和水平输送机内。

垂直提升机的牵引链由若干T字形铸钢件铰接而成,在每一横条上都对称焊装巨型圈状刮板,如图7-8所示。牵引链顶部链轮由液压电动机驱动,可实现无级调速,底部是一个从动链轮,中间有若干张紧链轮。沿提升高度,每隔3~4m设有一个防爆安全阀门,提升高度可达30~60m。工作时摆机构可沿船舱的横向和纵向摆动,横向可向左右各摆动30°,纵向可向前后各摆动7°,以满足在船舱各处取料。另外,在风浪条件下,摆动机构也可用来防止提升机和舱口碰撞。

提升机还可以根据舱内物料的高低做垂直升降。这些摆动和垂直动作都是依靠一个四连杆机构和万向接头,四连杆机构的动作通过液压机构自动调节。提升机作业范围如图7-9所示。

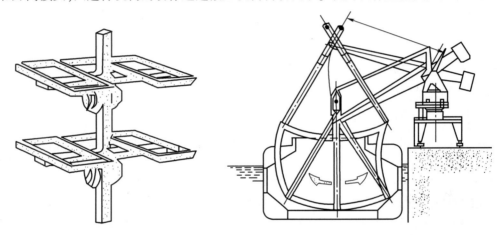

图7-8　横条上对称焊装巨型圈状刮板　　图7-9　提升机作业范围

2）卸粮过程

卸船时,物料从埋刮板卸船机垂直提升机的下部入口通过刮板向上运动输料。运动速度如下:一般谷物为1.5m/s,面粉为1.2m/s,大麦为0.8~1.2m/s。埋刮板卸船机能水平、倾斜或垂直输送物料。

卸船过程中,埋刮板卸船机通过垂直提升机和水平输送机的上下俯仰、横向和纵向摆动,将船内的物料卸下并输送到接运输送机上。埋刮板卸船机的卸船效率一般为500~1500t/h,最大可达32000t/h。

卸船清舱阶段可采用在垂直提升机的底部配喂料清舱机,喂料清舱机是一种折线式刮板输送机,它可以随物料堆面高度做小于90°的各种角度的俯仰,同时也可做360°的回转。在喂料清舱机和提升机的根部设有监视操纵室和工作平台。最后的清舱工作还需要靠小型推土机和人力来进行辅助作业。

3）工作特点

埋刮板卸船机与气吸式、螺旋式、夹皮带式及抓斗式卸船机等比较,其主要特点是:

(1)结构简单,重量较轻,体积小,安装、维修比较方便。

(2)工艺布置较为灵活。它不但能水平输送,也能倾斜和垂直输送;不但能单机输送,还可组合布置,串接输送;能多点加料,也能多点卸料。

(3)能耗小、输送能力大。

(4)卸船效率高,卸船时比夹皮带机占用船舱的空间少,并适用于大倾角卸船要求。

(5)输送系统封闭性好,可防止粉尘扩散,避免对环境造成污染。

(6)便于维护保养,维修成本低,使用寿命长;对各种散粮及其他散货卸船适应性强。

(二)散粮卸船机械的形式选择

目前世界各国散粮码头所采用的卸船机主要有气吸式、压带式(双带式)、高速埋刮板式、螺旋式、链斗式等,各种散粮卸船机各有其特点。

气吸式卸船机卸船效率比较高;散粮在密封条件下输送,防尘效果较好;吸管伸到船舱各个部分,有利于清舱,清舱量较少;散粮撒落量少,且卸船不受天气影响;管理维修方便,易于实现自动化,故劳动强度较低。但耗电量大、振动大、噪声大、效率低是这种机型的显著缺点。

压带式卸船机生产效率高,能耗低;胶带侧边密封,粉尘污染很少;噪声小;结构较简单,因而自重轻;清舱量小;操作容易,且维修也方便;物料与输送装置(胶带)无相对运动,所以粮食不易破损。但设备购置成本高;与气吸式卸船机相比较,清舱量较大;有些配件(如气垫式皮带输送胶带)的价格高。

高速埋刮板式卸船机卸船效率高,能耗小;易于维护保养,维修成本低,且使用寿命长;噪声较小;便于防止粉尘扩散;防爆安全性强;对船舱适应性强。但设备自重稍大,一次投资较高;清舱量大,并需配备其他设备。

螺旋式卸船机结构较简单,运转的部件少,因而自重轻,且便于操作;与气吸式卸船机相比,耗电量较少;噪声较小;无粮食撒漏。但该机螺旋系高速运转,臂架振动较大,螺旋易磨损,一般卸50万吨即需要更换内螺杆;螺旋式卸船机由于有中间隔板,因而不如气吸式卸船机灵活;另外,清舱量比气吸式卸船机大15%~20%。

链斗式卸船机耗电量小;加大料斗尺寸,选择合理起升速度,可大幅度提高生产效率;除了卸粮食外,还可卸其他小块状物料;噪声小(约70dB)。但该机型自重大;结构较复杂;链条和链轮磨损大,因而维修量也大;斗式提升部分是刚性连接,当船舱摇摆时,易于磨伤船底;清舱时需用推土机、推耙机来进行辅助作业。

卸船机的类型逐渐增多,新型卸船机也不断出现,粮食专用码头可根据码头自身的要求选择。

二、散粮装船机械

散粮装船机与煤炭、矿石装船机类似,也分为固定式和移动式。除选用专用的装船机外,还常利用散粮流散性强的特点,采用带式输送机-自流管系统。这个系统中,带式输送机是输料和供料机械,把从出筒仓的散粮运到装船点,自流管为装船装置。

1.带式输送机布置

带式输送机布置形式有两种:

(1) 沿码头线布置的高架带式输送机廊道。

(2) 设置在远离岸线的突堤码头上。

随着散粮船舶的大型化,在沿岸线的码头泊位水深条件不足的情况下,带式输送机可以设在远离岸线、水深条件好的突堤码头上,在突堤的两边都可以停靠大型的散粮船舶;同时由于带式输送机-自流管系统的自重轻,占地面积小,对突堤码头的建设并没有特殊的要求,所以经济性好。

带式输送机上装有卸料小车,使物料卸到自流管上。

2. 自流管的布置

(1) 自流管通常为固定设置,隔一定距离安装一个。

(2) 自流管之间的距离可根据船舱口的位置而定,一般为 15~20m,自流管与水平面之间的倾斜角度不小于33°~36°。带式输送机廊道和自流输送管如图 7-10 所示。

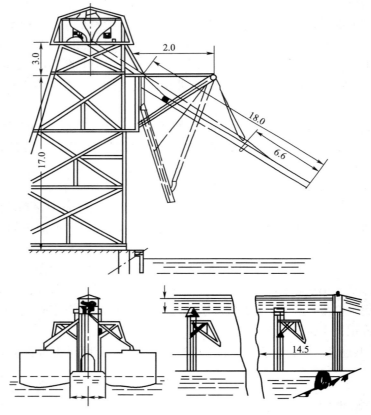

图 7-10 带式输送机廊道和自流输送管(尺寸单位:m)

(3) 自流管具有伸缩、俯仰、回转的功能,以改变散粮的落料点。不工作时,自流管可顺着码头收回,以免在靠船时与船舶发生碰撞。

(4) 每一自流管有一操纵室,控制自流输送管的落地位置。

此外,对小型驳船,还可以用带式输送机直接装船,以固定带式输送机或流动带式输送机或两种带式输送机相结合的系统装船是很常见的,这种装船形式也常为散粮进口码头水上输运的一种形式。

除了采用带式输送机-自流管系统外,散粮装船有的也采用气垫带式输送机-自流管系统。

第三节　散粮输送机械

散粮输送机械用于散粮在船舶与粮仓、粮仓与粮仓之间的输送。散粮输送机械按其使用要求,可分为水平及倾斜输送机和垂直提升机两类。

一、水平及倾斜输送机

散粮水平及倾斜输送机主要有带式输送机、气垫带式输送机、刮板输送机等。

1. 带式输送机

散粮水平及倾斜输送应用最广的是带式输送机。带式输送机也称皮带输送机,简称皮带机。带式输送机的基本内容参见本书第六章第三节带式输送机的相关内容。

2. 气垫带式输送机

气垫带式输送机(简称气垫机)是20世纪70年代由荷兰首先研制成功的一种新型连续输送机械,是由通用带式输送机(简称通用机)发展而来的。气垫机利用气垫支承输送带,其独特的优越性和理想的输送效果迅速在世界各国得到推广和应用。这种输送机在散粮码头及筒仓作业中输送物料的效率高。

1) 气垫机的形式

气垫机按结构形式分为半气垫型和全气垫型,如图7-11所示。半气垫型仅上分支输送带以气垫支承,全气垫型上、下分支输送带均采用气垫支承。

气垫机按安装方式可分为固定式和移动式。气垫机按密封形式可分为封闭式和敞开式。

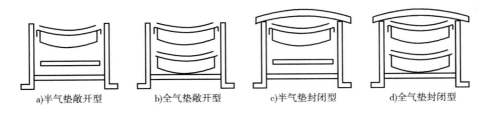

a) 半气垫敞开型　　b) 全气垫敞开型　　c) 半气垫封闭型　　d) 全气垫封闭型

图7-11　气垫机的形式

2) 气垫机的基本结构

气垫机与通用机的结构基本相同,不同之处是气垫机省掉了绝大部分的承载托辊,但有能形成气垫的相关部件,如风机、连接管路、气室等。

气垫机的总体结构如图7-12所示,其主要部件有输送带、滚筒、驱动装置、气室、鼓风机、托辊等。

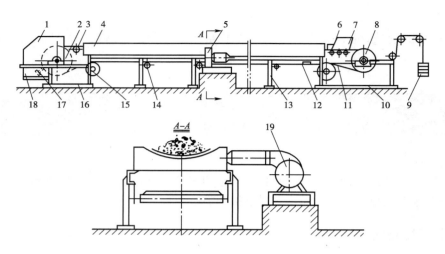

图 7-12 气垫机的总体结构

1-头罩;2-驱动滚筒;3-上托辊;4-气室;5-风机;6-缓冲托辊;7-导料板;8、15-改向滚筒;9-拉紧装置;10-尾架;11-输送带;12-空段清扫器;13-中间支腿;14-下托辊;16-头架;17-头部清扫器;18-漏斗;19-消声器

(1) 输送带。

输送带在输送中起承载和曳引作用,气垫机的输送带用浸入绝缘剂、表面涂有合成橡胶的合成纤维,混合整体硫化而成。其层数取决于负荷,以避免超过要求的伸长率,从而保证良好的沟槽。

(2) 滚筒。

滚筒有驱动滚筒、张紧滚筒和改向滚筒三种类型。全部滚筒由碳钢组装而成,并经过表面加工。驱动滚筒由驱动装置驱动,驱动滚筒装有橡胶外套以保证牵引力。张紧滚筒使输送带保持足够的张力,防止输送带打滑。改向滚筒改变输送带输送方向,或增加输送带牵引力。

(3) 驱动装置。

驱动装置是气垫机的动力部分,用来驱动滚筒转动和输送带运行。

驱动装置由安装在驱动架上的电动机、高速轴联轴器(液力偶合器)、减速器、低速轴联轴器、制动装置、逆止装置及驱动架等组成。液力偶合器可以减少起动时的冲击,用于保护减速机;制动装置及逆止装置用于防止倾斜输送机停车时继续运行和发生倒转。

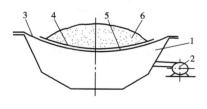

图 7-13 气室

1-气室侧面;2-风机;3-弧形盘槽;4-支承胶带;5-气膜;6-物料

(4) 气室。

气室也称气箱,如图 7-13 所示,气室是一个完全封闭空间,气室的侧面和底部由碳钢薄板和辊轧钢制成,经焊接和铆接在一起成为箱体,气室的上部是弧形盘槽,弧形盘槽上有一系列气孔。当风机将空气压入气室中时,空气从弧形盘槽一系列气孔喷出,由于空气具有一定的黏性,在其流经胶带与盘槽之间的过程中,便形成了一层薄而稳定的气膜(俗称气垫)。这层气膜将胶带及其上面的物料浮托起,同时还起到润滑作用。由于气垫机是用气室代替传统的托辊组支承胶带,将托辊组的间断接触支承改为气室的弧形盘槽的连续非接触支承,变输送带与托辊间的滚动摩擦为

气垫的流体摩擦,极大地减小了支承胶带的运行摩擦阻力,传动滚筒只需极小的驱动功率即可牵引输送带在气垫上运行,而对支承胶带的强度要求却大为降低。

(5)鼓风机。

鼓风机的作用是向气室内压入一定压力的空气,产生一个气垫,用来支撑输送带。

(6)托辊。

气垫机在其头部和尾部仍需设置托辊过渡。托辊用于支承输送带和带上的物料,使输送带由槽形逐渐过渡到平形或由平形逐渐过渡到槽形,有利于减少输送带磨损,又可以防止物料撒落,使输送带稳定运行。

3)气垫机的工作特点

气垫机基本上继承了通用机的全部优点,与其相比,气垫机还有如下特点:

(1)对散粮的破碎小。因为全部由气垫支撑的气垫机提供了一个平稳的运动状态,所以消除了在螺旋输送机及链斗输送机中所引起的无料搅动而产生的物料破碎现象。

(2)耗能少。气垫机以气垫代替托辊支承,变滚动摩擦为流体摩擦,大大减小了牵引力和运行阻力。在输送量和工艺条件相同的情况下,功率消耗比托辊输送机节约10%~25%,输送量越大,输送距离越长,节能效果越显著。

(3)质量轻。由于气箱采用箱形断面,气垫机的纵向支架可承受较大弯矩和扭矩;又因托辊数量极少(仅在输送机两端各设几套过渡托辊),胶带层数和厚度较少,自重较轻,单位自重的强度系数与刚度系数比较大,从而大大提高了设备的超载能力。

(4)寿命长。气垫机便于实现全线防护式密封,同时由于胶带张力小、磨损少、不跑偏、不撕带,加之气垫对胶带有冷却作用,故胶带寿命可延长1~2倍,设备使用寿命也比托辊输送机长得多。

(5)维修费用低。气垫机用气垫代替了托辊支承,转动部件少,事故点少,可靠性强,磨损小,从而大大减少了维修工作量和维修费用。实践证明,气垫机比托辊输送机节约60%~75%的维修费用。

(6)输送平稳,工作可靠。托辊输送机运行中,输送带呈波浪式向前运行,物料颠簸、撒料严重,胶带跑偏、磨损大。气垫机完全克服了上述缺点,运行十分平稳,不颠簸、不撒料、不跑偏、不扬尘,工作可靠。

(7)启动功率低,可以直接满载启动。托辊输送机的启动功率大,一般为运行功率的1.5~2.5倍,并且难以实现全线满载启动。气垫机形成稳定的气垫层之后,驱动电机的启动功率与运行功率相差甚微,并且在全线满载时,无须采取任何辅助措施便可轻易直接启动。

(8)输送能力高。气垫机最佳运行速度是3~4m/s,最低运行速度是0.8m/s,最高可达12m/s。因此,可大大提高输送能力。

(9)密封性好,污染少。气垫机沿机长设有密闭气箱,可以进行全线密封,易于安装防护罩及安全设施,宜于密闭输送和安装吸尘装置,污染少,噪声小,净化环境。

(10)由于气室制造上的困难,气垫机不易实现平面和空间的弯曲,只能直线布置。如果要曲线布置,应设置过渡段托辊。

3. 刮板输送机

刮板输送机是利用固接在牵引链上的刮板在敞开的料槽中刮运散状物料的输送机。

刮板输送机分带式刮板输送机和链式刮板输送机。我国通常把带式刮板输送机做成开敞式,把链式刮板输送机做成封闭式,也就是通常所称的埋刮板输送机。

1)刮板输送机的结构与工作原理

刮板输送机由敞开料槽、牵引链、刮板、头部驱动链轮和尾部张紧链轮等组成,如图 7-14 所示。

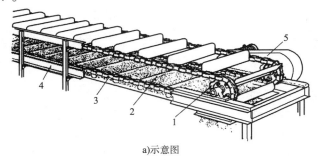 

a)示意图　　　　　　　　　　　　　　　　b)实物图

图 7-14　刮板输送机

1-头部驱动链轮;2-刮板;3-牵引链;4-敞开料槽;5-驱动机构

牵引链绕过头、尾链轮构成闭合环路。物料可用上分支或下分支输送,也可用上、下两分支同时输送。刮板输送机的刮板是以特定间隔固定在链条上的,牵引链条多用圆环链。可以用一根牵引链与刮板中部连接,也可用两根牵引链与刮板两端连接。刮板的形状为梯形、长方形或长条形。刮板输送机有固定式和移置式两种。移置式刮板输送机的各部件易于拆装,移位后重新安装使用。

刮板输送机工作时,固定刮板被埋在待输送物料中,当链条转动时会带动固定刮板运动,从而带动物料运动,完成物料的输送。刮板输送机的刮板必须埋入物料中才能很好地完成输送任务,因此刮板输送机只能输送粉状、小块状和颗粒状的物料。刮板输送机的刮板与料槽并不是完全密合的,刮板的面积要小于料槽的断面面积,剩余的面积为物料。刮板输送机的刮板虽然不能埋入物料的底部,但是只要物料的料层高度和料槽的槽宽比例适当,物料就会随刮板稳定流动。

2)刮板输送机的性能特点

(1)刮板输送机主要用于水平输送,也可以用于150°以内的倾斜输送,输送过程中可实现多点进料和多点出料。

(2)刮板输送机的结构简单、尺寸小,输送量大,输送过程稳定可靠,能源消耗少,物料损伤率低。

(3)刮板输送机可设计为密闭的料槽结构,用于输送各种有毒有害、易燃易爆、易飞扬的物料,避免以上物料对环境和人员造成伤害。

(4)刮板输送机的缺点是易碾碎物料、噪声和能耗较大。

二、垂直提升机

常用的垂直提升机是斗式提升机。斗式提升机是在输送带或链条等挠性牵引件上,均匀地安装若干料斗来提升运送物料的连续输送机械。斗式提升机是用于垂直方向或接近垂直的大倾角方向,连续提升散粒或碎块物料。

在散粮装卸机械化系统中,从船上卸下的散粮经过水平输送和计量后,都用斗式提升机将散粮垂直提升到散粮筒仓顶部的带式输送机上,因此,斗式提升机是散粮筒仓重要的垂直提升输送机械。

1. 斗式提升机的基本结构和工作原理

图 7-15 所示是斗式提升机,其主要由牵引构件、承载构件(料斗)、驱动装置、拉紧装置、机架和罩壳等组成。斗式提升机的牵引构件上,每隔一定距离安装一料斗,牵引构件绕过斗式提升机头部及底部的滚筒或链轮,形成具有上升的有载分支和下降的无载分支的闭合环形系统。设置在斗式提升机头部的驱动装置经头部驱动滚筒(或链轮)驱动牵引构件,物料从有载分支的下部装入料斗,再由料斗将物料提升至上部卸料口卸出。

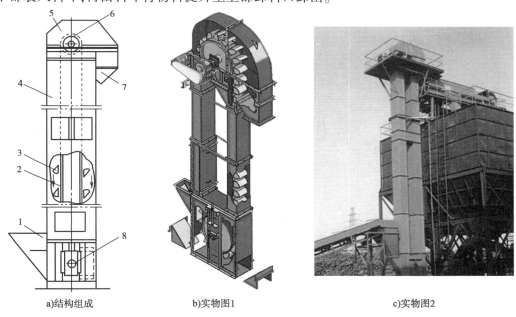

a) 结构组成　　　　b) 实物图1　　　　c) 实物图2

图 7-15　斗式提升机

1-装料口;2-牵引链;3-料斗;4-机壳;5-机头;6-链轮;7-卸料口;8-张紧装置

2. 斗式提升机的种类

斗式提升机的种类很多,主要有:

(1) 斗式提升机根据布置形式可分为垂直式和倾斜式。

(2) 斗式提升机根据牵引机构的不同,可分为带式提升机和链式提升机。

(3) 斗式提升机根据卸料方式的不同,可分为重力式卸料、离心式卸料和混合式卸料,如图 7-16 所示。

重力式卸料主要依靠重力作用,物料经料斗内缘卸出。由于料斗速度较慢,卸料时间长,有利于卸尽物料。这种卸料方式适合用来提升大块、比重大、易碎的物料。

离心式卸料主要是在离心力作用下,经料斗外缘卸出。由于料斗运动速度较快,物料流动性好,容易卸尽。其适用于输送干燥、流动性好的粉末状、小颗粒物料。

混合式卸料在重力和离心力的共同作用下,从料斗的整个物料表面倾卸出来,斗速中等。其适用于输送潮湿的、流动性差的粉状、小颗粒物料。

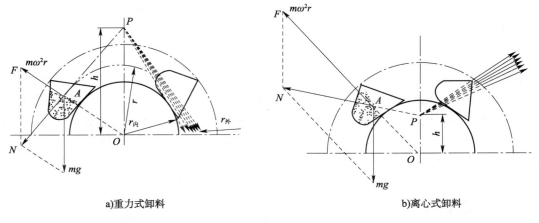

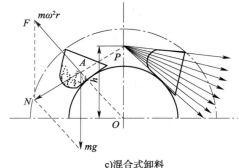

图 7-16　斗式提升机常用的卸料方式

(4)斗式提升机根据装载方式可分为挖取式和装入式。

挖取式装料:料斗在牵引构件的牵引下,从机座内或露天的料堆中自行挖取物料(图 7-17)。挖取式装料主要适用于高速输送粉状、粒状及磨损性小的物料。

装入式装料:由专门的加料漏斗均匀地、连续不断地将物料直接装入料斗内(图 7-18),采用装入式装料的料斗,一般应密集布置在牵引构件上,且料斗运行速度较低。否则,料斗就不能很好地装料,甚至会将装入的物料抛撒出来。装入式装料主要适用于输送块度较大或磨琢性较大的物料。

3. 斗式提升机工艺布置注意事项

为了提高斗式提升机工作效率和安全性,在散粮装卸工艺布置时要考虑以下问题:

(1)将斗式提升机从工作楼里迁移到室外,用单独的钢架支撑,其优点是:

①安全性好,万一斗式提升机发生粉尘爆炸,损失可大大减少。

②避免斗式提升机运转时产生的振动和噪声;

③工作楼的高度可降低,面积可减少,可大幅度地降低工作楼的造价。

(2)斗式提升机必须设置有效的防爆装置。

(3)要重视提升机底部的清底工作。

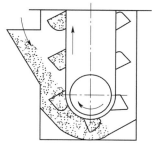
图 7-17 挖取式装料

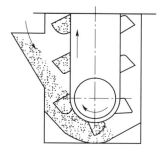
图 7-18 装入式装料

第四节 散粮筒仓机械化系统

一、散粮筒仓机械化系统的作用

散粮筒仓机械化系统具有以下作用：

（1）储存散粮。从船上卸下的散粮进入筒仓作短期存放。

（2）在散粮装卸、储运中起调节、周转和缓冲作用。从船上卸下的散粮到港后，有部分散粮要入仓作短期存放；有部分散粮要在计量后以散装的形式直接转运出港；还有部分散粮要在灌包后以袋装形式转运出港。因此，散粮筒仓机械化系统在散粮装卸、储运中起调节、周转和缓冲作用。

（3）对进出仓的粮食进行计量。散粮筒仓机械化系统的重要功能之一是对进出仓的粮食进行计量，包括进、出仓的计量，灌包计量，袋装粮食出口的计量等。

（4）分路疏运及翻仓作业的功能。散粮筒仓装卸工艺流程复杂，从粮食的包装形式看，有散（装）进散（装）出，散（装）进袋（装）出；从换装形式看，有散粮的直接换装作业，也有间接换装作业。因此散粮筒仓机械化系统应有分路疏运的功能。同时，为了保证粮食的质量，避免存放在粮库内的粮食发热霉变，系统必须对粮食翻仓散热。

二、散粮筒仓机械化系统的组成

散粮筒仓机械化系统主要由工作楼（塔）和筒仓两部分组成，如图 7-19 所示。在进口散粮需要装袋时，则另在运输种子的港口，有时还附设种子筛选房。

1. 工作楼（塔）

工作楼一般为多层建筑，用钢筋混凝土建成或为混合结构。工作楼是斗式提升机、计量秤、除尘、取样、筛分、控制等设备集中设置的场所，因而它是筒仓的工作和指挥中心。粮食在此经过处理后由输送机送到各仓筒中。

工作楼由秤上漏斗、自动定量磅秤、秤下粮柜、斗式提升机等组成。

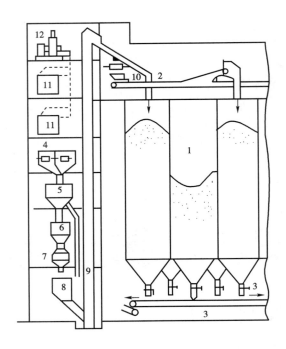

图 7-19　散粮筒仓机械化系统组成

1-圆筒仓；2-仓顶带式输送机；3-仓底带式输送机；4-粮柜上带式输送机；5-秤上粮柜；6-容量秤；7-计量斗；8-漏斗；9-斗式提升机；10-仓顶式输送机之间的横向带式输送机；11-除尘装置；12-鼓风机

（1）秤上漏斗是缓冲漏斗。因为带式输送机是连续供料的，但磅秤是间歇动作的，所以需要有漏斗集聚物料为自动定量磅秤供料。为了使自动定量磅秤不间歇工作，常设两台秤轮流秤粮。

（2）自动定量磅秤。其专用于散粮进仓的散粮计量。这种自动定量磅秤能自动连续地进行散粮的称重、累计和记忆，并可在任一时间选取计量过程中物料的累计重量或某一秤的重量，也可以通过打印机输出所需要的数据。

（3）秤下粮柜。过了秤的粮食要落下，再由斗式提升机提升到筒仓的仓顶带式输送机进入筒仓，为此对提升机均匀供料，而不致在落料时将提升机压死，所以要设秤下粮柜缓冲对斗式提升机的加料。

（4）斗式提升机的作用是斗式提升散粮到一定高度，即到达仓顶带式输送机的高度。斗式提升机的优点是可以使整个工作楼、筒仓系统的结构紧凑，如果一次提升达不到所需的高度，可采用两次提升。

2. 筒仓

筒仓是指平面为圆形，用来储存散粒物料的直立容器。港口筒仓的功用是储存和转运散粮。

筒仓由筒仓顶部、圆形的筒体和下部圆锥形的筒底组成。筒仓顶部有仓顶带式输送机，配备卸料小车，可把散粮卸入圆筒仓，仓底也设有带式输送机，可将散粮送入灌包系统或运到散粮出港带式输送机，或转运到翻仓带式输送机完成翻仓作业。筒仓筒身用于储粮。

筒仓还有散粮的接收装置，主要是指连接码头或车站的码头接收装置、铁路接收装置和公路接收装置，由机械铲、吸粮机、皮带输送机和汽车倾斜器等组成。这种仓型具有密闭性能好、机械化和自动化程度高、容量大而占地少等优点，已在世界各国广泛应用。

1）筒仓的主要类型

（1）按照筒仓的结构材料进行分类。

按照筒仓选用的结构材料分类，一般可分为木筒仓、土圆仓、钢筋混凝土筒仓、砖混筒仓、钢板筒仓等。港口筒仓主要是钢筋混凝土筒仓和钢板筒仓。

①钢筋混凝土筒仓。

钢筋混凝土筒仓是20世纪以来发展较快、应用较多的一种结构形式。它具有占地面积小、仓容量大、机械化程度高、储粮性能好、保管费用低、筒仓耐久性与抗震性好等特点，是较现代化的仓型，但筒仓造价高，设计和施工周期长。发达国家的筒仓比重占粮库总仓容的30%~80%。我国于1937年建起第一座3×8排的钢筋混凝土筒仓，总容量为25000t。1958年后陆续在北京、浙江、河南开始建造钢筋混凝土筒仓，20世纪70年代后，我国进入一个筒仓快速发展的时期。目前我国建造的粮食筒仓直径一般为6~12m，装粮高度为15~30m，筒壁厚度约为0.2m。筒仓底层结构分为架空式和落地式两种，国内钢筋混凝土筒仓大都采用架空式，底层四周宽畅，布置输送机方便，采光和自然通风条件好。筒仓底部一般为漏斗型，方便出粮。

②钢板筒仓。

钢板筒仓由镀锌薄板或波形钢板制成，它具有自重轻、对基础要求低、造价低、标准化程度高、施工期短、密闭防潮性好、坚固耐用、使用范围广、管理方便等特性；其配套系统较完善、机械化和自动化程度高，能较好地满足储粮安全和工艺操作性能，满足粮食发展的要求。但其隔热和抗震性较差。使用钢板筒仓储粮时，粮质要好，水分要低，要特别注意筒仓内外温差引起的结露和夏季南方地区过高的仓温和粮温。20世纪60年代后薄壁钢板筒仓在世界各国得到迅速发展，我国在20世纪80年代后开始大量建造。钢板筒仓的直径一般大于钢筋混凝土筒仓，有的结构直径达20m，装粮筒仓壁厚3~4mm。钢板筒仓按结构和施工方法可分为焊接式、装配式与螺旋卷边式三种形式。

（2）按照深、浅仓进行分类。

筒仓高度不同，在筒仓仓底卸粮时，粮食流动状态及储粮对筒壁压力的变化是有差别的，从而对筒仓的结构要求也不一样。储粮计算高度的确定如图7-20所示。

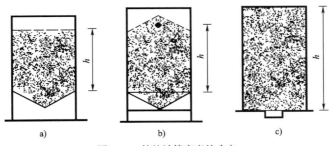

图7-20 储粮计算高度的确定

储粮计算高度与圆筒仓内径（或矩形筒仓矩短边内侧尺寸）之比小于1.5的筒仓称为浅仓，大于或等于1.5的筒仓称为深仓。

(3) 按照筒仓的平面布置形式进行分类。

单仓平面为圆形、矩形、正六边形、正八边形等形式,其中以圆形筒仓居多。

一定数量的筒仓组成筒仓群,其布置形式有行列式和错列式两种。

① 行列式。筒仓成行排列,纵向为行,横向为列,通常行数取 2~4,列数取 4~8,由此组成了星仓和筒仓,4 个相邻筒仓之间的空间称为星仓,也可储存粮食,如图 7-21 所示,这是散粮筒仓最常见的一种布置形式。

② 错列式。图 7-22 所示为错列式圆筒仓布置,这种筒仓容积较大,圆筒高度较低,但圆筒外接缝的强度和技术要求高,一般不采用。

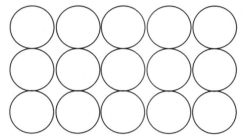
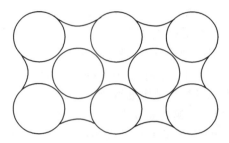

图 7-21　行列式圆筒仓布置　　　　　　图 7-22　错列式圆筒仓布置

2) 工作楼和圆筒仓的布置形式

工作楼和圆筒仓的布置形式如图 7-23 所示,实景布置图如图 7-24 所示。

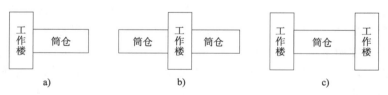

图 7-23　工作楼和圆筒仓的布置形式

图 7-24　工作楼和圆筒仓的实景布置图

(1) 筒仓单侧布置

这种布置形式如图 7-23a) 所示,其结构简单,适用于中小型散粮码头,也是我国散粮专业化泊位最常见的筒仓布置形式。

（2）筒仓双侧布置

这种布置形式如图 7-23b）所示，其结构简单，适用于筒仓容量大的情况。

（3）筒仓中间布置

这种布置形式如图 7-23c）所示，其具有两套提升机构和两套计量设备，系统布置较为复杂。其适用于前方作业范围大，物料运输路程需要缩短的情况。

三、散粮的计量

散粮在接收、发放时都必须进行计量，尤其是在对外贸易中，粮食的计量更显重要。散粮的计量是统计、结算的依据，因此对计量设备的精度要求高，粮食的计量也是现代化粮食码头不可缺少的环节。

最常用的计量设备有自动定量秤、灌包计量设备、电子皮带秤等。

1. 自动定量秤

自动定量秤过程通常分为快加料和慢加料两个加料过程及一个卸料过程。在快加料过程中，秤上斗要自动给计量斗快速投入需计重量的 80% ~ 90% 的物料，余下的物料以慢速度加料，直至到预定的进料量。计量完毕后，计量斗自动打开料斗的闸门，快速卸至秤下斗。定量秤的计量能力为 5 ~ 10t。散粮进库的自动计量秤通常设置在工作楼内，在散粮进圆筒仓前对散粮进行计量，如图 7-19 所示。

2. 灌包计量设备

灌包计量设备的作用包括取包、计量灌包、缝包，为散粮袋作业服务。灌包设备的计量也是自动斗式定量秤，但定量的标准是以每袋粮食的标准重量为准，灌包计量设备有单独设置在粮库内的，也有设置在工作楼内与仓底带式输送机衔接的。

3. 电子皮带秤

电子皮带秤用于散粮出仓装驳船的计量。电子皮带秤是类似皮带运输机的一种设备，主要由秤架（包括安装支架）、称重（压力）传感器、速度传感器、控制器、显示器等组成。皮带下面有一个压力传感器，经过皮带上的物料，通过称重秤架下的称重传感器进行重量检测，以确定皮带上的物料重量；装在尾部滚筒或旋转设备上的数字式测速传感器，连续测量给料速度，该速度传感器的脉冲输出正比于皮带速度；速度信号与重量信号一起送入控制器，产生并显示瞬时流量/累计量。

皮带的物料一般是不均匀的，皮带的速度也是波动的，秤重传感器所测出的瞬时载重量与皮带传送瞬时速度的乘积可表示瞬时输送量。当称重传感器输出信号后，由放大器放大经整流后与测速传感器输出的信号经乘法器相乘，其结果经过放大后送入瞬时指示器予以显示，同时由积分变成计数脉冲送到计数器得出总输送量。

电子皮带秤计量系统适用于各种类型的皮带机，如平带或槽形皮带、安装在输送机的水平或倾斜段上的纤维皮带或钢芯皮带等。

第五节　散粮装卸车辆工艺

一、散粮卸车工艺

1. 卸车方式

铁路运输是散粮的主要集港方式。装运散粮常用的车型包括敞车和棚车。装运散粮常用的车型是敞车,也有棚车。

1）敞车卸粮

敞车是我国装运散粮常用的车型,两侧都有车门和下侧门,每边卸货口长9m以上。卸车时,敞车在卸车线上把车门和下侧门打开,大部分散粮自动流出,车内所剩无几,再由人工清扫。

2）棚车卸粮

散粮也有用棚车装运的,因为棚车运粮对粮食的保管有利。但是卸粮时,棚车的两侧车门较小,所以自流量较小,为了卸空棚车两端的剩余散粮,可以采用机械铲或人工清扫,劳动强度大而且效率低。

卸棚车的另一种方法是采用翻车机,这种翻车机卸车要完成三个动作:首先是将车厢向开启门的一边倾斜15°,可卸出车厢中间部分的散粮;然后前后各倾斜40°,卸出车厢两头的物料。

2. 粮仓系统

在敞车运散粮进港口再装船（驳）水运出港口的散粮出口系统中,粮仓系统由V形存仓、带式输送机和工作楼组成。粮仓系统的工作程序:敞车在卸车线上将车门和下侧门打开后散粮可自动流出,从车上卸下的散粮进入V形存仓,然后通过V形存仓下面的闸门,经闸门下的带式输送机系统将散粮输运到工作楼,经工作楼内的斗式提升机提升到筒仓,进入指定的筒仓内。

1）卸车线的布置

卸车线通常采用纵长的布置方式,即在一条卸车线上同时停放多台车辆进行卸车作业。

2）V形存仓

用V形存仓的目的是利用散粮自重下流,这种V形存仓也常用于散货。散粮存仓的特点如下:

(1) V形存仓的结构特点。

① 存仓断面取决于堆存量、堆场长度、物料的容重和摩擦角。

② 存仓壁的倾角要能使物料从上面滑下来,所以倾角不仅要大于物料的自然堆积角,而且仓壁的表面要光滑。

③ 存仓断面上常加有隔壁,这样不仅可增加物料的存量,还可以分货种。

④出料口分布在 V 形存仓的底部,每隔 3~6m 布置一个,出料口一般为正方形,下方为漏斗闸门,以控制物料的流量。

(2) V 形存仓的布置形式。

V 形存仓的布置形式主要有两种,即纵向布置和横向布置。

①纵向布置,即存仓沿着铁路线卸车线的长度方向布置,如图 7-25 所示。

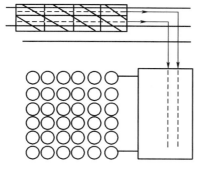 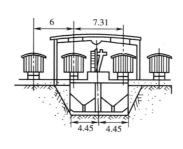

a)卸车线俯视示意图　　　　b)卸车线横剖面示意图及尺寸

图 7-25　卸车线纵向布置(尺寸单位:m)

这种布置的优点是一条卸车线上可以同时停放多辆车进行卸车作业,可减少调车次数,减少车辆在港停留时间;缺点是 V 形存仓和带式输送机等设备数量较多。

②横向布置(图 7-26),即 V 形存仓垂直于铁路线方向布置。这种布置的特点是调车次数多,同时卸车数少,每条铁路线上布置一个车位,适用于吞吐量不大的港口。

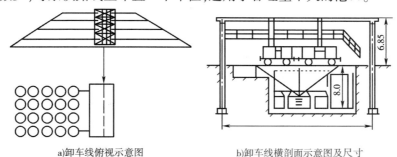

a)卸车线俯视示意图　　　　b)卸车线横剖面示意图及尺寸

图 7-26　卸车线横向布置(尺寸单位:m)

(3)坑道带式输送机。

V 形存仓下漏斗口闸门下设坑道带式输送机,其作用是将卸出的物料输送到卸料点,对散粮来说,输送到工作楼;对散货来说,运至堆场。

坑道带式输送机的结构特点:除了留出带式输送机的宽度外,地下带式输送机廊道的宽度还要考虑一边留出 1~1.5m 的检修间隙。

二、散粮装车工艺

1.高架存仓装车

散粮装车,不论敞车还是棚车,最有效的方法是用高架的存仓。这类存仓装置根据具体条件可以形成各种不同的形式,但它的装车方法是相同的,就是利用粮谷的流动性,从高处通过管槽将物料送入车厢内。图7-27所示是散粮装车示意图,高架的散粮存仓的外壁有管槽,管槽上有控制阀门,管槽的上部与散粮存仓内部相通,管槽的下部可停放敞车或棚车。需要散粮装车时,打开管槽上的控制阀门,散粮在自重作用下,通过管槽流入车厢。当车厢内散粮接近装满时,逐渐关小管槽控制阀门。在散粮装满时,关闭控制阀门。

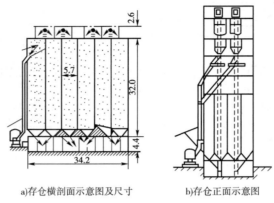

a)存仓横剖面示意图及尺寸　　b)存仓正面示意图

图7-27　散粮装车示意图(尺寸单位:m)

采用这种装车形式,敞车只要几分钟就可以装满。当装棚车时,远离车门的车厢两端不易装满。一种办法是提高存仓的高度,提高散粮进入棚车内的速度,利用自流管末端的导向弯头,向车厢深处喷射;另一种办法是采用曲带式抛料机,从自流输送管来的物料由移动式抛料机接收,同时通过曲带式抛料机曲带的加速,向车厢内部抛射。

2. 铲斗车装车

除用高架存仓方式装车以外,对于堆存在普通仓库内的散粮,也有用铲斗车装车的。其主要特点是机动灵活、取料效果好、但效率低、货损严重,装车之后,道路场地到处是散落的物料,清理工作量大。因此这种设备都不适于大批量的装车作业。

第六节　散粮装卸工艺系统

散粮装卸工艺系统是指在码头上,由散粮装卸机械设备、设施及各项散粮操作所组成的一个有机整体。国内外进口散粮港口,多配置有散粮装卸运输机械、中转筒仓及码头等设施,通过合理的装卸工艺布置,使之形成一个有机的整体,以达到提高装卸效率、缩短船舶在港时间、降低成本的目的。

一、散粮码头装卸工艺系统分类

1. 根据散粮的流向及进出进口的形式不同分类

根据散粮的流向及进出进口的形式不同,散粮码头装卸工艺系统分类如下:水运进港、陆运（或水运）出港的散粮进口装卸工艺系统；陆运进港、水运出港的散粮出口装卸工艺系统。

1）散粮进口装卸工艺系统

散粮进口装卸工艺系统有两种形式：一种形式是散粮经船舶运输进入港区，经过装卸进入码头筒仓或仓库，然后装车（包括火车和卡车）或装驳船，运出港区，即所谓的"水进陆出"或"水进水出"系统；另一种形式是散粮经船舶运输进入港区，不卸入码头筒仓或仓库，直接装车（包括火车和卡车）或装驳船，运出港区。

2）散粮出口装卸工艺系统

散粮出口装卸工艺系统有两种形式：一种形式是散粮经陆路（火车和卡车）运输进入港区，经过装卸进入码头筒仓或仓库，然后装船运出港区，即所谓的"陆进水出"系统；另一种形式是散粮经陆路（火车和卡车）运输进入港区，不卸入码头筒仓或仓库，直接装船运出港区。

此外，以上两种工艺系统还有一种交叉的作业系统，即粮食水水中转装卸工艺系统，或称散粮水上过驳作业工艺系统。水上过驳，就是在水上锚地把货物从船直接转装到驳船上，或从大船直接转装到小船上；或相反。

2. 根据粮食包装形式和进出进口的形式分类

根据粮食包装形式和进出进口的形式不同，散粮装卸工艺系统又包括"散装进散装出"（简称"散进散出"）、"散装进袋装出"（简称"散进袋出"）、"袋装进散装出"（简称"袋进散出"）、"袋装进袋装出"（简称"袋进袋出"）等装卸工艺系统。

（1）"散进散出"装卸工艺系统，即运进和运出港区的粮食均为散装形态。这是效率最高的装卸运输方式。目前我国散粮水路运输中，大多数采用此种装卸运输形式。

（2）"散进袋出"装卸工艺系统，即以散装方式运进港区的粮食，经过灌袋包装后，以袋装形式运出港区。这一装卸工艺系统主要存在于我国粮食输入地区的港口码头，这类码头卸下的粮食主要用于本地消费，散装运入，经灌袋包装后进入消费市场。

（3）"袋进散出"装卸工艺系统，即以袋装方式运入地区的粮食，经拆袋后，以散装方式运出港区。这类工艺系统出现得较少。

（4）"袋进袋出"，即运进和运出港区的粮食均为袋装形态。

上述袋装粮食的存储和装卸均与件杂货装卸相同，属于件杂货装卸工艺研究范畴，本章不做重点论述。本节主要介绍粮食"散进散出"装卸工艺系统的工艺布置及流程。

二、散粮码头装卸工艺系统功能

1. 散粮进口装卸工艺系统的功能

散粮进口装卸工艺系统具有对水运进港的散粮接收和发放的功能。

1）散粮进口装卸工艺接收系统功能

散粮进口装卸工艺接收系统功能是完成散粮卸船进仓的装卸作业，具体包括散粮卸船、输送、计量和散粮入仓等作业。散粮进口装卸工艺接收系统如图7-28所示，码头前沿卸船机从船舱内卸货，通过卸船机的尾部带式输送机进入码头水平带式输送机系统。在水平运输过程中进行散粮除杂、计量和抽样工作，通过水平带式输送机系统进入散粮筒仓储存。

图 7-28　散粮进口装卸工艺接收系统

2）散粮进口装卸工艺发放系统功能

散粮进口装卸工艺发放系统功能是完成散粮出仓至出港的装卸作业，具体包括散粮出仓、输送、计量、装车或装驳船作业。散粮进口装卸工艺发放系统如图 7-29 所示，散粮由筒仓进入码头水平带式输送机系统，经过出仓计量秤计量后，进入装船机的尾部带式输送机系统装船，或进入装车楼（塔）装火车。

图 7-29　散粮进口装卸工艺发放系统

2. 散粮出口装卸工艺系统功能

散粮出口装卸工艺系统是指散粮由火车运进港口，经计量、储存，然后装船出港的装卸工艺系统，散粮出口装卸工艺系统具有对火车运达港口的散粮进行接收和发送两大功能。

1）散粮出口装卸工艺接收系统功能

散粮出口装卸工艺接收系统功能是完成散粮卸车进仓的装卸作业，具体包括散粮卸车、输送、计量和散粮入仓等作业，散粮出口装卸工艺接收系统如图 7-30 所示。散粮经火车（汽车）运输进港口，经卸车地沟卸车，卸车地沟带式输送机系统将卸下的散粮水平运输，进入码头带式输送机系统。在水平运输的过程中，进行散粮的除杂、计量和抽样工作。散粮通过带式输送机系统进入码头散粮筒仓储存。

图 7-30　散粮出口装卸工艺接收系统

2）散粮出口装卸工艺发放系统功能

散粮出口装卸工艺发放系统功能包括散粮出仓、输送、计量、装船作业，散粮出口装卸工艺发放系统如图 7-31 所示。散粮经筒仓布料设备等出筒仓，进入码头水平带式输送机系统，在水平运输过程中完成散粮的计量；然后通过带式输送机系统和码头装船机装船舶；散粮也可以通过水平运输带式输送机系统进入装车楼（塔）装车。

图 7-31　散粮出口装卸工艺发放系统

三、散粮码头装卸机械

散粮码头装卸机械主要包括散粮船舶装卸机械、散粮输送机械、散粮筒仓机械、散粮装卸车机械等，本章第二节至第五节已经介绍，此处概括如下：

1. 散粮进口装卸作业机械系统

（1）散粮卸船机械：抓斗卸船机、吸粮机、压带式卸船机、螺旋卸船机、斗式卸船机等。

（2）散粮输送机械：带式输送机、气垫带式输送机、刮板输送机、斗式提升机等。

（3）散粮筒仓机械：斗式提升机、带式输送机。

(4)装车系统:高架存仓装车系统、铲斗车装车等。

2.散粮出口装卸作业机械系统

(1)散粮卸车机械:敞车自卸、翻车机。

(2)散粮运输机械:带式输送机、气垫带式输送机、刮板输送机、斗式提升机等。

(3)散粮筒仓机械:带式输送机、气垫带式输送机、刮板输送机。

(4)散粮装船机械:固定式装船机、移动式装船机,带式输送机-自流管系统。

四、散粮码头装卸工艺布置

散粮码头装卸工艺系统主要由码头作业区、工作楼、筒仓、装车站和卸车站等组成。一般情况下,专业的大型散粮码头,把接收码头和发放码头分开。但也有粮库只设一个大码头,其接收、发放作业全在其中进行。码头的前沿宽度不是固定的,有的码头前沿放置卸船机械和架空顺岸输送机,有的设有单行公路,有的设有铁路,有的还设有堆货场,因此所需宽度不同。一般卸船机轨道宽度为 6~10m,单行汽车道为 3~4m,火车轨道为 5~6m,行人道为 1~1.5m,堆货场根据货物多少而定。一般内河小码头设有罩棚,雨天可以工作,沿海码头一般没有罩棚,雨天不能工作。

1.散粮进口装卸工艺布置

散粮进口码头主要由码头前沿、工作楼、筒仓和装车站等组成。码头前沿布置卸船机进行卸船作业,后方布置筒仓、工作楼和装车发送系统。它们之间采用带式机输送系统相互衔接,形成一座高效的散粮中转设施。目前,我国专业化的散粮接卸码头主要有天津、大连、秦皇岛、连云港、上海、厦门、广州、湛江和防城港等。

目前我国散粮进口专业码头的布置形式主要有两种,即顺岸式和栈桥式。

1)顺岸式码头装卸工艺布置

(1)码头布置。顺岸式码头装卸工艺布置(图7-32),卸船机多以"少机"方案设置,一般情况下每个泊位设置两台连续式移动卸船机或多台间歇式卸船机,布置在平行于码头方向的卸船机轨道上。码头前沿的带式输送机以顺岸形式布置,一般布置在卸船机门架的下方,或布置在卸船机门架之外陆域侧一边。我国散粮进口码头的码头前沿带式输送机大多布置在卸船机门架之外陆域侧腿一边,以高架栈桥式带式输送机形式布置。其优点是卸船机给带式输送机供料落差小,减少粮食破碎及能量损失。

图7-32 顺岸式码头装卸工艺布置

顺岸带式输送机与卸船机的连接形式有两种。其一是在码头带式输送机上设置供料口，供料口间距一般为 5～6m，卸船机和供料口的对位连接采用人工快速接头方式。这种形式结构简单，但卸船机移机时，必须停止卸船作业，卸船机需准确对位。天津港就采用这种连接方式。其二是采用覆盖带式输送机形式，如连云港散粮码头，覆盖带一端固定，另一端张紧，供料采用移动式卸料小车打开覆盖带喂料。这种连接方式结构简单、使用灵活，移机时，可以连续卸船作业。

进口散粮码头装火车作业，在专门设置的装车站进行，装车站跨 1～2 条铁路装车线，内设电子斗秤以完成装火车单车计量。铁路装车站一般靠近筒仓和工作楼布置。图 7-33 所示为大连北良粮食码头的装卸工艺布置，其铁路线布置在两个筒仓群之间。

图 7-33　大连北良粮食码头的装卸工艺布置

从码头顺岸布置的方式来看，码头前沿后方可设置汽车通道，可以在卸船后直接装车运离码头。

图 7-34 为青岛港散粮码头的工艺布置俯视图，其码头前沿与筒仓之间设有汽车通道，铁路线布置与码头和筒仓群布置方向一致，为横向布置，铁路装车站离两个筒仓群都十分近。筒仓群之间可通过高架带式输送机相连，从而完成倒仓作业。

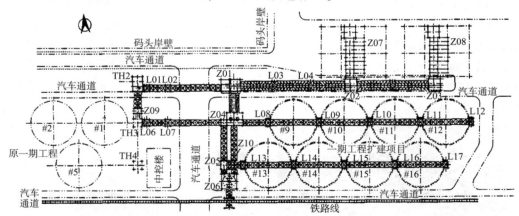

图 7-34　青岛港散粮码头的工艺布置俯视图

散粮码头工作楼一般设置计量、取样、控制室等设施。通常工作楼与筒仓一并布置，为防止粉尘爆炸以策安全，斗式提升机一般设在工作楼之外，露天布置。

（2）布置特点。顺岸式码头装卸工艺布置具有以下特点：占用岸线较长；由于陆域面积较大,后方可设置汽车通道,可进行船到车的直取作业;筒仓离码头前沿岸线较近,与栈桥式相比,对高架输送机的成本投入相对较少。

2) 栈桥式码头装卸工艺布置

(1) 码头布置。栈桥式码头装卸工艺布置中,码头前沿通过栈桥与岸相连。上海外高桥散粮储备库码头主要采用的是 F 形栈桥码头装卸工艺布置。

栈桥式散粮码头装卸工艺的岸上布置要求与顺岸式基本一样。铁路装车站设置同样需靠近筒仓和装车楼,同样需要留下汽车行走通道。筒仓群之间通过带式输送机相连进行倒仓作业等。

对于栈桥上的码头装卸作业布置而言,一般情况下,栈桥和码头装卸作业岸线之间通过转接塔进行衔接,散粮经过卸船机卸载到码头带式输送机后,再通过转接塔转运至栈桥带式输送机,输送至岸上的筒仓。

栈桥式码头可实现两侧卸船作业,甚至可以较方便地完成水水过驳作业。

图 7-35 为上海外高桥粮食储备库的码头工艺布置。码头采用反 F 形布置,设 5 万吨级泊位一个,5000 吨级多用途泊位一个,5000 吨级多用途驳船泊位两个,同时具备油品接卸功能。码头年通过能力为 653 万吨。码头后方陆域建设以粮食储备为核心,多功能的粮食储备、中转、加工库区,包括 32 万吨立筒库及面粉加工厂、油脂加工厂等临港工业及其配套设施。

a) 栈桥码头水上区域

b) 栈桥码头区域全景

图 7-35 上海外高桥粮食储备库的码头工艺布置

(2) 布置特点。栈桥式码头装卸工艺布置对岸线、陆域面积的占用相对较少,但是无法直接完成船到车的直取作业;筒仓离码头前沿装卸作业区域较远,对带式输送机的使用和投入相对较多;此外,栈桥式码头装卸工艺布置可方便地完成水上的过驳作业。

2. 散粮出口装卸工艺布置

我国粮食出口主要是来自东北的玉米和大豆。历年来经港口外运量较大。散粮出口港主要分布在环渤海区域的大连、营口、秦皇岛等港口。

我国的散粮进出口码头有两种形式:其一是散粮出口及进口泊位分别设置的多泊位散粮码头系统(图7-36),其特点是泊位规模大、效率高,例如,大连北良粮食码头工程;其二是散粮进出口设在一个泊位上,称为专业化散粮进出口兼用码头,其特点是投资省、使用灵活、应变性强,此种类型的码头国内有连云港散粮码头工程。散粮出口装卸工艺布置中筒仓、铁路线、码头前沿装船基本与进口装卸工艺布置相近,此处不再赘述。

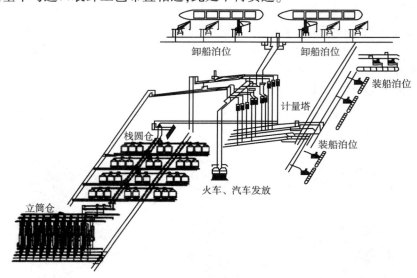

图 7-36 多泊位散粮码头系统

3. 散粮装船水上过驳工艺布置

水上过驳作业,进口货物可以不经过码头和仓库,仅用浮式起重机或船舶起货机,直接完成换装任务。如我国沿海港口,由于码头前或航道水深不足,大型海轮不能满载直接进港靠码头装卸,为此只能在港口外,选择风浪小和水深足够的地方设置水上减载设施,该水上减载设施如图7-37所示,由装卸桥、带式输送机、储粮舱、装船机组成。

水上减载设施的主要功能:

(1)大船装载的散粮通过装卸桥卸载,经带式输送机装船机转装到驳船上,直到船舶吃水能满足进港靠码头要求为止;

(2)本身有储存能力,可以缓冲、调节驳船卸接上的矛盾,即可以在不同时间分别靠驳船进行作业。

此外,也可以用连续式卸船机(7-38),进行水上过驳。水上过驳设施,如果具有海船系泊装卸和储存能力,则需要较大型设备。如果采用海船或系浮筒,则设备较为简单。过驳时,只要海轮停泊,浮式装卸机械和驳船靠上就可装卸。

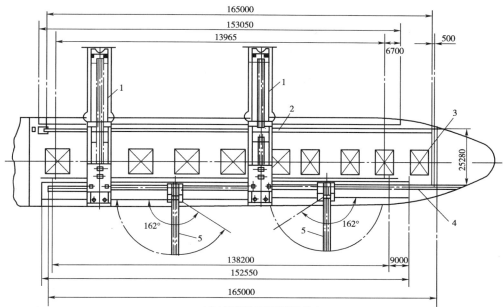

a) 水上减载设施俯视图及尺寸

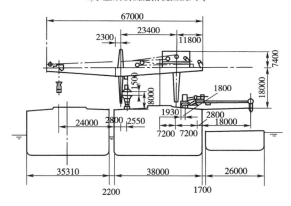

b) 水上减载设施横剖面视图及尺寸

图 7-37　水上减载设施（尺寸单位：mm）

1-装卸桥；2、4-带式输送机；3-储粮舱；5-装船机

五、散粮装卸工艺流程

散粮装卸工艺流程包括散粮进口装卸工艺流程、散粮出口装卸工艺流程。

1. 散粮进口装卸工艺流程

散粮进口装卸工艺流程包含两类：一类是散粮到港后，以陆运的方式运离码头；另外一类是继续通过水路驳船转运至其他码头。此外，运离码头的流程也可分为两类：一类是间接作

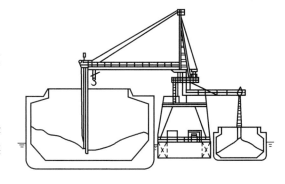

图 7-38　连续式卸船机

业方式,即散粮运进港口,需要入仓后再经陆运或水运方式运离;另外一类是直取作业,即散粮运进港口,不经过仓库,直接装车或装船运离。图7-39是散粮进口装卸工艺流程。

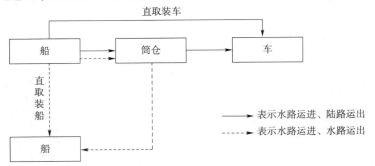

图7-39 散粮进口装卸工艺流程
(扫码观看数字资源)

1) 船→筒仓→车/船(间接作业)

船→筒仓→车/船装卸作业是指散粮卸船后经筒仓(或仓库)短暂储存,最终装车运出港的作业,其是间接作业方式。其工艺流程包括船到筒仓和筒仓到车或驳船两个主要环节。散粮由卸船机卸船后,经过输送机系统,转至中转站,然后输送至筒仓系统中的工作楼(塔),进行称量计量、清洁、取样、筛分后,通过斗式提升机提升,散粮转载至筒仓的仓顶带式输送机,进入并储存于筒仓,筒仓仓储期间还会涉及倒仓作业。当散粮需要运出港区时,由筒仓进行装车或装船作业,如图7-40所示。

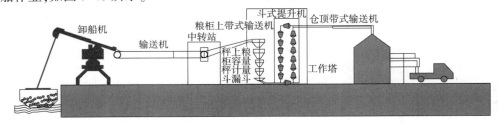

图7-40 船→仓→车装卸工艺流程

具体包括以下流程。

(1) 船舶→筒仓。

船舶→卸船机→埋刮板机或带式输送机→杂物清除器→秤上斗→秤斗→秤下斗→埋刮板机→斗式提升机→埋刮板机→筒仓。

(2) 筒仓→车。

筒仓→埋刮板机→斗式提升机→秤上斗→秤斗→回转分料器→料斗→车。

(3) 筒仓→驳船。

筒仓→埋刮板机→斗式提升机→秤上斗→秤斗→回转分料器→埋刮板机或带式输送机→驳船。

(4) 倒仓。

因粮食具有呼吸作用,在存储堆放中,会释放出大量的热量。在一定的温度和湿度条件下,粮食会发芽或者霉变。因此,在散粮码头的运作中,经常需要把堆存超过一定时间的粮食从一个仓库通过工艺设备倒到另一个仓库中,通过粮食在设备上传输的过程,将蓄积的热量散发掉,从而延长粮食保存的时间,这个过程称为倒仓。图7-41为某散粮码头倒仓工艺流程。

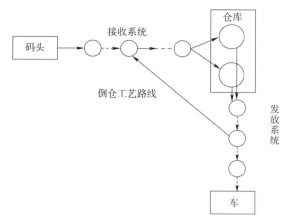

图7-41 倒仓工艺流程

倒仓具体的工艺流程如下:筒仓→筒仓下带式输送机→埋刮板机→斗式提升机→再循环管道→斗式提升机→筒仓顶部埋刮板机→回入筒仓。

(5)筒仓→灌包→袋库。

在"散进袋出"的工艺流程中,散粮在卸船进入筒仓后,可以在工作楼进行灌包作业,然后将灌包好的袋粮运入袋库,再用火车或汽车运离港口。具体流程如下:筒仓→埋刮板机→斗式提升机→秤上斗→秤斗→回转分料器→带式输送机→灌包机→袋库。

2)直取作业

码头粮食中转速度对于许多小型货主非常重要,这类货主的散粮卸下后往往不需要在仓库储藏,就直接从陆路或水路运输到内陆市场或转运。根据运离港口的方式不同,这种直取作业可以分为两类,分别是直取装驳船作业和直取装车作业。

(1)直取装驳船作业。其装卸作业工艺流程如下:船舶→卸船机→计量秤→驳船。

(2)直取装车作业。其装卸作业工艺的流程如下:船舶→卸船机→计量秤(或者灌包)→火车/汽车。

2. 散粮出口装卸工艺流程

散粮出口装卸工艺是指散粮由火车运进港口,经装卸、计量、储存后,装船出港的装卸工艺系统,根据散粮是否进仓库,分为间接作业和直接作业,其工艺流程如图7-42所示。

图7-42 散粮出口装卸工艺流程

1)车→筒仓→船

出口的散粮由火车或汽车运进码头,经过筒仓的短暂存储后,利用散粮的自流作用,经过筒仓底阀门至仓底带式输送机,然后输送至装船机进行装船作业,如图7-43所示。

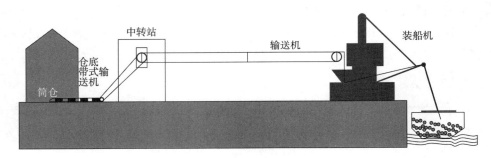

图 7-43　车→筒仓→船装卸工艺流程

(1) 火车→筒仓。

火车→卸车→V 形存仓→存仓下部带式输送机→输送机系统→杂物清除器→秤上斗→秤斗→秤下斗→埋刮板机→斗式提升机→埋刮板机→筒仓。

(2) 筒仓→船。

筒仓→埋刮板机→斗式提升机→秤上斗→秤斗→回转分料器→埋刮板机或带式输送机→装船机→船。

(3) 倒仓。

筒仓→存仓下部带式输送机→埋刮板机→斗式提升机→再循环管道→斗式提升机→存仓顶部埋刮板机→回入筒仓。

(4) 筒仓→灌包→袋库。

筒仓→埋刮板机→斗式提升机→秤上斗→秤斗→回转分料器→带式输送机→灌包机→袋库。

2) 火车→船(驳)

其具体工艺流程:火车→卸车→V 形存仓→装船带式输送机系统(计量)→船(驳)。

在某些情况下,散粮由车运至港口后,进行直接装船作业,其中主要通过火车运来的散粮可以采取该方式。因为汽车的散粮运输批次多、批量小,在直接装船作业过程中,船舶需要的在港停泊时间较长,所以运用较少。

第七节　散粮码头的除尘防爆

散粮在装卸、储运过程中,会产生大量的粮食粉尘。散发的粉尘不但污染周围环境、影响工作人员的身体健康,且在一定条件下会发生粉尘爆炸,严重危及人的生命安全,毁坏储运设备和建筑设施。因此,要高度重视筒仓的除尘防爆,并采取相应的措施。

一、筒仓爆炸的原因

筒仓爆炸有三个诱发因素:粉尘浓度、火源和密闭的空间。

粮食的粉尘具有可燃性,因此,空气中一定浓度的悬浮粉尘是引起筒仓爆炸的主要因素,从而筒仓爆炸也被称为粉尘爆炸。经测定,筒仓内谷物粉尘的引爆浓度为 $40 \sim 60 g/m^3$。

达到引爆浓度的粉尘,遇到火源立即燃烧,燃烧产生大量热量,加剧可燃气体的燃烧,促使筒仓内可燃气体体积迅速膨胀,并对密闭的筒仓产生压力,当压力超过筒仓壁的承受压力时,筒仓发生爆炸。

引起筒仓内粉尘燃烧的火源可以是明火,也可以是电气火。如筒仓内吸烟、无防护措施的切割或电焊操作,机械部件之间的摩擦以及静电感应产生的电气火等。引起爆炸的火源温度与粉尘浓度有关,粉尘浓度越高,其燃烧所需的火源温度越低。

筒仓的防爆首先从散粮筒仓的除尘开始。

二、散粮筒仓除尘系统

1. 散粮筒仓的集尘点

有效地捕集筒仓储运设备在工作过程中散发的粮食粉尘,是筒仓防爆的一项十分重要的措施。散粮筒仓中的粮食粉尘主要产生于粮食流动的落差点,如皮带机转接点和卸料口、磅秤(包括秤上斗和秤下斗)、提升机机头和喂料口、装船与装车的卸料口及过筛等处。此外,还有皮带机、抓斗等处。

2. 除尘系统的组成形式

除尘系统的组成形式主要有三种:集中式、半集中式和分散独立式。

集中式除尘系统是指所有产尘点集中组成一组风网,这种形式的除尘系统适用于对小型筒仓的除尘。

半集中式除尘系统针对各个工艺流程,分别为每条作业线分区段地配备集尘设备,组成各组风网,其除尘系统由斗式提升机喂料口及机头、筛选器、磅秤(包括秤上斗和秤下斗)等组成,并可实现除尘设备与各工艺设备配合运行,便于控制及节约用电。这种半集中式除尘系统的组成形式,在国外的筒仓储运设备中应用较普遍。

分散独立式除尘系统要求每个产尘点单独配备除尘设备,它适用于筒仓储运设备分散的情况,由于各设备分散配备除尘系统,彼此没有内部联系,有利于防火、防爆,但设备的一次性投资较大、收集的粉尘不易集中处理,给运行维护和管理带来了麻烦。

三、筒仓除尘防爆的综合防治措施

1. 加强管理,提高认识,增强责任心

(1) 加强筒仓粉尘爆炸及安全知识的教育,积极开展安全训练,强化防尘、防火、防爆意识,制订严格的安全工作制度并严格遵守,严格按照操作规程操作,积极搞好库区内外清洁卫生,保持筒仓内的通风条件良好,同时认真做好日常安全管理工作。

(2) 认真做好全面的安全检查工作,必须认真分析粉尘爆炸的各种危险性因素,安全检查要具有全面性和针对性,发现问题及时解决,决不留任何隐患。

(3) 加强安全设施的配备与管理。库区内要有完备的消防系统;操作人员要熟悉设备及使用工具的性能、使用条件和操作要领,并做好养护工作;严禁在不具备带火作业条件下,在库

区内进行电气割焊等易产生热源的作业。必须进行此类作业时,要采取较为安全的预防措施。作业结束后,要做彻底检查,消除一切隐患,确保筒仓储粮安全。

2. 从设计入手,尽量消除影响粉尘爆炸的因素

(1) 做好库区整体规划设计,遵循整体设防的原则。生产过程尽量密闭化、自动化;对具有爆炸危险的建筑物、机械设备等应设置特制的安全壁和隔离带(如防火墙、绿化带、防火门等),并适当采用防火材料;对避雷、接地、防静电及消防设计,应全面考虑,采取安全可靠的预防措施。

(2) 在进行立筒仓的结构设计时,立筒仓应设置通风窗、泄爆口、检查孔等安全装置,以保持仓内常压;筒仓及料仓内应设置料位器,以便发出满仓信号,防止提升机、输送机堵塞;对局部易损坏的场所(如通廊、栈桥等),设置防爆窗,以达到泄爆的目的;采用避雷针或避雷带等。

(3) 通风除尘工艺设计。合理的通风除尘工艺对防止粉尘爆炸起到积极作用。设计时选择合适的参数和方式至关重要。风管风速以 15~17m/s 为佳;在粉尘产生点直接收集,经除尘器净化后排至室外;采用局部排风和吸风相结合的方式,全面通风或自然通风(利用外风压或温差)。同时,考虑吸风管内负压的均匀性,粮粒、尘粒、设备及其相互之间碰撞、摩擦,管道内速度的均匀性等,出风口处应设置风帽。设计风网时,去杂、清理等设备应独立设计风网,输送提升系统宜设组合风网。通风除尘系统应与相关的电气设备联锁。

尽量采用吸尘罩、防护罩。选择合适的吸点位置及风罩结构形式,尤其对下粮部位,做到下粮时与外界形成风带,以杜绝粉尘飞扬。在靠近尘源处安装吸尘罩,将粉尘限制在较小的范围内,既保证吸风罩内有足够的负压,又不会引起粉尘扩散。罩内气流均匀,收缩角不大于60°,风速一般选取 3~5m/s(粮粒)、0.5~1.5m/s(粉料)。粉尘浓度大、比重大,当吸口与尘源距离较远时,吸口风速应取大值,反之取小值,否则会使粉尘飞扬扩散严重。吸尘罩四周加法兰后,应减少无效气流,吸风量可节省25%,设计时风速可采用0.5~2.5m/s。因工艺限制,机械设备无法密封时可选用敞口吸风罩和外部吸风罩。风机等吸风口处应有防护罩。

(4) 粮食输送工艺的设计中,工艺流程要简短,设备选用布置应合理,具有防尘防爆配套装置并尽量密封。含尘浓度较高部位宜采用二次净化。皮带输送机的进料端、抛料端必须设计合理的防尘罩。仓顶的输送机因采用卸料小车,尘源是流动的,应设计合理的防尘装置。斗式提升机宜在底座处安装吸风装置并采用具有导电性和非燃性的胶带,畚斗宜采用塑料型。螺旋输送机结构较严密,一般不设防尘装置,但粮食落差较大时,应在吸风罩下部设扩大箱。斗式提升机、输送机等输送设备应装配速度检测装置、喷雾消防装置、防止输送带打滑和跑偏等装置。在气候和作业条件允许时,仓顶刮板、提升机机头、除尘器等宜露天布置。所有机电设备采取接地措施,以防静电积累。

(5) 电器设计中,灯具、电线选用正确的规格、型号,应采用防爆型,达到《爆炸危险环境电力装置设计规范》(GB 50058—2014)要求及相关标准。电机宜采用减振装置,减少粉尘飞扬和扩散。设计时,应遵循整体设防的原则,做好防尘防爆的配套设计。

3. 采用防尘防爆新技术

喷雾抑尘技术不仅完善了当前粉尘控制方法,而且拓宽了现有的粉尘防治新思路。该技术对于粒度在30μm以下的细微粉尘起到较好的抑制效果,可将粉尘及工艺过程中的再生性粉尘吸附于谷物表面,避免飞扬,有利于从根本上控制粉尘爆炸。有关资料介绍,以美国埃索公司生产的白油作为防尘剂,使用剂量为物料流量的0.02%进行喷雾,可使粮食中的粉尘得到有效控制。世界上,许多发达国家已在粮食储运管理中广泛应用这种新技术,取得了较好的效果。但是该技术需要进一步研究和完善。另外,应用喷洒水雾防爆除尘技术可有效地抑制粉尘飞扬,抑尘效果较好,较适合于粮食中转库。

另外,为有效地预防粮食立筒仓的粉尘爆炸,在积极采取除尘防爆措施的同时,还应加强筒仓使用过程中除尘防爆技术管理和技术培训工作。

第八节 散粮装卸工艺案例

一、散粮码头概况

某海港3、4号泊位散粮进出口系统是在该港原3号散粮专用泊位基础上改造而成的。改造后的散粮进出口系统中,3号泊位主要用作接卸进口散粮,兼顾袋粮装船;4号泊位用作散粮、袋粮装船。由3号泊位进港口的散粮经高架顺岸廊道皮带机输送到端部转运站后与纵向皮带机廊道相接,进入新建工作楼和筒仓,并通过新建工作楼与原有工作楼之间的架空皮带机廊道与原有筒仓仓顶工艺系统相连。4号泊位原有筒仓中的散粮出仓后经纵向皮带机与顺岸高架廊道皮带机衔接,顺岸高架廊道皮带机上配备1台卸料小车对装船机供料。

3号泊位承担散粮进口和袋粮出口,停靠5万吨级海轮(减载后停靠卸载);4号泊位承担散粮出口,以停靠千吨级铁驳为主。

新系统中,3号泊位年接卸散粮能力为310万吨,平均船时效率为1330t,海轮泊位利用率为44.74%;袋粮年出口装驳船能力为52万吨,驳船泊位利用率为39.57%。4号泊位年出口散粮装驳能力为110万吨,其中千吨驳25万吨、港驳85万吨,船时效率分别为510t和360t,泊位利用率为65.75%,另有袋粮年出口12万吨。

1. 泊位长度和卸船机械

(1)泊位长度。3号泊位长度为240m;4号泊位长度为107m。

(2)卸船机械。本工艺方案中,卸船机械采用移动式链斗卸船机。根据3号泊位年接卸散粮能力为310万吨,3号泊位选用2台移动式链斗卸船机,卸船效率为1000t/台时。

2. 高架顺岸廊道皮带机

在距码头前沿25m处,有2台高架顺岸廊道皮带机,带长约190m,带宽1.4m,每台皮带机的输送效率为1200t/h。顺岸廊道皮带机采用连续不断的供料方式,皮带机采用覆盖带密封。

转运站设在3、4号泊位交接处,并与水平长度为85m、爬坡11°的纵向皮带机廊道相连。廊道内有2台带宽1.4m的纵向皮带机,每台皮带机均在工作楼4楼分别通过1台过筛装置与相应的1台计量装置衔接。

3. 工作楼

为配合原有筒仓防爆改造,在原有筒仓灌包间东约20m处新建有共8层的工作楼。

在工作楼2楼上安装2台通过能力各为1200t/台时的散粮计量秤,计量秤秤上斗设在3楼,斗的容量为90m³。在秤上斗上部和纵向皮带机的下料口之间各设杂物、铁磁清除装置。

工作楼内设有2台与计量秤能力一致的斗式提升机,提升高度约为56.3m。

在工作楼的7楼通过50.33m长的架空皮带机廊道与原有筒仓仓顶工艺系统连接,廊道内设皮带机,带宽1.4m,通过能力各为1200t/台时。新工作楼通过埋刮板输送机与新筒仓相连,埋刮板输送机的输送效率为1200t/台时。在7楼还设有2组取样工艺系统。

在工作楼的5楼及顶楼安装除尘设备及其辅助设备。

根据工艺需要,工作楼内配备有10t的电动葫芦及载货电梯。

4. 筒仓

筒仓由新筒仓和原有筒仓组成。新筒仓共有24个主仓和12个星仓,主仓直径14m,壁厚0.24m,直筒部分高27m,堆体部分高7m。新筒仓容量为80000m³,加上原有筒仓容积51000m³,系统总容量为131000m³。

(1) 新筒仓

仓顶埋刮板输送机采用板式气动阀门,分叉溜管采用气动转阀控制多点供料和物料转向,筒仓出料设有3条通过能力为600t/h的正反转皮带机,带宽1.2m。筒仓底出料采用电动阀门,便于控制流量。

(2) 原有筒仓

原有筒仓仓顶皮带机全部由输送效率为1200t/台时的埋刮板输送机取代。埋刮板输送机布置在仓顶房内,原有筒仓面板将根据埋刮板输送机溜管布置情况开设新进料口,原有筒仓物流控制方式与新筒仓相同;仓底出料系统不变。

根据工艺设备安装和维修的要求,在新筒仓和原有筒仓顶部设有2台悬臂式起重机(起重量各为5t的电动葫芦)。

5. 装船工艺系统

在4号泊位端部建散粮装船计量系统。计量楼内设2台能力各为300t/台时的计量秤,计量楼通过带式输送机分别与原有筒仓出仓和码头装船工艺系统衔接。

高架顺岸廊道皮带机上配备1台卸料小车为装船机供料,装船机通过能力为每小时600t,其外伸臂可旋转、伸缩,该机属非国家标准。

6. 灌包间

在3、4号泊位新建灌包间各1座。3号泊位包间面积为132×36m²,内设8组共24台100kg灌包装置。每组灌包秤共用1个秤上斗,容积约为75m³。秤上斗供料采用2台通过能力为每小时600t的埋刮板输送机。新筒仓仓底皮带机与埋刮板输送机间用皮带机相连。

4号泊位新建灌包间面积为$108 \times 36m^2$，内设2组共6台100kg灌包装置，秤上斗通过皮带机与原有筒仓出料系统相连。灌包间多余面积可堆存袋粮。

经过改建后，3、4号泊位共布置有39台计量秤，其中，原有筒仓包间设9台，4号泊位设6台，3号泊位设24台。两班灌包能力可达6000t，能满足10条灌包线路同时装船的需要，对装船作业的不平衡性有较大的适应能力。

二、装卸工艺流程

1. 装卸工艺流程图

装卸工艺流程图如图7-44所示。

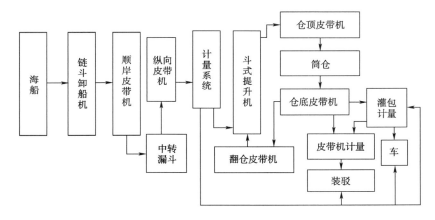

图7-44 装卸工艺流程图

1）海轮→筒仓（散）

海轮→链斗卸船机→顺岸皮带机→中转漏斗→纵向皮带机→计量系统→斗式提升机→仓顶皮带机→筒仓（散）。

2）海轮→驳船、车

（1）海轮→链斗卸船机→顺岸皮带机→中转漏斗→纵向皮带机→计量系统→装船皮带机/装车皮带机→驳/车（散）。

（2）海轮→链斗卸船机→顺岸皮带机→中转漏斗→纵向皮带机→计量系统→灌包计量→驳船/车（袋）。

3）筒仓→驳船/车

（1）筒仓→仓底皮带机→装船皮带机→驳船（散）。

（2）筒仓→仓底皮带机→灌包计量→驳船/车（袋）。

4）翻仓作业

筒仓→仓底皮带机→翻仓皮带机→斗式提升机→仓顶皮带机→筒仓。

2. 装卸工艺流程内容

装卸工艺流程内容如图7-45所示。

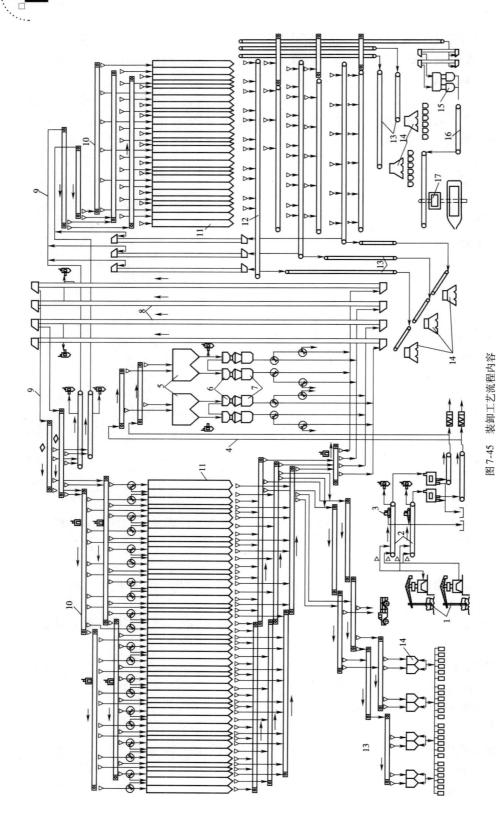

图 7-45 装卸工艺流程内容

1-卸船机;2-固定皮带机;3-除铁器;4-纵向皮带机;5-秤上斗;6、15-计量秤;7-秤下斗;8-提升机;9-进仓皮带机;10-仓顶埋刮板输送机;11-筒仓;12-仓底皮带机;13-灌包皮带机;14-定量灌包机;16-装船皮带机;17-装船机

练习与思考

一、填空题

1. 粮食具有食用性、（　　）、流散性、（　　）等特性。
2. 散粮卸船机械根据其工作时是否连续,可分为（　　）和（　　）两大类。
3. 常用的连续型散粮卸船机有吸粮机、（　　）、链斗式卸船机、（　　）等。
4. 吸粮机存在（　　）大、（　　）大、（　　）大和（　　）低的"三大一低"缺点。
5. 夹皮带卸船机的喂料器基本上有（　　）、刮板输送机喂料装置和（　　）三种形式。
6. 螺旋卸船机是一种由高大门架和（　　）、水平臂、（　　）、末端螺旋输送机组成的连续型卸船机。
7. 斗式卸船机是一种用（　　）直接挖取物料的连续型卸船机型。
8. 散粮装船除选用专用的装船机外,还采用（　　）系统。
9. 筒仓机械化系统由（　　）和（　　）两部分组成。
10. 灌包计量设备的作用包括（　　）、（　　）、（　　）。
11. 筒仓爆炸有三个诱发因素:（　　）、火源和（　　）。
12. 散粮的除尘系统的组成形式主要有三种:（　　）、（　　）和分散独立式。
13. 按散粮的流向分,散粮装卸工艺包括陆进水出的（　　）系统和水进陆(水)出进口系统。

二、选择题

1. 间歇型散粮卸船机常用种类有（　　）。
Ⅰ.船吊抓斗卸船机;Ⅱ.门机抓斗卸船机;Ⅲ.桥式抓斗卸船机;Ⅳ.吸粮机;Ⅴ.链斗式卸船机;Ⅵ.压带式卸船机;Ⅶ.螺旋卸船机
   A. Ⅰ+Ⅱ+Ⅲ　　　　　　　　B. Ⅳ+Ⅵ+Ⅶ
   C. Ⅰ+Ⅱ+Ⅲ+Ⅴ　　　　　　D. Ⅰ+Ⅱ+Ⅲ+Ⅳ

2. 连续型散粮卸船机常用种类有（　　）。
Ⅰ.吸粮机;Ⅱ.压带式卸船机;Ⅲ.螺旋卸船机;Ⅳ.链斗式卸船机;Ⅴ.船吊抓斗卸船机;Ⅵ.门机抓斗卸船机;Ⅶ.桥式抓斗卸船机
   A. Ⅰ+Ⅱ+Ⅵ　　　　　　　　B. Ⅲ+Ⅳ+Ⅶ
   C. Ⅰ+Ⅱ+Ⅲ+Ⅴ　　　　　　D. Ⅰ+Ⅱ+Ⅲ+Ⅳ

3. 压带式卸船机的喂料装置是（　　）。
   A. 承载带和覆盖带　　　　　B. 集料螺旋+抛料器
   C. 水平活动臂架　　　　　　D. 垂直臂架

4. 由承载带和覆盖带夹持物料实现物料垂直提升和水平输送的卸船机,称为( )。

    A. 链斗卸船机   B. 双带式卸船机
    C. 波状挡边带式卸船机   D. 斗轮卸船机

5. ( )用旋转叶轮或斗轮或水平螺旋等装置取料,以波状挡边输送带进行提升和输送物料。

    A. 链斗卸船机   B. 双带式卸船机
    C. 波状挡边带式卸船机   D. 斗轮卸船机

6. 散粮卸船连续作业,大多数采用( )。

    A. 气力卸船机   B. 链斗式卸船机
    C. 螺旋卸船机   D. 斗轮卸船机

7. 能够水平及倾斜输送散粮的主要有( )等。

    A. 带式输送机   B. 气垫带式输送机
    C. 刮板输送机   D. A+B+C

8. 散粮筒仓机械化系统的作用包括( )。

Ⅰ. 储存散粮;Ⅱ. 在散粮装卸、储运中起调节、周转和缓冲作用;Ⅲ. 对进出仓的粮食进行计量;Ⅳ. 分路疏运及进行翻仓作业

    A. Ⅰ+Ⅱ   B. Ⅲ+Ⅳ
    C. Ⅰ+Ⅱ+Ⅲ   D. Ⅰ+Ⅱ+Ⅲ+Ⅳ

9. 最常用的散粮计量设备有( )。

    A. 自动定量秤设备   B. 灌包计量设备
    C. 电子皮带秤设备   D. A+B+C

10. 散粮装车,不论敞车还是棚车,最有效的装车方法是( )。

    A. 高架的存仓   B. 铲斗车装车
    C. 自行式的斗式装车机   D. 气力输送机装车

三、判断题

1. 相比袋装粮食运输方式,散粮运输方式提高了粮食装卸效率。( )

2. 粮食具有吸收水分和气味的能力。( )

3. 相比连续型散粮卸船机,抓斗卸船机的结构简单、造价低,维修保养方便。( )

4. 同其他形式的机械卸船机相比较,夹皮带卸船机灵活性最差。( )

5. 散粮筒仓可在前方卸船作业和后方疏运作业之间起缓冲作用。( )

6. 港口筒仓对散粮既有转运作用,又有储存作用。( )

7. 在实际使用中,大型散粮粮仓宜采用钢板圆筒仓;中小型散粮粮仓可

采用混凝土圆筒仓。　　　　　　　　　　　　　　　　（　）
8. 筒仓的双侧布置形式紧凑,适用于筒仓容量大的情况。　（　）
9. 集中式除尘系统适用于对大型筒仓的除尘。　　　　　（　）
10. 水上过驳,就是在水上锚地把货物从船直接转装到驳船上。
　　　　　　　　　　　　　　　　　　　　　　　　　（　）

四、简答题

1. 与袋装粮食运输方式相比,散粮运输方式具有哪些优点?
2. 常见的散粮装卸、输送设备有哪些,各有什么特点?
3. 简述散粮筒仓机械化系统的作用。
4. 散粮筒仓爆炸的诱发因素有哪些?如何预防爆炸?

五、工艺流程题

1. 请绘出散粮进口装卸工艺中,直取装驳船的装卸工艺流程。
2. 请绘出散粮进口装卸工艺中,筒仓→灌包→袋库的装卸工艺流程。
3. 请绘出散粮出口装卸工艺中,火车→船(驳)的装卸工艺流程。
4. 请绘出散粮出口装卸工艺中,筒仓→船的装卸工艺流程。

第八章 散水泥(化肥)装卸工艺

知识目标

1. 理解散水泥(化肥)的储运特点。
2. 掌握散水泥(化肥)卸船及输送机械设备的工作原理和优缺点。
3. 掌握散水泥(化肥)包装设备的特点并会进行比较。
4. 掌握散水泥(化肥)装车、船设备的特点和适用范围。
5. 熟悉散水泥圆库的结构类型和特征。
6. 熟悉散水泥(化肥)收尘设备的工作原理及工作特点。

能力目标

1. 具备散水泥(化肥)装卸工艺的基础知识。
2. 具备散水泥(化肥)装卸工艺方案分析和应用能力。

素质目标

1. 具备从事港口散水泥(化肥)装卸工作所需要的职业理想、职业道德、职业素养。
2. 具备从事港口散水泥(化肥)装卸工作的科学思维方法,提高分析问题和解决问题的能力。
3. 培养从事港口散水泥(化肥)装卸工作需要的敬业、精益、专注、创新的工匠精神。

第一节 概述

一、散水泥(化肥)运输概述

水泥和化肥是当今世界上生产产量最大的商品之一,它们对社会进步和经济发展有着重要的影响。我国是发展中大国,水泥工业发展迅速,2020 年我国水泥年产量高达 23.77 亿吨,占世界水泥年产量的57%左右,连续多年位居世界第一。我国又是一个农业大国,肥料在农业生产中起着十分重要的作用,农业产量的30%是因施肥而获得,增收产量约50%来自施用化肥。随着科学技术的进步,水泥和化肥的生产和运输技术也得到了长足发展。

散装水泥的运输和装卸最早出现在20世纪60年代末或20世纪70年代初的世界发达工业国,这些国家的散装水泥占本国水泥总产量比例极高,其中美国、日本、瑞士、瑞典的散装水泥占90%以上;英国、德国的散装水泥占70%以上;法国散装水泥占60%以上;西班牙、意大利、希腊等国家的散装水泥占50%以上;我国散装水泥的装运起步较晚,而且由于用户分散,散装水泥的发展也相对较慢。散装化肥运输和装卸的发展情况与散装水泥相同。

与袋装水泥和袋装化肥装运相比,散装水泥和散装化肥运输具有诸多优点,如节省包装材料,降低了水泥和化肥的生产成本;有利于实现装卸自动化,提高装卸效率;减少装卸工人的劳动强度;有利于大批量运输和专业化运输装卸效益的发挥等。因此,国内外散装水泥和散装化肥运输发展很快,并已经形成了独特的装卸工艺。近年来,散装水泥出现了集装箱化运输,这种散装水泥专用的弹性集装箱由橡皮或塑料制成,卸空后的体积仅为装满后的1/10,使用次数可达2000次。使用这种集装箱运输可提高各种通用运输工具的利用率,目前正逐渐在国内外推广使用。此外,散化肥和散水泥集运(如网集装、托板集装、热缩集装和大袋集装等运输方式)的发展也方兴未艾。

二、散水泥(化肥)储运特点

散水泥(化肥)在保管、运输和装卸方面具有以下特点。

1. 化肥的吸湿性

各种化肥比水泥具有更强的吸水和吸湿性能。化肥在受潮后容易板结成块,影响其肥料的养分发挥。因此,在储存和装运过程中要防止化肥吸水变潮湿,要求保持运输工具和储存场所的干燥和通风,并要将库内的水分含量和储存温度控制在许可的范围内。

2. 水泥的水化和硬化

水泥与一定量的水掺和能很快生成塑性的胶状物质,这些胶状物逐渐失去其塑性,硬化成具有相当硬度的石状物体。这种复杂的化学、物理化学和物理现象的总和,被称为水泥的水化和硬化过程。如果水泥在储运过程中,由于保管不当产生水化和硬化,就会造成水泥质量的降低和水泥的损失,因此,水泥的保管也要注意防潮。

3. 腐蚀性

化肥和水泥都是化学制品,由各种酸、碱、盐组成,都有一定的腐蚀性。如有的化肥本身有毒,有的在储存中易挥发出游离酸,有的潮解后挥发出氨气。因此不宜将种子、粮食和化肥放在一起储存,否则易使种子丧失发芽力;粮食也会因此而变质,并不能食用。化肥也不能与农药一起存放,因为有的农药怕酸,有的怕碱,尤其是农药粉剂受酸或碱的影响后分解失效或结成团、块,降低药效。另外,怕腐蚀的物品也不宜与化肥和水泥放在一起装运。

4. 化肥的易燃性和易爆性

硝酸盐为易燃易爆品。这类化肥在日光下暴晒或受撞击会发热,引起自燃自爆。因此,搬运时一定要轻,储存时不能与易燃物品接触。化肥堆放时不要堆得太高;库房要严禁烟火,并配备消防器材,确保安全。

5. 扬尘性

散水泥和散化肥大都是粉状物或颗粒状的物料,在运输和装卸过程中极易扬尘、污染环境,而且水泥和化肥都是化学制品,人体吸入后对健康有害。化肥和水泥尘土还会影响装卸设备和运输工具的正常工作,加速机械设备的磨损,因此必须要采取措施控制其扬尘。

水泥和化肥散装运输的港口装卸工艺较为相同,本章结合两种散装货物的共性介绍散装化肥和散装水泥的装卸工艺。

第二节 散水泥(化肥)卸船及输送机械设备

散水泥(化肥)装卸工艺一般包括装车(船)、运输、卸船(车)、储存等环节,有的环节在具体操作过程中可能还要重复多次。这些装卸操作过程是通过散化肥、散水泥的装卸机械化系统完成的。而我国散化肥、散水泥的装卸大都是散装进口、袋装出口的。

散水泥(化肥)卸船机械有门机、斗式提升机等,散水泥也可以用气吸式卸船机卸船。除了门机以外,其他散水泥和散化肥的专用卸船机械大多具有输送功能。由于门机装卸散水泥和散化肥的效率低、扬尘大,现已不是大型专业散化肥和散水泥泊位的首选卸船机型。下面介绍的几种卸船机械兼有卸船和输送功能,称之为卸船输送机。

一、气力提升机

气力提升机是一种低压吹送的垂直提升气吸式卸船输送设备,可作为粉状物料(如生料、水泥等)的卸船运输机械,但不适用对易受潮结块的散化肥的卸船。

1. 气力提升机的组成与工作原理

气力提升机由竖立的圆柱形提升仓、输送管道、膨胀仓和空气压缩机组成。其结构如图8-1所示。空气压缩机通常是一个设有吸气过滤器的单级回转式空气压缩机。

气力提升机是利用提升仓内的料柱与输送管道中流动的物料-空气混合物之间的连通效应,填装于提升仓内的料柱将物料压到该仓的锥形底部并且压进离开喷嘴正上方的输送管道内。物料在输送管道内被气流带到上方。提升仓内的料柱封

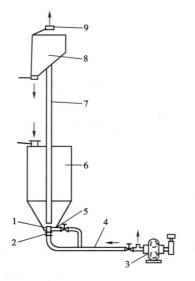

图8-1 气力提升机结构
1-喷嘴;2-止逆阀;3-回转式空压机;4-压缩空气管道;
5-仓底充气装置;6-提升仓;7-输送管道;8-膨胀仓;
9-至受尘器

住了仓内物料的进口。输送能力随着料柱的升高而加大。喂料量应当控制在使料位居于仓上部三分之一处。为此,提升仓上设有窥视镜。

在提升仓底部配以充气装置,以保持物料的流动性。压缩空气向喷气和充气底板的分配由阀门控制。一般96%压缩空气通向喷嘴,4%分给充气底板。喷嘴下面有一个单向阀,一旦压缩空气供应出现故障,单向阀便可防止水泥进入压缩空气管道。

输送管道一般是直立的,与垂直线间误差在10°以内是允许的。误差大于10°时会降低输送能力并增加电耗。

气力提升机的优点是结构简单、质量轻、无运动部件、投资省、磨损小、操作维修方便、可靠,在提升高度大于45m时较为经济。缺点是电耗大,尤其是提升高度低时电耗高于斗式提升机。

为满足物料计量的需要,还发展了气力提升计量机系统,该系统由输送罐和储存罐组成,储存罐底部带有充气装置,如图8-2所示。输送管道位于输送罐中间,计量系统则装在重力传感器上,并通过垂直连接装置与所有的上下管道相通,计量系统还可用于物料通过量的标定,其输送量可达450t/h。

空气通过罐底充气装置后,使被输送的物料呈流态化,并按稠密流进入输送管道,被送至用户单元。物料的输送量与输送罐中物料压力成比例,即与输送压力成比例。储存罐中最大压力受控制阀和排气阀影响,可通过自动控制系统与物料通过量来标定。通过选择不同的参数,使上升料流在允许范围内变化。当控制阀关闭后,由于气体充入,在储存罐中产生的最大压力会将流态化物料由储存罐送到输送罐中。

2. 气力提升卸船机的应用

对小型船舶来说,其对气力提升机的选择余地较小,通常采用吸入式真空卸船机。吸入式真空卸船机的主要部分为真空式抽吸机和各种形式的过滤器或沉降室、由软管连接的集料吸入口和空气输送泵。图8-3是吸入式真空卸船机。

大中型船舶卸载设备的选择余地较大,但最常见的还是吸入式真空卸船机,选用负压或正压操作要根据卸船工艺系统具体情况而定:在大中型船舶卸船工艺系统中,散水泥或散化肥从船上卸下后的输送距离较近,也就是不需要将物料送到很远的储库,或只卸在近旁的皮带输送机上或库内,可用负压操作。如果要将卸下的物料送往较远的中转库或其他场所,就要用正压螺旋输送泵。

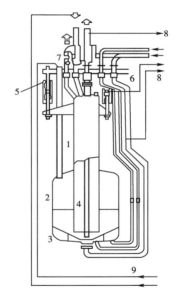

图8-2 气力提升计量机系统
1-输送罐;2-储存罐;3-仓底充气装置;4-输送管道;
5-重力传感器;6-垂直连接;7-控制阀;8-控制系统;
9-反馈

二、链式卸船机

链式卸船机包括埋刮板卸船机和链斗卸船机,用于卸船或散料水平和垂直输送,所以也称链式输送机。

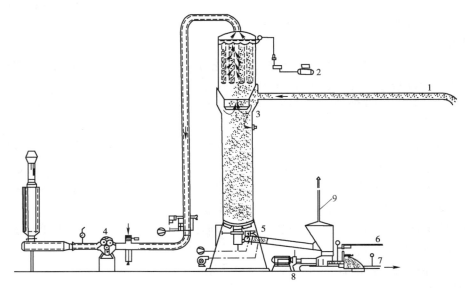

a) 原理图

b) 实物图

图 8-3　吸入式真空卸船机

1-吸料口；2-压缩空气源；3-真空过滤沉降器；4-真空抽吸机；5-喂料控制门；6-受料斗；7-空气斜槽；8-空气输送泵；9-排气管

1. 埋刮板卸船机

埋刮板卸船机是连续流式卸船（输送）机。由于它在水平和垂直方向输送散状物料时有不少优点，在水泥和化肥的装卸和输送工艺中都有应用。

埋刮板卸船机与一般用途的刮板输送机不同，它具有分成两个部分的封闭料槽（一部分用于工作分支，另一部分用于回行分支），槽内刮板的无端链条分别缠绕在头部的驱动链轮和尾部的张紧链轮上。物料在输送时并不由各个刮板一份一份地带动，而是以充满料槽整个工作断面或大部分断面的连续流的形式运动。这种连续牵引物料的原理如下：水平输送时，埋刮板卸船机槽道中的物料受到刮板在运动方向的压力及物料本身重量的作用,槽体之间产生了内摩擦力,这种内摩擦力不仅保证了散体层之间的稳定状态,还大于物料在槽道中滑动所产生的外摩擦力,使物料形成连续整体的料流而被输送。

垂直输送时,当埋刮板卸船机槽道中的物料受到刮板在运动方向的压力时,在槽体中产生横向的侧压力,形成了物料的内摩擦力。同时由于水平段不断给料,下部物料相继对上部物料产生推移力。这种内摩擦力和推移力的作用大于物料在槽道中滑动而产生的外摩擦力和物料自身所受重力的作用,使物料形成连续的料流而被提升。

埋刮板卸船机主要用于输送粒状、小块状或粉状物料。对于块状物料,一般要求最大粒度小于50mm;对于硬质物料要求小于15mm。对于流动性特强的物料,由于物料的内摩擦系数小,难以形成足够的内摩擦力来克服外部阻力和自重,因而输送较困难。

埋刮板卸船机的特点:物料在壳体内封闭运输,扬尘较少;可以按照工艺要求灵活布置,并可多点装料及卸料;设备结构简单,运输平稳,电耗低。一般水平运输最大长度可达80~100m;垂直提升高度为20~30m。

2. 链斗卸船机

链斗卸船机是一种兼作水平输送和倾斜提升的输送设备。被输送物料盛放在料斗内,由链条拖动料斗进行输送。物料与输送部件之间无相对运动,磨损较小,运转故障也较少。在水泥厂内,一般用它来输送物料,其工作原理与散货装卸工艺中的链斗卸船机相同。

可供选择的链斗卸船机的链斗宽有400~2400mm等规格。按倾角分,基本类型为小于28°、小于40°和小于60°的输送。它们的技术参数和性能可参阅有关资料。

除上述两类散化肥、散水泥卸船机型外,常见的专用卸船机还有空气输送斜槽和螺旋卸船机。与气力提升机相比,这两种机型的输送能力更强,因此它们可用于散料卸船或输送。散化肥、散水泥的输送最常采用的还是密封式皮带输送机。空气输送斜槽和螺旋泵与密封式皮带输送机比较,气力输送电耗相对较高,机构简单,没有复杂的转动部件,便于工艺布置,操作维护方便,在水泥卸船中的应用很广泛。

三、空气输送斜槽

1. 构造及工作原理

空气输送斜槽属于浓相流态化输送设备。它由薄钢板制成的上下两个槽形壳体组成,在上下壳体间夹有透气层,整个斜槽按一定斜度布置。物料由加料设备加入上壳体,空气由鼓风机鼓入下壳体,通过透气层使物料流态化。充气后的物料即沿斜槽向前流动,达到输送目的。空气输送斜槽也是专用卸船机的主要组成部分。

斜槽结构的关键部分是透气层。常用的透气层材料有陶瓷多孔板、水泥多孔板和纤维织物。陶瓷、水泥多孔板的优点是表面平整、耐热性好,缺点是性脆、怕冲击、机械强度低、易破损、制造中难以保证透气性一致。帆布等软性透气层的优点是维护安装方便,耐用且不碎。为保证帆布安装平整,可在下面用5mm网格铁丝网承托。

壳体由2m一节的标准槽与非标准槽(一般按250mm的节数选取,如支槽、弯槽等)组合而成,并安装成与水平成4°~10°的倾斜角度。为满足操作需要,在适当地段设置截气阀,以适应分段使用需要,节省风量。在入料口 2~3m 之后及支槽、弯槽、出料口处可设置观察窗。槽体上方或隔一定距离应设置气体过滤层,以便让气体排出或收尘器净化余气。空气输送斜槽如图 8-4 所示。

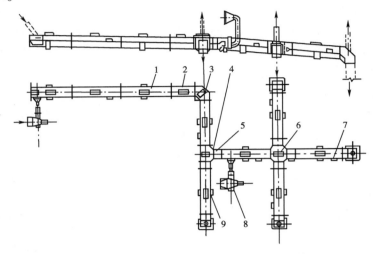

图 8-4 空气输送斜槽
1-标准槽;2-非标准槽;3-弯管;4-截气槽;5-三通槽;6-四通槽;7-观察窗;8-鼓风机;9-槽架

2. 应用

空气输送斜槽用于粉状物料输送,包括化肥、水泥以及其他非黏性粉粒状料,输送量可达 2000m³/h。由于高度差关系,输送距离一般为 100m,但也可达 1000m。

空气输送斜槽的优点:与各种水平输送设备相比,设备本身无运动部件,磨损少,耐用,设备简单,易维护检修;材料省,运转中无噪声,动力消耗低,操作安全可靠;改变输送方向容易,适用于多点喂料及多点卸料。缺点:对输送的物料有一定要求,仅适用于小颗粒或粉状非黏性物料;料中粗大颗粒过多时,输送过程中物料会逐渐累积在槽中,达到一定数量时需要进行人工排渣;在布置上必须保证具有准确的向下倾斜度,所以距离长,落差就大,会造成土建上的困难。

四、螺旋输送机

螺旋输送机主要由安装在固定槽内的旋转输送螺旋叶组成,用于输送粉状物料和粒状物料,可用于散化肥和散水泥的卸船作业和水平运输。

图 8-5 所示是水平螺旋输送机,槽内松散物料的输送靠输送螺旋的旋转来实现。输送螺旋及螺旋轴装在槽体两端端板的轴承上,螺旋轴由电动机驱动。输送螺旋叶片在槽内是悬空的,每隔 3~4m 有一悬架轴承,输送机轴安装在这种轴上。螺旋叶片的外缘和槽的间隙为 3~6mm。根据需要,输送机上可开设数个进出料口。为了安全和防止扬尘,槽上铺设平整、严密盖板,并用螺钉或卡子固定,防止灰尘外泄。

为避免向前推进物料可能造成的转轴弯曲,螺旋输送机传动装置通常设在卸料端,即物料是沿轴向被拉往卸料端的。传动装置设在进料端的方式仅在物料短距离输送时采用。传动装置常采用齿轮减速电机或单独的减速机上加上三角皮带传动。螺旋输送机除通常用作水平输送以及斜度小于20°的倾斜输送外,也有垂直输送的。确定螺旋输送机能力的因素有螺旋直径、螺旋节距、转数和填充率。输送水泥用的螺旋输送机,其直径为300~1250mm。螺旋节距一般等于$0.8D$(D为螺旋直径)。螺旋直径小的,转数约为90r/min,直径大的约为25r/min。

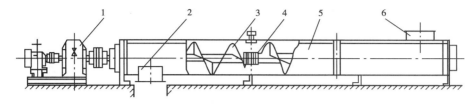

图8-5　水平螺旋输送机
1-驱动装置;2-出料口;3-螺旋轴;4-中间吊挂轴承;5-壳体;6-进料口
(扫码观看数字资源)

第三节　散水泥(化肥)灌包系统

一、散水泥(化肥)包装机的发展

目前世界范围内的水泥包装机可分为两大类,一类是固定式,另一类是回转式。

我国20世纪50年代或20世纪50年代以前建厂的大中型企业,几乎全部装备固定式包装机,大部分是2嘴和4嘴包装机,少部分是3嘴包装机。这类包装机的劳动条件差,粉尘浓度大,包装能力低。在20世纪60年代初期,我国开始起用6嘴和14嘴回转式包装机,并把14嘴回转式包装机作为定型配套产品。从那时起,大中型水泥企业就不采用这种固定式包装机了。相比之下,国外的回转式包装机发展更快。与固定式包装机相比,回转式包装机有以下优点:

(1)劳动条件改善,粉尘易于控制。
(2)插袋地点和卸包地点固定在一处。每包间隔时间相等,水泥袋不会在皮带机上重叠。
(3)便于实现插袋自动化和装运摞包自动化。
(4)包装能力大,劳动生产率高。

固定式4嘴包装机每小时只能包1200~1500袋水泥,而现在的哈韦尔(Haver)12嘴回转式包装机可达每小时4400袋,在形式上和构造上也有了很大改变。

二、回转式包装机

回转式包装机大致上可以分成充气液态灌装水泥的回转式包装机、多叶轮强迫灌装水泥的回转式包装机、单叶轮强迫灌装水泥的回转式包装机三种类型,如图8-6所示。

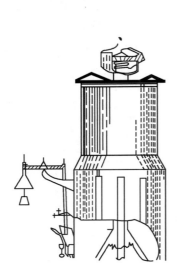 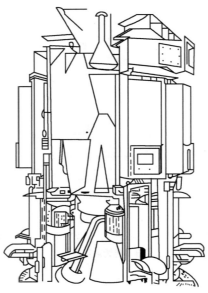 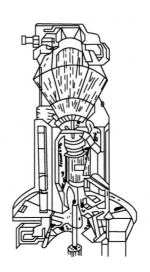

a) 充气液态灌装水泥的回转包装机　　b) 多叶轮强迫灌装水泥的回转包装机　　c) 单叶轮强迫灌装水泥的回转包装机

图 8-6　各类回转式包装机示意图

1. 充气液态灌装水泥的回转式包装机

丹麦史密斯生产的 FLUXO 回转式包装机和国产 14 嘴回转式包装机都属于这种类型。这种包装机结构比较简单，装机容量也小。

在包装作业时，必须向包装机筒体底部充以压缩空气。使其中水泥流态化，在物料位势能作用下，带气水泥灌入纸袋内。这种包装机有以下特点：由于水泥中带空气，因此工作粉尘大，纸袋内含气要排放后才能灌满水泥。纸袋规格要稍大，而且最好是缝制袋，便于排气，包装效率较低，不及同规格的叶轮式包装机。

2. 多叶轮强迫灌装水泥的回转式包装机

这种包装机每个出灰嘴都带有一个叶轮，由一台单独电动机带动，强迫水泥灌入纸袋。因为灌装时不需要充气，扬尘较小，纸袋规格无须扩大，也不用纸袋排气，所以包装速度较快，生产能力比充气液态灌装的包装机为大。

德国哈韦尔和伯克尔公司（HaverBoecker）生产的 CompactRS 型 6、8、10、12 嘴回转式包装机是这类包装机的典型代表。由于每个嘴连同传动、称量机构都自成一个独立单元。因此不仅可以整体拆卸，也可以任意组装成 1 嘴至 6 嘴的固定式包装机。不仅可以用于水泥包装，也可用于其他粉状物料的包装。图 8-7 为固定式 BBX 型称重包装机剖面图。

图 8-8 为回转式 RS 型包装机剖面图。Mollero 公司生产的回转式包装机也属于这类包装机。

3. 单叶轮强迫灌装水泥的回转式包装机

这种包装机虽然不需要充气并由叶轮强迫水泥灌入，但是它只有一个叶轮。叶轮安装在包装机筒体底部呈水平状态，结构简单。

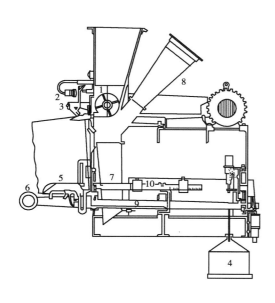

图 8-7 固定式 BBX 型称重包装机剖面图
1-拨料机叶轮;2-控制按钮;3-纸袋夹持器;4-秤重;5-纸袋托盘;6-纸袋导向轮;7-水泥分流槽;8-排气抽吸管;9-等臂平衡杆;10-重量调节

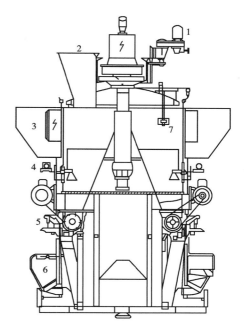

图 8-8 回转式 RS 型包装机剖面图
1-回转电机;2-水泥入口;3-计量秤;4-压缩水泥体积系统;5-袋装灌嘴;6-水泥袋承座;7-物料位控制器

以上三种类型包装机的优缺点比较见表 8-1。

三种类型包装机的优缺点比较 表 8-1

形式	缺点	优点
充气液态化灌装式	1. 要用压缩空气充气; 2. 水泥中有空气,进入袋内要排气,因而袋装速度较慢; 3. 纸袋规格较大,耗费纸; 4. 作业粉尘较大,不仅要做罩抽吸,而且要有较大的除尘器	1. 结构简单; 2. 电动机少,电机容量小; 3. 磨损件少
多叶轮强迫灌装式	1. 磨损件或备件较多; 2. 电机容量较大	1. 不需充气,外形尺寸较小,布置紧凑; 2. 扬尘小,收尘器也小; 3. 每个嘴连同传动、称量机构,独立自成单元,可以在有故障时,整体拆换; 4. 可以用每组单元任意改变为各种规格和形式的包装机,通用性大,便于维修; 5. 单位能力设备重量和装机重量比较轻; 6. 实际用电量与充气式相差不多

续上表

形式	缺点	优点
单叶轮强迫灌装式	1. 全部靠一个叶轮灌水泥，叶轮磨损较大； 2. 可靠性不及多叶轮式； 3. 运转率相对较低	1. 不需充气，外形尺寸最小，布置紧凑 2. 粉尘少，收尘器也小； 3. 结构比多叶式简单，维修简单、方便； 4. 相对比较，同样机体，能力最大

除了上述通用性的比较外，国外某些公司生产的回转式包装机还有一些特有的优点：

（1）对包装机的灌嘴开闭进行了改进，使过去"不论袋子是否插上，都向外喷水泥"的情况得到了改进。

（2）将称量系统密封安置，使计量不受粉尘的影响，称量的精确性得到了保证。

（3）发展了自动校正水泥袋重量系统。

三、固定式包装机

机械充料固定包装机是灌装与计量同时进行，并能自动定量的半自动包装机。固定式包装机的结构如图8-9所示。包装机安装在包装车间的水泥中间储仓下面，水泥经由进料装置的给料器喂入包装机的四个卸料室，卸料室内有高速旋转的"十"字形叶片，水泥被加速后，靠离心力和叶片的挤压力从卸料室切线方向的出料嘴喷出，通过包装架上的出料嘴灌入四周密封而仅在上角留一小孔的水泥纸袋内。在灌袋的同时，定重架按杠杆原理进行称量，达到规定的重量后，包装机位移，发出一个机械信号，使出料控制机械立即产生动作，自动关闭出料闸板，停止灌装，然后卸袋。

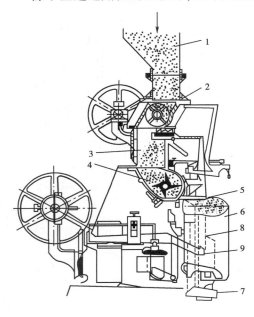

图8-9　固定式包装机
1-中间储仓；2-进料装置；3-卸料室；4-叶片；5-出料嘴；6-纸袋；7-托盘；8-包装架；9-定重架

第四节　散水泥装车、装船设备

一、自卸车

1. 自卸散装水泥火车车厢

自卸散装水泥火车车厢是最常见的自卸散装水泥车，我国常见的专用散装火车车厢有两种：一种是1960年开始试用的重力卸料散装水泥车厢，后来经改进定型为K15型载重65t的车厢;另一种是在20世纪70年代开始制造使用的三罐式气力卸料水泥罐车,定型为UXY型载重60t罐车。这两种散装车厢相比,K15型旧式重力卸料车厢的主要缺点是:

(1)卸料时需要使用部门在地面下建设卸料地坑,设立皮带或螺旋输送机,经提升机升高后,再经过水平输送机送入中间储库,因此基建费用大。

(2)卸料时车辆卸料口要对准地坑,车辆调车也费时。

(3)卸车时要进行收尘,还要增加基建投资。

(4)重力卸料有时卸不尽,要进行车内清扫。

UXY型三罐式气力卸料水泥罐车在卸料时,要地面供应压缩空气。压缩空气在罐底经多孔板进入水泥底层,使部分水泥流态化,同时又有部分压缩空气进入罐内,使罐内具有压力,迫使罐底已经流态化了的水泥经出料口送往中间储库。

供气压力取决于输送距离和高度:当中间储库与车辆距离在30~40m,卸料高度不超过20m时,工作压力应为200~280kPa;距离在100m内,高度不超过30m时,工作压力应为280~300kPa。供气量最大为30m^3/min,卸料速度为2.0~2.6t/min,每罐20t需7~10min,每辆车3个罐,包括接连管道等时间,共需要30~40min。

2. 自卸散装水泥汽车

自卸散装水泥汽车的种类繁多,大致可分为三类:

(1)自卸车改装的倾斜式散装水泥汽车。此类散装水泥汽车的种类繁多,大多是用国产载重汽车改造而成,包括解放、黄河牌等汽车,载重量为3.5~15t。也有的地区用130型轻便型载重2t汽车改装,以适应狭窄道路通行。

(2)汽车自身废气作气源的气力卸料式散装水泥汽车。此类散装水泥汽车通常由以柴油发动机为动力的载重汽车改装而成,使发动机废气经过除烟灰、油、水和降温等必要措施后,仍保有150~250kPa的压力,因此可以用来作为气力卸料的气力源。这类改装汽车也是种类繁多,但其装料容器的形式不外乎两种,即立式罐和卧式槽。

(3)外供气源的气力卸料式散装水泥汽车。此类散装水泥汽车可以分为固定式压缩空气作供气源和随车供气(由汽车本身发动机拖动空压机供气)两种供气方式。前者用于大量长年定点供应水泥并由散装汽车运输水泥的单位,而后者则适用于零星分散或不固定场所的用户。

装料容器大致可分为三种形式:

(1)两个并排的立式圆罐。

(2)卧式圆柱形槽罐。

(3)卧式尾部收缩的圆柱形槽罐。

这三种自卸散装水泥汽车的比较如表8-2所示。

三种自卸散装水泥汽车的比较 表8-2

汽车种类	倾斜式散装水泥汽车	自身废气气力卸料式散装水泥汽车	外供气源气力卸料式散装水泥汽车
单机价格	便宜	较便宜	较贵
在水泥用量大的单位综合技术经济效果	不经济	较经济	最经济

续上表

汽车种类	倾斜式散装水泥汽车	自身废气气力卸料式散装水泥汽车	外供气源气力卸料式散装水泥汽车
卸料速度	快	不快	较快
水泥飞扬损失	较多	较少	较少
基建需要总投资	多	少	少
环境污染程度	严重	无污染	无污染
适用单位	用量少或卸料地点不固定的单位	用量较大的单位	大量定点定期供应或输送水泥的单位

二、散装库水泥装车系统

专用的散装库水泥装车系统的装车形式分为两种,一种是散装库库底装车系统,另一种是散装库库侧装车系统。

采用散装库库底装车形式时,火车或汽车直接开到散水泥库的底部进行装车。图 8-10 所示为一种散装库库底装车工艺图,这种装车方式较为方便。当采用散装库库侧装车形式时,水泥库侧设置铁路线或汽车道,使火车车厢或汽车能停留在库侧装车。图 8-11 所示为一种散装库库侧装车工艺图。

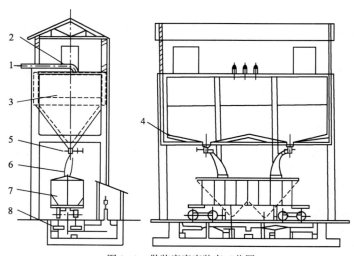

图 8-10 散装库库底装车工艺图
1-输送管道;2-受尘器;3-散装库;4-多孔板;5-卸料器;6-布筒;7-车厢;8-轨道衡

三、散水泥、散化肥装船设备

散水泥、散化肥装船机械可分为固定式装船机和移动式装船机两类。图 8-12 所示是一种固定式散装水泥装船机,它固定地设在码头前沿,允许水位差为 7m,水泥管道用压缩空气送来,适用于 1000t 级散水泥、散化肥船舶装船。

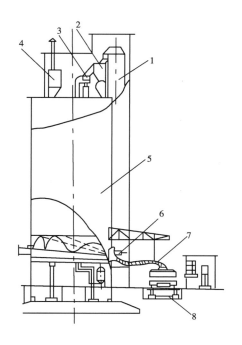

图 8-11　散装库库侧装车工艺图
1-斗式提升机;2-灰渣分离器;3-空气卸槽;4-受尘器;5-散装库;6-库侧卸料器;7-软管;8-地中衡

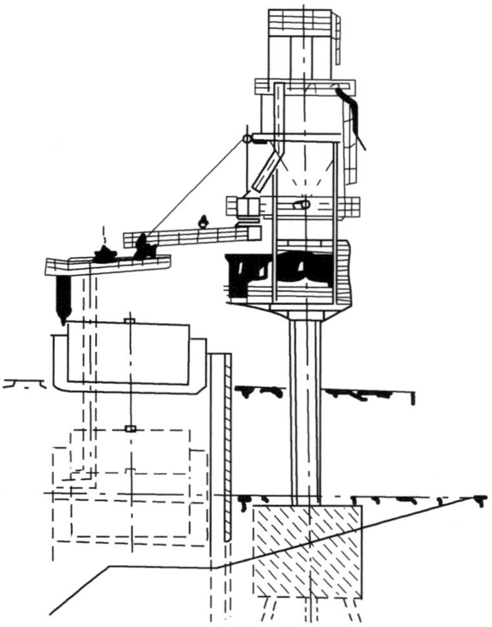

图 8-12　固定式散装水泥装船机

图 8-13 所示是移动式散装水泥装船机。这种机械工作的过程是先由皮带机送来水泥,经门架往来移动,将水泥截住,卸入门架上的空气斜槽中,再经散装头卸入船内。移动式散装水泥装船机适用于水位变化不大的海港。

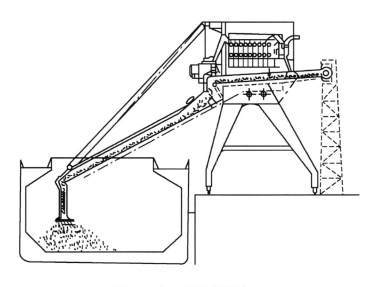

图 8-13　移动式散装水泥装船机

第五节 水泥储存

水泥储存多采用圆形库。圆形库的库壁面积小,它的几何形状使水泥与库壁的摩擦也降到最低限度,因而有助于水泥的卸出。在圆形库设计建造时,应考虑水泥的流动性能以及卸料时水泥塌落的冲击。

一、水泥、化肥在库内的流动

圆库中的水泥、化肥流动有漏斗流和整体流两种基本方式。

漏斗流的流动方式容易在漏斗状库底的溜角不够陡的情况下产生,如图 8-14 所示。当圆库内的散化肥、散水泥发生漏斗流时,垂直的活化料流区位于卸料口的上方,而其他外围区域的料流却保持稳定而不流动。在活化区的料面进一步降低时,外围的非活化区便会向中心移动,这样就使物料流经常处于不稳定状态。如果外围区域的物料黏合力大,就会因结块而出现物流不畅等问题。

用整体流可以避免漏斗流的缺点。在用整体流卸空一个圆库时,整个料柱是均衡下降的。这意味着所有的物料颗粒都在同时运动。为实现整体流动的方式,卸料锥体必须很陡,以便减少物料与库壁的摩擦,如图 8-15 所示。

圆库卸料常见问题有出现鼠洞、棚料、拱料以及黏附料等。鼠洞是只有卸料口上方的料柱可以流下来,四周物料形成一个稳定的竖向孔洞,如图 8-16a)所示。

棚料主要形成于圆库的锥体部位,如图 8-16b)所示。棚料之上可承受很重的负荷而不致塌落。当下料口尺寸太小时易形成棚料。

拱料主要在圆库的柱体部位形成,如图 8-16c)所示。如果料柱压力较大,料拱就会塌落,有时还会导致库底结构的破坏。

黏附料如图 8-16d)所示。物料从漏斗状下料口流出,剩下的物料在某种程度上黏附在仓壁上。

改善水泥流动的措施包括提高水泥的流动性和正确设计库形,如增加水泥颗粒的圆度和加大圆库下料口的直径等。

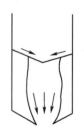

图 8-14 从圆库卸料时漏斗流的形成

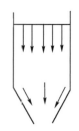

图 8-15 整体流卸料示意图

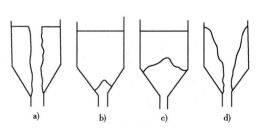

图 8-16 圆库卸料常见问题

二、散水泥、散化肥圆库

散水泥和散化肥仓库常采用圆库,圆库的形式较多,主要区别在于圆库底部的形状不同。

图 8-17 所示为常见的储存用圆库的形式。其中,图 8-17a)~图 8-17c)三种圆库库底设有锥形漏斗,锥体角度为 50°~55°,主要用于储存浆状、粉状、粒状或小块状物料。图 8-18b)和图 8-17c)库底设置约 1m 高的钢板漏斗,以便于下料。图 8-17d)库底为双曲线锥形漏斗,物料不易起拱阻塞,也常用于储存原煤。图 8-17e)所示圆库直径较大,库底卸料口数量较多,可用于储存量较大的物料。图 8-17f)和图 8-17g)分别为单口、双口(或四口)平底库,用以储存粉状或块粒状物料,直径大于 8m 的圆库设两个或四个卸料口。图 8-17h)所示水泥库除库底设置卸料口外,底侧还有一个卸料口,通往库侧卸料口的卸料槽斜度为 1:10,斜面上铺有充气板,可满足散装水泥库侧装车的要求。图 8-17i)这种水泥库在库底中心设置锥形减压仓。图 8-17j)所示水泥库图 8-17i)所示水库的基础上又增设了通风室,可将减压仓内的过剩空气排放至库顶。

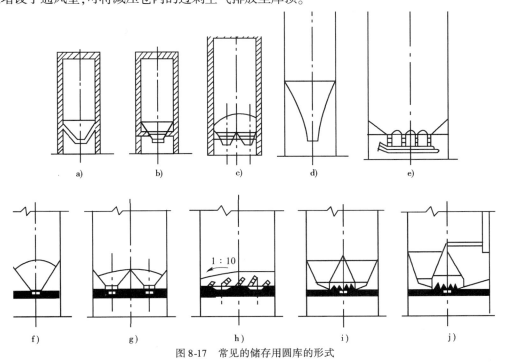

图 8-17 常见的储存用圆库的形式

三、水泥库底结构

水泥库的出料可采用螺旋输送机,也可采用气力输送系统。气力输送系统有敞式空气槽,借此可使压缩空气进入库内。流态化水泥沿着空气卸料槽流向卸料口。卸料槽的表面敷设多孔性材料。卸料槽的斜度根据圆库的大小取 9°~14°。充气装置顶埋在库底混凝土中,卸料槽的尺寸根据充气量而定。较长的卸料槽由若干段节组成,各段均备有自己的单独气源,充气的表面积约占库底总面积的 10%。

图 8-18 所示为一设有空气卸料槽和卸料隧道的平底水泥库库底结构。这种库的底部由

两个半圆形平面组成,两平面的斜度为 8.5°,各位于中心隧道的两侧。两平面内均设有敞式空气卸料槽,槽数的多少取决于库的直径。各槽穿过隧道壁,在隧道内的槽端设有调节闸门或气控阀门,以控制喂入螺旋输送机内的水泥量。各槽的卸料由受料仓的料位指示器控制,同时,使用的卸料槽的数目取决于需要从库内卸出的水泥量。

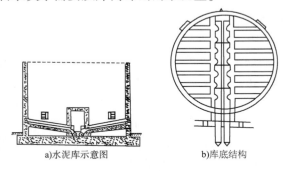

图 8-18　设有空气卸料槽和卸料隧道的平底水泥库库底结构

水泥库常常建成高架库,以便靠重力向库下汽车卸散装水泥。一设有充气卸料卸槽漏斗的高架库库底结构如图 8-19 所示。在这种库底设计中,充气卸料槽将水泥从库的周边部位输送到充气的漏斗状库底卸料口。由库的直径大小确定下料口数目,各下料口均设有气控阀门,经此水泥进入闭式空气输送斜槽,然后经摆动式空气输送卸料槽和伸缩式散装头将水泥喂入散装汽车或火车。为自动地控制水泥从库内向库外流出,输送机内料位指示器将控制供往空气斜槽的风量,各散装头均连以收尘器,在灌装开始时收尘器自动启动。

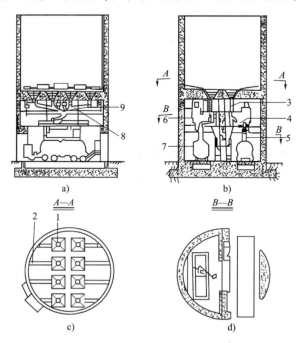

图 8-19　设有充气卸料槽漏斗的高架库库底结构

1-充气卸料漏斗;2-充气卸料槽;3-气控阀门;4-移动式灌装设备;5-伸缩式散装头;6-接至收尘器的管道;7-控制盘操作室;8-到包装的螺旋输送机;9-充气输送槽

四、库顶结构

水泥或化肥由库顶喂入库内,可用螺旋泵、仓式泵或气力提升泵,通过管道靠气力输送,也可以机械方式使用斗式提升机和螺旋输送机或空气输送斜槽。采用设备种类要根据具体条件而定。

图 8-20 所示为带有附属设备的水泥库顶。库顶设有气力输送管道、收尘器以及其全部附件,以便将输送用空气净化后排入大气,还有不同深度的料位指示器。如果收尘器是按负压原理操作的,有时也可安装一个真空安全阀,以防受到压力的破坏。负压的大小依设备而异,可达 400mmH_2O。一台收尘器通常要服务于 2~4 座水泥(化肥)库。在这种情况下,这些库之间要以排气管相连。每座水泥(化肥)库上也可安装一台小规格收尘器,这种收尘器底部为开口法兰式,坐落于库顶的开口处,并将收捕的粉尘直接卸入库内。

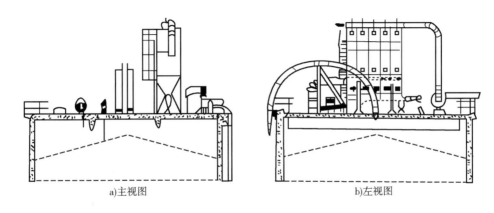

a)主视图　　　　　　　　　　b)左视图

图 8-20　带有附属设备的水泥库顶

如果应用气力输送,在通向每排库和每座库的输送管道上要装设电动双路换向阀,以便将水泥(化肥)送到任何选定的库内。

第六节　散水泥、散化肥装卸作业组织

港口散水泥和散化肥装卸作业组织一般是指散装进口、袋装出口(简称散进、袋出),具有相似的特点,但在作业组织上也有不同的沿用习惯,如选用的装卸机械不同、仓库存储的形式不同等。

一、主要机械

(1)间歇型卸船机:门座起重机、船机。
(2)连续型卸船机:气吸式卸船机、链式卸船机、螺旋卸船机等。

(3)输送机:皮带输送机、埋刮板输送机、螺旋输送机等。

二、工艺流程

(1)船→灌包库工艺流程图见图8-21。

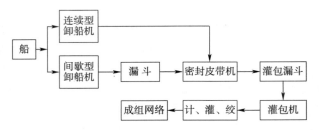

图8-21 船→灌包库工艺流程图

(2)船→散装库工艺流程图见图8-22。

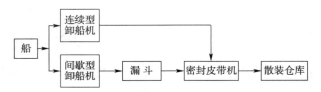

图8-22 船→散装库工艺流程图

(3)船→平台灌包工艺流程图见图8-23。

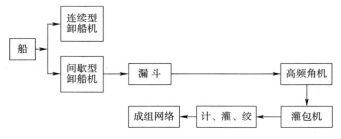

图8-23 船→平台灌包工艺流程图

(4)散装库→灌包工艺流程图见图8-24。

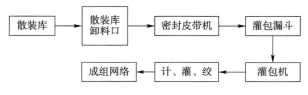

图8-24 散装库→灌包工艺流程图

三、工属具配备

根据主要卸船机械配备所需的抓斗、漏斗、吊钩、网络等工属具。

第七节　散水泥、散化肥粉尘污染和防治

由于散水泥和散化肥的扬尘性,因此散水泥(化肥)在装卸、储存和运输过程中,对环境产生不同程度的粉尘污染,不但污染生态环境,影响了装卸工人的身体健康,而且还因粉尘散失引起了物料的损失,并影响设备的正常工作;严重时还会引起粉尘爆炸。因此,在散水泥(化肥)装卸工艺系统中必须要配置收尘工艺设备,把空气中的粉尘浓度降低到最低限度。常用的收尘工艺设备有:重力沉降室、惯性收尘器、离心式收尘器、过滤式收尘器、静电收尘器等。

一、重力沉降室

重力沉降室是利用粉尘颗粒的重力沉降作用而使粉尘与气体分离的收尘装置。粉尘进入沉降室后由于截面积扩大,速度降低,大颗粒粉尘沉降速度快,可在粉尘未流出沉降室前就已降落到底部,由沉降室储灰斗收集,未沉降下来的粉尘随物流带出,如图8-25所示。

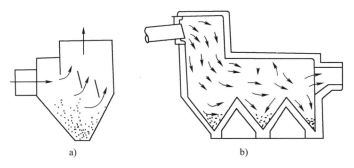

图 8-25　重力沉降室示意图

细小粉尘颗粒由于沉降速度小,在沉降室中很难收下。所以沉降室只作为初步净化用,为下一级收尘设备创造有利条件。它的效率一般只有30%左右。为了提高沉降室的收尘效率,有时在沉降室内安装上下交替的垂直挡板,利用惯性作用增加收尘效果。此外,沉降室的收尘效率还与气流速度以及粉尘在沉降室的停留时间有关。为了提高沉降室的收尘效率,一般对沉降室要求有足够大的截面积和足够的长度,以降低气流速度和延长粉尘在沉降室内停留时间。

二、惯性收尘器

惯性收尘器也叫惰性收尘器。它的原理是利用粉尘与气体在运动中惯性力的不同,将粉尘从气体中分离出来。一般都是在含尘气流的前方设置某种形式的障碍物,使气流的方向急剧改变。此时粉尘由于惯性力比气体大得多,尘粒便脱离气流而被分离出来,得到净化的气体在急剧改变方向后排出。

这种除尘器结构简单,阻力较小,净化效率较低(40%～80%),适用于大颗粒(20μm以

上)的干性颗粒。

三、离心式收尘器

离心式收尘器也称旋风收尘器,应用较为广泛,它是利用高速旋转气体的离心力将粉尘从空气中分离出来的收尘装置。有时用来将高浓度固气混合物中的粉粒从空气中分离出来以供应用,如气力输送过程中的分离器。

一般离心式收尘器主要由带有锥形底的外圆筒、进气管、排气管、排灰口下的储灰斗等组成,如图 8-26 所示。排气管插入外圆筒顶部中央,进气管以切向进入外圆筒上侧面。

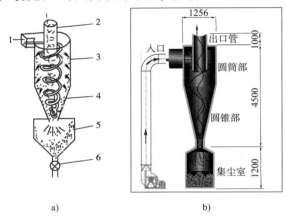

图 8-26 旋风收尘器示意图(尺寸单位:mm)
1-进气管;2-排气管;3-外圆筒;4-圆锥;5-储灰斗;6-排灰阀
(扫码观看数字资源)

当含尘气体由进气口以一定的速度切向进入外筒后,形成旋转运动,由于内外筒及顶盖的限制,气流在其间形成一股自上而下的外旋流,旋转过程中固体颗粒由于惯性力大部分被甩向筒壁失去动能而沿壁滑下,经锥体下口入储灰斗,最后由排灰阀排出。旋转下降的外旋气流在圆锥部分随圆锥的收缩而向收尘器中心靠拢,旋转气流进入排气管半径范围附近便开始上升,形成一股自下而上的内旋流,也称核心流,最后经排气管向外作为净化气体排出。

要使离心力(即惯性力)起有效作用,气流必须有一定的速度,一般要求进风速度大于 16m/s。进风速度越高,离心作用越强,收尘效率也越高。但当进风速度达到一定数值时,会产生较大的湍流分量,使粉尘的向壁运动受到过大的扰乱,收尘效率非但不能明显提高,气流反而会把已收集下来的粉尘入螺旋上升的气流中带走,使收尘效率下降。因此一般把进风速度限制在 25m/s 以下。

离心式收尘器与其他收尘器相比其主要特点是:结构简单紧凑、易制造、投资省、操作管理方便、可靠;能适应高温高浓度的含尘气体。缺点是,流体阻力较大,能量消耗大,在操作上要求流量稳定,下部排灰口要求密封性好才能保证高效率,故适用于粗颗粒粉尘的收集。

四、过滤式收尘器

过滤式收尘器是使含尘气体通过一定的过滤材料来达到分离气体中固体粉尘的一种高效

收尘设备。过滤式收尘器主要有两类。一类是袋式收尘器,它是利用纤维编织物作为过滤介质从而使气体得到净化。因过滤织物通常多做成袋状,故称袋式收尘器。另一类是颗粒层收尘器,它采用砂、砾、焦炭等颗粒物作为过滤介质的颗粒层收尘器。

袋式收尘器应用广泛,它主要是用过滤的方法除尘收尘,与离心式收尘器相比,袋式收尘器的优点是效率高、稳定性强,能除去微小颗粒的粉尘。与高效的静电收尘器相比,这种过滤式收尘器的结构简单,技术要求不高,投资小,操作简单可靠,是一种高效、简单、便宜的收尘器。其缺点是耗费较多的织物。更换收尘袋费时费力;同时当遇到含湿量高和易吸水的亲水性粉尘会造成织物堵塞,使袋式收尘器的使用受到一定限制。随着新型滤料的涌现,这种收尘器的应用性能会得到进一步的改善。

袋式收尘器过滤收尘的原理是含尘气体通过滤布层时,粉尘被阻留,空气则通过滤布纤维间的微孔排走。

袋式收尘器工作一定的时间后,滤袋表面的粉尘逐渐聚集呈现粉尘层,随着滤袋表面粉尘的加厚,滤布阻力增加,使其处理粉尘的能力降低。为保持稳定的处理能力,必须定期清除滤布上的部分粉尘层。

常用的袋式收尘器有机械自动振打袋式收尘器(图8-27)、气体喷吹清灰袋式收尘器(图8-28)等。

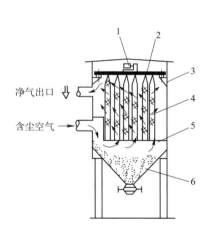

图8-27 机械自动振打袋式收尘器
1-电动机;2-振动架;3-支架;4-滤袋;
5-袋板;6-灰斗

(扫码观看数字资源)

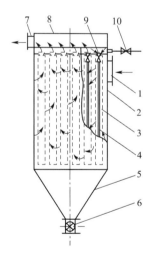

图8-28 气体喷吹清灰袋式收尘器
1-进气口;2-中部箱体;3-滤袋;
4-滤袋骨架;5-灰斗;6-卸灰器;
7-排气口;8-上部箱体;9-喷射管;
10-控制阀

(扫码观看数字资源)

其他常用的收尘器还有静电收尘器。静电收尘器是利用电场的作用使含尘气体中的粉尘与气体分离的设备,它较适用于水泥的生产,而不适用于散水泥的储运过程中的收尘。

上述各种收尘装置的特点比较见表8-3。

收尘装置的特点比较　　　　　　　　　　表 8-3

种类	特点
重力沉降室	含尘气流以低速进入集尘室内,尘粒因重力作用自然沉降,对捕集大量颗粒粉尘有效
惯性收尘器	含尘气流遇到障碍物急剧改变方向,气流中大颗粒粉尘因惯性作用而分离。收尘装置的占地面积较重力收尘小
离心式收尘器	含尘气流经旋回运动产生离心力,从而使粉尘分离;常用作电收尘器或布袋收尘器的第一级收尘
过滤式收尘器	用过滤层来分离含尘气流中的尘粒。此类收尘装置不适用于高温、含湿气体
静电收尘器	利用高压直流电在收尘极与放电极之间进行放电,使尘粒带电,并在收尘极上沉降。收尘效率高,设备投资高

第八节 散水泥装卸工艺案例

上海嘉新港辉散装水泥配制厂混合硅酸盐水泥和矿渣水泥搅拌配制工程位于上海港龙吴港务公司 1 号泊位后方堆场范围内,占地约 6000m²,左右长 83m,纵深 74m。原料进口借用龙吴港 1 号泊位和其侧面的内河港池泊位,部分其他辅料(如粉煤炭等)由散装水泥罐车运至现场。散装水泥由镇江景阳水泥厂通过 8700t 水泥自卸船运抵,矿渣细磨粉体由上海吴淞水泥厂通过 300t 内河驳运至现场。

工程有一座容量为 1.6 万吨的散装水泥储存库和一座容量为 2500t 的矿渣细粉储存库;一个总容量为 800t 具有 3 个扇形分格仓的钢板配料仓和 4 个容量为 300t 的钢板成品发货仓;4 条散装水泥罐车的装车线;一个千伏安的变电所及混匀发货楼、综合楼等辅助建筑物。

该工程年配制发运各种散装混合硅酸盐水泥和矿渣水泥 85 万吨。

一、工艺设备

1. 接卸船设备

散装水泥接卸船设备在散装水泥输送中,应保证码头前沿通道的畅通。按工艺要求,接卸船机能沿码头门机轨道自主移动,具有一个 18m 长、能自主旋转的空气斜槽转臂,它与码头后沿固定支架上的一个同样 8m 长可旋转的空气斜槽转臂,通过自动对接卡盘形成一个高架空气斜槽曲臂,空气斜槽曲臂下可满足码头上作业车辆的通行,大车运行机构及曲臂铰接系统能灵活地适应不同船型卸船点位置的变化。船上自卸臂的散装水泥经接卸船机上的斗式提升机后进入空气斜槽曲臂,直接进入水泥储存库侧的斗式提升机入口。

2. 水泥库

水泥库为钢筋混凝土结构,内径为 21.7m,高度为 43m,有效库容为 16000t。进料采用 600t/h 空气斜槽库顶中心进料,库顶配有完善的安全和检修、检测设施,如平衡阀、料位计、检修人孔等。

由于库底面积较大，为节约能耗，减小空气流化床的面积和充气压力，提高出清率，水泥储存库库底采用有减压锥的 IBAU 库形式，库底有 8 个出料口，分 6 个扇形开式空气斜槽组成的流化区，由计算机自动控制按设定的顺序和时间进行交替充气，这样既减少了库底同时充气的面积，又使水泥库的料位均匀下降。8 个出料口处均设有手动截止阀和电动流量阀，出料能力为 300t/h。

3. 矿渣粉库

矿渣粉库为钢筋混凝土结构，外径为 10m，高度为 34m，库容为 2500t。库顶由气力输送管中心进料，进料能力为 60t/h，库底配置钢减压锥，分 4 个扇形区布置开式斜槽，由计算机控制分区交替充气，中央单点出料，出料口处设有手动截止阀和电动流量阀，出料能力为 150t/h。

4. 混匀配料仓

由于混匀配料楼楼面相当局促，平面面积仅为 13m^2，又要设置种料的配料仓，除 525 纯硅酸盐水泥和高炉矿渣磨细粉体外，预留了一个粉煤灰配料仓，为保证计量喂料系统的反应灵敏和系统的精度，要求 3 个配料仓的出口放料点相互间及与搅拌机入口间的距离应尽可能地接近，所以将 3 个配料仓合成为一个直径 8m、高 12m、总容量为 700t 的具有 3 个 120°扇形分格的圆形平底钢仓。各分仓仓底出料空气斜槽对称布置，出料点布置在对称轴线中部。混匀配料仓的各分仓底出料口（除仓顶进料口外）都设有平衡阀、料位计、检修人孔等。

5. 计量喂料装置

在混合硅酸盐水泥和矿渣水泥的配置工艺中，需要散料的计量喂料装置，以提高配置生产的工艺精度，能在很短的反应时间内，按设定的配比自动确定工作程序，使整个精确配料过程具有良好的可重复性与可靠性，且能方便地并入自动控制系统。

在三个配料分仓的出料口设有比电动阀反应更灵敏的气动快速截止阀和气动流量阀。三套带喂料口的 DLD4 固体式流量计由控制系统根据各种水泥的设定值对配料料流进行计量，并与设定值进行比较后向流量阀反馈调整开角的指令，由此形成一个闭环的随动系统，使进入搅拌机入口待混匀的料流能根据设定值进入搅拌程序。该喂料控制系统的短期精度为 ±2%。

对配料喂料系统来说，除应有较高的短期精度外，还应具有稳定的运行状态和长期精度，由于固体流量计喂料系统是一个电子控制系统，与普通电子皮带秤一样，也有长期零位漂移问题。为校正配料计量装置，使其长期保持一定的精度，传统的做法是通过测定应变式称重传感器测量料仓失重来校验固体流量计。但本案例中的混匀仓是由三个分仓合成一体，工作中无法测知单个料仓的失重量，也由于配料仓的仓容量太大，对配料仓本身的称重传感器进行实物标定十分困难。为保证 ±1% 的长期精度，在流量计下设一个标定斗，它同时也可起到将三个配料给料口的出料聚合在一起进入搅拌入口的作用。

标定斗将单个配料流的 3min 最大稳定流量作为标定斗的斗容，约 15m^3，加上 3m^3 的安全裕度，实际标定斗斗容为 18m^3。标定斗三点支承，支承点处设称重传感器。标定斗出料口设一个快速气动截止阀，能在标定程序中根据控制系统的指令快速、灵敏地截取所需的料流段，满足标定精度要求。

6. 搅拌机

IB-DM900 是 IBAU 公司专为散状料搅拌而设计的双轴连续式搅拌机,其工作原理是通过两根水平布置的搅拌轴同步对转,将喂料机送入的两种或两种以上配料充分搅拌的同时纵向输送至搅拌机出口处出料。轴上搅拌叶片的安装角度能使流动的物料从搅拌槽的周边向轴中间汇聚,并向上翻腾,达到充分掺匀的目的。也因为料流主要集中在两轴间,相对来说,料流对搅拌叶片和搅拌槽的压力较小,相对速度较低,磨损也就较小。该搅拌机的两根搅拌轴分别由两个鼠笼电机、液力偶合器及减速器所组成的驱动单元所驱动,运行平稳,噪声和振动均较小。在两个驱动单元间,还通过齿轮联系保证了两轴间绝对的同步。为防止粉尘外溢,在搅拌轴的轴承处均设有高压气力密封装置。IB-DM900 设计连续搅拌能力为 300t/h。

7. 取制样装置

在搅拌机出口处设一电动螺旋取样器,能对搅拌机料流进行全段面取料,所取的子样自动装入试样罐。试验室对成品试样测试其配料精度、掺和匀度以及其他理化指标,作为产品质量评定的依据。

8. 装车设备

装车系统由装车仓、装车机和汽车衡组成,共有 4 个 300t 容量的成品水泥装车仓,采用圆锥形库底钢板仓结构,库底布置开式空气斜槽,分 4 个扇形分区交替充气,中心出料。库顶设有完备的安全检测检修设施。

IBAU 公司的 SIMPLEX 装车机,具有纵向移动 4m、横向移动 44cm 的两个运行机构以及装料溜管的伸缩机构,能主动适应具有两个装料点的散装水泥罐车,而不需要为装车定位反复调整水泥罐车位置。装车伸缩溜管具有内外双层结构,内层为钢制伸缩套管,外层为柔性的合成材料及钢芯骨架制成的伸缩管。装料时,料流通过内管,内外管之间的夹层为收尘气道,能有效地去除装车点的粉尘。

为灵敏地控制装车量,装车仓出口处的气动流量控制阀与汽车衡组成一流量控制系统,完成自动装车量控制。

二、装卸工艺平面图

本案例散水泥装卸工艺平面图如图 8-29 所示。水泥码头如图 8-30 所示。

三、工艺流程

525 纯硅酸盐水泥经水泥自卸船卸至码头上的接卸船设备,通过空气斜槽和斗式提升机至 1.6 万吨水泥储存库内储存。

525 纯硅酸盐水泥和矿渣细粉分别从水泥筒仓和矿渣粉库底出料后,经空气斜槽和斗式提升机分别进入各自的配料仓。由配料仓下部的计量装置控制出料口的流量阀,使水泥和矿渣粉按设定的比例进入搅拌机主机,经强制搅拌匀化后的配制水泥经搅拌机出料口、空气斜槽和斗式提升机进入暂存仓。待试样结果出来后,暂存仓内合格的水泥经仓底出料口、空气斜槽和斗式提升机倒仓,按不同品种进入相应的装车仓。装车仓仓底出料经移动式装车机对散装水泥罐车进行发货装车作业。

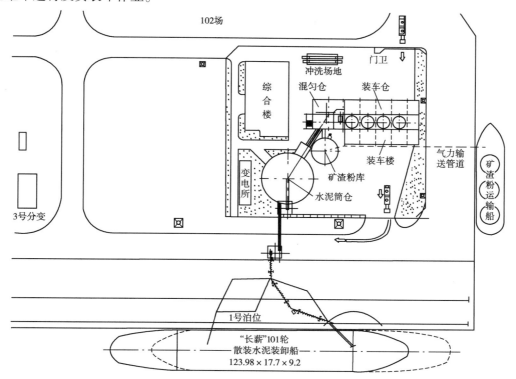

图 8-29　散水泥装卸工艺平面图(尺寸单位：m)

图 8-30　水泥码头

练习与思考

一、填空题

1. 散水泥(化肥)装卸工艺一般包括装车或装船、(　　　)、卸船或卸车、(　　　)等环节。

2. 气力提升机是一种(　　　)吹送的(　　　)提升气吸式卸船输送设备。

3. 链式卸船机包括(　　　)和链斗卸船机,用于卸船或散料水平和(　　　)输送。

4. 螺旋输送机主要由安装在固定槽内的(　　　)组成,可用于散化肥和散水泥的卸船作业和(　　　)。

5. 水泥包装机可分为两大类,一类是( ),另一类是( )。
6. 回转式包装机大致上可以分成( )的回转式包装机、( )的回转式包装机、( )的回转式包装机三种类型。
7. ( )是最常见的自卸散装水泥车。
8. 专用的散装水泥装车系统的装车形式分为两种,一种是( )系统,另一种是( )系统。
9. 散水泥、散化肥装船机械可分为( )装船机和( )装船机两类。
10. 圆库中的水泥、化肥流动有( )和( )两种基本方式。

二、选择题

1. ( )是一种在封闭的矩形断面的壳体内,借助运动着的刮板链条,利用散粒物料具有内摩擦力以及在封闭壳体内对竖直壁产生侧压力的特性,来连续输送粉状、颗粒状及小块状等散粒物料的输送机械。
   A. 埋刮板输送机　　　　　　B. 压带输送机
   C. 气垫带式输送机　　　　　D. U 形带式输送机
2. 埋刮板输送机牵引链条的结构形式主要有( )。
   A. 模锻链　　B. 套筒滚子链　　C. 双板链　　D. A+B+C
3. 埋刮板输送机的承载牵引构件是( )。
   A. 刮板　　B. 链条　　C. 刮板链条　　D. 链轮
4. 链条拉紧调节装置的常用形式有( )。
   A. 螺杆式　　B. 弹簧螺杆式　　C. 小车重锤式　　D. A+B+C
5. 埋刮板输送机的工艺布置较为灵活,工艺布置形式有( ),除 MK 型外,可多点进料、多点卸料,易实现流程自动控制。
   A. 水平输送布置　　　　　　B. 倾斜输送布置
   C. 垂直输送布置　　　　　　D. A+B+C
6. ( )主要由安装在固定槽内的旋转输送螺旋叶组成,用于输送粉状物料和粒状物料。
   A. 螺旋输送机　　　　　　　B. 埋刮板输送机
   C. 链式卸船机　　　　　　　D. 带式输送机
7. 散装水泥(化肥)在装卸、储存和运输过程中,对环境产生不同程度的粉尘污染。常用的收尘工艺设备有( )等。
   Ⅰ.重力沉降室;Ⅱ.旋风收尘器;Ⅲ.袋式收尘器;Ⅳ.电收尘器;Ⅴ.过滤收尘器
   A. Ⅰ+Ⅱ　　　　　　　　　　B. Ⅲ+Ⅳ
   C. Ⅰ+Ⅱ+Ⅲ　　　　　　　　D. Ⅰ+Ⅱ+Ⅲ+Ⅳ+Ⅴ
8. ( )是利用高速旋转气体的离心力将粉尘从空气中分离出来的收尘装置,应用较为广泛。
   A. 旋风收尘器　　B. 袋式收尘器　　C. 电收尘器　　D. 重力收尘器

三、判断题

1. 水泥和化肥散装运输比袋装运输装卸效率低。　　　　　　（　）
2. 化肥具有易燃性和易爆性。　　　　　　　　　　　　　　（　）
3. 门机在散水泥和散化肥的装卸作业中具有输送功能。　　　（　）
4. 气力提升机是一种低压吹送的水平运输气吸式卸船输送设备。
　　　　　　　　　　　　　　　　　　　　　　　　　　　（　）
5. 链式卸船机可用于卸船或散料的水平和垂直输送。　　　　（　）
6. 自卸散装水泥火车车厢是最常见的自卸散装水泥车。　　　（　）
7. 散装库库底装车系统比库侧装车系统装车方便。　　　　　（　）
8. 圆库中的水泥、化肥流动应该尽量避免出现整体流的情况。（　）
9. 散水泥和散化肥仓库常采用方形库。　　　　　　　　　　（　）
10. 袋式收尘器主要是用重力沉降的方法将含尘气体中的尘粒阻留在纤维织物上。　　　　　　　　　　　　　　　　　　　　　　　　（　）

四、简答题

1. 与袋装运输相比,水泥和化肥散装运输有哪些优点?
2. 散水泥(化肥)在保管、运输和装卸方面具有哪些特点?
3. 散水泥(化肥)卸船及输送机械设备有哪些? 各有什么功能特点?
4. 如何避免水泥、化肥在库内的流动出现漏斗流的现象?
5. 在散水泥(化肥)装卸工艺系统中,常用的收尘工艺设备有哪些? 各有什么特点?

五、工艺流程题

1. 请画出船→灌包库装卸作业的工艺流程图。
2. 请画出船→散装库装卸作业的工艺流程图。
3. 请画出船→平台灌包装卸作业的工艺流程图。
4. 请画出散装库→灌包装卸作业的工艺流程图。

第九章 CHAPTER NINE
液体货装卸工艺

 知识目标

1. 熟悉石油的种类和石油的特性。
2. 熟悉油罐类型及各种储油方式的特点。
3. 掌握输油泵、管线及附加设备的特点及其选择。
4. 掌握港口石油装船、卸船和装车、卸车工艺流程。
5. 掌握含油污水处理方法和工艺流程的选择。
6. 熟悉油库防火防爆的基本方法。

 能力目标

1. 具备石油装卸工艺的基础知识。
2. 具备石油、天然气装卸工艺方案的分析和应用能力。

素质目标

1. 具备从事港口液体货装卸工艺需要的职业理想、职业道德、职业素养。
2. 具备从事港口液体货装卸工艺的科学思维方法,提高分析问题和解决问题的能力。
3. 培养从事港口液体货装卸工艺需要的敬业、精益、专注、创新的工匠精神。

第一节 概述

液体货是指液体状运输和储存的货物,主要货品为石油及成品油、液化气及化学品等。液体货物的运输和储存具有一些共同的特征和要求,不同的货物也有不同的特点。本章主要讲述石油装卸工艺及液化气装卸工艺。

石油是当今世界的重要能源之一,其海运量居各货种之首。20 世纪上叶出现的散装石油运输导致现代化超级油轮的诞生,出现了港口石油专业化码头及其装卸工艺,带来了水上运输工艺的第一次革命,同时也进一步促进了世界石油运输的发展。

石油以及石油产品具有易燃烧、易爆炸、易产生静电等特性,这给储运、装卸工作带来危险,因此从事石油运输和装卸生产工作的人员,必须熟悉和掌握石油的特性,并针对这些特性采取一些相应的措施,才能在石油运输和装卸过程中做到安全生产。

一、石油的种类

石油可分为原油和石油产品两大类:原油是未经提炼的石油;石油产品是原油经过提炼而成的油品。石油产品可分为:

(1)透明石油及其产品,如汽油、煤油等轻质油品。

(2)深色石油及其产品,如柴油、润滑油等。

(3)沥青及其他。沥青呈固体状,是石油经提取油品后的剩余物。在运输和装卸时,以件杂货处理。

二、石油的特性

1. 易燃性和爆炸性

石油和石油产品的易燃程度可以用闪点、燃点和自燃点来衡量。闪点即在常压下和一定温度时,油品蒸发出来的油蒸汽和空气混合后,与火焰接触闪出蓝色火花并立即熄灭时的最低温度;燃点即在常压下和一定温度时,油品蒸发出来的油蒸汽与空气混合后,与火焰接触而着火,并继续燃烧不少于5s时的最低温度;自燃点即在常压下,将油品加热到某温度,不用引火也能自行燃烧时的最低温度。常压下几种主要石油产品的闪点、燃点及火灾危险性分类见表9-1 和表9-2。

石油产品的闪点、燃点、自燃点　　　　　　　表9-1

油品	温度(℃)	
	闪点	燃点
原油	27~45	一般较闪点高3~6℃,但个别油品则高很多,例如航空润滑油
汽油	-58~10	
煤油	28~60	
柴油	50~90	
润滑油	120~200	

石油产品火灾危险性分类　　　　　　　表9-2

类别		油品闪点 F_t(℃)	例如
甲		$F_t < 28$	原油、汽油
乙	A	$28 \leq F_t \leq 45$	喷气燃料、灯用煤油、-35号轻柴油
	B	$45 < F_t < 60$	
丙	A	$60 \leq F_t \leq 120$	轻柴油、重柴油、20号重油
	B	$F_t > 120$	润滑油、100号重油

爆炸是一种极为迅速的物理或化学的能量释放过程。在此过程中，体系内的物质以极快的速度把其内部所含有的能量释放出来，转变为机械功、光和热等能量形式。爆炸具有极大的破坏性，可造成设施设备、建筑物的破坏，人员的伤亡及火灾事故。

油品储运中发生的爆炸主要有两类：一类是油气混合气因遇火而爆炸，这是一种化学性爆炸；另一类是密闭容器内的介质在外界因素作用下，由于物理作用，发生剧烈膨胀超压而爆炸。在油库中最易发生且破坏性较大的是第一类爆炸。油蒸汽与空气的混合气达到适当浓度时，遇到足够能量的火源就能发生爆炸。某种油蒸汽在空气中能发生爆炸的最低浓度和最高浓度，称为该种油蒸汽的爆炸浓度下限和爆炸浓度上限，其饱和蒸汽压对应的油料温度称为这种油料的爆炸温度极限。爆炸极限一般使用可燃气体在混合气体中的体积百分数来表示，如表9-3所示。

几种物质的爆炸极限　　　　　　　　　表9-3

气体或液体名称	与空气混合时爆炸极限（体积百分比，%）		爆炸范围（%）	气体或液体名称	与空气混合时爆炸极限（体积百分比，%）		爆炸范围（%）
	爆炸下限	爆炸上限			爆炸下限	爆炸上限	
甲烷	5.3	14.0	8.7	苯	1.5	9.5	8.0
乙烷	3.2	12.5	9.3	汽油	1.0	6.0	5.0
丙烷	2.4	9.5	7.1	煤油	1.4	7.5	6.1
丁烷	106	8.5	6.9	乙炔	2.5	80.0	77.5

当空气中含油蒸汽的量处于爆炸上限和爆炸下限之间时，才有爆炸的危险，而且爆炸极限的幅度越大，危险性就越大。如果空气中含油蒸汽的量低于爆炸下限，遇明火，既不会爆炸，也不会燃烧；当空气中含油蒸汽的量超过上限时，遇火只会燃烧而不会立刻爆炸，并在燃烧过程中可能突然转为爆炸。这是因为油品蒸汽在空气中所占的体积百分比在燃烧中逐渐降低而达到爆炸上限。这就是空载油轮较易发生爆炸，也就是油轮爆炸往往发生在燃烧后（先燃烧后爆炸）的主要原因。

2. 挥发性

不同油料的挥发性是不同的，一般轻质成分越多，挥发性就越大，汽油的挥发性大于煤油，煤油的挥发性大于柴油，润滑油挥发较慢。另外，油料在不同温度和压力下，挥发性也不同，温度越高，挥发越快，压力越低，挥发越快。从油料中挥发出来的油蒸汽迅速与空气混合，形成可燃混合气，一旦遇到足够大的点火能量，就会引起燃烧和爆炸。挥发性越大的油料的火灾危险性越大。因此石油的挥发性对安全运输、装卸和储存具有重大的意义。

再者，石油的挥发会引起油量的减少和油质的降低，因为挥发成气体的大部分是石油及其产品中的轻质有效成分，而且这些挥发的气体还会伤害人体健康。一般情况下，当空气中油蒸汽的含量达8.3g/L时，会危及人的生命安全。因此，油码头要加强通风、开放，配备必要的防毒面具，以便在检修管道或油罐时用。

3. 扩散性

油料及其扩散性对火灾危险的影响主要表现在以下几个方面：

（1）油料的流动性。油料（特别是轻质油料）具有很强的流动性。这种流动性使得油料的扩散能力大大增强。因此,油料的流动性使其在储存和运输过程中易发生溢油和漏油事故,同时也易沿着地面或设备流淌扩散,增大了火灾危险性,也会使火势范围扩大,增加了灭火难度和火灾损失。

(2)油料比水轻且不溶于水。这一特性决定了油料会沿水面漂浮扩散。一旦管道、储油设备或油轮把油料漏入江、河、湖、海等水域,油料就会浮于水面,随波漂流,造成严重的污染,甚至造成火灾。这一特性还使得不能用水直接覆盖扑救油料火灾。

(3)油蒸汽的扩散性。油蒸汽的扩散性是由于油蒸汽的密度比空气略大,且很接近,有风时受风影响会随风飘散,无风时,它也能沿地面扩散到50m以外,并易积聚在坑洼地。

4. 纯洁性

不同品种的石油产品一旦混在一起就不易分离,这就要求石油产品在装卸运输和储存时要保持其纯洁性。为了保持各种油种品质的纯洁性,在装卸输送和储存时,要设专线管道。当管道输送的油种发生变化时,先要严格彻底地进行冲洗。可选用蒸汽冲洗、水冲洗和人工清洗几种冲洗方法,蒸汽冲洗效果较好,但成本较高,常用于对清洗要求较高的油品。

5. 易产生静电性

石油沿管线流动或在金属容器中晃动时,与管道或容器壁发生摩擦,会产生静电荷,当静电荷积聚到一定电位时,会产生静电放电。对有大量石油蒸气的作业场所来说,放电的火花很容易引起燃烧和爆炸。

我们在装卸保管和设计机械化系统时,要采取排除和减少静电荷积聚的措施。比如,管道壁、容器壁要有一定的光滑度,控制油温和油的流速等。重要的是,所有的输油管和储油设备等都应设置可靠的接地装置,以将摩擦产生的静电导入地下。

6. 黏性和凝结性

油品的流动性能叫作黏性。各种石油产品及原油的黏性是不同的,有的黏性小,容易流动,如汽油;有的不仅在低温下有很大的黏性,甚至在夏季气温较高的情况下,仍是凝结的,如某些原油及不透明的石油产品。油品的黏度是表示油品流动性的指标,一般轻质油的黏度小,流动快;重质油的黏度大,流动慢。油品的黏度与温度有关,温度升高,黏度下降,流动性好;反之,温度降低,黏度升高,油品易凝固。

油品的黏度对储运工作也有很大的影响。例如,储运黏度大的燃料油或原油时,装卸作业就显得较为困难。因此,我们在输油和储存时,要注意对油品进行必要的加温和保温,使油品黏度下降,从而保证油品通畅地流动。然而,对油品的加温要有一定的控制,有的油品不能加温,否则油品就易挥发成气体。

7. 膨胀性

物质具有热胀冷缩的特性,称为膨胀性。膨胀性表现为物质的体积随着温度的升高或降低而增大或缩小。石油及其产品受热时,体积会增大,这就是石油的膨胀性。石油的膨胀性用体积膨胀系数 β 表示:

$$\beta = \frac{V_2 - V_1}{V_1(t_2 - t_1)}$$

式中:β——体积膨胀系数(1/℃);

V_1——初始体积(m^3);
V_2——膨胀后的体积(m^3);
t_1——初始油温(℃);
t_2——膨胀后的油温(℃)。

由上式可见,油品的膨胀性与体积、温度有关。一般说来,油品越轻,膨胀系数越大。

石油及其产品的膨胀性要求我们在输油和储油的油罐容器中留出一定的剩余空间,以适应这种特性。

8. 毒害性

石油蒸汽对人体健康有害。因石油中毒或因吸入石油蒸气而中毒的情况时有发生,大量吸入石油蒸汽会造成人体中毒,甚至死亡。有的油品,如四乙基铅的汽油蒸汽毒害性更大,它可以通过皮肤接触使人中毒。石油的毒性与其蒸发性有密切关系,易蒸发的石油制品比难蒸发的石油制品毒性大。

总之,石油是一种危险品,如不注意,在运输和储存的过程中容易发生泄漏,带来严重的后果,所以必须注意预防石油的溢漏污染。

第二节 石油的存储设备

一、油库概述

油库是储存、转运和供应石油及石油产品的专业性仓库,是协调原油生产和加工、成品油运输及供应的纽带。

油库的类型有很多,根据不同的分类方法,油库大体可以分为如下几类。

1. 按管理体制和业务性质划分

根据管理体制和业务性质不同,油库可以分为独立油库和附属油库两大类型。独立油库是指专门接收、储存和发放油品的独立企业或单位,它包括民用油库和军用油库两种,其中民用油库又分为储备油库、中转油库和分配油库;军用油库分为储备油库、供应油库和转运油库。附属油库是指企业或其他单位为了满足本部门需要而设置的油库。它也包括民用油库和军用油库两种。其中民用油库又分为油田原油库、炼油厂油库、机场及港口油库、农机站油库和其他企业油库;军用油库分为机场油库和地面部队油库。

储备油库的容量一般较大,多为隐蔽性好、防护能力强的山洞库或地下库。供应油库在储存一定数量油料的前提下,主要任务是保障一定区域内各单位的用油,其库容量一般较储备油库小,油料品种比较齐全,收发作业频繁。转运油库承担油料的中转任务,其一般设在口岸或交通枢纽地区,将经水路或铁路运来的油料卸下,再经由铁路、水路或公路转运给用油单位。

2.按容量和年供应量收发量划分

按国家标准《石油库设计规范》(GB 50074—2014),石油库的等级划分如表9-4所示。

石油库的等级划分　　　　　表9-4

等级	总容量 TV(m³)	等级	总容量 TV(m³)
一级	100000 ≤ TV	四级	1000 ≤ TV < 10000
二级	30000 ≤ TV < 100000	五级	TV < 1000
三级	10000 ≤ TV < 30000	—	—

表9-4中总容量是指石油库的公称容量和桶装油料设计存放量之总和,不包括零位罐、高架罐、放空罐以及石油库自用油品储罐的容量。当石油库储存液化石油气时,液化石油气罐的容量应计入石油库总容量。

二、油罐储油方式

油料按照储运方式的不同分为散装和整装两种。用油罐、车(铁路油罐车或汽车油罐车)、船(油轮、油驳)、管道等储存或运输的油料称为散装油料。用油桶及其他专用容器整储、整运的油料称为整装油料。在油库中,油罐是储存散装油料的主要容器,也是油库的主要储油手段。

1.油罐的基本要求

油罐应由不燃材料制成,易于防火,与油品接触不发生化学变化,不影响油品质量;油罐应严密性好,不发生油品及其蒸汽渗漏;油罐的结构及附件简单,坚固耐用;便于施工和管理。

2.油罐的类型

(1)按建筑形式分,储油罐可分为地上、地下和半地下等不同形式,我国常用的是地上油罐形式。

地上储油罐是指油罐底的地面低于或高于附近地面最低标高的油罐,埋入的深度小于罐高。地下储油罐是指罐内最高液面低于附近地面最低标高0.2m。半地下储油罐是指油罐地下的深度不小于罐高的一半,罐内液面不高于附近地面最低标高2m。

(2)按油罐的结构形式不同可分为拱顶式、浮顶式、呼吸顶式。

①拱顶式。其是最常用的一种钢制油罐的形式。

②浮顶式。油罐的顶可随罐内油及油蒸气的多少而上下浮动,油罐顶的浮动可减少油气挥发的损失。当挥发的油蒸气增加时,由于固定式(拱顶式)罐的容积有限,就必须排气以减少对罐壁的压力,浮顶油罐的体积可随浮式顶的上下浮动而变化,可减少排气损失。因此,浮顶式油罐具有密封性能好、油品损耗小、安全性高的优点,适用于储存原油及轻质油品。

③呼吸顶式。这种油罐具有柔性的罐顶,它由2~3mm的优质钢板制成,既有柔性,又有所需的强度,体积可以改变,但变化的范围不如浮顶式油罐。呼吸顶式油罐较浮顶式油罐更适

用于储存低沸点油,这是因为浮顶式油罐体积变化范围大,当油罐内液面上存在大量的低沸点油蒸气时,容易燃烧,造成事故。呼吸顶式油罐的体积变化限度小,可容油气的量较有限,对低沸点油种来说,较为安全可靠。

(3) 按油罐使用的材料不同可分为金属油罐和非金属油罐。

①金属油罐。金属油罐是应用最广泛的储油容器。它具有安全可靠、耐用、不渗漏、施工方便、适宜储存各种油品等优点。

目前应用较多的是立式圆柱形拱顶金属油罐(图9-1)、立式圆柱浮顶金属油罐(图9-2)和卧式金属油罐。立式圆柱形拱顶金属油罐被广泛采用,以储存各种原料油、成品油。拱顶本身是承重结构,罐内没有桁架和立柱,结构比较简单,钢材用量较少,承压能力也较高。浮顶油罐的特点是顶盖直接放在油面上,随油品收发上下浮动,因此除了顶盖和罐壁之间的部分环形空间外,几乎全部消灭了气体空间,从而大大减少了油品的蒸发损耗。这种油罐被广泛应用于港区储存原油。它的建造容积一般在 5000m³ 以上,目前大的原油浮顶油罐容积已达 150000m³。

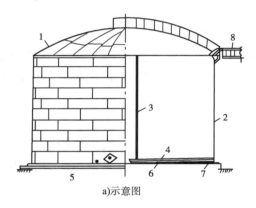

a) 示意图　　　　　　　　　　　b) 石油码头油罐布置图

图 9-1　立式圆柱形拱顶金属油罐

1-拱顶板;2-侧板;3-液位计;4-加热管;5-地面管道;6-底板;7-导形板;8-阶梯

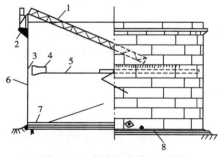

图 9-2　立式圆柱浮顶金属油罐

1-活动梯;2-旋转阶梯;3-密封装置;4-浮筒;5-浮动罐顶;6-侧板;7-加热管;8-地面管道

卧式金属油罐的优点:能承受较高的正压和负压,有利于减少油品的蒸发损耗;施工方便;机动性大。缺点:单位容积耗费钢材量大;一般罐的容积小、占地面积大。在大型油库中常用作附属油罐,如放空罐、计量罐等。卧式油罐除了用于储存轻质油品外,还可用于储存润滑油。因为润滑油往往品种多、数量少,适宜用容积小的卧式罐储存。球形罐多用于液化系统以及需要储存压力较高的溶剂。

②非金属油罐。非金属油罐主要有土油罐、砖油罐、石砌油罐和钢筋混凝土油罐等。

钢筋混凝土油罐是上述几种非金属油罐中的主要油罐,钢筋混凝土油罐的罐顶可做成拱顶、无梁顶或梁板顶。

③金属罐和非金属罐的比较见表9-5。

金属罐和非金属罐的比较 表 9-5

项目比较	金属罐	非金属罐
使用特点	1. 使用安全可靠,不渗漏,耐热性能好; 2. 施工方便,便于维修保养,方便; 3. 油罐计量较准确; 4. 采用浮顶式罐,油品损耗小; 5. 耗钢量大,易腐蚀	1. 耗钢量小,抗腐蚀性好,使用寿命长; 2. 罐壁热惰性大,可减小油品呼吸,损耗小; 3. 造价高,施工期长,维修较难; 4. 对地基(不均匀沉降性地基)适应性差,对温度的适应性小; 5. 易渗漏
使用范围	使用较广泛,尤其是浮顶式罐	半地下式时,也用非金属罐

为了便于生产管理、保证安全,油罐应设置温度、液位等控制仪表及报警装置。为了保证油罐正常工作,应设置必要的附件,这些附件主要有梯子、栏杆、人孔、透光孔、量油孔、进出油短管、机械呼吸阀、液压阀、放水低阀、防火泡沫箱等。为了安全,油罐还应装有静电接地装置,大容积地面油罐还应装有避雷针。

三、其他储油方式

1. 水封储油

水封储油有地下水封油库、人工水封石洞油罐和软土水封油罐三种。

(1)地下水封油库,即利用地下水密封库壁的无衬砌石洞油库,它是在有稳定地下水的地区(在地下水水位以下至少 5m)开挖石洞,用水冲洗洞穴后直接在洞内储油;洞壁不做混凝土被覆,也不贴衬里。这种方式储油的原理是利用水的密度比油大,同一高度上岩洞周围地下水的静压力比油的静压力大,且油水不相容的特性,靠周围岩体裂隙中稳定的地下水的压力把油封在石洞中。地下水封油库可用来储存原油、重油、柴油、汽油、航空油等各类油料,我国目前已经建成用于储存原油和柴油的地下水封油库。

(2)人工水封石洞油罐是一种基于水封原理,又不受建库地区、地下水位限制的油罐。它是在岩体中开挖好洞罐后,进行罐体混凝土离壁被覆,利用被覆层和岩体之间的预留空隙充水而成水套层,并在罐顶做水封层,罐底做水垫层,从而使混凝土罐处于水的包围之中。由于水面高于罐内油面,罐体上每一点的水压力都大于该点的储油静压力,从而实现了水封储油。我国已经建成 $10000m^3$ 的人工水封石洞油罐,经过试验,情况良好。

(3)软土水封油罐是在稳定地下水位以下的软土中建造混凝土油罐,利用地下水的压力来封存罐内油品。

2. 地下盐岩库储油

地下盐岩库储油,即利用在盐岩中所打的井和冲刷出来的洞穴储油的方法。

盐岩分布很广,埋藏很深的盐岩,孔隙率和渗透性几乎等于零,具有很好的气密性和液密性。盐岩与各种油品或液化气接触时,不发生化学反应、不溶解,不影响油品或液化气的质量。地下盐岩库储油具有投资省、储存安全可靠、营运费用少等优点。因此,在盐岩中构筑地下油库是一种理想的储油方法。

第三节　石油的装卸设备

石油的装卸设备主要包括输油泵、管线及附加设备。

一、输油泵

输油泵的作用是产生压能,使油品在压差的作用下流动。输油泵一般要求排量大,扬程较低;扬程高时,采用多级离心泵;扬程低时,采用单级离心泵。

输油泵主要有离心泵、往复泵、齿轮泵和螺杆泵等几种。油料黏度大、流动阻力大、流量较小($30m^3/h$ 以下)时,只能用容积泵(活塞泵、齿轮泵和螺杆泵)输送。新建的大型油库,因黏油的收发量大,采用螺杆泵,流量通常为 $90m^3/h$ 左右。油港输油中通常采用的是离心泵,其结构如图 9-3 所示。我国油港以及石油部的部分长输管线泵站,大都采用这种泵型。离心泵、往复泵适用于精度要求较高的油品,如润滑油,也可用于冲洗管道。装卸黏度较大的油品时,也可用往复泵。

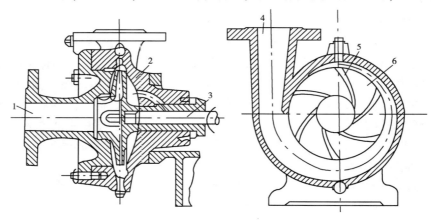

图 9-3　离心泵结构
1-吸入接管;2-泵壳;3-泵轴;4-扩压管;5-叶瓣;6-叶轮
(扫码观看数字资源)

离心泵的主要工作部件是叶轮和泵壳。叶轮通常由若干弧形叶瓣和两侧圆盘构成。叶轮用键和螺母固定在泵的一端,轴的另一端则通过填料箱伸出泵壳。由原动机驱动叶轮回转,泵壳呈螺线形,吸入管和排出管分别连接在泵壳的中心和泵壳的出口上。

离心泵工作时,预先充满在泵中的液体,会受叶瓣的推压,被迫随叶轮一起回转,产生一定的离心力,使液体自叶轮中心向四周抛出,然后,沿泵壳中的流道流向排出管。与此同时,在叶轮的中心形成一定的真空,在吸入液面上的大气压力作用下,液体就会经吸入管进入叶轮的中心。液体流经叶轮后的压力和速度都比进入叶轮里增加了许多。为了减少液体通过排出管时的阻力损失,需降低流速,把动能部分地转变为压力能,为此就须采用通流截面逐渐扩大的能量转换装置,螺线形泵壳就是其中常用的一种。此外,螺线形泵壳还兼有汇聚液体扩压并将其平稳地导向排出管的作用。

1. 离心泵的主要特性参数

（1）流量，指单位时间内从泵的排出口所排出的液体体积，用 L/s、m³/h 表示。

（2）压头（扬程），指单位重量液体通过泵所获得的能量增值。

$$H = h_1 + h_2 + h_3 + h_4$$

式中：H——压头、扬程（m）；

h_1——管道的压头损失（包括沿程损失和局部损失），它与采用的输油臂的口径、台数、输油效率、油品性质有关，一般可取 10~32m；

h_2——输油管上附属设施（如输油臂、流量计、加热器、热交换器等）的压头损失（m）；

h_3——地形高差（m），指最低液面与标高最低、最远的油罐进出油罐顶之差；

h_4——富裕压头，一般可取 15~20m，由于在使用过程中，除上述压头标高之差损失外，还由于管道积腊、积土后管道截面面积减小，管内壁绝对粗糙度和雷诺数的改变，所需压头的损失，故需有富裕压头。

（3）功率和效率。泵在单位时间内对液体所做的功，称为有效功率，其值等于

$$N_e = \frac{QH\gamma}{367}$$

式中：N_e——泵的有效功率（kW）；

Q——泵的流量（m³）；

H——泵的扬程（m）；

γ——液体的密度（t/m³）。

泵工作时，由原动机传给泵轴的功率，称为轴功率 N。泵的效率是指泵的有效功率与轴功率之比，即

$$\eta = \frac{N_e}{N} \times 100\%$$

式中：N_e——泵的有效功率（kW）；

N——泵的轴功率（kW）；

η——泵的效率。

通常泵的铭牌上标明的功率不是有效功率，而是指与泵配合的原动机的功率，有些铭牌上标明的"轴功率"是指泵需要的功率。在选配原动机时，原动机功率应比轴功率稍大，一般取原动机功率等于轴功率的 1.1~1.2 倍。

（4）转数 n 是指泵轴或叶轮每分钟旋转的次数，单位为 r/min。一般产品样本上规定的转数是指泵的最高转数许可值，实际工作中最高不能超过许可值的 4%。

（5）允许吸入真空高度 H_s，是指泵在正常运转的情况下，泵入口处许可的最大真空度，单位为 m（液柱），它标志泵的吸入性能。

泵铭牌上给出的流量、轴功率、效率都是用水试验得出的。当液体不是清水时，应根据液体性质修正 Q、H、N、η。修正方法可查泵产品样本或油品储运有关工艺设计手册。

2. 输油泵的选择

输油泵的型号，应根据原油性质和输油参数进行选择，一般宜选用离心泵，同一泵房内，泵

型应尽量一致。配用电机应优先考虑防爆型,电压力求一致。

输油泵的流量,应根据装船、装车、管道输送等不同情况分别确定。

(1) 装船。

$$Q = \frac{P}{n \cdot \rho}$$

式中:Q——每台泵的流量(m^3/h)。

P——同时装油的油船装船效率之和(t/h)。油船的装船,可取油船载重量的 1/10 或稍多。

n——泵并联工作的台数(台)。

ρ——油品的密度(t/m^3)。

应该注意,对于大小泊位共用泵的情况,在确定泵的流量和台数时,要兼顾小泊位的接受能力,便于调节流量。

(2) 装车。

$$Q = \frac{NV}{tn}$$

式中:N——每次最大装车辆数(辆);

V——每辆油罐车平均容量(m^3);

n——泵并联工作台数(台);

t——一次装油时间,指一列罐车的净装油时间(h)。

其余符号意义同前。

(3) 管道输送。

$$Q = \frac{Q_年}{T_年 \cdot 24 \cdot \rho \cdot n}$$

式中:$Q_年$——年原油进口量(t);

$T_年$——输油管线年工作天数(天)。

其余符号意义同前。

输油泵的压头(扬程),应满足在设计流量下,原油从起点至终点所需要的压头,输油泵的压头一般为输油管的计算压头的 1.2 倍。

各类输油泵的工作性能比较见表 9-6。

输油泵的工作性能比较　　　　　　　　表 9-6

项目比较	离心泵	往复泵	齿轮泵	螺杆泵
转速	转速高,通常为 1500~3000r/min	往复频率低,通常在 140 次/分以下	一般在 1500r/min 以下	一般在 1500 以下,小型泵可达 3000r/min
功率	功率范围大,可达 500kW	功率小,一般在 20kW 以内	功率小,一般在 10kW 以内	功率范围大,一般在 500kW 以内
允许吸入真空	一般为 4.5~7m,最大可达 8m	一般可达 8m	一般在 6.5m 以下	一般在 4.5~6m

续上表

项目比较	离心泵	往复泵	齿轮泵	螺杆泵
流量	流量均匀,且流量随扬程变化而变化;流量范围大,通常在 $10\sim350\mathrm{m}^3/\mathrm{h}$ 之间	流量不均匀,流量只和泵的往复次数有关,而与工作压力无关;流量范围较小,通常在 $10\sim50\mathrm{m}^3/\mathrm{h}$ 之间	流量均匀,但比离心泵差些;流量只与转速有关,而与工作压力无关;流量较小,通常在 $30\mathrm{m}^3/\mathrm{h}$ 以下	流量均匀,流量只与转速有关,而与工作压力无关,流量范围较大,通常在 $0.52\sim300\mathrm{m}^3/\mathrm{h}$ 之间
扬程	扬程与流量有关,在一定流量下,只能供给一定扬程;单级泵扬程可达 300m 以上	扬程由输送高度和路阻力决定,只要泵和管路强度足够大,且电动机功率也大,扬程也可相应增高,使用工作压力一般在 980kPa 以下	扬程由输送高度和路阻力决定,只要泵和管路强度足够大,且电动机功率也大,扬程也可相应增高,使用工作压力一般在 392kPa 以下	扬程特点同往复泵一样,使用工作压力一般在39.2MPa 以下
效率	效率较高,一般在 $0.5\sim0.9$ 之间,在额定流量下效率最高,随流量变化,效率也相应变化	效率高,一般在 $0.72\sim0.9$ 之间;在不同工作压力下,效率仍保持较大值	效率一般在 $0.6\sim0.9$ 之间,工作压力高时,效率会降低	效率一般在 $0.8\sim0.9$ 之间

二、管线及附加设备

油港内的管线有油管线、气管线(如压缩空气管线、真空管线)、水管线(冷水、热水管线)几种,一般用无缝钢管和有缝钢管。

1. 油管线的种类

油管线是联系泵房、油罐、油码头及铁路装卸车台的主要设备。油管线的种类有钢管、耐油胶管、软质输油管等。固定输油管多用钢管;耐油胶管主要用于机动装、卸、输油设备,连接活动部位;软质输油管由于收卷方便,在野外作业时得到广泛应用。

1) 钢管

钢管按制造方法分为无缝钢管和焊接钢管。无缝钢管又分为热轧和冷拔两种,油库常用的是热轧普通无缝钢管。无缝钢管的主要优点是品种规格多、强度高、安全可靠。无缝钢管的规格用外径×壁厚表示,如 $\phi159\mathrm{mm}\times4.5\mathrm{mm}$,表示外径为 159mm,壁厚为 4.5mm。

焊接钢管是先将钢板卷成圆筒,然后焊接而成。根据钢板卷制的方式不同,可分为对缝焊管和螺旋焊接管两种,大直径管路采用螺旋形焊缝。按表面质量分镀锌和不镀锌两种,镀锌的俗称白铁管,不镀锌的俗称黑铁管。焊接钢管的优点是价格较便宜,管壁较均匀,能制成较大直径;缺点是焊缝强度往往不能完全得到保证,承受压力较低。

2) 耐油胶管

油库常用的耐油胶管主要有输油胶管、重型输油胶管、钢丝编织输油胶管等。耐油胶管,即中间及外层带螺旋金属丝的输油胶管,由内胶层、内增强层、螺旋金属丝、中胶层、中间增强层、外增强层以及外胶层组成。耐油胶管承压能力较强,可作为吸入和排出管,适合用于油轮的装卸,也可用于军舰加油。

钢丝编织输油胶管由内胶布缓冲层或棉线螺旋钢丝、中间胶层、钢丝编织层和外胶层组成。这种胶管承压能力较高,工作压力为980kPa,并且没有接头,可以截断使用,既可以作为排出管,也可用于吸入管路。

3) 软质输油管

这种输油管主要由能承受内压和拉力的编织骨架层和防渗内外保护层组成。编织骨架层采用锦纶涤纶做主要材料,内外保护层采用橡胶做主要材料。它的优点是重量轻、存放体积小、使用方便等。

2. 油管管径的确定

管径的确定是先根据流体性质和允许压力选定流速,然后根据下式计算:

$$D = 18.8\sqrt{\frac{Q}{v}}$$

式中:D——管内径(mm);

Q——管线中的最大流量(m^3/s);

v——管线中的允许流速(m/s)。

根据计算结果,最后应按国家标准取值。管径的选择应充分考虑操作要求、技术可能和经济合理。油管线推荐流速见表9-7。

油管线推荐流速　　　表9-7

运动黏度 ($\times 10^{-6} m^2/s$)	吸入管线流速 (m/s)	推出管(扩压管) 流速(m/s)	运动黏度 ($\times 10^{-6} m^2/s$)	吸入管线流速 (m/s)	推出管(扩压管) 流速(m/s)
10~11.4	1.5~2.0	2.5~3.0	74.0~148.2	1.1~1.2	1.2~1.5
11.4~28.4	1.3~1.8	2.0~2.5	148.2~444.6	1.0	1.1~1.2
28.4~74.0	1.2~1.5	1.5~2.0	444.6~889.2	0.8	1.0

3. 油管的伴热措施

为了使油品在输送过程中不冷凝和温降不要过大,油管须采用伴热措施。伴热保温常有蒸汽管伴热或电加热,目前国内采用蒸汽管伴热较为广泛。

蒸汽管伴热有内伴热、外伴热和外伴随三种:

1) 蒸汽管内伴热

内伴热是在油管内部通一蒸汽管,其优点是热效率高,缺点是施工维修困难。蒸汽管支撑在油管内部,油品管线摩阻增大,又由于两种管子内解质温度不同,热伸长量也不一样,故在蒸汽管弯头处及引出油管的焊缝处常因裂纹而发生漏油现象。为克服上述缺点,可在蒸汽管伸出处的油管上接一短管,使蒸汽管的焊口全部露在外面,并便于蒸汽管的伸缩。如图9-4所示。

2) 蒸汽管外伴热

外伴热是油管外套有蒸汽管,其优点是传热面大、热效率较高,多用于炉前管道,缺点是耗用钢材较多。

3) 蒸汽管外伴随

外伴随是在油管外部伴随一根或多根蒸汽管,一起包扎在同一保温层内。其优点是便于施工检修,也不会发生油、汽混窜的问题,但传热效率与内伴热和外伴热相比则较低。除了对油管线采用伴热措施外,为了减少热损失,还必须对管线进行保温。如图9-5所示。

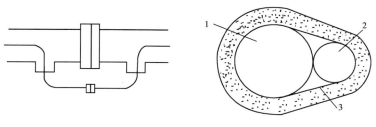

图9-4 内伴热　　　　图9-5 外伴随
1-油管;2-蒸汽管;3-铁丝网保温层保护壳

油管线常用的保温材料有玻璃、棉毡及蛭石等。由于重油管线常用蒸汽管外伴随,保温形状不一,较难采用蛭石预制块进行保温,保温层外面应加保护壳。管线受温度变化的影响会发生胀缩现象,为了避免损坏管线,对地面敷设的热油、热水、蒸汽管应每隔一定距离加补偿器。并在管线两端加固定支墩,补偿器的间距根据所用补偿器的补偿能力而定。

补偿器的种类有填料函补偿器、波纹管补偿器、π形、Ω形以及Z形,弯管等油码头上常用的是π形、Ω形以及Z形补偿器。管线上还要附加必要的阀门、油筛、流量表等。如图9-6所示。

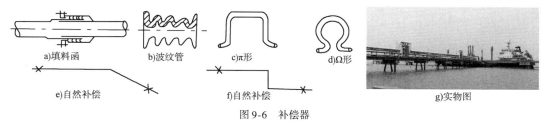

a)填料函　　b)波纹管　　c)π形　　d)Ω形

e)自然补偿　　　　f)自然补偿　　　　g)实物图

图9-6 补偿器

三、车船装卸的连接设备

油罐车的装卸都设置装车台(栈桥)及鹤管。装车台根据油品性质和操作条件不同而分台设置。如图9-7所示。

装车台的规模可按下式确定:

$$N = \frac{GK}{\rho nVA}$$

式中:N——每次最大装车辆数(辆);

　　　G——平均装车量(t/d);

　　　K——铁路装油日不均衡系数,取1.2~2.0;

　　　ρ——油品密度(t/m³);

　　　n——日装车次数;

　　　V——每辆油罐车平均容积,取50m³;

　　　A——油罐车装满系数,取0.9~0.95。

根据每次装车的辆数确定鹤位数及栈台长度,为了减少占地和投资,一般采用双侧台。装车台的规模不完全取决于装车量,油罐列车的组成、编组和调车方式等也必须考虑。油船装卸可用橡胶软管作为码头和船舶之间的油流通道。橡胶软管具有挠度大、适应性强的特点,但橡胶软管的维护费用较高,而且进一步增大橡胶软管的口径尺寸和油品流速也受到一定限制。因为流速增大到一定程度,就会使软管产生剧烈振动,影响生产的安全。因此,橡胶软管已不适宜作为大型油轮的高速、高效的装卸输油管线。

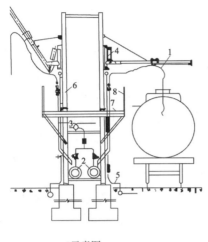

a)示意图　　　　　　　　　　　　　　　b)实物图

图9-7　装车台(栈桥)及鹤管

1-小鹤管;2-汇油管;3-扫线管;4-气动阀;5-回水管;6-栈桥架;7-平台;8-栏杆

(扫码观看数字资源)

输油臂是一种新型的油港装卸设备。输油臂具有俯仰和旋转的功能,臂上油管为有活动接头的钢管,如图9-8所示。输油臂的特点是生产安全可靠、省力、使用年限长、效率高、维修费用低,有利于油港装卸自动化。

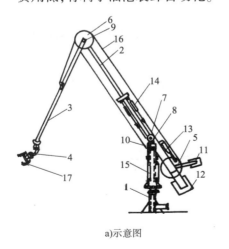

a)示意图　　　　　　　　b)实物图　　　　　　　　b)实量图

图9-8　输油臂

1-竖管;2-内伸臂;3-外伸臂;4-三向接头;5-尾部绳轮;6-头部绳轮;7-中部绳轮;8、9、10-回转接头;11-外伸臂平衡重;12-平衡重;13-外伸臂回转液压缸;14-内伸臂回转液压缸;15-水平回转液压缸;16-拉索;17-液压快速结合与脱开装置

第四节 石油装卸工艺系统

港口石油的装卸系统由石油的存储设备、装卸设备及其装卸工艺等构成。

一、石油的存储设备

石油的存储设备主要包括油库、油罐、油桶等。

二、石油的装卸设备

石油的装卸设备主要包括输油泵、管线及附加设备。

三、石油装卸工艺

港口石油的装卸工艺包括石油的装船工艺、卸船工艺和装车工艺、卸车工艺。

1. 油船装卸工艺

在国内外油港,油船装卸方式可分为:

(1)靠码头直接装卸,目前我国大部分油码头均采用这种方式。

(2)通过海上泊地装卸,海上泊地可理解为在离开陆域较大水深地点设置的靠船设施。油船的海上锚泊地,按其构造形式及输油管方式分类见表9-8。

按构造形式及输油管方式分类　　　　　表9-8

结构形式		输油管方式	结构形式	输油管方式	
固定式	靠船墩式	海上或海底油管	浮标式	单点系泊	海底油管
	栈桥式	海上油管		多点系泊	海底油管

靠船墩式是将具有靠岸机能的设施(靠船墩)、具有系船机能的设施(系船墩)、具有装卸机能的设施(装卸栈桥)等各自独立地设置,以系泊船舶,通过输油管进行装卸作业。

栈桥式则为上述独立设施的全部或一部分由栈桥承担的方式。

单点系泊方式是油船的船首系在一个浮筒上的方式,如图9-9所示。国际上第一个悬链锚腿系泊(CALM)型单点系泊是1958年由美国IM-ODCO公司(现在改称SBM-IMODCO公司)在瑞典达拉罗港为瑞典皇家海军设计和建造的。六十多年来,随着近海石油勘探开发和海上运输业的发展,单点系泊技术的发展十分迅速。目前,这种技术已作为一种成熟的海上中转、仓储、过驳技术被世界各国竞相采用。这种装卸方式随着风、潮流的变化,油轮可绕浮筒做360°自由回转。此方式是用一根或数根水下软管将海底油管接至浮筒,浮筒与油船的集合管之间则用海上软管相接。

图 9-9 浮筒与油船连接

单点系泊方式有如下优点：

首先，单点系泊的最大优势是将码头由岸边移至海上，解决了世界上绝大部分港口航道较窄、较浅、规模较小，不能与大型泊轮和超大型油轮发展相匹配的矛盾。这在中国的原油接卸中具有重要的现实意义，因为在我国上百个炼油厂中，具备接卸 25 万吨级以上油轮能力的原油码头不过两三个。

其次，单点系泊具有漂浮式和旋转式的特征。可以在 7 级大风中，有效浪高为 3.5m 的情况下进行原油接卸，而且可以 360°不受限制地自由转动，不需要考虑风、浪、流转变造成的影响，因此受气候影响较小；而一般靠岸式码头、岛式码头、栈桥式码头仅能在 2m 以下的风浪中进行接卸，受环境条件(风、浪、流)的影响非常大。

再次，节约投资。以茂名 25 万吨级单点系泊原油码头为例，全部建设投资为 2 亿~3 亿元人民币。而一般情况下，建设同样等级的固定码头则至少需要 10 亿元人民币，其费用约是建设单点系泊码头的 3~4 倍。

多点系泊方式是将油轮的船首与船尾用数个浮筒保持在一定方向的系泊方式。海底输油管与油船的集合管由一根或数根软管相接。这些方式按软管体系分类见表 9-9。

按软管体系分类 表 9-9

系船方式	软管体系	系船方式	软管体系
单点系泊	常设浮标方式	多点系泊	常设浮标方式
			水下方式
	浮沉方式		浮沉方式

常设浮标方式多用在单点系泊方式中，如图 9-10 所示，连接在浮筒上的软管经常是漂浮在海上的。当进行装卸时，将软管的前端吊起，再与油船的集合管相接。当系泊位置距陆域较近时，也用于多点系泊方式。

水下方式仅用于多点系泊方式中，如图 9-11 所示。连接在海底油管上的软管在不进行装卸时将其沉入海底，装卸时提起软管的前端与油船的集合管相接。

浮沉方式可用于单点系泊，也可用于多点系泊中，如图 9-12 所示。在不装卸时将与浮筒或海底油管相接的软管沉入海底；装卸时使之浮出水面，吊起前端与油船集合管相接。

 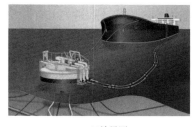

a)示意图　　　　　　　　　　b)效果图

图 9-10　单点系泊方式

1-绳索；2-单点系泊浮筒；3-海底油管；4-浮筒下油管；5-系泊浮筒锚链；6-常设浮标软管

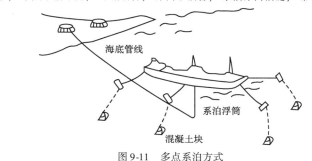

图 9-11　多点系泊方式

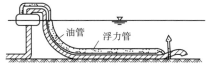 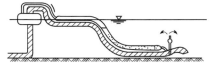

a)全部管道沉在海底，浮力管内部充满海水，　　b)浮力管内部供给空气，从前端放出海水得到浮力，
油管内部存油　　　　　　　　　　　　　　　管道逐渐开始浮上海面

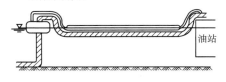 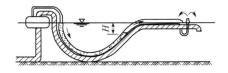

c)全部管道浮上海面，与油船接通，开始输油　　d)输油完毕后，浮力管内部送进海水，从前端放出空气，
　　　　　　　　　　　　　　　　　　　　　　管道开始下沉

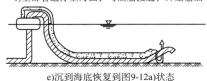

e)沉到海底恢复到图9-12a)状态　　　　　　　　　f)上俯视图

海水　　油　　空气

图 9-12　浮沉方式

如上所述，海上泊地具有各种构造形式，各种构造形式的利弊见表9-10。首先，从软管体系来看，其特征见表9-11。其次，从构造形式看，可认为栈桥方式是靠船墩方式的变形，除非在特殊的使用条件下，很少用于超大型油船。再次，多点系泊是在单点系泊尚未得到发展，而靠船墩方式的各种问题尚未得到解决的阶段中，作为权宜之计采用的。它有靠船墩和单点系泊两者之缺点，故对超大型油船将逐渐减少。

作为海上泊地的构造形式，事实上仍限于采用靠船墩和单点系泊两种形式，但从占有优先地位而言,虽然随规划地点的条件、规划规模而不同,但除特殊情况外,一般说来,今后靠船墩方式仍将占有优先地位。

各种构造形式的利弊 表9-10

构造形式	栈桥靠船墩方式	多点系泊方式	单点系泊方式
船舶挂、解缆的难易	(比较)困难	(比较)困难	容易
系泊中的安全度	高	低	低
管线的安全性	高(固定的)	低(低柔性)	低(低柔性)
水域占有面积	窄	中等	广
吞吐量的大小	大	小	小
拖船的需要数	多	多	多
装卸能力	高	低	低
泊位利用率	高	(比较)低	(比较)低
泊位造价	高	低	中等
维修管理费	少	多	多
综合评价	优秀	一般	良好

各种软管体系的特征 表9-11

软管体系	特征
常设浮标方式	1. 装卸中,油船的摆动亦引起软管在海面上摆动,故不能拖在海底上,然而又由于经常浮在海面,故会暴露在恶劣的海况和气象条件之下; 2. 在船舶往来频繁的地方易发生故障; 3. 为使软管浮在水面上,要设有浮子,软管体系的造价较高
水下方式	1. 水深、潮流等当地条件优越时,设计比较简单且造价较低; 2. 当不使用软管时,可以将其沉入海底,故对软管的损伤较小,对其他船舶的航行亦无影响
浮沉方式	1. 能弥补常设浮标方式及水下方式的缺点,适合船舶航行频繁的海湾状况; 2. 需要有浮沉装置,故软管体系的造价较高

(3)水上直接装卸,如船→船直接装卸、船→驳直接装卸。

海上大量石油运输使用专用油船,油船都备有高效率的油泵;现在国外油船每小时装油或卸油能力多选用油船载重量的1/10或稍多,载重吨位为6万吨级的油船每小时卸油6500m^3,载重吨位为20万吨级的油船每小时卸油15000m^3。我国24000t油船的自卸时间平均为16.5h。我国石油装船一般用设在岸上的油泵;10万吨级油船装油用4台油泵,每台生产率为3000m^3/h,用10个多小时可装满。装原油、重油及轻油多用离心泵,所装重油的流量较小时,也有用活塞泵的;装卸润滑油用齿轮泵。

2.油罐车装卸工艺

1)装车方式

目前我国大部分铁路轻油罐车无下卸口,采用鹤管上装为主。罐装方法有泵装和自流装车,自流装车是在有条件的地方利用地形高度差自流罐装。用小鹤管(Dg100)每车的装油时间为25~30min,流速为3.5~4.2m/s,极限最快20min,流速为5.2m/s。每批车的装车时间是25~120min;每批车的进出调车时间为0.5~1.0h。

2) 卸车方式

油罐车卸车分原油及重油卸车和轻油卸车两种方式。原油及重油卸车时,采用密闭自流下卸方式、敞开自流下卸方式与泵抽下卸方式。轻油卸车均采用上卸方式,所以要设卸油台,卸油台与装油台相似。

上卸方式又分为虹吸自流卸油和泵抽卸油两种。虹吸自流上卸应用于当油罐位于比油罐车更低的标高时,可将卸油竖管作为虹吸管将油罐车中的油品卸入油罐中,虹吸管中的负压由真空泵来达到。泵抽上卸则在油罐车的标高及位置无法使油品自流入油罐时采用。需要注意的是,如采用非自吸式离心泵卸油,则必须装真空泵,使吸入管造成真空,如采用自吸式的泵,则可不装真空泵。

四、装卸工艺流程

(一) 原油和成品油装卸工艺流程

原油和成品油装卸一般有下列几个主要工艺流程,设计时应根据具体条件予以考虑。设计时可先画出方框图,然后根据方框图画出流程图。

1. 装船流程

装船根据来油情况(如是卸罐车还是长输管线来油,油品是进油罐还是直接装船,是否要进加热炉加热等)组成各种工艺流程图,如图9-13所示。

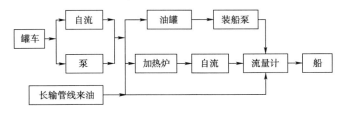

图9-13 装船工艺流程图

2. 卸船流程

卸船一般用船上泵。根据油品是否进油罐,以及去向是装卸车还是进炼油车间等情况组成不同的工艺流程,如图9-14所示。

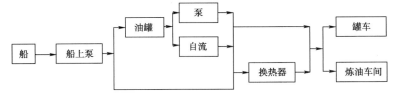

图9-14 卸船工艺流程图

3. 循环流程

油区建成后,在正式投产前要进行试运转,使油品在油区循环流动,检查各环节是否运转良好。在投产后,为避免原油在油管内凝固,在不进行船舶装油作业时,也须保持码头油库及油管内原油不断循环流动,如图9-15所示。

1) 倒罐流程

在油区经营管理上,有时需要将某一油罐的剩油供到另一油罐中去,须要安排倒罐流程,如图9-16所示。

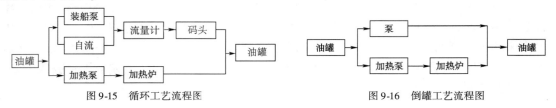

图9-15　循环工艺流程图　　　　　图9-16　倒罐工艺流程图

2) 反输流程

在长输管线来油情况下,为了使油在油罐和末站之间循环,以及通过末站计量罐为外输油品计量,需要反输流程,如图9-17所示。

3) 罐车事故卸油流程

在罐车装油过程中,一旦发生事故,即应把油品抽回油罐。罐车事故卸油流图程如图9-18所示。

图9-17　反输工艺流程图　　　　　图9-18　罐车事故卸油流程图

4. 卸车流程

1) 原油及重油卸车

有密闭自流下卸方式、敞开自流下卸方式与泵抽下卸方式。

密闭自流下卸流程:油罐车→下卸鹤管→汇油管→导油管零位罐→转油泵→油罐。

敞开自流下卸流程:油罐车→下卸油槽→集油沟(或导油管)→零位罐→转油泵→油罐。

泵抽下卸流程:油罐车→下卸鹤管→集油管→导油管→卸油泵→油罐。

2) 轻油卸车

轻油卸车均为上卸,设卸油台,卸油台与装油台相似。

(二) 燃料油装卸工艺流程

为船舶供应燃料是港口的任务之一。在油港或港口的石油作业区常建有燃料油供应系统。船舶常用的燃料油主要有内燃机燃料油、轻柴油、重柴油、渣油等几种,每种油品又各有不同的牌号。

由于油品性质不同,内燃机燃料油、轻柴油、渣油和渣油分三套单独的管线和泵,内燃机燃料油和重柴油的管线和泵可混合使用。卸油时要用单独的管线和泵,分别进入各自的油罐;装船时两种油要调合成一定比例。因此,在燃料油供应系统中除油罐外,还要设置调和罐,油品在罐内用压缩空气搅拌调和。内燃机燃料油、重柴油、渣油可以用钢筋混凝土油罐,轻柴油则必须用金属油罐。

我国燃料油的主要装卸工艺流程如下。

1. 卸车装船流程

燃料油品自罐车卸入油罐,然后利用管线通过自流或使用泵的方式供应船舶。对于某些很少的燃料油品,可以考虑不采用管线装船,而采用自流装桶或自流装汽车罐车,然后为船舶供应的工艺。其工艺流程如图 9-19 所示。

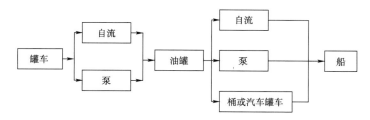

图 9-19　卸车装船工艺流程图

2. 卸船装驳船流程

从油船卸油可用船上的泵。若储油区离码头不远、高度差不大,可用油船上的泵直接将油输送至储油区;若储油区距码头较远或高差较大,则一般在岸上设置缓冲油罐,利用船上的泵先将油料输入缓冲罐,然后由中继泵将缓冲罐中的油料输送至储油区。

向船装油一般采用自流方式。某些港口地面油库,因油罐与油船高差小、距离远,需用泵装油。

油船装卸工艺流程应满足下列基本要求:可同时装卸不同油料而不相互干扰;管线和泵可相互备用;发生故障时能迅速切断油路,并有有效的放空设施。

油船装卸油必须在码头上设置装卸油管路,每种油料单独设置一组装卸油管路,在集油管线上设置若干分支管路,支管间距一般为 10m 左右,分支管路的数量和直径及集油管、泵吸入管的直径等,应根据油船、油驳的尺寸、容量和装卸油速度等具体条件确定。在具体配置时,一般将不同油料的几个分支管路(即装卸油短管)设置在一个操作井或操作间内。平时盖上操作井盖板,使用时打开盖板,接上耐油软管。卸船装驳船工艺流程如图 9-20 所示。

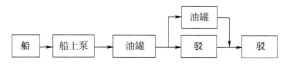

图 9-20　卸船装驳船工艺流程图

3. 油品调和装船流程

油品调和装船流程如图 9-21 所示。

图 9-21　油品调合装船流程图

4. 倒罐流程

倒罐流程如图 9-22 所示。

图 9-22 倒罐流程图

不论是原油和成品油的装卸工艺流程，还是燃料油的装卸工艺流程，在装卸作业结束后，管线内的剩油都需要扫回油罐，或将输油臂内残油扫入油船，即所谓扫线作业。之所以需要扫线，是有各种原因的，有的是为了防止油品在管线内凝结，有的是为了避免和下次来油混淆，有的是为了检修安全。

扫线介质主要有如下几种：蒸汽、热水、海水、压缩空气。热水和海水置换有利于把位于四处的管线内的剩油清扫干净。但不论是热水、海水，还是蒸汽都会增加油品的含水率，影响炼油厂的作业。除汽油外，其他成品油、原油、燃料油品均可用压缩空气扫线。但对留线布置纵断面上呈下垂凹形的地方，压缩空气不易将此部位剩油扫清，因此在留线布置时要注意尽可能避免在纵断面上呈现下垂凹形的死角。

我国某些油港也有用循环流动的方法使原油不断在管线内流动，以防止油凝结在管线内。采用这种方法可以不设置别的扫线装置，以减少投资，但油泵需要不间断地运转，从而增加了营运费用。因此从经济方面分析，采用循环流动的方法是否合理，需要通过具体条件进行比较论证。

第五节 油港污水处理

保护和改善环境是关系国计民生、国民经济可持续发展的头等大事。随着海上石油运输的不断发展，石油运输对海洋的污染问题越来越引起社会的普遍关注。为了防止油船压载水对水域的污染，我国主要油港都建设了污水处理场。

空载油轮外出装油时为了保证船舶航行的稳定性，必须在油舱内充水压载（有些油轮设有专门的压载水舱，但不在油舱内充水），压载的水量与油轮船型、航线、气候等情况有关。多数压载水重量约为所装油重量的30%。油轮为压载，将淡水或海水打入油船，在航行中，水与油舱中的剩余油混合，到装油港后，必须用船用泵将其排到岸上污水处理场进行处理。油轮的压载水中含油 2000~5000mg/L，还有泥沙等杂质，可造成严重的水污染。因此国际防海洋污染法严禁油轮在世界上任何水域排放含油压载水。

含油的污水还可以在油港生产中产生，如油罐脱水，油罐加热器排出的冷凝水，泵房、阀室、管沟的积水，污水处理场在生产过程中产生的含油污水，以及有关区、铁路装卸区的雨水等，都应排到污水处理场，处理后再行排放。

一、含油污水处理方法

处理含油污水的方法一般有物理处理法、化学处理法和生物处理法。

物理处理法种类有很多，常用的有利用比重差使油水分离、形式有平流式隔油池、多板式油水分离地和粗粒化式油水分离池，也有利用气泡吸附油珠上浮的布气法和利用离心作用使油水分离的方法,还有利用吸附过滤作用使油水分离的过滤法。

化学处理法主要是利用加凝聚剂生成絮状物吸附油珠,使油水分离。通常采用的有浮选池和混凝沉淀两种。

生物处理法主要是利用微生物的作用分解油,有活性去污染法等。

二、含油污水处理方法和工艺流程的选择

含油污水处理方法和工艺流程的选择主要取决于含油污水的性质和排放标准的规定。原油压载水的含油量虽然在千分之二至千分之五,但其中绝大部分是浮上油和分散油,乳化油很少,在规定的排放标准下,一般采用物理方法就能够达到处理的要求。

污水场污水处理工艺流程主要有如下两种:

第一种:油轮→隔油池→调节池→油水分离池→排放;

第二种:油轮→隔油池→调节池→油水分离池→过滤池排放污泥。

以上流程要求隔油池设计的规模能将直径为 150μm 以上的油珠隔出,以利于后续处理,隔出的油要及时检出。

调节池有两个作用,一是储水,二是进一步隔油,所以调节池规模的设计,应考虑在满足储水量的基础上,把水在其中的行程量增长,使更小的油珠有充分时间上浮。

油水分离池是指用波纹板组构成的油水分离装置,如图 9-23 所示。它由很多块玻璃纤维增强聚酯树脂波纹板组装而成,并且相互平行装在玻璃纤维或不锈钢制成的框架内。板组以 45°斜角安装在混凝土油水分离池中,它能分离粒径极小的油珠与淤泥。聚集的油珠沿着波纹板的底面上升,凝聚的淤泥沿着波纹板的上面下沉。和平板比较,波纹板能增加水和板的接触面积,抗挠曲的强度较高。油层达到一定厚度后,就经过槽口自动流入集油管。淤泥落到泥浆槽然后导入污泥池,再定期用泵抽出,送往晒泥地。处理过的水从出水堰流入出水管。在油水分离池中处理过的水,含油量一般可降到 10mg/L 以下。

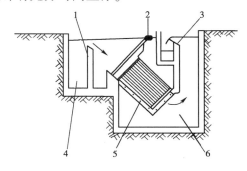

图 9-23　油水分离池

1-进水堰;2-集油管;3-出水堰;4-沉沙槽;5-波纹板组;6-污泥间

过滤池是除去污水中的小颗粒的分散油和部分乳化油,由于目前国产原油凝固点较高,黏度较大,滤池反冲洗要使用热水,所以过滤一般只用普通重力式滤池。滤料多采用砂和卵石垫层,采用焦炭过滤效果也较好,但不能采取反冲洗方式,而是采用一定时间后重新更换的方式。含油污水处理场设计中应注意以下几个问题:

(1)含油污水的处理方法,根据污水的水质和排放标准规定,首先采用物理处理法。一般物理处理法简单易行,管理方便,运营费用低,不产生二次污染。

(2)在设计污水处理工艺流程中,尽量采用重力流,避免压力流。因为使用泵会加剧油水的乳化,特别是含油量较大的污水。

(3)处理污水的关键一环是首先隔出大块油和粒径较大的油珠,以利于后续处理。

(4) 污水处理场应尽量靠近码头、管路短,不仅污水排得快,而且能减轻乳化程度,减少投资。

(5) 随环境保护工作的加强和防治污染技术的不断发展,对于处理污水的排放标准的要求会越来越高。因此,污水处理场的设计必须留有余地,以适应发展的需要。

第六节 油库的防火防爆措施

油库防火和防爆应先找到发生事故的根源。由于油库失火爆炸的基本条件是有浓度合适的油气混合气,且有足够能量的火源。因此,油库防火防爆的基本方法有三:一是控制油气混合气气体浓度;二是消除火源或把火源能量控制在油气混合气的最小着火能量之下;三是避免二者相遇。此外,还要尽量减少火灾和爆炸的损失,主要方法是采用适当的耐火等级、防火间距、泄爆方式和消防措施等。

一、油库选址与布置

油库选址与布置应符合《石油库设计规范》(GB 50074—2014)及《汽车加油加气站设计与施工规范(2014年版)》(GB 50156—2012)规定的防火要求。

根据油蒸气扩散所能达到的最大距离、火灾时火焰的辐射强弱、不同油品的火灾危险性大小、油罐形式、消防条件和灭火操作要求、建筑物的耐火等级以及经济节约等因素,在建设、布局油码头时要考虑如下几个方面。

1. 油库中建筑物与建筑物之间的防火间距

建筑物与建筑物之间的防火间距,主要由各建筑物的耐火等级、有无油气散发和有无明火而定,并要考虑油蒸汽污染环境的因素。一般在装车、装船和灌桶作业时,由人孔向外散发的油气扩散范围为 1.5~2.5m,向油轮装汽油时,在泵流量为 250m^3/h,在人孔下风侧 6.1m 处可测到油气;而装车时,据英国有关资料介绍,在 7.6m 以外安装非防爆电器也是安全的。

另外,还考虑建筑物之间车辆运输、各自的操作要求以及着火时的相互影响、灭火操作的要求等。

2. 油库区中的建筑物应达到规定的耐火等级要求

根据建筑材料在明火或高温作用下的变化特征,一般将建筑物构件分为非燃烧体、难燃烧体和燃烧体三类。

非燃烧体是指用金属、砖、石、混凝土等非燃烧材料制成的构件。这种构件在空气中受到火烧或高温作用时不起火、不燃烧、不炭化。

难燃烧体是用难燃材料制成的构件,或以燃烧材料为基层而用非燃烧材料作为保护层的构件。沥青混凝土、经防火处理的木材、板条抹灰墙等都属于难燃烧体。难燃材料是指在空气中受到火烧或高温作用时难起火、难炭化,当火源移走后燃烧或微燃立即停止的材料。

燃烧体是用燃烧材料制成的构件,如木柱、木梁、胶合板等。这种构件在明火或高温作用下会立即起火或燃烧,且火源移走后仍能够继续燃烧或微燃。

建筑物的耐火等级是由组成建筑物的主要构件的燃烧性能和耐火极限决定的。耐火极限是指对建筑物构件进行耐火实验时,从受到火的作用时起到失掉支持能力或发生穿透裂缝或背火面温度升高到220℃时止的这段时间。

为保障油库防火安全,油库建筑物在火灾高温作用下要求其基本构件能在一定时间内小破坏、不传播火灾、延缓和阻止火势蔓延,为疏散人员、物质和扑灭火灾赢得时间。因此,设计油库建筑物时,应根据生产和储存物品的火灾危险性、建筑物的业务用途、所处位置等因素正确选择相应的耐火等级,并结合建筑物构建来源,因地制宜地选用适合于耐火极限要求的建筑构件。具体建筑物的耐火等级要求可参照有关设计规范。

二、严格控制油气混合气浓度

浓度合适的油气混合气是油库发生起火和爆炸的基本条件,因此,要严格控制油气混合气的浓度,使之达不到油气燃烧爆炸的浓度,具体措施是:

1. 减少油气排放

减少油气排放是油库防火的关键。油库中的油气排放源可分为两大类:一类是非事故性排放源,即油库在正常作业和油料在储存过程中的正常排放,如油库在进行油料收发、输转及加注作业过程中的大呼吸,油料在储存过程中的小呼吸,油罐、油桶及管道等设备清洗时的油料蒸发,泵房、洞库等的通风排气等。这类油气排放源往往是场所比较固定或是可预见的,因而危险性较小。另一类是事故性的排放源,最常见的就是油料和油气的泄漏。事故性油气排放,由于其场所和油气浓度具有不确定性,失火爆炸的危险性较大,控制的措施主要有如下方面:

(1)保持设备的良好、严密。储存和输送油料的设备应保持严密性和足够的承压能力,防止破损泄漏;阀门、油泵等有关密封的设备应保持密封良好。储输油设备应做好防腐工作,防止腐蚀穿孔及破损泄漏。

(2)严格作业规程。收发油料不能超出油罐、油桶、油罐车等容器在当时油温下的安全装油高度,防止油料在储存、运输过程中因油温升高而溢出或作业过程中出现冒油事故。清洗油罐及检修设备时,应做好封堵工作,应封堵所有相连的管道,如输油管、呼吸管、通风管等,防止油料和油蒸汽大量外溢。清洗作业用过的沾油的沙、布、垃圾等应放在带盖的非燃烧材料制成的桶内,及时清洗或处理。

(3)应正确设置防火堤、拦油堤等,防止泄漏油料及火灾的蔓延和扩散。

2. 通风

油库中要做到完全没有油气是不可能的,通风是防止油气积聚的主要辅助措施之一,也是防毒、防潮和改善劳动环境的重要措施。通风的方式有机械通风和自然通风两种。采用哪一种方式应根据场所的特点而定,应自然通风优先,以能满足换气次数要求和作业方式所允许的特殊要求为原则。一般情况下,油库各场所的通风设施应符合下列有关设计规范的要求:

(1)油库的生产性建筑物应采用自然通风进行全面换气。当自然通风不能满足要求时,可采用机械通风。

(2)易燃油料的泵房和灌油间,除采用自然通风外,还应设置排风机组进行定期排风,其换气次数不应小于 10 次/h,计算换气量时房高按 4m 计算。定期排风耗热量可不予补偿。地上泵房,当外墙下部设有百叶窗、花格墙等常开孔口时,可不设置排风机组。

(3) 洞库内,应设置固定式机械通风。在一般情况下宜采用机械排风、自然进风。机械通风的换气量,应按一个最大罐室的净空间、一个操作间以及油泵房、风机房同时进行通风确定。油泵房的机械排风系统,宜与罐室的机械排风系统联合设置;洞内通风系统宜设置备用机组。

(4) 人工洞石油库的洞内,应设置清洗油罐的机械排风系统。该系统宜与油罐室的机械排风系统联合设置。

(5) 人工洞石油库内排风系统的出口和油罐的呼吸管出口必须引至洞外,距洞口的水平距离不应小于 20m,且宜高于洞口。

(6) 洞内的柴油发电机间,应采用机械通风。柴油机排烟管的出口,应引至洞外,并高于洞口。

(7) 为爆炸危险场所服务的排风系统的机组和活动件应符合电气防爆要求和防雷、防静电要求,机组应采用直接传动或联轴器传动。

3. 加强油蒸汽浓度检测及自动报警

在储油洞库、罐间、罐区适当位置应随时检测油蒸汽浓度,并能自动报警。在清洗油罐、油罐车作业前,或进入操作阀井、管沟等油蒸汽容易积聚、通风不畅的场所前,在爆炸危险场所内进行明火或其他危险作业前,都应进行严格的油蒸汽浓度检测,确认油蒸汽浓度在作业方式允许的范围内,方可进行作业。

三、严格控制引燃引爆源

油库引燃引爆源主要有外来火源的进入,金属撞击火花,电焊、气焊等作业明火,电气设备火花,电气化线路、电化学腐蚀、阴极保护等引起的杂散电流火花,雷电、静电放电等。因此,要严禁外来火源进入防火禁区;防止金属撞击产生火花;严格管理明火作业;安装阻火器,防止火源进入;防止静电、雷电和杂散电流引燃引爆。

第七节 液化天然气装卸工艺

液化天然气具有热能高、清洁、无毒的特点,且不含硫,是良好的能源,近几十年得到快速发展。开发、利用天然气已成为许多国家实施能源结构调整和可持续发展的重点战略。天然气的海上运输在近几十年来得到快速应用和发展。

一、液化天然气的特点

液化天然气是一种危险货物,除热能高、清洁和无毒外,还有下列特性:

1. 液化天然气的温度低、重量最轻

液化天然气的温度极低,为-161.7℃气或-259°F[摄氏度与华氏度的换算关系:摄氏度=(华氏度-32)×5÷9];处于汽化状态的液化天然气重量重于空气,其密度约为水的一半,约为449kg/m³,可漂浮于水上。

2. 液化天然气的蒸发性和膨胀性

液化天然气在正常介质温度条件下,迅速蒸发,蒸发后的体积较液态时大约膨胀600倍。蒸发中的液化天然气的浓度并不均匀:气团边缘部分与周围空气的混合程度最大,液化天然气的浓度最小;在气团核心部分,液化天然气的浓度最大。因此,当液化天然气溢出后,对处于气团核心部分的人和物造成的危害性更大。

3. 液化天然气的危害性

液化天然气无色无味,与水相似。除了它的温度极低,需要特殊的装卸技术和设备材质以外,只要不发生泄漏,这种液体还是比较安全的。在散运状态下,不会燃烧或爆炸。瞬时接触液化天然气不会损伤皮肤,但是,与液化天然气接触时间稍长,会引起人体冻伤;还可能由于缺氧,造成人的窒息。液化天然气如果与某些金属(如碳素钢)接触,可能会立即造成金属纹裂。

4. 液化天然气的危险性

当空气中液化天然气蒸汽的含量为5%~15%时,这种气体便具有可燃性。当液化天然气溢入水中,水面会继续向漂浮的液化天然气供给热量,使其继续蒸发,形成寒冷的扩散气团,随风漂移。当浓度降至可燃限度(5%~15%)时,遇到火源气团就会起火并烧毁溢源。

人们普遍认为,一旦液化天然气大量溢出后形成的蒸汽燃烧起来,现有的任何消防技术都无能为力。因此,减少液化天然气火灾的关键,是要有一套有力的预防措施,尽量防止液化天然气的大规模溢出和扩散。

在相同的条件下,液化天然气运输的危险性与液化石油气这两种液化气运输的危险性十分相似。但在类似的温度条件下,液化石油气较液化天然气更浓一些。然而,不论哪种液化气溢于水上,受重力作用后,都会迅速扩散,直到形成大量蒸汽团为止,液化石油气蒸发持续时间可能更长,较液化天然气气团聚集性更强,液化石油气无论是在露天还是在限定范围内,都有较大的爆炸危险。储罐中的液化石油气,在持续受到周围热源的烘烤之下,压力不断增高,最终会导致爆炸发生。

二、液化天然气码头的一般概况

为了适应进口和接卸液化天然气的需要,港口必须建设专门的大型码头,以接卸和存储这种货物。此外,还要建设从液态恢复气态的二次气化设备。

目前世界上大型液化天然气码头的工艺,都是从营运多年的许多小型设备演变而来的。因为液化天然气的进口码头基本上是为了保证为商用提供源源不断的天然气,所以,这些码头的设计具有更为严格的要求。

就码头类型来说,液化天然气码头可分为两大类,即岸基码头和离基码头。离基码头就水深条件来说,又分为深水码头和浅水码头;就码头的结构形式来说,又可分为浮码头和海底支承的固定式码头,浮码头水深一般在43m以上。码头设施安装在特制的双体驳船上,驳船则系在单点系泊系统之上。采用浮码头时,液化天然气船将货物卸到浮码头的储罐之中,经二次气化处理后,再经由海底管道输送上岸。

液化天然气的存储设施可分为地上存储和地下存储两大类。地上存储结构有复壁球形金属储罐和预应力混凝土球形储罐两种。地下存储结构有冻穴存储和地下矿井存储两种。

鉴于液化天然气装卸作业的特点,目前的趋势是,一般把液化天然气码头设在海上,并且采取种种措施尽可能避开一般船只来往的干扰,以提高码头安全性。浮码头一般在造船厂建造,造成之后分别用拖船运往施工现场。现场的工作包括安装系泊系统,将两部分船体连接成一体,安装船体之间的管路和电缆接头,将来自岸上的管线同系泊系统连接在一起。

液化天然气码头造价十分昂贵。有关资料表明,建设一个日供气量为1400万立方米天然气的大型液化天然气出口码头,需要投资10亿美元以上(以20世纪80年代不变价计算)。一个进口/气化设施需5亿美元以上,每艘液化天然气船造价也十分昂贵。

三、液化天然气码头的特点

液化天然气船一般要通过靠近港口设施、工业设施和居民中心区的拥挤水道。一旦船舶货舱偶然损坏,液化天然气的溢漏失控,便可能造成严重后果,甚至危及居民生命和财产安全。港口在装卸这类货物时,同样存在这种危险,这是液化天然气码头区别于其他一般油码头的主要特点。

1. 液化天然气码头作业程序的特殊性

液化天然气的装卸作业程序包括天然气的液化和气化两个作业过程:液化天然气船到达码头后,通过泵机和卸油臂将液化天然气卸入储罐;然后将储罐中的液化气输入二次气化装置,使其恢复气态,再通过高压管道泵送给用户。

2. 液化天然气装卸和储运的高度危险性

液化天然气装卸的危险在于,溢出的液化气迅速蒸发。这种蒸汽可能在溢漏部位受热起火,或者形成蒸汽气团,随风扩散后遇到火源而燃烧并且又烧回至原蒸发汽源,引起更大的燃烧,后果十分严重。

引起液化天然气溢漏的因素除突发的自然灾难,如飓风和地震等引发的事故外,还有在液化气装卸和储运过程中操作不当的人为因素,如液化天然气船与其他船舶相撞或船舶与码头相撞引发的事故;液化天然气存储、处理和装卸设施中的事故等。

在上述因素的引发下,液化天然气储罐或船舶的货舱发生渗漏,漏出的液化天然气立即蒸发。蒸发的液化天然气蒸汽遇到锅炉炊具、电缆和照明灯具等火源,就可能立即燃烧。另一种可能是,在液化天然气船遇到强烈碰撞的过程中,发生的巨大摩擦和撞击而溢出的液化天然气没有立即燃烧,但$-260°F$的极冷液体迅速蒸发,形成一股气团,因为液化天然气蒸气的比重大于空气,所以蒸气下沉飘越水面。一旦遇到瓦斯航标灯、香烟头或火花之类的火源,就立即燃烧而酿成大火,从而造成财产损失、人身伤亡。

一般可把每小时每平方英尺5300Btu(英制热量单位)的辐射热作为事故温度下限距离,液化天然气在12min内溢漏10000m³引起的池火在340m处仍能达到这样的辐射热;溢漏量为20000m³时,池火可达到760m外,而池火的辐射热可达到距离液化天然气蒸汽燃烧火势160m处。由此可见,液化天然气是一种危险性极大的危险品,港口码头的安全设施和规范操作至关重要。

四、液化天然气的安全措施

液化天然气码头的设计、建造和营运过程的各个阶段内,都有专门的安全程序和安全技术。

(1)围堤。地上储罐四周应筑有围堤和溢出物的拦蓄系统。围堤是控制溢落地表的液化天然气流动的主要措施。有了围堤,便可采用下述方法控制天然气的流动:

①当液化天然气溢出时,液体可以被拦蓄在围堤之内,并用快速扩散泡沫来减慢液化天然气溢物的蒸发速度。可以借助围堤隔离火源,这样,液化天然气便可以作为无害气体而逸散于大气之中。

②当液化天然气溢出时,液体可被拦蓄在围堤之内,对其蒸发加以控制。或者干脆点燃,使其在限定的范围内燃烧,在这个范围内,用通常的消防措施控制火势。

(2)留出储罐围堤与地界线之间的安全距离。这个距离应能保证从围堤内液化天然气火势辐射到地界处的热度,不会造成人员伤亡。

(3)设置液化天然气蒸汽的逸散区,其目的是使液化天然气溢出物形成的蒸汽在该范围内逸散于大气之中,液化天然气在空气中的含量在2%以下。逸散区的面积应在400万~4900万平方米之内。

(4)避免船舶事故的发生。采用液化天然气专用船舶运输液化天然气,并把船舶作业安排在偏僻地点进行。

(5)制订完整的港口安全生产条例,包括船舶交通管理系统和海上应急系统。配置各种必要应急设备,并训练人员熟练地使用这些设备。

船舶交通管理系统的目的是在港口正常营运过程中,管理和协调海上交通,合理安排船舶运输,具体包括安排船舶移动计划、控制船舶移动。

海上应急系统一般采用与船舶交通管理系统所用一样的监测和通信设备,还需配备拖轮、消防艇,以及紧急情况下为减少生命和财产损失所必需的其他设备和应急人员。

(6)液化天然气码头的选址要注意安全。液化天然气码头的选址要遵守如下基本准则:

①码头位置应尽可能接近陆地工厂,以减少液化天然气输送管道的长度。

②码头和出入航道必须具有足够水深,应能提供供船舶掉头、靠泊和锚地泊船的条件。

③码头位置应有防风浪设施,增加船舶安全。

④码头应专用于液化天然气的装卸。

⑤码头位置应避免船只来往和其他海上活动。

⑥码头位置应远离工业区和人口稠密区,并与这些地区之间有一定的隔离区。

⑦尽可能防止对自然资源的影响。

⑧注意码头附近有无可能导致码头发生事故的特殊外部因素,诸如气象条件、频繁地震区、机场等。

从安全和土地利用的角度来看,最好建设离岸式海上液化天然气码头。对于这种码头的各项技术,特别是系泊系统、换装系统、低温管线和大型储罐,都需要进行详细评价。

第八节　液化天然气码头案例

本节以 GENERAL DYNAMIC 公司的设计为例,介绍液化天然气装卸工艺。

一、设计任务

(1) 码头的正常输气量为 3700 万立方米/天,峰值输出量为 4500 万立方米/天;
(2) 为 120000～130000m^3 的液化天然气船提供泊位;
(3) 液化天然气存储能力为 252600m^3;
(4) 设计使用年限为 25 年。

二、船体平台

船体平台面积为 $(44 \times 239)m^2$,是由 2 个钢制船体焊接而成,该平台上设操作和维修人员的工作室。船体平台是一个海上漂浮平台,类似于漂动码头,供液体化天然气船靠泊装卸。

船体平台由浮式单点系泊系统锚定,2 条管线通过歧管与基础相连。因为竖管两端都有三维通用转向接头,所以,船体平台可以适应任何风向。船体平台装有两套 993kW 全方位推进装置,保证码头处于最适合船舶靠离作业的位置。采用 4 根直径为 4.5m、长 9m 的碰垫,把船舶与码头隔开,防止碰撞。

船体平台(浮动码头)重量约为液化天然气船重量的 2 倍,就摇摆稳性而言,约为船舶的 16 倍,所以,可把海上平台假定为近似固定结构。通过船体平台(浮动码头)上推进器的全方位转向、改变系缆张力或变化压舱水量等方式,可以减少停泊船舶与船体平台(浮动码头)之间的相对运动。船体平台(浮动码头)有 2 个安全锚,在系泊发生故障时,可以稳定船体平台(浮动码头),船体平台厚度约为储罐的 60%,保证必要的抗弯能力。

三、储罐

液化天然气存储于 10 个隔热 5038-0 铝制球罐中,罐径为 36.6m,罐体中腰部焊有垂直围板,围板同船体刚性连接在一起。试验结果表明,罐体坚固,出现裂纹的概率极低,表面有裂纹也不会扩展至罐体边缘。如一条初始深度为 12mm 的裂纹,大约需 100 年时间,才能裂穿罐体。即使罐体裂穿,液体天然气漏泄速度也相当缓慢。5038-0 铝材在 -160℃ 条件下的强度和可塑性,较在室温条件下约高 25%。设计水平加速度为 0.3g,实际作业最大加速度为 0.1g。

设计的超压值,从船舶常用值 69kPa 提高到 138kPa,这大大提高了系统的安全性。储罐与码头构件之间充有固氮,即使全部裸露于海上环境中,5083-0 铝制品几乎完全是一个抗蚀体。

四、气化装置

液化天然气在 9 个海水水温蒸发器和 4 个海水水温和外部热源混合加温蒸发器中汽化，从而恢复气态。这些蒸发器接受处于最大管压为 117kPa 压力之下的液化天然气。蒸发器应设于下风头，以免饱和湿度空气掠过浮码头。由 7 台泵机保证为蒸发器供应海水。每罐配有 2 台一级输出泵，其中 1 台备用。二级输出泵共 7 台，正常作业只需 5 台。

五、消防设施

码头上备有碳酸氢钾干粉灭火器，其灭火能力为：每个灭火器重 1230kg，在 3.6kg/s 的流量条件下，喷射距离可达 15m，在 10s 内可扑灭直径为 7.5m 的火团。监测器喷嘴的喷射距离为 30m，流量为 27kg/s，在 19s 内可扑灭直径为 18m 的火团。

在液化天然气换装过程中，要不断地向装载平台上洒水。这些平台上铺有绝缘混凝土以保护船体。起火时，喷水亦可帮助减轻火势。消防队员在底甲板通道上，通过旋转监测器向甲板所有部位喷水。用固定的 Halon1301 型灭火系统保护密封机械舱。甲板、平台和船体连接部分，采用钝化耐火涂料系统补充，防止这些部分与液化天然气接触。

发生碰撞事故，造成大量液化天然气溢落水面后，便可能起火。此时，浮码头船体钢板最高温度可达 350℃，罐体最高隔热温度为 170℃。在这种条件下，少量总厚度为 203mm 的隔热泡沫便熔化于罐体或码头上，保护罐体的安全。

六、主要设备

1. 码头

长度	239.0m
宽度	88.4m
平均吃水，轻载	4.3m
平均吃水，无货，最大压载	11.1m
平均吃水，最大货载	14.3m
排水量，满载，无压载	176500t

2. 液化天然气装船站（每侧）

卸载速度	10500m³/h
液化天然气装卸臂	3 台，直径 406mm
蒸气回收臂	2 台，直径 406mm
燃油装卸臂	1 台，直径 203mm
液氮装卸臂	1 台，直径 51mm
软管	
柴油管	1 条，直径 51mm
饮用水管	1 条，直径 51mm
舱底污水管	1 条，直径 76mm

3. 液化天然气存储设施

储罐	10 个
存储能力	252600m³
直径	36.5m
材质	5038-0 铝
绝热材料(聚异氰脲酸酯)	厚度 203mm
储罐过压值	138kPa
输出泵	
一级泵	20 台,85L/s,1380kPa,82kW
二级泵	7 台,139 L/s,11720kPa,2088kW
液氮装置	60t/d,345kPa,83K 绝对温度
中压瓦斯压缩机	4 台,2860kg/h,1720kPa
储罐设计蒸发率	0.17%

4. 液化天然气二次汽化系统

蒸发器	
海水水温式	9 台
直接加温式	4 台
输出量(水温式)	每台 2800m³/d
输出量(直接加温式)	每台 700m³/d
燃料耗量(直接加温式)	每台 85000m³/d

5. 辅助设备系统

辅助设备系统主要包括消防系统、压舱水系统、舱底污水系统、供水系统、空调系统、导航和通信系统、码头系泊等。岸基液化天然气码头储罐工艺平面图如图 9-24 所示,浮码头布置图如图 9-25 所示。

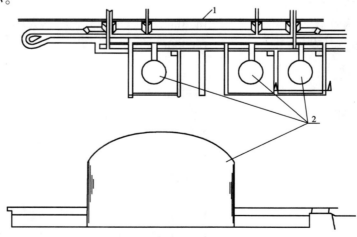

图 9-24 岸基液化天然气码头储罐工艺平面图
1-岸壁线;2-储罐

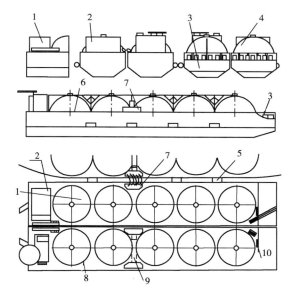

图9-25 浮码头布置图
1-液氮罐;2-发电机;3-蒸发器;4-二级泵;5-防碰垫;6-货物控制站;7-装货站;8-消防站;9-中控室;10-蓄电池

练习与思考

一、填空题

1. 液体货是指以(　　)状运输和储存的货物,主要货品为石油及(　　)、液化气及(　　)。
2. 石油可分为(　　)和(　　)两大类。
3. 石油和石油产品的易爆程度可以用(　　)、(　　)和自燃点来衡量。
4. 油库是(　　)、(　　)和供应石油及石油产品的专业性仓库。
5. 油料按照储运方式的不同分为(　　)和(　　)两种。
6. 油罐从建筑形式上可分为(　　)、(　　)和半地下等不同形式。
7. 散装油料除了采用各种油罐储存外,还可采用(　　)和(　　)储存。
8. 石油的装卸设备主要包括(　　)、(　　)及附加设备。
9. 蒸汽管伴热保温有(　　)、(　　)和外伴随三种。
10. 处理含油污水的方法,一般有(　　)、(　　)和生物法。

二、选择题

1. 石油和石油产品的易燃程度可以用(　　)来衡量。
   A. 闪点　　　　B. 燃点　　　　C. 自燃点　　　　D. A+B+C
2. 用油罐、车(铁路油罐车或汽车油罐车)、船(油轮、油驳)、管道等储存或运输的油料称为(　　)。
   A. 散装油料　　B. 整装油料　　C. 一般油料　　D. 特殊油料
3. 用油桶及其他专用容器整储整运的油料称为(　　)。

A. 散装油料　　B. 整装油料　　C. 一般油料　　D. 特殊油料

4. 石油的装卸设备主要包括输油泵、管线及附加设备。输油泵的类型主要有(　　)等几种。

Ⅰ. 离心泵；Ⅱ. 往复泵；Ⅲ. 齿轮泵；Ⅳ. 螺杆泵。

A. Ⅰ+Ⅱ　　B. Ⅲ+Ⅳ　　C. Ⅰ+Ⅱ+Ⅲ　　D. Ⅰ+Ⅱ+Ⅲ+Ⅳ

5. 石油的装卸码头，车船装卸的连接设备主要有(　　)。

Ⅰ. 装车台(栈桥)及鹤管；Ⅱ. 输油臂；Ⅲ. 输油泵；Ⅳ. 管线。

A. Ⅰ+Ⅱ　　B. Ⅲ+Ⅳ　　C. Ⅰ+Ⅱ+Ⅲ　　D. Ⅰ+Ⅱ+Ⅲ+Ⅳ

6. 扫线作业的目的是(　　)。

A. 为了防止油品在管线内凝结

B. 为了避免和下次来油混淆

C. 为了检修安全

D. A+B+C

7. 处理含油污水的方法，一般有物理法、化学法和生物法。(　　)主要是利用加凝聚剂生成絮状物吸附油珠，使油水分离。通常采用的有浮选池和混凝沉淀两种。

A. 物理法　　B. 化学法　　C. 生物法　　D. 离心分离法

8. 油库的防火防爆措施有(　　)。

Ⅰ. 规范设计油库；Ⅱ. 控制油气混合气体浓度；Ⅲ. 消除火源；Ⅳ. 配备消防设备；Ⅴ. 严格作业规程。

A. Ⅰ+Ⅱ　　B. Ⅲ+Ⅳ　　C. Ⅰ+Ⅱ+Ⅲ　　D. Ⅰ+Ⅱ+Ⅲ+Ⅳ+Ⅴ

三、判断题

1. 沥青在运输和装卸时，以件杂货处理。　　　　　　　　　　　　(　　)
2. 油气混合气只有遇到火才会发生爆炸。　　　　　　　　　　　　(　　)
3. 不同品种的石油产品一旦混在一起就不易分离。　　　　　　　　(　　)
4. 油品装卸用输油泵。输油泵的作用是产生压能，使油品在压差的作用下流动。　　　　　　　　　　　　　　　　　　　　　　　　(　　)
5. 焊接钢管比无缝钢管价格便宜，能制成较大直径，承受压力较高。
　　　　　　　　　　　　　　　　　　　　　　　　　　　　　(　　)
6. 蒸汽管内伴热，比外伴热传热面大，热效率较高。　　　　　　　(　　)
7. 水下方式既可用于多点系泊方式中，也可用于单点系泊方式中。
　　　　　　　　　　　　　　　　　　　　　　　　　　　　　(　　)
8. 油管线的扫线作业可以用海水。　　　　　　　　　　　　　　　(　　)

四、简答题

1. 油品储运中发生爆炸的原理是什么？
2. 油料的扩散性及其对火灾危险的影响主要表现在哪几个方面？
3. 油管为什么需要伴热，具体措施有哪些？

4. 油库的防火防爆措施有哪些?

五、工艺流程题

1. 请绘出原油和成品油的装船工艺流程图。
2. 请绘出原油和成品油的卸船工艺流程图。
3. 请绘出原油和成品油的循环工艺流程图。
4. 请绘出燃料油的卸车装船工艺流程图。

附录 APPENDIX

附录一　港口装卸作业常用术语

（1）四标六清：四标为标准关、标准垛、标准舱、标准车；六清为舱底清、甲板清、码头清、道路清、库场清、机具清。

（2）标准关：是指为保证装卸质量和安全，执行规定的"定关型、定数量、不超额定负荷"的稳妥起吊关型及要求。

（3）标准垛：是指为保证货物储存质量和便于理货计数，执行规定的堆码标准和相应的防护措施。

（4）标准舱：是指按船舶方要求保持船舶平衡，有规律地装卸。装船时做到按要求衬垫、隔票、加固，装货到位不亏舱，堆码整齐，标志朝上一致。

（5）标准车：是指相关货种车辆按装载标准堆码整齐，受载平衡，不超载，不超高，不撒漏，以及规定由港方加固的要按标准绑扎加固。

（6）关路：是指被起吊的货物在空中运行所经过的路线。

（7）关下：是指在吊运货物的下方。

（8）三七关：是指起吊货物时吊点不正确，发生严重偏重的现象。

（9）船关：是指船舶上配置、用于装卸作业的起重机。

（10）抬吊（联合吊运）：是两个起重机共同协作起吊一个重件货的起吊方式，通常配用平衡梁以确保两起重机受力一致。

（11）C形钩：是指用作吊运卷钢板的C形专用工具。

（12）钢板钳：是指用作吊运钢板的专用工具。港口通常4只组成一副使用。

（13）跑钩：是指对长形货物采取束吊的一种吊具。跑钩吊具上配有的弯孔钩穿套在钢丝绳上，弯孔钩可以在钢丝绳上滑动，在束吊时随钢丝绳得劲而将货物束紧。

（14）提头：是指为便于穿套起吊钢丝绳而提起货物一端的作业，通常为提头作业配用的钢丝绳叫提头钢丝绳。

（15）超负荷：是指超过机械、吊具、库场、码头等所允许承载的额定负荷。

（16）高空作业：是指距离地面2m以上高度、有可能造成坠落伤害的作业。

(17) 人机联合作业：是指作业人员和作业机械同时在一个区域进行作业。

(18) 跨档作业：是指两条船靠在一起，跨过内档船而对外档驳船的作业。

(19) 上水、下水：是指以水流方向而定的相对位置，船舶一般逆水流方向靠泊，头部方向为上水，尾部方向为下水。

(20) 带缆桩：是指码头上或船上为固定船舶而配置、用于系缆绳的桩柱。

(21) 舷梯：是指海轮上配置的固定在船（舷）边供工作人员上下的梯子。

(22) 跳板：一般指船、驳上配置的供作业人员上下的特制长木板（经加固并设置防滑木条）。

(23) 软梯：是一种使用绳索和杂木棍加工成的软梯子。海轮外档上下驳船时经常使用。

(24) 隔票：是指把不同票的货物隔开，以示区别而采取的措施。

(25) 原残：是指船、驳、车、火车等进港货物起卸前发现的货物残损。

(26) 工残：货物装卸过程中由于装卸不当造成的货损及由于储存保管不当造成的货损。

(27) 排钩（推拉钩）：是指吊运长件货物时，用于稳定被吊货物的长杆形工具。

(28) 锚链钩：是指吊运货物（长型钢材、设备等）前，穿套钢丝绳时，用于勾、拉、牵、拽钢丝绳的由细圆钢制作的"钩子"，是安全作业必备的工具。

(29) 倒关：是指袋装货物作业时用机械抽出网络倾倒货物的违章作业现象。

(30) 拖关：是指货物重心不在起重机械钩头垂线上的起吊、移位方式。一般不强行拖关，有时要禁止拖关作业。拖关作业要注意人员的避让、保证货物装卸质量，采取避免货物倾倒及货损的措施等。

(31) 挖井留山：是指卸货时没有分层卸载，甚至将中间卸空，四周货物未卸，造成四周高中间低，高低差显殊的现象。"挖井留山"将给后续作业带来困难，还会给后续作业造成倒垛、伤人、货损等不良后果。

(32) 地铃：是指焊在船上甲板、船舱壁及舱底部用于加固的环扣。

(33) 防落水设施：是指防止人员落江而设置的安全网、救生衣等防护设施。

(34) 安全三件宝：是指安全帽、安全网、救生衣。

附录二 装卸作业质量通用标准

1. 工前准备工作标准

(1) 掌握所作业货种的质量标准、工艺流程、工艺标准、安全操作规程、特殊防护措施等相关规定，准备相应的工属具、安全防护网或过档油布（或编织布）。

(2) 根据货种质量标准的特殊要求，穿戴好符合要求的劳动防护用品。

2. 做关操作标准

(1) 根据货物特性（包装形式、外形、尺寸、容重等）、作业的机械性能、工属具的安全负荷，定关型、定数量。

(2) 散货防撒漏、轻微撒漏，及时清扫、归堆，作业过程中出现严重撒漏时需要及时更换符合要求的抓斗。

(3) 袋装货破包不上关,分开堆放,及时堵漏、缝包、换装。做关堆码有序,包口朝里,定关型、定数量。

(4) 长型钢材、原木、结构件,做关定量不超机具额定负荷;做关对称、均衡,货物起吊后平稳。

(5) 设备类货物装卸时,明确货物件重、重心、吊点位置,按吊点做关,调节相关吊索长度,受力合理,起吊后平稳,长大件系好稳绳辅助稳关。

(6) 发现残损、污染、霉变、混质、受潮货物,及时反馈上报理货员。

(7) 灌包作业,配合理货员做好定时或定量的抽检。

3. 库场堆码标准(标准垛)

(1) 按指定货位进行堆码作业,同类货垛标准一致,横竖成行成线。货垛堆码保留墙距不小于0.5m,灯距不小于1.2m,消防通道留取合理、畅通,并根据货种要求保留垛距。

(2) 袋装货堆垛两层一换向,包口朝里,确保货垛牢靠。库内袋装货视货种要求垫(防受潮)、盖(防灰);场内袋装货货垛按规定下垫上盖,达到规定高度起脊防积水,加盖防风网,防止盖布失效。

(3) 长型钢材通常采用"井"字垛形或"一"字垛形堆码,相同规格两头齐,不同规格一头齐(一头偏差控制在5cm左右)。

(4) 不加垫料的钢板类货垛采用关间错开0.3m叠放,主要通道一端错位大小一致,整齐划一(偏差控制在0.05m左右)。

(5) 卷板堆垛放置成行成线(主要通道一端偏差控制在0.05m左右),填塞楔木防滚动,层高不超场地额定负荷,视要求进行垫盖、加固。

(6) 盘元堆垛成方阵宝塔型,骑缝堆高,底层外侧滚动方向填塞楔木防滚动,层高一致。

(7) 设备构件按票堆码成方阵垛型,视要求苫盖严实、防风加固。

(8) 散货堆存围田化,坡形收边。

4. 船、驳装卸作业标准(标准舱)

(1) 作业前,视货种特性,船舷关路拴挂安全防护网或油布,拴挂牢靠,随船舶吃水变化及时调整,及时清理散落的货物。

(2) 卸船作业按顺序均衡卸载,禁止挖井留山,保持船舶平衡。

(3) 装船作业根据船方配积载、衬垫及隔票要求,按票装载,保持船舶平衡。

(4) 袋装货装船禁止倒关;先干塘后舱口,分层堆码,标识向上,做到紧密、整齐、到位,不亏舱、不超载,按货种特性要求留取通风道。

(5) 散货卸船时,均衡卸载,保持货面基本呈平面状,先四周,再中间,分层抓取,防止形成锅形作业面,避免过早使用清舱机械,为保证后续工班效率提供条件。清舱作业要清出船肋板间和各个角落、舱口四周的货物,做到船舱清、甲板清。

(6) 散货类装船,按船方配舱要求做到平衡装载,保持船舶平衡,视要求进行平舱。

(7) 驳船装载,关头严禁从艏棚上方经过。散货抓斗对准船舱中间,放货时高度不大于1m。作业中注意驳船前后吃水情况,保证驳船的合理受载和船体的装载平衡。

(8) 易滚动货(卷板、钢管等)装卸中,对滚动方向应及时填塞楔木,防止货物滚动伤人、伤货。

(9)设备大件类装载满足捆扎加固要求;卸载时依次拆除加固,防止货物移位伤人、伤货。

5．车辆(火车、汽车、平板车)装卸标准(标准车)

(1)装车前检查车辆是否符合装载要求,不符合装载要求的车辆不得装车,并及时反馈,按要求进行处置。

(2)件杂货装车做到受载平衡,不超载,堆码整齐,袋装货禁止倒关。

(3)散货装车做到受载平衡,不超载,不超高,不撒漏。

(4)火车装卸车作业按铁路运输有关要求进行装载、捆扎加固,封好车门;卸车要卸清,作业完毕扫净车内,关好车门。

(5)平板车装车做到受载均衡,长件货前不搭牵引平板,后不拖地;袋装货采取防掉件措施;易滚动货采取防滚动措施。

6．作业现场质量标准(六清)

(1)作业期间按要求随时做到库场清、道路清、机具清、码头清、甲板清、舱底清。

(2)库场、道路、码头、甲板等作业场所,作业中撒漏货物及时清扫,掉件及时拾回原车。

(3)运输机具(平板车等)上的撒漏货物、杂物随时清扫;散货作业,自卸车、散货斗卸货做到每次倒净,避免重复计量。

(4)作业结束,货斗、高架漏斗残留货物清理干净。

附录三 安全生产通用标准

1．工前准备工作标准

(1)班前安排好休息,班前4h内及当班时严禁饮酒,保持充沛的精力工作。

(2)作业前必须按规定戴好安全帽及穿戴好个人劳动防护用品。

(3)严禁带火种进入作业现场,严禁在现场吸烟。

(4)开好工前会,明确生产任务,布置安全生产操作注意事项。

(5)根据生产任务领用对应的装卸工属具及相应的辅助工具,并对所领用的工具进行检查。

(6)特殊作业配备好专用劳动防护用品和领用专用的工属具。

(7)船、驳作业前,人行过道拉设好安全网,船舷关路拴挂安全防护网或油布,拴挂牢靠,随船舶吃水变化及时调整,及时清理散落的货物。

(8)临水作业必须穿好救生衣。

2．做关作业安全要求

(1)正确使用工属具,严禁超负荷和违章使用,作业中经常检查所使用工属具的状况,发现达到报废标准或损坏失效,及时更换。

(2)袋装货作业,分层做关,禁止抽取底层货、挖井留山,防止货垛倒塌伤人。

(3)袋装货做关后,挂钩时钩口朝外,挂摘钩要明确1人指挥与机械配合,关下关路禁止有人,并注意避让机械。

(4)货垛上做关,人离货垛边缘 1m 以上,起吊时注意避让关头。

(5)长型钢材、原木、结构件,做关定量,不超机具额定负荷;做关对称、均衡,正常情况下禁止"三·七"关(即起吊货物时吊点不正确,发生严重偏重的现象),保证货物起吊后的平衡。

(6)设备大件类货物装卸作业,明确货物件重、重心、吊点位置,按吊点做关,调节相关吊索长度,使之受力合理,起吊后平稳,长大件系好稳绳辅助稳关。

(7)货物重心偏移、不对称时,调节相关吊索长度,或增加吊点,使之受力合理,起吊后平稳。

(8)吊点有锐角,吊索与货物吊点处衬垫包角。

(9)易滚动货(卷板、钢管等)装卸中,对滚动方向应及时填塞楔木,防止货物滚动伤人、伤货。

(10)钢丝绳做关作业,必须使用锚链钩,禁止用手直接从关下拉钢丝绳。

3. 指挥手(喊关)安全要求

(1)指挥手必须经过培训,并持有关手操作证。操作时佩带指挥标识、口哨,使用统一规范的指挥信号。

(2)作业前先了解货物特性、作业要求、作业环境等,查工属具是否符合装卸要求、查过档安全防护网是否对准关路,并与作业司机进行沟通。

(3)指挥规范、手势明确、哨音响亮。

(4)站位适当,在机械司机的视线范围之内。海轮作业指挥,禁止站、坐、骑在舱口边缘指挥,禁止站立在舱盖板上指挥,舱口边缘偏低时要系扣好安全带。

(5)喊关先喊人,待人避让至安全地带方可指挥起吊。

(6)严格执行"十个不准吊"。

4. 关手安全操作要求

(1)必须持有关手操作证方准上岗操作。

(2)作业做到一"交"、二"查"、三"看"、四"试"。交待船吊的性能及操作注意事项;查船吊设备构件的技术状况、查工属具是否符合装卸要求、查过档安全防护网是否对准关路;看作业环境是否符合安全操作;试运转、试刹车是否符合操作要求。

(3)操作时集中注意力,做到"四防",即防瞌睡、防马虎、防分散精力、防干扰。

(4)严格执行"十个不准吊"。

(5)人离关时,关闭电源开关或气门,操作手柄回"零"位,上好插销。

5. 火车装卸作业安全要求

(1)火车装卸车按铁路运输有关要求进行作业,装车做到不偏重、不超重、不集重、不超限、不出车帮。

(2)高边敞车作业超出车厢高度时,挂好安全防护网或采取相应的安全防范措施。

(3)长型货物装车,操作人员使用稳绳或排钩,在车厢外稳关。

(4)开关车门时,人要让两边,敞车边门开启必须使用拉绳配合,上翻到位,两边上好插销或挂钩。

(5)不准扳动车厢连接器和制动气门手杆,不准钻车厢底,不准坐在车厢下和连接器上休息。

6. 其他安全要求

(1)上下货垛(包括揭盖油布)必须使用根部包扎橡皮的扶梯,禁止攀绳上下。

(2)作业时禁止赤脚、赤膊,禁穿拖鞋、塑料底鞋。

(3) 禁止在作业现场吸烟、嬉闹、打架斗殴。
(4) 非司机人员,禁止攀爬和操作作业机械。
(5) 禁止在关下停留、走动,禁止随关上下。
(6) 关未停妥,禁止摘挂钩,空钩头超过一人一手高度方可松手。
(7) 上下舱禁止披衣带物,驳船未靠妥时禁止上下。

附录四 港口件杂货装卸生产管理流程

1. 船舶装卸生产管理流程图

船舶装卸生产管理流程图见附图1。

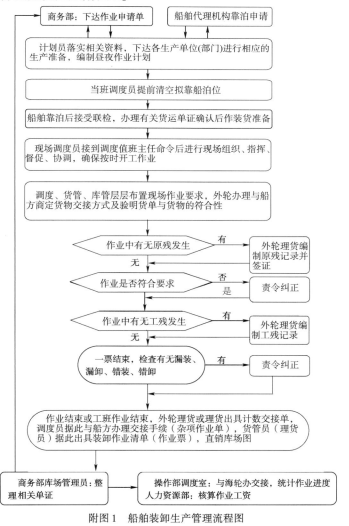

附图1 船舶装卸生产管理流程图

2. 汽车装卸生产管理流程图

汽车装卸生产管理流程图见附图2。

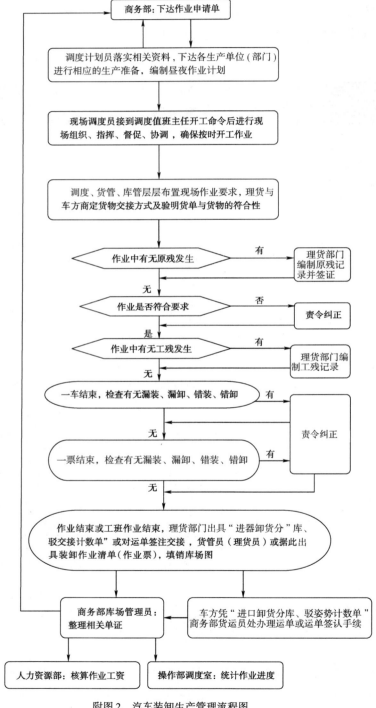

附图2　汽车装卸生产管理流程图

附录五　通用集装箱上主要部件名称和说明

通用集装箱上主要部件名称如附图 3 所示。

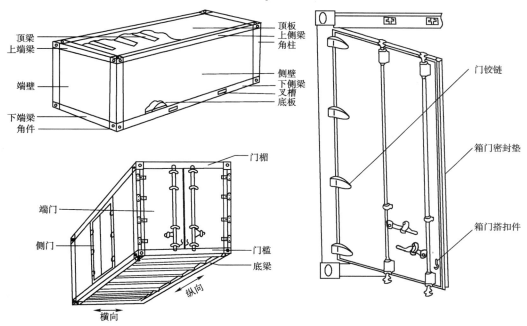

附图 3　通用集装箱上主要部件名称

（1）角件（corner fitting）：集装箱箱体的 8 个角上都设有角件。角件用于支承、堆码、装卸和栓固集装箱。集装箱上部的角件称顶角件，下部的角件称底角件。《系列 1 集装　箱角件》（GB/T 1835—2006）制订了各类集装箱所附角件的基本尺寸、设计功能、强度等要求，并规定了集装箱角件的类型、材质、试验、检验及标志和包装等的一般原则。

（2）角柱（corner post）：指连接顶角件与底角件的立柱，是集装箱的主要承重部件。

（3）角结构（corner structures）：指由顶角件、角柱和底角件组成的构件，是承受集装箱堆码载荷的强力构件。角件和角柱均为铸钢件，用焊接方法连接在一起。铸钢件应按国家标准进行热处理。集装箱的重力通过角结构传递。因此，在集装箱堆码时上下层集装箱的角件应对准，不能偏码。最底层的集装箱必须堆置在堆场画线规定的范围内，否则会压坏场地。

（4）上端梁（top end transverse member）：指箱体端部与左、右顶角件连接的横向构件。

（5）下端梁（bottom end transverse member）：指箱体端部与左、右底角件连接的横向构件。

（6）门楣（door header）：指箱门上方的梁。

（7）门槛（door sill）：指箱门下方的梁。

（8）上侧梁（top side rail）：指侧壁上部与前、后顶角件连接的纵向构件。左面的称左上侧梁,右面的称右上侧梁。

(9) 下侧梁(bottom side rail):指侧壁下部与前、后底角件连接的纵向构件。左面的称左下侧梁,右面的称右下侧梁。

(10) 顶板(roof sheet):指箱体顶部的板。顶板要求用一张整板制成,不得用铆接或焊接而成的板,以防铆钉松动或焊缝开裂而造成漏水。

(11) 顶梁(roof bows):指在顶板下连接上侧梁,用于支承箱顶的横向构件。

(12) 箱顶(roof):指在端框架上和上侧梁范围内,由顶板和顶梁组合而成的组合件,使集装箱封顶。箱顶应具有标准规定的强度。

(13) 底板(floor):铺在底梁上承托载荷的板。一般由底梁和下端梁支承,是集装箱的主要承载构件。箱内装货的载荷由底板承受后,通过底梁传导给下侧梁,因此底板必须有足够的强度,通常用硬木板或胶合板制成。木板应为搭接或榫接,也可采用开槽结构。

(14) 底梁(floor bearers or cross member):在底板下连接下侧梁,用于支承底板的横向构件。底梁从箱门起一直排列到端板为止。底梁一般用C、Z或T形型钢或其他断面的型钢制作。

(15) 底结构和底框架(base structures and base frame):由集装箱底部的四个角件、左右两根下侧梁、下端梁、门槛、底板和底梁组成。在1C和1CC型集装箱的底结构上还设有叉槽,1A和1AA型集装箱的底结构上有的设有鹅颈槽。底框架是由下侧梁和底梁组成的框架。

(16) 叉槽(fork/lift pockets):横向贯穿箱底结构、供叉车的叉齿插入的槽。20ft型集装箱上一般设一对叉槽,必要时也可以设两对叉槽。40ft型集装箱上一般不设叉槽。通过叉槽一般不能叉实箱,只能叉空箱。

(17) 鹅颈槽(gooseneck tunnel):设在集装箱箱底前部,用以配合鹅颈式底盘车上的凹槽。

(18) 端框架(end frame):是指集装箱前端的框架,由集装箱前端的上端梁、下端梁和端柱及角件组成。后端的框架实际为门框架,它由集装箱后端的门楣、门槛和角柱及角件组成。

(19) 端壁(end wall):在端框架平面内与端框架连接形成封闭的板壁(不包括端框架在内)。在端壁的里面一般设有端柱,以加强端壁的强度。

(20) 侧壁(side wall):与上侧梁、下侧梁和角结构连接,形成封闭的板壁(不包括上侧梁、下侧梁和角结构在内)。在侧壁的里面一般设有侧柱,以加强侧壁的强度。

(21) 端板(end panel):覆盖在集装箱端部外表面的板。

(22) 侧板(side panel):覆盖在集装箱侧部外表面的板。

(23) 箱门(door):通常为两扇后端开启的门,用铰链安装在角柱上,并用门锁装置进行关闭。

(24) 端门(end door):设在箱端的门,一般通用集装箱前端设端壁,后端设箱门。

(25) 门铰链(door hinge):靠短插销(一般用不锈钢制)使箱门与角柱连接起来,保证箱门能自由转动的零件。

(26) 箱门密封垫(door seal gasket):是指箱门周边为保证密封而设的零件。密封垫的材料一般采用氯丁橡胶。

(27) 箱门搭扣件(door holder):进行装、卸货物作业时,保证箱门开启状态的零件。它设在箱门下方和相对应的侧壁上,有采用钩环的,也有采用钩链或绳索的。

（28）箱门锁杆（door locking bar or door locking rod）：设在箱门上垂直的轴或杆。锁杆两端有凸轮，锁杆转动后凸轮即嵌入锁杆凸轮座内，把箱门锁住。锁杆还起着加强箱门承托力的作用。

（29）锁杆托架（door lock rod bracket）：把锁杆固定在箱门上并使之能转动的承托件。

（30）锁杆凸轮（locking bar cams）：设于锁杆端部的门锁件，通过锁件的转动，把凸轮嵌入凸轮座内，将门锁住。

（31）锁杆凸轮座（locking bar cam retainer or keeper）：使凸轮保持闭锁状态的内撑装置，又称卡铁。

（32）门锁把手（door locking handle）：装在箱门锁杆上，在开关箱门时用来转动锁杆的零件。

（33）把手锁件（door locking handle retainer or handle lock）：用来保持箱门把手使其处于关闭状态的零件。

（34）海关铅封件（customs seal retainer）：通常设在箱门的把手锁件上，海关用于施加铅封的设置，一般采用孔的形式。

（35）海关铅封保护罩（customs seal protection cover）：设在把手锁件上方，用于保护海关铅封而加装的防雨罩，一般用帆布制作。

附录六　港口重大件装卸作业技术要求（GB/T 27875—2011）

1　范围

本标准确定了港口重大件装卸作业的基本要求、装卸工属具的选择和要求，以及装卸技术要求和操作方法。

本标准适用进出港口码头的笨重、长大散件货物和各种机械、成套设备和车辆等。

2　规范性引用文件

下列文件对于本文件的应用是必不可少的。凡是注日期的版本适用于本文本件。凡是不注日期的引用文件，其最新版本适用于本标准。

GB/T 191　包装储运图示标志

GB/T 1835　系列1 集装箱　角件

GB/T 6067　起重机械安全规程

JT/T 557　港口装卸区域照明照度及其测量方法

3　术语和定义

下列术语和定义适用于本文件。

3.1　重大件（project and heavy lift cargo）

笨重、长大散件货物和各种机械、成套设备和车辆等。

3.2 撑架(lifting spreader)
重大件起吊时为使吊索保持一定状态,用于纵、横向支撑的各种结构件。

3.3 起吊平衡装置(lifting balance set)
调整和保持重大件起吊时平衡的各种机械装置。

4 基本要求

4.1 从事重大件装卸作业的人员应按其工作分工接受专业技术培训,并经考核合格。

4.2 根据货物装卸作业的特性,其作业环境应满足下列要求:

a) 在装卸作业的区域内,其照明照度应符合 JT/T 557 的要求。

b) 在风速大于 12m/s 时,应停止使用浮式起重机吊运重大件作业;风速大于 15m/s 时,应停止重大件吊运作业。

c) 对标有防潮标志的重大件,在雨雪天应停止露天作业。

d) 应根据重大件实际情况,配置相应的安全消防设施。

4.3 作业前,应了解所装卸货物的装卸特性,并做好以下工作。

a) 装卸货物应按 GB/T 191 的规定表示其特性的质量、尺码、重心、起吊点等数值和图形标识;对标识有缺漏的,应由制造商、货主和承运人等责任方提供,并派专员在现场核准。

b) 作业人员在重大件的顶部和包装上操作会有损重大件或影响作业安全,应设"禁止踩踏"的文字和图形标志。

c) 装卸货物和货物的包装应完好,无任何残损。标有防潮标志的,防潮的遮盖物应完好。

d) 装卸有特殊要求的,应由厂商、货主和承运人等责任方提供相关的技术资料。

e) 重大件附有装卸工属具的,应由厂商、货主和承运人等责任方提供相关的使用说明书,必要时应派专员在现场进行使用的指导,并对工属具使用承担相应的责任。

4.4 作业前应按重大件特点和作业条件制订装卸工艺方案;装卸各方面应按有关要求做好工属具、装卸机械和库场的准备工作,并对工属具、装卸机械的技术状态进行检查。

4.5 在装卸重大件所使用各种机械性能与重大件的尺码和质量、装卸载船舶和库场道路等操作环境条件应相匹配,其包括:

a) 装卸机械额定起重量、载重量与重大件的质量。

b) 装卸机械吊运幅度与重大件卸载位置的距离。

c) 装卸机械起升高度与重大件吊运所需的高度。

d) 装卸机械的机械结构和运行极限对超长、超宽重大件操作的限制。

4.6 装卸机械司机应按使用要求进行试车,熟悉机械的性能。

5 装卸工属具的选择和使用要求

5.1 吊索

5.1.1 吊索的长度应符合下列要求:

a) 应使被吊重大件基本呈水平状态。

b) 吊索与吊钩铅垂线的夹角 α 宜不大于 30°(见附图4)。

c) 吊运箱装重大件,吊索与箱顶面的夹角 β 宜不小于 45°(见附图5)。

d) 重大件结构单薄或吊运有专项要求的,应按有关方面资料所要求的吊索与吊钩铅垂线的夹角或箱顶面夹角的大小,确定吊索的长度;当重大件的重心位置不居中(即吊点与重心不等距)或吊点高度不一致时,吊索的长度可用作图法或计算方法确定,计算方法参见附录七。

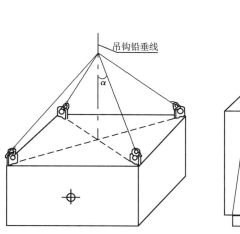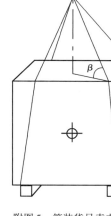

附图 4　吊索夹角要求　　　附图 5　箱装货吊索夹角要求

5.1.2　吊索的规格应按重大件自重、重心位置、吊索分支数和吊钩铅垂线与吊索的夹角选取,安全系数应符合 GB/T 6067 的要求。计算方法参见附录八。

5.2　撑架

5.2.1　当有下列情况时,装卸重大件应使用相适应的撑架:

a)出于结构单薄等原因,吊索对吊点的作用有特殊要求。

b)起吊点的间距较大,使用吊索会使起重机械的起升高度受到一定限制。

c)吊索不能与易损部位直接接触的(见附图6)。

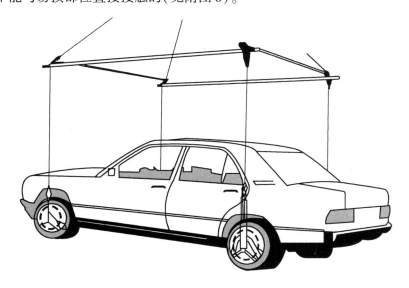

附图 6　撑架的使用

5.2.2 使用撑架时应符合下列要求。

a) 起吊时,撑架应呈水平状态;

b) 应按撑架的制造方提供的使用技术要求进行操作(见附图7)。

c) 与集装箱起重机械的随机吊具的转锁连接的撑架,撑架上设置的锁孔连接装置应符合 GB/T 1835 的规定(见附图8)。

d) 以集装箱起重机械的随机吊具作为纵横向支撑工具或工具下连接撑架,吊具的受力应均衡,对吊具(包括吊具的转锁、吊耳)作用力的大小和方向,应符合吊具的使用技术要求。

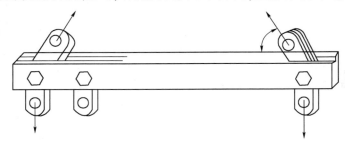

附图7 多吊耳撑架

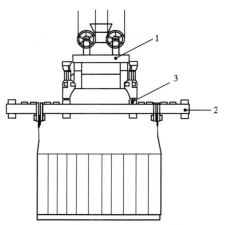

附图8 集装箱随机吊具下的撑架
1-集装箱吊具;2-撑架;3-转锁连接装置

5.3 起吊平衡装置

5.3.1 遇到下列情况时,装卸重大件可使用相适应的起吊平衡装置;

a) 批量装卸重心不居中的重大件,通过变换吊索的长度影响作业的。

b) 重心不明或重心有动态变化的重大件。

5.3.2 起吊平衡装置应设置调节平衡后制动装置,并应保持其功能的完好。

5.4 车辆吊具

5.4.1 车辆装卸时,所配备的吊具应满足下列技术要求:

a) 在吊运时,所使用的吊具应不使被吊运的轮式车辆的车轮转动或方向偏转,履带式车辆的履带前后移动。

b) 夹持轮胎的吊具,应在车轮胎允许承受的压力范围内,并保持轮胎气压正常,夹持点的间距应在所夹轮胎直径的 0.65~0.75 倍之间(见附图9)。

c) 兜套车轮胎的网系,应使轮胎外缘(C)1/4 以上的弧长(l)置于网络内(见附图10)。

d) 对铰接式大型车辆的吊运,应采用保证被吊运车辆的铰接处不发生转动的吊具。

5.5 装卸特殊重大件的工属具

装卸有毒害、易燃易爆、放射性和军械等特性的重大件,工属具应降低负荷 20% 使用。

6 装卸技术要求和操作方法

6.1 船舶装卸作业

6.1.1 卸载前,应拆除用于重大件固定的栓固索具。对稳性差和易移动的重大件要拆一件卸一件。

 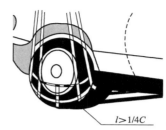

附图 9　夹抱式车辆吊具　　　　附图 10　网系车辆吊具

6.1.2　装载时,一般由舱四周向舱口围,舱内至甲板按顺序进行;卸载时,一般宜由甲板至舱内,舱口围向四周按顺序进行;必要时按船方要求确定装卸顺序和堆码位置。

6.1.3　集装箱船舶装载的重大件与集装箱需分别吊运的,应卸清影响卸载的集装箱后再卸重大件。

6.1.4　重大件与件杂货混合积载时,应卸清影响卸载的件杂货后再卸重大件。

6.1.5　装卸过程中,应保持船体平衡,其横倾角不大于3°。

6.1.6　装卸舱口四周的重大件,需进行舱内位移作业时,应根据舱内环境、重大件外形尺寸、质量和允许起叉位置的间距等选用相适应的叉车移位。

6.1.7　当无法使用叉车进行舱内位移时,应使用滑轮、滚筒、牵引拉索、地铃等在机械(卷扬机、叉车、吊机等)配合下进行拖拉位移,并符合下列要求:

a) 滑轮宜在地铃、横梁等处固定,地铃与横梁的强度应能承受拖移的拉力。

b) 牵引拉索应套在重大件底部主道木上进行,拖移方向应尽量顺重大件的底部主道木长度方向进行,可采取涂抹润滑脂(黄油)等方式减少拖移阻力。

c) 对重心偏高的重大件应谨慎操作,以防倾倒。

6.1.8　箱装重大件叠堆应注意下层货物的承压能力,并可在下层箱面结构牢靠处垫方木或木板,以分散压力(见附图11);对标有"限制堆放"图形或文字标记的,应单个堆放。

6.1.9　由多个平台式集装箱或台架式集装箱承载的重大件,集装箱的箱面高度应一致;重大件载荷的分布不应超过集装箱的允许载荷;载荷集中在部分集装箱而超过其额定载荷的,应通过垫方木或木板等方式,使载荷分散到邻近的集装箱上(见附图12)。

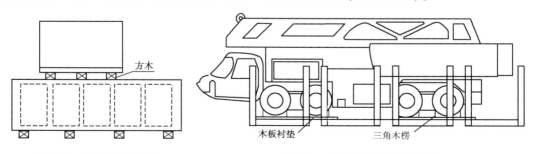

附图 11　箱装重大件叠堆　　　　附图 12　超长件装台架式集装箱

6.1.10　重大件装船后,应对其进行有效的纵横向栓固,栓固力应能抵御船舶在航行中船舶运动和风浪对重大件的作用力,栓固件和栓固接点装置应符合其强度要求(见附图13)。

6.2 车辆装卸作业

6.2.1 装载时,应确保重大件和车辆的稳定和平衡。车辆装载多件重大件应使载荷分布均衡,在装载或卸载的过程中,应使车辆受载保持平衡。

6.2.2 装载时,应用垫料垫稳和分散载荷的集重;对底面积小而重心偏高的重大件应用紧固器捆扎加固。

6.2.3 如重大件底部或运载车辆表面结冰,应采取防滑措施。

6.2.4 火车装卸作业时,应按铁路部门和货主的要求装卸载。

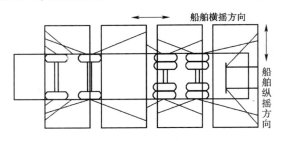

附图13 超长件捆扎示意图

6.3 吊运

6.3.1 吊具的连接

6.3.1.1 根据确定的装卸工艺有序地进行吊具与起重机械、吊具与重大件的连接,连接时应符合 6.3.1.2~6.3.1.6 相对应的规定,并就吊具的适用性和连接可靠性予以确认。

6.3.1.2 吊索的连接(套扣)应符合下列要求:

a)连接(套扣)在起吊标记处。

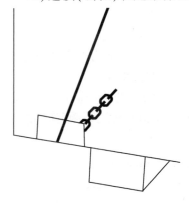

附图14 吊索连接

b)与吊索接触的重大件易损部位应采取保护措施。

c)吊索遇有重大件的锐边,应加衬垫(见附图14)。

d)重大件吊运,应限一件一吊,不应以连接底部重大件吊点的方式同时起吊垒放的两件及以上的重大件。

6.3.1.3 在吊索无法直接连接(套扣)至起吊标记时,应按下列要求进行提头作业:

a)吊索提头应套在靠近起吊标记的重大件构件牢靠处。

b)提头时,吊索应倾向重大件的内侧,提升高度宜为 100~150mm,一次提头不到位,可多次提头。

c)提头操作应防止重大件倾翻或相邻重大件互相挤压,对重心位置较高而底面积较小的重大件宜采用千斤顶提头。

d)叉车提头时不应使用单货叉进行提头,两货叉进行提头受力应基本均衡。

6.3.1.4 对长大且容易变形的重大件宜采用多点起吊工艺,并采取下列措施:

a)选配相适应的撑架和吊索。

b)重大件的各个吊点受力应均衡,上部系挂处可采用卸扣、滑车等平衡(见附图15)。

c)采用两台起重机联合作业,作业时应按 6.3.5 要求进行。

6.3.1.5 凡需控制吊运稳定性或需人力转动定位的重大件可用稳索控制,稳索应系在重大件的两端或四角,不应系在吊索上。

6.3.1.6 吊运车辆应根据5.4规定的技术条件选取配相合适的吊具,并按下列要求进行吊具的连接:

a) 使用以夹持或兜套车轮方式的吊具,应连接相适应的纵向、横向撑架,使起吊时吊索基本保持垂直。

b) 在使用车辆专用吊钩钩挂有槽孔的轮胎钢圈时,两专用钩应勾挂在轮胎上半部分的对称槽孔内,且两吊钩的间距应尽可能大(见附图16)。

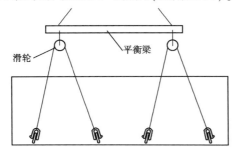
附图15 多吊点吊运

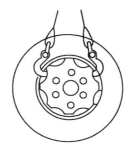
附图16 吊钩式车辆吊具

c) 在使用托架式车辆吊具时,连接托架的链条及其他连接件应连接牢靠(见附图17)。

d) 在使用绳索式车辆吊具时,应调节好两曲臂的间距,且使绳索兜捆对称(见附图18)。

附图17 托架式车辆吊具

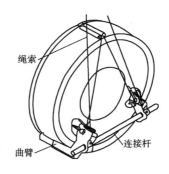
附图18 绳索式车辆吊具

e) 在进行吊索连接或兜套车辆时,吊索应避开油管、电线及其他易损部位。

f) 在使用吊索直接兜套履带式车辆底部或车底大梁吊运时,吊索与锐边接触处衬垫包角或其他衬垫物。

g) 对设有专用吊耳或配有专用吊具的,应按使用要求进行。

6.3.2 起吊前的平衡调节和状态检查

为使重大件吊运平衡,起吊前可用下列方式进行平衡调节:

a) 使用吊钩或平衡滑轮连接吊索吊运重大件时,通过调节吊钩下或平衡滑轮上的两边吊索的长度,使吊索在受拉状态下其吊钩垂直线对准重大件的重心(见附图19)。

b) 使用平衡梁连接吊索吊运重大件时,通过人力或自动化装置调节平衡梁上吊点的位置,使平衡梁在受载情况下,平衡梁的中心线对准重大件的重心(见附图20)。

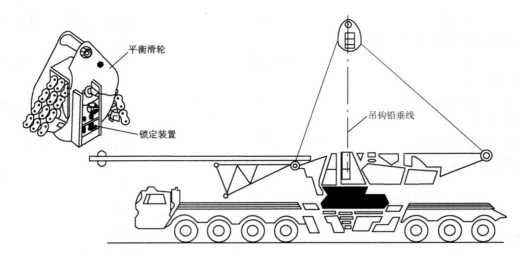

附图19　调节两边吊索长度取得平衡

c) 使用集装箱起重机械随机吊具吊运重心不居中的重大件时,一般可下连平衡梁,通过上述 b) 的方法,使随机吊具的受力均衡,重大件起吊平衡(见附图21)。

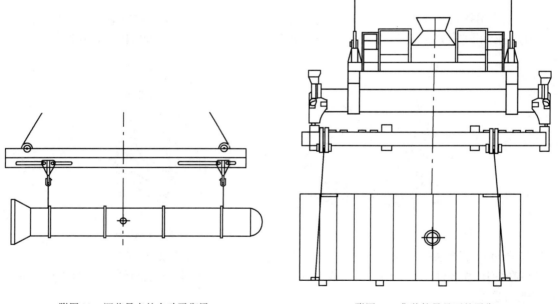

附图20　调节吊点的自动平衡梁　　　　　附图21　集装箱吊具下的平衡

d) 经平衡调节后的状态吊运时应不发生变化。

6.3.3　吊运操作

6.3.3.1　重大件起吊前和起吊离地时,应做如下检查:

a) 捆扎重大件的栓固件应全部拆除,吊具连接正确。

b) 避免与周围货物挤压或碰撞。

c) 箱装重大件的箱体和箱底道木受力状态应良好,角铁、橡皮等衬垫应垫塞牢靠。

d）起吊重大件离地约 0.3m 时暂停,检查吊具使用和受力、重大件左右前后的平衡等情况,无疑后方可继续吊运。

6.3.3.2　吊运时初速要缓,运行要稳,不应急起动或急停顿；途经区域内应无障碍物,吊运必经的船舷、船舱口围板等处,重大件底部应高于必经处 0.5m 以上；吊运载于车辆上的重大件,不应从车辆驾驶室的上方通过。

6.3.3.3　对略大于船舶舱口长度的重大件,吊运时可使用稳索把其旋转到舱口对角线位置,再吊运进出舱口；对集装箱岸边起重机吊运长度受到机械净跨距限制的重大件,可通过在机械的外伸距、门架内转向,使超长件通过起重机械(见附图 22)；在转向吊运时,应留有一定的转向空间。

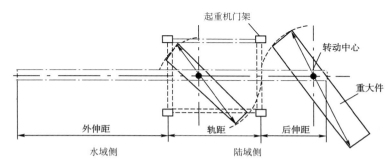

附图 22　超长件通过岸边集装箱起重机

6.3.4　吊运就位

6.3.4.1　重大件吊运至车辆、舱口、货垛等处上方时,缓速下降离着落处 1～1.5m 处应暂停,作业人员使用推拉杆或稳索使重大件停稳后,缓速着落,在垫妥、放稳后摘除工属具。

6.3.4.2　在下降时,要防止吊具下降过快而撞击重大件。

6.3.4.3　抽拉吊索应防止勾带重大件突出的部分或使重大件移位。

6.3.5　两台起重机联合吊运

6.3.5.1　在单台起重机起重量不足或重大件超长致使起升高度不够时,可采用两台起重机联合吊运作业的工艺方案,并测算每台起重机在吊运中的实际受力,作业前应召开专题会议,并明确现场的指挥人员。

6.3.5.2　采用两台起重机联合吊运作业时,应按下列要求进行：

a）一般应配备和使用平衡专用吊具,如附图 23 所示。

b）吊运超长重大件遇到情况特殊,在重大件的构件和连接点刚性和强度等技术内容经制造方认定后,可酌情采用吊索直接抬吊重大件的方案。

c）吊运时,两台起重机对平衡梁或重大件的作用力应保持垂直,各台起重机所承受的载荷应符合 GB/T 6067 的规定。

d）吊运时,司机与指挥手应统一指挥信号,指挥时使两台起重机的升降、变幅等吊运动作保持协调。

6.3.6　浮式起重机吊运

6.3.6.1　使用浮式起重机吊运时,应考虑起重机受载后重大件的前移量,避免重大件受碰撞或挤压。

6.3.6.2 浮吊作业如不能跨船装卸,船舶在靠泊时,船头和船尾应为浮吊作业留出适当的泊位净档,船外档港池应有满足浮吊作业移动的位置和水域。

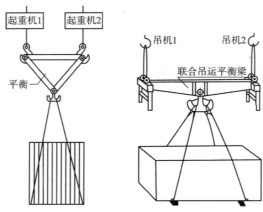

附图 23　平衡专用吊具

6.4　拖运

6.4.1　根据重大件的外形尺寸、质量,以及道路状况选用相适应的运载车辆;拖运底面积小、重心较高和受风面积较大的重大件时,应采取栓固措施,避免拖运途中货物前移或倾翻。

6.4.2　拖运前应检查牵引车与平板车的连接是否牢靠,装载是否符合要求,确认安全无疑后方可拖运。

6.4.3　在港区直线拖运速度应不大于 20km/h。拖运外形高大的重大件或遇有转弯、上下坡、过铁路道口及路面不平时,速度应不大于 5km/h。

6.4.4　拖运途中应注意重大件的移定性。若有滑移、偏侧等情况,应采取措施予以纠正。

6.4.5　载运重大件的车辆不应在坡道上转弯、滞留或横跨行驶。在交叉路口及驾驶员视线不清有障碍的场合应降低车速,避免突然加速或停车。

6.4.6　重大件拖运时,当码头前沿额定负荷小于拖运车辆轮压时,应在作业范围内铺垫钢板或采取其他措施。

6.4.7　滚装船装卸作业时,拖运车辆司机应随时注意装卸桥随水涨落所出现的坡度变化,防止在滚上、滚下作业中重大件发生移位和碰撞。船方应根据装卸桥坡度变化的情况及时进行调整。

6.5　叉运

6.5.1　叉运前应明确重大件的外形尺寸、质量、重心、可叉位置和作业场所作业通道是否有回转余地等,船舶舱底叉运作业还应明确是否有承载重载叉车的能力,确认无疑后方可进行叉运作业。

6.5.2　叉运时,应按照叉车厂家提供的"载荷曲线表"进行操作。重大件的重心在货叉标准载荷重心之内,可按叉车的额定负荷叉运;如超过货叉标准载荷重心,应按"载荷曲线表"所规定的允许负荷叉运。

6.5.3　叉运时,货叉应叉在重大件的起叉标记处,无起叉标记应叉在强度许可处,并要求两货叉与重大件的重心等距离。

6.5.4　叉运时,货叉的长度应不小于重大件宽度的2/3,不足2/3或稳性不好者,应采用接加长叉套、对货叉上的重大件予以固定等有效措施(见附图24),且应在叉车"载荷曲线表"的规定范围内。

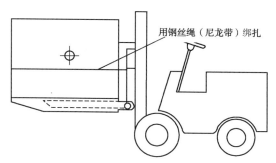

附图24　超宽箱叉运

6.5.5　对于有轻重侧,特别在轻侧标有"禁用叉车"标记的重大件,应叉重侧(附图25)。使用高门架叉车堆码高货位重大件时,不宜在高位处使用货叉侧移装置。

附图25　对有轻重侧重大件的叉运

6.5.6　超长、超重重大件可酌情采用两辆叉车抬叉。两叉车受力应均衡,不应超过其额定负荷的80%。作业时,重大件应处于水平状态,两叉车在前进或后退、两叉车的货叉在提升或下降时,动作应一致(见附图26)。

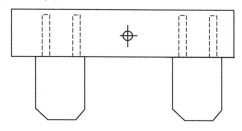

附图26　两叉车抬叉作业

6.5.7　当叉取重心较高、稳性较差的货物时,应采取加固绳索进行栓固。货物体积较大,影响行驶视线时,应配有专人指挥。

6.6　堆拆垛

6.6.1　重大件堆垛时,应符合6.1.8的要求。拆垛要自上而下,起卸上面的重大件时,应注意下面重大件的稳定性。

6.6.2 堆放重大件的库场,地面应平整;需防潮的重大件要放入仓库,若堆放在露天货场应盖好油布和防风网;受风面积较大、重心较高、稳性不好的重大件应采取支撑、捆扎等措施。

6.6.3 重大件为车辆时,车辆停放间距应不小于0.5m。

附录七　吊索长度的计算

吊索长度的计算模式见附图27,计算公式如下:

$$l_1 = \sqrt{l_2^2 - b^2 + a^2 + m^2 - 2m\sqrt{l_2^2 - b^2 - c^2/4}}$$

式中:l_1,l_2——吊索长度(m);
　　　a,b——重大件的重心到左、右两边吊点的距离(m);
　　　m——左、右两边吊点的高度差(m);
　　　c——每边两吊点的纵向间距(m)。

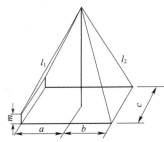

附图27　吊索长度的计算模式

附录八　吊索规格的计算

吊索规格选取应满足下列公式要求:

$$S = \frac{Q}{n \cdot \cos\alpha} \leq \frac{P}{K}$$

式中:S——吊索承受的拉力(kN);
　　　Q——重大件自重(kN);
　　　n——吊索分支数;
　　　P——吊索破断拉力(kN);
　　　α——吊钩铅垂线与吊索的夹角(°);

K——安全系数。

重大件的重心不居中时,吊索的规格可按下列公式计算。

$$F_1 = \frac{Q \cdot \sin\alpha_1}{\sin(\alpha_1 + \alpha_2)}$$

$$F_2 = \frac{Q \cdot \sin\alpha_2}{\sin(\alpha_1 + \alpha_2)}$$

式中:Q——重大件自重(kN);

F_1、F_2——两吊索的受力(kN);

α_1——F_2 与吊钩铅垂的夹角(°);

α_2——F_1 与吊钩铅垂的夹角(°)。

吊索的规格计算受力图如附图 28 所示。

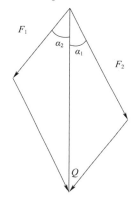

附图 28　吊索的规格计算受力图

参 考 文 献

[1] 刘善平.港口装卸工艺[M].2版.北京:人民交通出版社,2014.
[2] 真虹.港口装卸工艺学[M].北京:人民交通出版社股份有限公司,2015.
[3] 秦同瞬.港口装卸工艺实务[M].北京:高等教育出版社,2002.
[4] 宋得弛.港口装卸工艺学[M].北京:人民交通出版社,1987.
[5] 宋得弛.中国港口装卸与运输务实[M].北京:人民交通出版社,1999.
[6] 杨茅甄.件杂货港口管理实务[M].上海:上海人民出版社,2003.
[7] 杨茅甄.集装箱运输实务[M].北京:高等教育出版社,2003.
[8] 杨茅甄.港口企业装卸实务[M].北京:中国物资出版社,2009.
[9] 真虹.港口管理[M].北京:人民交通出版社,2009.
[10] 陈洋.港口业务与操作[M].北京:人民交通出版社,2009.
[11] 顾海红.港口输送机械与集装箱机械[M].2版.北京:人民交通出版社,2010.
[12] 刘翠莲.港口装卸工艺[M].大连:大连海事大学出版社,2013.
[13] 于秀芬.港口装卸工艺[M].大连:大连海事大学出版社,2003.
[14] 中华人民共和国国家质量监督检验检疫总局,中国国家标准化管理委员会.港口装卸术语:GB/T 8487—2010[S].北京:中国标准出版社,2011.
[15] 中华人民共和国国家质量监督检验检疫总局,中国国家标准化管理委员会.包装储运图示标志:GB/T 191—2008[S].北京:中国标准出版社,2008.
[16] 中华人民共和国国家质量监督检验检疫总局,中国国家标准化管理委员会.危险货物包装标志:GB 190—2009[S].北京:中国标准出版社,2009.
[17] 中华人民共和国国家质量监督检验检疫总局,中国国家标准化管理委员会.港口重大件装卸作业技术要求:GB/T 27875—2011[S].北京:中国标准出版社,2012.
[18] 中华人民共和国交通运输部.港口装卸工属具术语:JT/T 392—2013[S].北京:人民交通出版社,2013.
[19] 中华人民共和国国家质量监督检验检疫总局,中国国家标准化管理委员会.系列1集装箱 分类、尺寸和额定质量:GB/T 1413—2008[S].北京:中国标准出版社,2008.
[20] 刘广,程泽坤,林浩.自动化集装箱码头总体布置[J].水运工程,2013(10):73-78.